ENTREVISTA INICIAL
EM SAÚDE MENTAL

M879e Morrison, James
       Entrevista inicial em saúde mental / James Morrison ; tradução Ronaldo Cataldo Costa ; consultoria, supervisão e revisão técnica desta edição: Antonio Carlos S. Marques da Rosa. – 3. ed. – Porto Alegre : Artmed, 2010.
       304 p. ; 25 cm.

       ISBN 978-85-363-2099-1

       1. Psiquiatria. 2. Entrevista em psiquiatria. 3. Distúrbios mentais – Diagnóstico. I. Título.

                                                                   CDU 616.89

Catalogação na publicação: Renata de Souza Borges CRB-10/1922

3ª EDIÇÃO

ENTREVISTA INICIAL

EM SAÚDE MENTAL

James Morrison

Professor na Oregon Health and Science University, em Portland

Tradução:
Ronaldo Cataldo Costa

Consultoria, supervisão e revisão técnica desta edição:
Antonio Carlos S. Marques da Rosa
*Psiquiatra. Professor e Supervisor do Curso de
Especialização em Psicoterapia de Orientação Analítica do
Departamento de Psiquiatria e Medicina Legal da FAMED/UFRGS*

2010

Obra originalmente publicada sob o título *The first interview*, 3rd Edition
ISBN 978-1-59385-636-6
© 2008 The Guilford Press A Division of Guilford Publications, Inc.

Capa
Gustavo Macri

Preparação do original
Marcos Vinicius Martim da Silva

Editora sênior – Saúde Mental
Mônica Ballejo Canto

Editora responsável por esta obra
Amanda Munari

Projeto e editoração
Armazém Digital® Editoração Eletrônica – Roberto Carlos Moreira Vieira

Reservados todos os direitos de publicação, em língua portuguesa, à
ARTMED® EDITORA S.A.
Av. Jerônimo de Ornelas, 670 – Santana
90040-340 Porto Alegre RS
Fone (51) 3027-7000 Fax (51) 3027-7070

É proibida a duplicação ou reprodução deste volume, no todo ou em parte,
sob quaisquer formas ou por quaisquer meios (eletrônico, mecânico, gravação,
fotocópia, distribuição na Web e outros), sem permissão expressa da Editora.

SÃO PAULO
Av. Angélica, 1091 – Higienópolis
01227-100 São Paulo SP
Fone (11) 3665-1100 Fax (11) 3667-1333

SAC 0800 703-3444

IMPRESSO NO BRASIL
PRINTED IN BRAZIL

Para Jason
Você me ensinou mais do que
eu sequer poderia imaginar

PREFÁCIO

Entrevista inicial em saúde mental é resultado do meu desejo de escrever, da melhor forma possível, um manual sobre entrevistas com pacientes que se baseasse em pesquisas objetivas e nos princípios das melhores práticas. Claro que esse foi um encargo pesado quando a primeira edição foi publicada, há mais de uma década, e ainda é atualmente – ainda não existe uma quantidade suficiente de pesquisas controladas para orientar os entrevistadores no processo de avaliar pacientes com doenças mentais. É por isso que, embora tenha atualizado o texto com todas as informações que fui capaz de reunir, o texto traz também uma síntese das melhores técnicas que consegui selecionar da ciência e da arte de entrevistar pacientes.

Todo livro publicado na verdade traz o trabalho de mais de uma pessoa, e sou grato a todos aqueles que me ajudaram ao longo desses anos. Eles são muitos para citar nominalmente, mas existem algumas pessoas a quem tenho uma dívida especial e eterna de gratidão.

Matt Blusewicz, PhD, Rebecca Dominy, LCSW, Nicholas Rosenlicht, MD, Mark Servis, MD, e Kathleen Toms, RN, contribuíram para a primeira edição. James Boehnlein, MD, generosamente, leu e comentou esta edição mais recente. Como sempre, Mary Morrison fez comentários relevantes e criteriosos em vários estágios da preparação do original. Serei eternamente grato à equipe da The Guilford Press, especialmente minha editora de tantos anos, Kitty Moore, por sua sabedoria e apoio constantes. Marie Sprayberry, provavelmente a melhor *copy editor* do mundo, aperfeiçoou em um grau imensurável a aparência e a legibilidade deste livro, com sua atenção minuciosa aos detalhes. E Anna Brackett, novamente a gerente do projeto editorial – obrigado mais uma vez por seu zelo e habilidade frente a tantos pedidos de mudanças do autor.

SUMÁRIO

INTRODUÇÃO. O que é entrevistar? 11

1. Introduções e apresentações 16
2. Queixa principal e fala livre 23
3. Desenvolvendo *rapport* 30
4. Controlando a entrevista inicial do paciente 38
5. A história da doença atual 42
6. Obtendo os fatos sobre a doença atual 51
7. Entrevistando sobre sentimentos 58
8. História pessoal e social 67
9. Temas delicados 84
10. O controle das entrevistas posteriores 99
11. Exame do estado mental I: Aspectos comportamentais 104
12. Exame do estado mental II: Aspectos cognitivos 114
13. Sinais e sintomas em áreas de interesse clínico 131
14. Encerramento 150
15. Entrevistando informantes 154
16. Encontrando resistência 160
17. Pacientes com comportamentos e problemas específicos ou desafiadores 170
18. Diagnóstico e recomendações 189
19. Compartilhando suas observações com o paciente 200
20. Comunicando suas observações para outras pessoas 208
21. Localizando e resolvendo problemas na sua entrevista 217

Apêndice A – Síntese da entrevista inicial 224

Apêndice B – Descrição e critérios diagnósticos para transtornos específicos 232

Apêndice C – Exemplo de entrevista, relatório escrito e formulação 254

Apêndice D – Uma entrevista semiestruturada 273

Apêndice E – Avaliando sua entrevista 287

Apêndice F – Bibliografia e leituras recomendadas 291

ÍNDICE 294

INTRODUÇÃO
O QUE É ENTREVISTAR?

Provavelmente, você nunca esquecerá a sua primeira experiência com uma entrevista. Sei que nunca esquecerei a minha. A paciente, uma jovem hospitalizada com um transtorno do pensamento que veio a ser esquizofrenia em estágio inicial, falava de um modo vago e muitas vezes desviava do assunto. Ocasionalmente, fazia referências sexuais que eu, um jovem estudante naquela inocente época, jamais havia visto antes. Eu não sabia ao certo o que dizer a ela, e gastei mais tempo planejando o que perguntar a seguir do que considerando o que significava a resposta anterior. Por alguma razão, essa paciente parecia gostar de mim, o que era bom; precisei de mais três idas à clínica naquele fim de semana para obter a história completa.

Hoje, entendo que minha primeira experiência foi típica. Ninguém havia me dito que os entrevistadores novatos têm dificuldade para pensar nas suas perguntas ou que muitos se sentem desconfortáveis com seus primeiros pacientes. Eu gostaria que alguém tivesse me falado o que sei agora: fazer entrevistas em saúde mental costuma ser fácil e quase sempre bastante divertido.

E deveria ser os dois. Afinal, uma entrevista clínica é pouco mais que ajudar as pessoas a falar sobre si mesmas – o que a maioria das pessoas adora. No campo da saúde mental, pedimos para os pacientes revelarem algo de suas emoções e de suas vidas pessoais. A prática nos ensina o que perguntar e como direcionar a conversa para nos dar as informações de que precisamos para ajudar os pacientes da melhor maneira. É importante desenvolver essa capacidade: em uma pesquisa com clínicos profissionais e professores, fazer uma entrevista abrangente foi avaliada como a primeira entre 32 habilidades necessárias para profissionais da saúde mental.

Se o processo de entrevistar envolvesse apenas fazer os pacientes responderem perguntas, os clínicos poderiam atribuir a tarefa a computadores e passar mais tempo tomando café. Porém, os computadores e os questionários impressos não podem nem perceber a nuance dos sentimentos nem avaliar uma hesitação ou um olho molhado, que alertam um clínico atento para outra linha frutífera de investigação. Um bom entrevistador deve saber como trabalhar com uma variedade de personalidades e de problemas: soltar as rédeas do paciente informativo, orientar o divagador, incentivar o silencioso e apaziguar o hostil. Quase todos podem aprender essas habilidades. Não existe um tipo único de personalidade entrevistadora, e você pode ter êxito com uma variedade de estilos de entrevista. Ainda assim, você precisará de orientação e prática para desenvolver um estilo que melhor funcione para você.

As entrevistas clínicas são usadas para alcançar vários objetivos e os profissionais de campos diversos têm agendas diferentes. Porém, todos os entrevistadores – psiquiatras, psicólogos, profissionais da família, assistentes sociais, enfermeiros, terapeutas ocupacionais, médicos assistentes, conselheiros religiosos e especialistas em recuperação de adictos – devem primeiramente obter informações básicas de cada paciente que encontrarem. As semelhanças no tipo de dados necessários aos entrevistadores superam com folga quaisquer diferenças que possam ser esperadas devido à variedade de formação e de perspectivas.

Os bons entrevistadores compartilham três características. Eles

1. obtêm o maior número de informações precisas e relevantes para o diagnóstico e para o tratamento,
2. no menor período de tempo,
3. são eficientes em criar e manter uma boa relação de trabalho (*rapport*) com o paciente.

Desses três componentes, (1) o banco de dados e (3) o *rapport* são cruciais. Se você ignorar os limites de tempo, poderá prestar um bom cuidado, embora possa ter dificuldades para lidar com mais do que uns poucos pacientes de cada vez.

Seu primeiro contato com qualquer paciente pode ocorrer por uma variedade de razões – uma triagem rápida, uma admissão ambulatorial para fins diagnósticos, uma consulta no setor de emergência, uma hospitalização ou uma consulta em busca de medicação ou psicoterapia. Um enfermeiro pode desenvolver um plano de tratamento de enfermagem com base em diversos diagnósticos comportamentais. Os relatórios forenses e as entrevistas de pesquisa têm objetivos bastante diferentes, mas seus métodos e seu conteúdo têm muito em comum com todos os outros tipos de entrevistas que citei – cada um é um uso especializado da entrevista inicial básica e abrangente. Sejam quais forem seus objetivos para entrevistar, este livro enumera as informações que você deve tentar obter de todos os pacientes, e recomenda técnicas que ajudarão durante os diferentes estágios da sua entrevista.

Durante a pesquisa para esta edição, impressionei-me com o quanto aprendemos, mesmo recentemente, sobre o processo de entrevista. Todavia, em minhas avaliações cotidianas de jovens profissionais da saúde mental, muitas vezes me desconcerta ver como esse conhecimento é pouco usado no processo de formação. Os clínicos muitas vezes usam apenas uma pequena parte do tempo reservado para a entrevista, não perguntam sobre ideação suicida e esquecem que muitos, muitos pacientes com doenças mentais também têm problemas com o uso de substâncias. Em suma, grande parte do que sabemos sobre os processos de entrevista e de avaliação está sendo ignorada. *A entrevista inicial* busca remediar esse déficit. Voltado principalmente para iniciantes, o livro enfatiza o material básico que os clínicos de todas as disciplinas da saúde mental devem conhecer. Espero que os clínicos experientes também o considerem útil para uma revisão.

A NECESSIDADE DE INFORMAÇÕES ABRANGENTES

Os clínicos podem enxergar um paciente de maneiras espantosamente variadas. De fato, todos os clínicos devem ser capazes de enxergar cada paciente a partir de perspectivas biológicas, dinâmicas, sociais e comportamentais, pois um paciente específico pode precisar do tratamento sugerido por qualquer uma ou mesmo por todas essas perspectivas teóricas. Por exemplo, os problemas de uma jovem casada que consome álcool demais podem ser determinados por uma combinação de fatores:

- *Dinâmicos*. Seu marido dominador lembra seu pai, que também bebe.

- *Comportamentais*. Ela associa a bebida ao alívio das tensões induzidas por esses dois relacionamentos.
- *Sociais*. Várias de suas amigas bebem; beber é algo aceito, e até incentivado, em seu meio social.
- *Biológicos*. A contribuição genética de seu pai alcoolista deve ser considerada.

Uma avaliação abrangente expõe as contribuições de cada um desses pontos de vista, e todos são incluídos no plano de tratamento.

Ao longo do livro, enfatizo a necessidade de contemplar todas as perspectivas ao realizar uma entrevista abrangente. A menos que você faça uma avaliação completa, é provável que omita alguns dados vitais. Por exemplo, você pode não notar que um paciente que procura ajuda para um "problema da vida" na verdade tem uma psicose subjacente, uma depressão ou um problema com o uso indevido de substâncias. Mesmo que esse paciente possa não sofrer de nenhum transtorno mental real, você deve descobrir como as experiências do passado contribuem para os problemas atuais. Somente uma entrevista completa pode fornecer essas informações de maneira satisfatória. É desnecessário dizer que você obterá muitas outras informações à medida que o tratamento avançar. Você pode até descobrir que deve revisar algumas das opiniões que formou durante o primeiro encontro. Porém, somente poderá planejar racionalmente se tiver evocado os dados relevantes durante a entrevista inicial.

Seu sucesso como entrevistador em saúde mental dependerá de várias habilidades diferentes. Você consegue evocar toda a história? Consegue sondar com profundidade suficiente para obter todas as informações relevantes? Consegue ensinar o paciente rapidamente a contar fatos pertinentes e exatos? Sabe avaliar e responder adequadamente aos sentimentos do paciente? Quando necessário, você consegue estimular a motivação do paciente para revelar experiências embaraçosas? Todas essas habilidades são exigidas de todos aqueles que devem obter histórias de saúde mental. O momento para aprendê-las é no início da sua formação, antes que hábitos de entrevista ineficientes – ou mesmo mal-adaptativos – se tornem uma parte estabelecida do seu estilo. Os benefícios do treinamento precoce devem persistir por toda a vida.

Há mais de meio século, dois volumes definiram o tom para o estilo de entrevista: *The Initial Interview in Psychiatric Practice*, de Gill, Newman e Redlich, e *The Psychiatric Interview*, de Harry Stack Sullivan. Embora vários outros livros sobre a entrevista tenham surgido com o passar dos anos, a maior parte deles seguiu os modelos estabelecidos por esses dois volumes. Contudo, os gostos e as necessidades mudaram ao longo das décadas, e esses trabalhos veneráveis já não servem adequadamente ao entrevistador em saúde mental. Nas últimas décadas, diversos artigos de pesquisa – destacam-se os de Cox e colaboradores – proporcionaram uma base científica para a prática moderna da entrevista. Baseei grande parte deste livro nessas fontes. Consultei quase todas as monografias e artigos de pesquisa relevantes sobre entrevista publicados nos últimos 50 anos. Citações dos mais importantes deles são apresentadas no Apêndice F.

Em sua monografia, Cannell e Kahn (1968) afirmam: "as pessoas que escrevem instruções e livros para entrevistadores não se dedicam muito a entrevistar". Pelo menos no caso de *A entrevista inicial*, essa afirmação está totalmente errada. Uma parte significativa do que este volume contém vem de minhas próprias entrevistas ao longo dos anos com mais de 15.000 pacientes mentais. A abordagem de entrevista que recomendo é um amálgama de pesquisas clínicas, da experiência de outras pessoas e da minha própria percepção sobre o que funciona. Se, às vezes, parece prescritivo, é uma prescrição que funciona bem. Quando você tiver aprendido o básico, pode adaptar e expandir, para criar o seu próprio estilo de entrevista.

A IMPORTÂNCIA DA PRÁTICA

No início da minha formação, meus professores diziam com frequência que o melhor livro-texto do estudante é o paciente. Em nenhum outro processo isso é mais verdadeiro do que no aprendizado para realizar uma entrevista de saúde mental. De fato, nenhum livro-texto consegue ser mais do que um complemento – um guia para a aprendizagem real que ocorre por meio da experiência. Assim, sugiro que você pratique o quanto antes e com a maior frequência possível.

Em primeiro lugar, leia os Capítulos de 1 a 5 rapidamente. Não tente memorizar esse material. A quantidade pode ser um desafio, mas o conteúdo é apresentado em sequência para ajudá-lo a aprender um pouco de cada vez. (O Apêndice A traz um resumo conciso das informações de que você precisa e das estratégias que pode usar em cada estágio da entrevista inicial típica.) Depois, encontre um paciente que o ajude a aprender.

Para o entrevistador iniciante, pacientes hospitalizados em uma unidade de saúde mental são um recurso excelente. Muitos deles já terão sido entrevistados antes (alguns têm muita experiência), de modo que terão uma boa ideia do que você espera deles. Mesmo em hospitais modernos, com muitas atividades agendadas, eles costumam ter tempo disponível. Muitos pacientes gostam de ter uma chance para falar, e gostam de sentir que algo de bom pode vir das suas dificuldades – nesse caso, a formação de um profissional da saúde mental. Às vezes, uma entrevista feita por um observador novo, mesmo um estagiário, revela novas compreensões que podem ajudar a redirecionar a terapia.

Então, busque a ajuda de um paciente cooperativo e comece a trabalhar. Não se preocupe em tentar encontrar um "paciente que ensine bastante". Para suas finalidades, qualquer paciente disposto a cooperar serve, e todas as vidas são essencialmente interessantes. Não tente seguir nenhum modelo restrito demais, especialmente no início. Relaxe e tente proporcionar uma experiência prazerosa a si mesmo e ao paciente.

Depois de aproximadamente uma hora – uma sessão mais longa seria cansativa demais para ambos – interrompa com a promessa de que voltará para continuar. Retorne à leitura de *A entrevista inicial* para uma revisão sobre áreas do domínio da entrevista que possam ter lhe causado dificuldades. De maneira cuidadosa, compare as informações pessoais e sociais que obteve com as recomendações do Capítulo 8 (que também são resumidas no Apêndice A). O exame do estado mental estava completo? Compare suas observações com as sugestões dos Capítulos 11 e 12.

Um estudante pode perguntar, razoavelmente: "como posso entrevistar sobre transtornos mentais quando sei tão pouco?". Fazer uma entrevista completa implica conhecer os sintomas, os sinais e o curso típico de diversos transtornos mentais, mas você pode estudá-los enquanto aprende as técnicas da entrevista. De fato, aprender sobre certos transtornos com pacientes que têm esses mesmos transtornos fixará as características dos diagnósticos para sempre em sua mente. No Capítulo 13, você encontrará uma lista com os aspectos que deverá abordar em sua entrevista, dividida nas áreas de interesse clínico que seu paciente apresenta.

Equipado com uma lista das questões que esqueceu de averiguar na primeira vez, retorne para outra sessão com seu paciente. Como aprendi naquele fim de semana como estudante de medicina e entrevistador iniciante, não existe melhor maneira de aprender o que perguntar do que voltar para corrigir as suas omissões. Quanto mais pacientes você entrevistar, menos esquecerá. Quando tiver concluído sua entrevista, qualquer um dos vários livros-texto existentes (ver o Apêndice F para uma lista comentada) pode ajudar com o diagnóstico diferencial do transtorno do seu paciente.

Você desenvolverá suas habilidades mais rapidamente se tiver *feedback* de um entrevistador experiente. Pode ser direto, como quando o instrutor participa enquanto você entrevista seu paciente. Diversos estudos demonstram a eficácia de gravações de vídeo ou áudio, que podem ser reproduzidas enquanto você e seu instrutor discutem os fatos que você omitiu e as técnicas de entrevista que poderia ter usado com efeitos melhores. Provavelmente, você verá que pode aprender muito apenas escutando os áudios de suas primeiras entrevistas. O Apêndice E traz uma ficha de avaliação para ajudar a avaliar o conteúdo e as questões processuais das suas entrevistas.

I

INTRODUÇÕES E APRESENTAÇÕES

Depois de concluir uma entrevista inicial, você deve ter:

1. obtido informações de seu paciente; e
2. estabelecido a base para um bom relacionamento de trabalho.

As informações incluem os diversos tipos de histórias (uma história é um relato detalhado, com os sintomas atuais, doenças anteriores, medicamentos, relacionamentos familiares e sociais, riscos à saúde – em suma, tudo o que influencia a vida e os problemas de saúde mental do paciente) e o exame do estado mental, que é uma avaliação dos pensamentos e dos comportamentos atuais do paciente.

Ao longo deste livro, conduzo o leitor através de cada seção da história e do exame do estado mental, na ordem mais ou menos cronológica que se usaria ao falar com o paciente. Em capítulos distintos, discuto o conteúdo das informações que você deve esperar obter e as técnicas de entrevista que são mais apropriadas a esse conteúdo. Quando indicado, discuto questões ligadas ao *rapport*.

FATORES TEMPORAIS

Nos primeiros momentos da entrevista inicial, você deverá cumprir algumas metas.

- Deve indicar a forma que a entrevista terá – quanto tempo levará, que tipo de perguntas fará, e coisas do gênero.
- Deve dar uma noção do tipo de informações que espera que o paciente (ou outro informante) lhe transmita.
- Deve criar um ambiente confortável e seguro, que propicie ao paciente o máximo controle possível, nas circunstâncias em questão.

A Tabela 1.1 lista o material básico que deve ter sido alcançado quando você concluir sua entrevista. Um clínico experiente geralmente leva em torno de uma hora para examinar um paciente comum. Um estudante provavelmente precise de algumas horas para obter todas as informações relevantes. Independentemente do seu nível de experiência, sua ênfase deve ser em coletar o maior número possível de informações.

Mesmo um entrevistador com prática, ocasionalmente, pode precisar de mais de uma sessão para a avaliação inicial, e todos precisam de mais tempo com pacientes mais falantes, vagos, hostis, desconfiados ou difíceis de compreender, ou pacientes que tenham histórias complicadas para contar. Certos pacientes simplesmente não conseguem tolerar uma entrevista longa e, mesmo aqueles que estão hospitalizados, podem ter outras con-

TABELA 1.1
Síntese da entrevista inicial

Queixa principal
Histórico da doença atual
  Estressores
  Início
  Sintomas
  Episódios anteriores
    Tratamento
    Consequências
  Curso
  Tratamento até aqui
  Hospitalizações?
  Efeitos sobre paciente, outros
Histórico pessoal e social
  Infância e desenvolvimento
    Onde nasceu?
    Número de irmãos e posição
    Criado por um dos pais ou por ambos?
  Relacionamento com os pais
  Se adotado:
    Em que circunstâncias?
    Extrafamiliar?
  Saúde quando criança
  Problemas relacionados com a puberdade
  Abuso (físico ou sexual)?
  Educação
    Última série concluída
    Problemas escolares?
    Ativo demais?
    Rejeição da escola?
    Problemas de comportamento?
    Suspensão ou expulsão?
    Sociável quando criança?
    Passatempos, interesse
  Vida como adulto
    Situação de moradia atual
      Com quem mora?
      Onde?
      Já morou na rua?
      Rede de apoio
      Mobilidade
      Finanças
    História conjugal
      Idade ao casar
      Número de casamentos
      Idade na separação e como acabou

      Número, idade e sexo dos filhos
      Enteados?
      Problemas conjugais?
    Preferência sexual, adaptação
      Problemas com o ato sexual?
      Métodos contraceptivos
      Parceiros extraconjugais?
      Abuso físico, sexual?
    História ocupacional
      Ocupação atual
      Número de empregos
      Razões para mudança(s) de emprego
      Já foi despedido?
    Atividades de lazer
      Clubes, associações
      Interesses, passatempos
    Serviço militar
      Arma, patente
      Anos de serviço
      Problemas disciplinares?
      Combate?
    Já teve problemas legais?
      Registro criminal?
      Litígios?
    Religião
      Denominação
      Interesse
  História médica
    Doenças importantes
    Cirurgias
    Medicamentos não psiquiátricos
    Alergias
      Ambientais
      Alimentares
      Medicamentosas
    Hospitalizações não psiquiátricas
    Deficiências físicas
    Fatores de risco para AIDS?
    Abuso físico ou sexual na vida adulta?
    Revisão de sistemas
      Mudanças no apetite

      Traumatismo craniano
      Convulsões
      Dor crônica
      Perda da consciência
      Síndrome pré-menstrual
      Revisão para transtorno de somatização
  História familiar
    Descrever familiares
    Transtorno mental em familiares?
Uso indevido de substâncias
  Tipo(s) de substância
  Duração do uso
  Quantidade
  Consequências
    Problemas médicos
    Perda de controle
    Problemas pessoais e interpessoais
    Dificuldades no trabalho
    Consequências legais
    Problemas financeiros
  Uso indevido de medicação
    Sob prescrição
    Sem prescrição
Traços de personalidade
  Padrões de comportamento durante a vida
  Violência
  Prisões
Tentativas de suicídio
  Métodos
  Consequências
  Drogas ou álcool associados?
  Gravidade
    Psicológica
    Física
Exame do estado mental
  Aparência
    Idade aparente
    Raça
    Postura
    Nutrição
    Higiene
    Estilo do cabelo

    Roupas
      Arrumadas?
      Limpas?
      Estilo/moda?
  Comportamento
    Nível de atividade
    Tremores?
    Maneirismos e estereótipos
    Sorrisos?
    Contato visual
  Humor
    Tipo
    Labilidade
    Adequação
  Fluxo do pensamento
    Associação de palavras
    Velocidade e ritmo da fala
    Sotaque na fala
  Conteúdo do pensamento
    Fobias
    Ansiedade
    Obsessões, compulsões
    Pensamentos sobre suicídio
    Delírios
    Alucinações
  Língua
    Compreensão
    Fluência
    Nomeação
    Repetição
    Leitura
    Escrita
  Cognição
    Orientação
      Pessoa
      Lugar
      Tempo
    Memória
      Imediata
      Recente
      Remota
    Atenção e concentração
      Séries de sete
      Contagem inversa
    Informações culturais
      Cinco presidentes
    Pensamento abstrato
      Semelhanças
      Diferenças
    Insight e julgamento

sultas para fazer. As entrevistas múltiplas também propiciam tempo para o paciente refletir e recordar material que possa ter sido omitido inicialmente. É claro que, se entrevistar familiares ou outros informantes, você precisará de sessões adicionais e de tempo para integrar as informações de todas as suas fontes.

Observo que, com o avanço do cuidado moderno em saúde, o tempo disponível está diminuindo cada vez mais. É por isso que expresso por meio de porcentagens a quantidade de tempo que você deve planejar para as diversas partes da entrevista inicial:

- 15%: Determinar a queixa principal e incentivar a fala livre.
- 30%: Verificar determinados diagnósticos; questionar sobre suicídio, história de violência e uso indevido de substâncias.
- 15%: Obter história médica; fazer revisão de sistemas; obter a história familiar.
- 25%: Obter o resto da história pessoal e social; avaliar patologias do caráter.
- 10%: Fazer exame do estado mental.
- 5%: Discutir o diagnóstico e o tratamento com o paciente; planejar o próximo encontro.

Suas próprias necessidades profissionais podem alterar um pouco o foco. Por exemplo, os assistentes sociais talvez passem mais tempo na história pessoal e social. (Algumas instituições e serviços tinham o costume de atribuir a assistentes sociais a responsabilidade de obter toda a história social. Atualmente, a maioria das autoridades sustenta que todos os aspectos de toda a história devem ser reunidos por pelo menos um clínico, que poderá sintetizar as informações em um quadro clínico coerente.)

Independentemente da sua profissão, recomendo que você tente obter a história completa no início da relação com o paciente. Depois das primeiras sessões, mesmo os clínicos experientes, às vezes, tendem a supor que conhecem bem o paciente e ignoram certas informações vitais que podem ter lhes escapado.

É claro que, assim como ninguém tem tempo ilimitado, nenhuma avaliação pode jamais ser considerada completa. Enquanto continuar cuidando do seu paciente, você estará adicionando novos fatos e observações ao seu banco de dados original. Porém, se tiver feito o seu trabalho corretamente no começo, isso será mais questão de detalhes confirmatórios, que não afetarão o diagnóstico ou o tratamento de maneira substancial.

Os pacientes buscam ajuda para problemas sérios que consideram assustadores, avassaladores, ou mesmo fatais. Você deve evocar suas histórias de um modo que os faça sentir que receberam uma avaliação completa, imparcial e profissional. Se o paciente for excessivamente dramático, lento ou discursivo, tente entender esse comportamento à luz dos estresses e das ansiedades que qualquer paciente com problemas mentais enfrenta, e dê tempo extra.

SETTING

Os primeiros momentos que qualquer profissional passa com um paciente novo estabelecem o tom para todas as interações posteriores. Ter atenção a questões simples – como, por exemplo, apresentações, o nível de conforto e o sentido de controle do paciente – ajuda a estabelecer uma relação baseada em respeito e cooperação. Se você tiver seu próprio consultório, pode decorá-lo da melhor forma que quiser, mas os consultórios institucionais costumam não ser tão decorados. Felizmente, a efetividade da entrevista não está relacionada com a elegância do entorno. Já vi entrevistas excelentes serem feitas ao pé da cama ou em um canto de uma sala movimentada de um hospital-dia (embora algum grau de privacidade traga mais informações). O fundamental é a sua preocupação com o conforto e a privacidade do paciente.

Faça o melhor com o que você tem à disposição. Sentar-se em frente ao paciente, com uma mesa no meio, como é tradicional em muitos consultórios, cria uma barreira inflexível entre os dois. Isso não propicia muita chance de dar mais espaço ao paciente desconfiado ou de se aproximar de alguém cuja depressão exija o conforto íntimo de outro ser humano. Tente, em vez disso, organizar as cadeiras de modo que você possa dirigir-se ao paciente junto ao canto da mesa. Dessa forma, a distância entre vocês pode variar, conforme indicarem as necessidades do momento. Se você for destro, ficará mais confortável para tomar notas se o paciente sentar à sua esquerda. Certamente, duas cadeiras frente a frente também funcionam bem.

Ao mesmo tempo, você terá outra tarefa para cumprir – cuja importância não vou perder tempo tentando transmitir. Essa tarefa é a de manter a sua segurança. A vasta maioria dos encontros envolvendo saúde mental é totalmente livre de risco, mas, em casos raros, acontece algo que pode trazer perigo para o clínico, para o paciente, ou para ambos. (Em 2006, Wayne Fenton, um psiquiatra – especialista no tratamento de esquizofrenia pelo Instituto Nacional de Saúde Mental em Bethesda, Maryland –, foi espancado até a morte por um dos seus pacientes – uma agressão que causou manchetes em todo o país.) Deve ser instintivo, no começo da entrevista com cada paciente, garantir a sua própria segurança e a de outras pessoas. Falando de forma prática, isso significa seguir três princípios:

1. entrevistar em um lugar onde haja outras pessoas por perto;
2. criar um sistema de alerta emergencial que seja facilmente disparado, como uma campainha;
3. quando estiver conduzindo a entrevista em uma sala fechada, sente-se de modo a ficar mais próximo da porta do que o paciente, sem móveis (como uma escrivaninha) que possam ser obstáculos se for necessária uma fuga rápida.

Independentemente de onde a entrevista for realizada, sua aparência pode afetar a sua relação com o paciente. O que se considera "aparência profissional" pode depender da região do país e dos costumes específicos da clínica ou do hospital onde você trabalha. Esta observação pode parecer óbvia, mas merece ser repetida: você será considerado mais profissional se prestar atenção às suas roupas, estilo e postura.

De modo geral, os pacientes aceitam roupas e cortes de cabelo conservadores, ao passo que roupas ou maneiras excessivamente casuais podem sugerir indiferença em relação à importância do seu encontro. De fato, uma pesquisa de 2005 revelou que, por uma margem enorme, os pacientes preferiam que os médicos estivessem vestidos de modo formal e eram mais inclinados a revelar informações pessoais para aqueles que usassem jalecos do que para os que se vestissem de modo casual. A maioria dos pacientes também disse que era mais possível de seguir os conselhos de alguém que estivesse vestido de maneira profissional. Em média, os pacientes entrevistados eram de meia-idade. Embora adolescentes e crianças ainda sejam exceções significativas a essa regra, esse estudo merece ser considerado (e provavelmente também seja relevante para outras pessoas que trabalham na área da saúde). Limite suas joias a algo modesto, não intimide alguém, cuja cooperação é necessária, com adornos que sugiram riqueza ou *status* além do que o paciente espera alcançar. Se usar broches, pingentes, ou roupas que indiquem uma afiliação religiosa, considere se algum dos seus possíveis clientes poderá interpretar isso como um obstáculo para uma relação efetiva. Observe como outros profissionais em seu ambiente de trabalho se vestem e agem. Deixe seus exemplos orientarem o seu juízo sobre o que é apropriado.

ESTABELECENDO O RELACIONAMENTO

Apresente-se, estenda a mão ao paciente e indique o arranjo dos assentos que preferir. (Quando junto à cama do paciente, ainda que pretenda ficar apenas alguns minutos procure sentar-se sempre. Mesmo que tenha de pegar um avião, você não deve parecer com pressa demais para se dedicar ao paciente.) Se acontecer de se atrasar para uma entrevista, reconheça o fato com um pedido de desculpas. O nome do paciente é incomum? Certifique-se de pronunciá-lo corretamente. Se for a primeira vez que vocês se encontram, explique o seu *status* (estudante? residente? supervisor de ensino?) e o propósito da entrevista. O que você espera descobrir? Quais informações já tem? Dê ao paciente uma estimativa de quanto tempo você espera passar com ele.

Muitas vezes, você já saberá algo sobre o paciente, a partir de anotações de outros profissionais, do prontuário do hospital, ou do médico que o encaminhou. Você pode economizar tempo e aumentar a precisão da sua avaliação revisando esse material antes de começar. Todavia, para os fins deste livro, partiremos da premissa de que você não tem acesso a essas informações.

Embora alguns entrevistadores tentem começar a relação com uma conversa sobre temas banais, minha recomendação é o contrário. Na maioria dos casos, o paciente procurou tratamento por causa de problemas perturbadores. Comentários sobre clima, futebol ou televisão podem parecer, na melhor hipótese, uma distração ou, na pior, a expressão de falta de preocupação da sua parte. Geralmente, é melhor ir direto à questão.

Se você sentir que *deve* começar com assuntos triviais, faça uma pergunta que exija mais que sim ou não como resposta. Por exemplo:

– "Como estava o trânsito até aqui?"
– "Como você tem aproveitado os meses do verão?"

No mínimo, essas perguntas mostram que você respeita que o paciente participe ativamente. Especialmente durante a parte inicial da sua entrevista, você deve incentivar o paciente a elaborar, em vez de responder com "sim" ou "não" enquanto você faz a maior parte do trabalho. (Consideramos esse e outro aspecto do controle da entrevista novamente nos Capítulos 4 e 10.)

Ocasionalmente, um familiar ou um amigo íntimo desejará acompanhar o paciente na sala de entrevista – uma situação à qual você pode responder de duas maneiras. Eu prefiro atender o paciente e o informante separadamente, pois isso aumenta a quantidade de informações obtida. Para reforçar o sentido de autonomia do paciente, quase sempre começo com ele, avisando o informante que "você será o próximo". Às vezes, porém, você pode precisar seguir o outro caminho e atender os dois juntos. Isso geralmente ocorre quando o paciente tem deficiências graves, como uma demência avançada. Nesse caso, ter o familiar na sala pode ajudar a economizar tempo. Outra ocasião em que você precisa do formato de entrevista em dupla é quando o paciente pede muito, como no caso de alguém cuja ansiedade ou depressão graves exige apoio extra.

TOMANDO NOTAS

Na maioria dos casos, você deverá tomar algumas notas. Poucas pessoas conseguem lembrar-se, sequer brevemente, de todo o material que escutam, e você pode não ter a oportunidade de escrever a sua entrevista imediatamente. Então, diga que irá tomar notas, e certifique-se de que está tudo bem com o paciente.

Entretanto, você deve tentar fazer o mínimo de anotações, pois permitirá passar mais tempo observando o comportamento e as expressões faciais do paciente em busca de pistas para seus sentimentos. Você não conseguirá anotar tudo ou escrever sentenças completas (além da queixa principal, que discutiremos no próximo capítulo). Em vez disso, anote palavras-chave que possam indicar quais questões devem ser exploradas mais adiante ou que possam servir como lembretes quando você fizer o seu relatório. Tente ficar com a caneta na mão, pois isso evita a distração de pegá-la repetidamente. O único momento em que você deve largá-la é quando discutir tópicos especialmente delicados que o paciente possa querer que não sejam registrados.

Isso traz à tona o problema da "confidencialidade". Às vezes, um paciente pedirá para você guardar uma informação na memória e fora do prontuário. Quando esse pedido vem no início da relação, costuma ser melhor aceitar, especialmente quando se aplica a uma parte limitada da entrevista. Se o paciente parecer extremamente desconfortável com as anotações, você pode explicar que precisará de certas notas para revisar mais adiante, para ajudá-lo a entender tudo. No raro evento de o paciente insistir, aceite, largue a caneta e transcreva depois o que puder lembrar. O que você precisa é concluir a entrevista, e não ganhar um torneio de vontades. Contudo, em algum ponto – talvez não exatamente agora, que está tentando concluir a entrevista – você pode levantar a questão novamente. Ter uma lacuna significativa no banco de dados pode ser problemático, especialmente se esse paciente for atendido por outros clínicos posteriormente.

Revisar a gravação de uma sessão pode ajudar a identificar dificuldades em seu estilo de entrevistar. Com frequência, você pode enxergar deficiências que teria omitido com um registro menos completo da conversa. Todavia, como prática diária, isso tem certas limitações: revisar uma gravação é algo que demora bastante, e os pacientes são muito mais suscetíveis de se sentirem desconfortáveis com gravações do que com anotações. Se você decidir fazer uma gravação, comece somente depois de explicar o seu propósito educativo e obter permissão.

Também pode ser necessário explicar que a lei e a ética profissional podem exigir que você relate certas informações que afetem a segurança de outras pessoas. Esse princípio, formalizado em 1974 pela decisão *Tarasoff* na Califórnia, afirma claramente que os profissionais da saúde mental têm o dever de proteger a identidade das pessoas que estiverem ameaçadas. Embora nem todos os estados tenham aprovado tal estatuto, os clínicos em toda parte devem agir como se tivessem. É claro que, se você é estudante, jamais deve tomar alguma atitude por conta própria, devendo discutir quaisquer ameaças ou outras preocupações que tiver imediatamente com seu supervisor, que então assumirá a responsabilidade por cumprir o dever de proteger.

EXEMPLOS DE INTRODUÇÃO

Existem muitas variações possíveis de introduções efetivas. Eis um bom exemplo.

Entrevistadora: Bom dia, Sr. Dean. Sou Emily Watts, estudante de medicina do terceiro

Paciente: ano. Eu gostaria de conversar com você por uma hora para aprender o máximo que puder sobre pessoas com problemas como o seu. Você tem tempo para mim agora?
Paciente: Sim, tudo bem.
Entrevistadora: Quem sabe você senta aqui? (*Indica uma cadeira.*) Você se importa se eu fizer algumas anotações?
Paciente: Não, todos parecem fazer isso.

Essa apresentação funciona porque transmite rapidamente informações importantes para o paciente: o nome e posição da entrevistadora, o propósito da entrevista, e o tempo que será necessário. A entrevistadora também lida com o arranjo dos assentos, e obtém permissão para tomar notas. Todavia, alguns pacientes podem se refrear frente à noção de que têm um problema. A Sra. Watts estava entrevistando um paciente diagnosticado, então a sua questão não foi discutida. Pacientes novos podem responder melhor a um simples: "diga-me por que você está aqui".

Eis outro exemplo de introdução:

Paciente: Você é o estudante de que me falaram?
Entrevistador: Não, Sr. Holden, sou um estagiário de psicologia. Falei com seu terapeuta hoje de tarde, e gostaria de passar um pouco de tempo com você para ver o que podemos fazer para ajudá-lo. Podemos usar esta salinha.
Paciente: (*Concorda com a cabeça*).
Entrevistador: Para ajudá-lo da melhor maneira, vou precisar de todas as informações que puder obter. Eu gostaria de tomar algumas notas, se estiver bem para você.
Paciente: Não tem problema.

Às vezes, a fase de coletar informações leva mais que uma única entrevista. Você pode começar a sessão de seguimento dizendo: "você pensou em algo mais para dizer em relação à nossa conversa anterior?" ou "o que você disse para sua esposa (ou marido, filha, etc.) sobre nosso último encontro?". Ou então, continue onde parou na última sessão, quando o tempo acabou.

2
QUEIXA PRINCIPAL E FALA LIVRE

A queixa principal mostra as razões do paciente para procurar tratamento, enquanto o tempo de fala livre, que se inicia na sequência, incentiva o paciente a falar sobre essas razões. As palavras que você usa para ativar as informações, além de poderem afetar bastante o seu desempenho subsequente, se dividem em dois estilos principais de entrevista: diretivo e não diretivo.

QUESTÕES DIRETIVAS *VERSUS* NÃO DIRETIVAS

Fazendo muitas perguntas específicas, um entrevistador diretivo proporciona explicitamente a estrutura que diz ao paciente o tipo de informações desejadas. O entrevistador não diretivo absorve mais passivamente as informações que o paciente decidir apresentar. Um estilo não diretivo geralmente produz um forte *rapport* e dados confiáveis; porém, o estilo exclusivamente não diretivo também gera menos informações. Sem direcionamento, o paciente pode, por exemplo, não entender que a história familiar é importante ou sentir-se embaraçado demais para contar informações muito pessoais. Para ter maior grau de efetividade, a entrevista inicial deve usar questões não diretivas e diretivas.

A maior parte do início da entrevista deve ser não diretiva, o que ajuda a estabelecer a relação de trabalho e descobrir o tipo de problemas e sentimentos que são mais importantes na mente do paciente. Porém, seu pedido inicial por informações deve dizer claramente o que você espera do paciente.

A QUESTÃO INTRODUTÓRIA

Quando você fizer a sua primeira pergunta, seja específico. Diga ao paciente exatamente o que quer ouvir. Se, como alguns entrevistadores não diretivos, você deixar as coisas totalmente para o paciente ("sobre o que você gostaria de falar?"), poderá acabar com muitas informações sobre o jogo de futebol do domingo ou o novo carro do paciente. Você certamente conseguirá colocar a entrevista no rumo certo, mas isso custará tempo e, talvez, o *rapport*, com um paciente que pode questionar se você realmente sabe o que está querendo.

Você pode evitar essas dificuldades fazendo o tipo certo de pergunta:

– "Fale-me dos problemas que o fizeram procurar tratamento".

Observe que esse pedido tem duas qualidades que afetam o tipo de informação que você obterá:

- Ele diz ao paciente exatamente o tipo de informação que você procura.
- Ele também é aberto. As perguntas abertas são questões ou afirmações que não podem ser respondidas facilmente com uma ou duas palavras. Como convidam os pacientes a falar um pouco sobre o que lhes parece importante, elas promovem um estilo descontraído de entrevista já desde o início, o que ajuda a construir o *rapport*.

As questões e afirmações abertas podem ter duas funções. Algumas simplesmente pedem mais informações sobre uma área:

- "Eu gostaria de ouvir mais a respeito".
- "Pode ampliar isso?"
- "O que mais aconteceu?"

Outras também trazem a história para o presente:

- "O que aconteceu depois disso?"
- "E depois?"
- "E o que você fez?"

As questões abertas ampliam os limites das informações que você pode obter. Com mais liberdade para responder, os pacientes dizem o que é mais importante para eles. Elas mostram aos pacientes que suas histórias são importantes para você, e também permitem que você passe menos tempo falando e mais tempo observando. A importância disso ficará mais evidente no Capítulo 11, quando falarmos sobre o exame do estado mental.

As questões fechadas direcionam mais o tipo de resposta desejada, e podem ser respondidas em poucas palavras. Podem ser questões "sim-não" ou questões de escolha limitada. ("Onde você nasceu?", ao contrário de "fale-me sobre sua infância".) Elas também são úteis, e às vezes necessárias, para obter mais informações em menos tempo. Porém, nas primeiras partes da entrevista, o uso de questões abertas incentiva o paciente a contar uma história que toca em todos os aspectos relevantes da história do caso.

A QUEIXA PRINCIPAL

A *queixa principal* é a razão declarada pelo paciente para procurar ajuda. Ela geralmente é a primeira ou segunda sentença completa da resposta à sua questão introdutória:

- "Fale-me sobre o problema que o trouxe aqui".

Importância

A queixa principal é importante por duas razões.

1. Como geralmente é o problema mais importante na mente do paciente, ela lhe dirá a área que deve explorar primeiro. A maioria dos pacientes tem algum tipo de problema ou pedido específico. Eis alguns exemplos:

    - "Não consigo alcançar meus objetivos".
    - "Tenho dificuldade para construir relacionamentos com mulheres".
    - "Ouço vozes".
    - "Me sinto tão deprimido que acho que não vou conseguir continuar".

Cada um desses exemplos típicos expressa um grau de desconforto, problema na vida, ou medo, para o qual o paciente precisa de ajuda.

2. Em comparação, às vezes, a queixa principal é uma negação total de que algo está errado. Quando isso ocorre, fornece uma dica sobre o grau de *insight*, inteligência ou cooperação do paciente. Por exemplo:
    - "Não existe nada de errado em mim. Só estou aqui porque o juiz mandou".
    - "Não lembro de nada disso".

– "O zero absoluto está chegando e, quando chegar aqui, minha mente vai virar pão".

Queixas principais como essas três indicam resistência ou patologias sérias, o que exigirá um tratamento especial. O Capítulo 16 discute pacientes que resistem às tentativas de entrevistá-los.

Respondendo

Algumas queixas principais sugerem que o paciente não entende o propósito da entrevista. Às vezes, você encontrará uma queixa principal vaga ou levemente irascível, e deve estar preparado com algumas respostas boas.

Entrevistador: Por que você veio procurar tratamento aqui?
Paciente: Você pode ler a respeito em meu prontuário.
Entrevistador: Eu poderia, mas saberia mais sobre você se me contasse em suas próprias palavras.

Eis como um entrevistador reagiu a um paciente que, em vez de uma queixa, apresentou uma prescrição:

Paciente: Acho que só preciso de vitaminas.
Entrevistador: Talvez, mas vamos decidir isso depois que você me disser o que está lhe incomodando.

Outro paciente fez um pedido de ajuda logo de início:

Paciente: Eu realmente não sei onde começar.
Entrevistador: Por que você não inicia por onde seu problema mais recente começou?

Tente descobrir a verdadeira razão da consulta

As primeiras palavras do paciente nem sempre expressam a razão verdadeira para procurar ajuda. Alguns não reconhecem a razão verdadeira, outros podem ter vergonha ou medo daquilo que as pessoas dirão. Em ambos os casos, a queixa principal declarada pode ser apenas um "ingresso" para a ajuda que o clínico pode proporcionar:

– "Tenho sentido tanta dor." (Mas a dor verdadeira é emocional.)
– "Sinto-me ansioso quase todo o tempo que estou acordado." (A bebida não é mencionada.)
– "Eu gostaria de discutir alguns dos meus relacionamentos." (O paciente tem medo de mencionar a AIDS.)
– "Quero um conselho com relação à minha mãe. Será que ela está se tornando senil?" (O paciente na verdade questiona: "Será que estou enlouquecendo?".)

Cada uma dessas queixas iniciais mascara uma razão mais profunda e menos óbvia para procurar ajuda. Muitas vezes, você pode esmiuçar o problema real na entrevista, perguntando:

– "Tem mais alguma coisa lhe incomodando?"

Às vezes, você somente poderá determinar a motivação subjacente do seu paciente depois que completar sua avaliação inicial.

Independentemente da queixa principal apresentada, você deve anotá-la nas palavras exatas do paciente. Mais adiante, pode contrastá-la com o que acreditar que levou o paciente a procurar ajuda.

FALA LIVRE

Durante alguns minutos, após falar da queixa principal, seu paciente deve ter uma chance para discutir livremente suas razões para procurar tratamento. Para incentivar a maior variedade possível de informações, permita que a história se manifeste, instigando e interrompendo pouco. Podemos chamar esse fluxo de informações não direcionado de *fala livre*, para distingui-lo do formato relativamente restrito de perguntas e respostas da entrevista clínica posterior.

O que é a fala livre?

Os entrevistadores experientes recomendam esse período (de 8 a 10 minutos em uma sessão de uma hora) de fala livre por várias razões. Algumas delas são as razões para fazer qualquer pergunta aberta:

- A fala livre estabelece você como alguém que se interessa o suficiente para ouvir as preocupações do paciente.
- Ela propicia ao paciente uma oportunidade de organizar e explorar as razões que o fizeram procurar tratamento.
- Você tem a oportunidade de descobrir o que é mais importante na mente do paciente.
- Ela lhe dá uma noção da personalidade do paciente.
- Sem a necessidade de direcionar a conversa, você pode começar a fazer observações sobre o humor, o comportamento e os processos de pensamento do paciente.
- Os traços de caráter têm maior probabilidade de emergir em uma pessoa que está falando espontaneamente do que em alguém que esteja respondendo uma lista de questões.
- Quando compartilha o controle durante essa parte da conversa, você estabelece logo de início a expectativa de que seu paciente seja um parceiro ativo no decorrer da terapia.
- Você pode dedicar atenção ao conteúdo da fala do paciente. Um estudo mostrou que cerca de metade do total de sintomas relatados pelos pacientes é mencionada nos três primeiros minutos da entrevista inicial.
- Ela proporciona uma oportunidade para o paciente falar de outras preocupações que não foram mencionadas na queixa principal.

A maioria dos pacientes responde de forma rápida e adequada ao seu pedido para que falem sobre seus problemas, levá-los a contar tudo o que você precisa saber é, portanto, algo que exige pouco redirecionamento da sua parte. Alguns têm tanta experiência em contar suas histórias que fazem narrativas cronológicas e completas das suas doenças.

O oposto pode ser verdadeiro para outras pessoas. Elas tiveram tantas entrevistas as quais davam apenas respostas específicas para questões fechadas, que, talvez, você precise ensinar esses pacientes a contar uma versão ampliada dos seus sentimentos e de suas experiências. Se o paciente persiste em fazer afirmações breves e espera que você faça mais perguntas, você deve dizer o que espera explicitamente. Por exemplo:

– "O que eu realmente gostaria é que você me falasse sobre o seu problema em suas próprias palavras. Depois, farei algumas perguntas específicas que você pode responder rapidamente."

De fato, poucas histórias são como uma narrativa textual de um problema de saúde mental clássico. Os pacientes têm suas ideias próprias sobre o que é importante e, independentemente do valor aparente das suas informações, é importante que você os deixe tentar contar suas histórias. Um paciente ocasional com retardo mental ou psicose grave pode não ser capaz de fazer uma narrativa satisfatória. Então, você talvez precise usar uma estratégia muito mais estruturada, com perguntas e respostas, para obter a história. Todavia, esses pacientes não são frequentes, e aqueles que conseguem falar, no mínimo, darão informações na forma de observações que você pode fazer do estado mental.

Permitir que os pacientes falem livremente é pelo menos tão importante agora quanto sempre foi, mas os planos de saúde privados têm apertado cada vez mais o tempo dos clínicos. Isso ameaça as mais básicas interações clínicas, induzindo o entrevistador a fazer cortes diretos e concentrar-se precipitadamente nas primeiras palavras do paciente. Sei disso porque já o fiz – e ocasionalmente devo me lembrar da importância de um período prolongado de fala livre. Se achar que deixei tempo insuficiente para fala livre no início, tento incluí-la mais adiante.

ÁREAS DE INTERESSE CLÍNICO

Durante o período de fala livre, seu paciente provavelmente mencionará um ou mais problemas. Essas preocupações podem ser emocionais, físicas ou sociais. A maior parte delas se dividirá em várias áreas importantes de interesse clínico. Quando as pessoas se tornam pacientes da área de saúde mental, isso geralmente ocorre por causa de problemas cobertos pelas sete áreas seguintes:

- Dificuldade para pensar (transtornos cognitivos)
- Uso de substâncias
- Psicose
- Distúrbios do humor (depressão ou mania)
- Ansiedade, comportamento esquivo e excitação
- Queixas físicas
- Problemas sociais e de personalidade

Cada área de interesse clínico compreende diversos diagnósticos que têm sintomas em comum. É claro que alguns desses diagnósticos surgem em mais de uma área. Mais adiante, quando obtiver a história da doença atual, você perguntará sistematicamente sobre os sintomas que costumam ser associados às áreas que tiver identificado. Essas informações permitem que você determine quais dos diagnósticos associados parecem adequados para o seu paciente. Porém, por enquanto, durante a fala livre, apenas tome nota (mentalmente ou no papel) sobre qualquer assunto que pareça merecer ser explorado mais adiante.

Sinalizando áreas de interesse clínico

Diversos sintomas e informações históricas específicas de cada área de interesse clínico indicam a necessidade de uma exploração mais aprofundada. Quando encontrar uma delas em sua entrevista, considere uma revisão intensiva da área (discutida no Capítulo 13). Esses sintomas de "bandeira vermelha" são sumarizados na Tabela 2.1.

QUANTO TEMPO?

A menos que o paciente seja surpreendentemente vago ou incoerente, a apresentação da queixa principal geralmente leva apenas alguns segundos. Todavia, o tempo que você dedica à fala livre pode variar imensamente. No raro evento do

TABELA 2.1
Problemas que indicam áreas de interesse clínico

Dificuldade para pensar (transtornos cognitivos)
   Flutuações no afeto
   Comportamento bizarro
   Confusão
   Diminuição do julgamento
   Delírios
   Alucinações
   Déficits de memória
   Ingestão de toxinas
Uso indevido de substâncias
   Uso de álcool superior a um ou dois drinques por dia
   Prisão ou outros problemas legais
   Financeiro: gastar dinheiro necessário para outros fins
   Saúde: desmaios, cirrose, dor abdominal, vômito
   Uso ilegal de substâncias
   Perda do emprego, atraso, rebaixamento
   Prejuízos da memória
   Problemas sociais: brigas, perda de amigos
Psicose
   Afeto plano ou inadequado
   Comportamento bizarro
   Confusão
   Delírios
   Fantasias ou ideias ilógicas
   Alucinações (de qualquer sentido)
   Insight ou julgamento perturbado
   Mudez
   Distorções perceptivas (ilusões, interpretações errôneas)
   Retraimento social
   Discurso difícil de acompanhar ou incoerente
Transtorno do humor: depressão
   Nível de atividade notavelmente maior ou menor
   Sintomas de ansiedade
   Alterações no apetite
   Baixa concentração
   Desejos de morte
   Sentimentos de inutilidade
   Pouco interesse por atividades comuns (incluindo o sexo)
   Insônia ou sonolência excessiva
   Uso indevido de substâncias aumentou recentemente
   Ideação suicida
   Choroso
   Perda ou ganho de peso
Transtorno do humor: mania
   Aumento do nível de atividade
   Distratibilidade
   Percepção grandiosa de autovalia
   Deterioro do julgamento
   Humor eufórico ou irritável
   Planejamento de muitas atividades
   Pouco sono (necessidade reduzida de dormir)
   Fala alta, rápida e difícil de interromper
   Uso indevido de substâncias aumentou recentemente
   Pensamentos movendo-se rapidamente de uma ideia para outra
Transtornos da ansiedade
   Ansiedade
   Dor torácica
   Comportamento compulsivo
   Tontura
   Medo de enlouquecer
   Medo da morte ou fim iminente
   Medo de objetos ou situações
   Aperto no peito
   Batimentos cardíacos irregulares
   Nervosismo
   Ideias obsessivas
   Palpitações
   Pânico
   Falta de ar
   Sudorese
   Trauma: história de trauma físico ou emocional grave
   Tremor
   Preocupações
Queixas físicas
   Alterações do apetite
   Convulsões
   Depressão, crônica
   Cefaleia
   Histórico complicado
   Queixas múltiplas
   Queixas neurológicas
   Fracassos repetidos de tratamentos
   Abuso sexual ou físico durante infância
   Abuso de substâncias
   Histórico vago
   Fraqueza
   Alterações no peso (aumento ou redução)
Problemas sociais e de personalidade
   Ansiedade
   Comportamentos que pareçam estranhos ou bizarros
   Quadro dramático
   Uso indevido de álcool ou drogas
   Perda do emprego, atraso, rebaixamento
   Dificuldades legais
   Conflitos conjugais

seu paciente ser incoerente ou quase mudo, você pode decidir adotar um estilo de entrevista mais diretivo. Todavia, com um paciente organizado, experiente e motivado para contar tudo, você pode passar toda a entrevista em fala livre, ouvindo uma história que é apresentada da maneira que seria lida em um livro.

A maioria dos pacientes não é de nenhum dos dois tipos. Com frequência, você pode ouvir sem muita interrupção pelos primeiros cinco ou dez minutos, mas não tente seguir essa recomendação demais – o tempo dedicado à fala livre dependerá do tempo total que você pode passar entrevistando e do que você já souber sobre a história. Como regra geral, você deve permitir que o seu paciente fale livremente enquanto as informações parecerem importantes e relevantes.

AVANÇANDO

A parte da fala livre na entrevista chegará a um encerramento quando você sentir que obteve uma visão geral ampla dos problemas que são mais importantes na mente do paciente. Antes de passar para a próxima seção da sua entrevista, você deve perguntar se existem problemas além dos já mencionados. Isso diminui o risco de que você omita áreas problemáticas vitais. (Mesmo que deixe passar algo importante, isso provavelmente aparecerá mais adiante. Ainda assim, a meta da entrevista inicial é tentar obter *todas* as informações relevantes já no começo.)

Esse também é um bom momento para verificar a sua compreensão de todos os problemas. Sumarize cada um brevemente, e convide seu paciente a avaliar a sua análise

Entrevistador: Vejamos se entendi direito. Você se sentia bem até por volta de duas semanas atrás, quando pediu a mão da sua namorada e ela aceitou. Desde então, você tem tido ataques cada vez maiores de ansiedade, está deprimido e não consegue se concentrar em seus estudos. Agora, está com medo de que possa ter uma doença cardíaca porque seu pulso está acelerado. É mais ou menos isso?
Paciente: É isso aí.
Entrevistador: Quero saber mais sobre isso, mas antes, existe mais alguma coisa lhe incomodando?

3

DESENVOLVENDO RAPPORT

O *rapport* é o sentimento de harmonia e de confiança que deve existir entre o paciente e o clínico. Como um dos objetivos de uma boa entrevista, um bom *rapport* tem consequências práticas. Essa questão é especialmente relevante se você for tratar esse paciente no futuro. A confiança que você começa a desenvolver mesmo nos minutos iniciais da primeira sessão pode aumentar imensamente a sua capacidade de lidar com a terapia. De fato, o quanto você consegue transmitir o seu interesse é o fator mais provável de manter o paciente em tratamento.

Além disso, o *rapport* também é vital para obter informações. Durante a fase da avaliação da sua relação, o *rapport* positivo ajuda a motivar o paciente a falar espontaneamente e revelar dados pessoais importantes.

A base para o *rapport* costuma já estar pronta. A maioria dos pacientes chega procurando ajuda e espera obtê-la com o clínico. Você pode explorar essa expectativa com suas palavras e sua linguagem corporal, que devem expressar interesse verdadeiro pelo paciente. Embora seja possível que você diga algo incômodo inadvertidamente, existe pouca coisa que possa dizer ou fazer que não possa ser recuperada se você se mantiver interessado e sensível à experiência do paciente.

A BASE DO *RAPPORT*

Desde o início, a maioria dos pacientes espera gostar de você. Porém, o *rapport* verdadeiro entre dois indivíduos não costuma surgir da noite para o dia. Ela se desenvolve gradualmente, com uma relação longa, e exige a cooperação das duas partes. Ainda assim, você pode usar certos comportamentos para acelerar seu crescimento.

Sua postura é fundamental. Lembre-se de que o profissionalismo não exige uma formalidade rígida. De fato, você deve evitar a imagem do terapeuta de rosto pétreo que foi popularizada no cinema e na ficção. Se você parecer descontraído, interessado e empático, será mais provável que seu paciente se sinta seguro e confortável. Monitore cuidadosamente a sua expressão facial: não demonstre seriedade, não faça caretas e não apresente outros sinais que possam ser interpretados como desaprovação. Ainda que você deva evitar olhares fixos, que o fariam parecer frio e crítico, certifique-se de fazer contato visual frequente, mesmo que esteja fazendo anotações. É claro que você não quer parecer falso, mas sorrisos e gestos adequados demonstram que você está atento e empático. Todavia, logo no início, eu seria um pouco parcimonioso no uso de elogios. Por um lado, um elogio usado como reforço pode afetar o comportamento fortemente, mas, no começo de qualquer relação, você não sabe o suficiente para disseminar qual comportamento será reforçador, e não deve elogiar uma abertura aparente se o seu paciente não tiver lhe dito toda a verdade, por exemplo.

É provável que a própria postura do paciente afete a interação mais do que qualquer outro fator. A linguagem corporal – ombros caídos, um punho fechado, pés inquietos, lágrimas – muitas vezes indica como o paciente se sente. Observe o tom de voz em busca de outras pistas de sentimentos. Suponhamos que você perguntasse ao paciente, o sr. Kimble, como ele e sua esposa se relacionam, e ele respondesse: "bem". Se o tom fosse afetuoso e leve, o casal teria relativamente poucos problemas interpessoais. Se o "bem" fosse dito entre dentes cerrados, em um tom monótono ou com um suspiro, o sr. Kimble poderia estar ocultando sentimentos de desesperança ou raiva, que não conseguia colocar em palavras.

Da mesma forma que organizou a mobília para não haver obstáculos entre vocês, você pode se adaptar fácil e naturalmente a pequenas mudanças no afeto do paciente, promovendo o *rapport*. Se o paciente estiver deprimido, você precisará se aproximar para demonstrar sua preocupação. Você pode seguir essa inclinação natural. Se sentir hostilidade, deve se afastar fisicamente, mesmo que apenas algumas polegadas. Isso ajudará a relaxar a tensão, dando mais espaço a cada um de vocês. De maneira semelhante, você pode rir quando o paciente fizer uma piada ou pode apresentar uma expressão de preocupação e apoio durante um ataque de pânico. Depois que tiver entrevistado a primeira dúzia de pacientes, você fará essas coisas automaticamente em resposta às pistas que cada paciente passa de forma inconsciente.

Ao mesmo tempo, você deve manter uma certa neutralidade cuidadosa em relação ao que ouve. Se o paciente criticar familiares, não é indicado que você os defenda, mas unir-se à crítica traz o risco de ofender alguém cujos sentimentos podem ser ambivalentes. Um comentário empático que não tome nenhum dos lados é uma resposta mais segura.

Paciente: Minha mãe é uma vaca! Ela está sempre tentando se meter entre mim e meu marido.
Entrevistador: (*Inclina-se levemente para a frente.*) Isso deve ser um grande problema para você.

Essa postura do entrevistador – empática, imparcial e respeitosa para com o paciente e seus familiares – possivelmente promoverá um bom relacionamento de trabalho.

AVALIE OS SEUS PRÓPRIOS SENTIMENTOS

A maneira como você se sente em relação ao paciente pode ter consequências importantes. Se seus sentimentos forem positivos – o paciente é o tipo de pessoa que você escolheria como amigo, por exemplo – você poderá ser interpretado como alguém afetuoso e interessado. Sua postura pode servir como um incentivo para que mais informações delicadas sejam reveladas.

Bastante influenciados pela sua própria história e sua criação, seus sentimentos podem afetar a sua capacidade de fazer uma avaliação precisa. No decorrer da entrevista, você deve estar ciente da natureza e das fontes dos seus sentimentos, especialmente quando alguma coisa lhe incomoda em relação ao paciente. Pode ser um problema de higiene pessoal, linguagem rude, a expressão de preconceito étnico, ou essa pessoa pode lembrar dificuldades que você teve com um dos seus familiares. De qualquer maneira, você deve monitorar atentamente o modo como reage. Se você franzir a testa ou parecer desconfortável de algum modo, seu paciente pode pressentir a sua desaprovação e frustrar os seus esforços para obter informações precisas.

Seu objetivo é expressar *empatia*, ou seja, em algum nível, você pode se sentir como o paciente se sente – você pode se colocar no lugar do paciente. Ter empatia significa entender a motivação por trás do comportamento de um paciente, embora você possa não concordar que o que ele fez estava certo. (As pesquisas mostram que os clínicos que trabalham com saúde mental têm uma capacidade muito maior que as outras pessoas de entender a perspectiva dos outros.) Você transmitirá melhor seus sentimentos empáticos se tiver em mente este pensamento: "como seria estar no lugar desse paciente falando comigo agora?". Isso pode parecer difícil quando o paciente demonstra muita raiva, ansiedade ou mesmo psicose. No decorrer da sua vida profissional, você deverá trabalhar com todos os tipos de pessoas. Algumas parecerão mais agradáveis que outras. Se não puder responder positivamente ao conteúdo do que é dito, talvez você possa empatizar com alguns dos sentimentos que estão por trás. Por exemplo, um paciente moderadamente antissocial falando sobre o seu último terapeuta:

Paciente: Não gosto daquele cara. Uma ou outra vez, até pensei em matá-lo!
Entrevistador: Parece que você estava com muita raiva.

Se tentasse lidar diretamente com o conteúdo do comentário do paciente, o entrevistador se veria forçado a optar entre concordar ou confrontar um paciente potencialmente violento. Adaptando-se à raiva do paciente, o entrevistador disse algo que deixou ambos confortáveis.

Todos os profissionais têm sentimentos, atitudes e experiências que podem afetar a imagem que projetam. Devemos estar constantemente atentos para prevenir que essas questões pessoais comprometam a nossa efetividade com os pacientes. Considere o efeito de um acontecimento tão comum quanto o divórcio:

- Uma terapeuta observou que, devido ao fato de estar tão incomodada com sua separação, não conseguia lidar efetivamente com uma paciente que estava tendo problemas semelhantes.

- Outro terapeuta, depois de um telefonema agressivo da sua ex-mulher, postergou sua próxima entrevista enquanto se acalmava o suficiente para se concentrar nos problemas do paciente.

Muitos entrevistadores iniciantes aprenderam que podem aliviar a pressão se apresentarem-se aos pacientes como estudantes. Porém, independentemente do seu estágio de formação ou prática, o seu temperamento e a sua experiência determinam como você lida com o seu calcanhar de Aquiles. Seja como for, a sua efetividade com os pacientes aumentará se você se mantiver ciente das suas limitações.

CONSIDERE SUA MANEIRA DE FALAR

Para um bom *rapport*, o paciente deve saber que você o compreende. É tentador abordar isso diretamente dizendo: "sei como você deve se sentir em relação a...". Infelizmente, essa afirmação pode soar vazia. Quando chegam ao seu consultório, muitos pacientes já terão ouvido isso de pessoas que muitas vezes não compreendem, ou que podem entender bem e não fazer nada para ajudar. Alguns pacientes com problemas graves, reais ou percebidos, acreditam que ninguém pode entender o que eles estão passando. Provavelmente, será melhor usar alguma outra resposta para sugerir a sua compaixão e interesse:

– "Você deve estar terrivelmente infeliz".
– "Nunca estive nessa posição, mas posso imaginar como você se sentiu".
– "Essa experiência foi horrível. Posso ver que ela o incomodou muito".

Às vezes, você pode perceber que precisa exagerar um pouco os seus sentimentos. Essa sugestão pode parecer enganosa, mas não falo nesse sentido. Os atores, por exemplo, sabem que as suas vozes gravadas tendem a ficar monótonas e que, portanto, devem exagerar para transmitir os sentimentos que desejam imprimir. De maneira semelhante, você deve amplificar a sua expressão emocional para mostrar aos pacientes o quanto é profunda a sua simpatia por eles. Você pode realizar isso com as suas expressões faciais, ou com a sua voz, variando o volume, a frequência e a ênfase. Mesmo exclamações breves podem fazer isso. Um "uau!" no momento adequado e com a entonação certa pode transmitir compreensão e compaixão de forma mais efetiva do que um discurso mais elegante de condolências. Esses sinais do seu envolvimento emocional, que os entrevistadores iniciantes muitas vezes esquecem de usar, podem ser vitais para o seu paciente e contribuir para construir o *rapport*.

Entretanto, é fácil demais passar dos limites. Considere a paciente que chega com uma história de ter sido traída pelo cônjuge ou pelo amante, ou alguém que foi ferido em uma calamidade militar ou civil. Claro que você desejará demonstrar o seu apoio, mas, se expressar choque ou horror total, haverá o risco de reforçar os efeitos traumáticos que você deve desfazer. Certamente, você pode expressar simpatia – pode até proporcionar o apoio de um lenço de papel ofertado –, mas tome cuidado para não retratar o paciente como vítima.

Considere o uso de humor em suas interações com os pacientes. O humor pode ser um grande facilitador da comunicação: ele ajuda as pessoas a descontrair e a sentir que estão entre amigos. Todavia, como clínico, tome cuidado para avaliar cuidadosamente a forma como usa o humor. Com qualquer conhecido recente, é fácil se enganar e fazer um gracejo que possa ser malcompreendido, e os pacientes da área da saúde mental são especialmente vulneráveis a esse tipo de falha. Mesmo um paciente que você conhece bem pode interpretar mal um comentário irrefletido. Como sempre, coloque-se no lugar do paciente: reflita sobre como você se sentiria se achasse que seu clínico está rindo de você.

De um modo geral, é seguro rir com o paciente, mas nunca do paciente. Isso significa que você geralmente deve deixar o paciente começar. Durante as suas primeiras sessões, qualquer uso de humor deve ser suave, e somente quando estiver claro que o paciente está com ânimo para gostar. Cuide ao fazer piadas (elas podem ser interpretadas incorretamente, como hostis ou depreciativas). Sempre que o paciente fizer um gracejo, certifique-se de avaliar se isso não é uma tentativa não consciente de desviar a discussão de material importante.

Os entrevistadores experientes dizem que, às vezes, passam aparentemente por uma mudança de personalidade quando mudam para o próximo paciente. Podem adotar um tom formal com um, e assumir uma persona folclórica com o seguinte. Um entrevistador, de forma persistente e inconsciente, puxava a letra r ao falar com um paciente da zona rural, que falava dessa forma. Dentro de certos limites, esses comportamentos talvez sejam aceitáveis, embora se deva tomar cuidado para não exagerá-los ao ponto de parecerem arremedo.

Independentemente do seu nível de experiência, em algum ponto e com algum paciente, você cometerá um erro. No esquema maior das coisas, poderá ser um erro de pouca significância – fazer a mesma pergunta duas vezes, esquecer a ocupação do cônjuge da paciente ou subitamente se dar conta de que sua mente divagou e você não consegue se lembrar da pergunta que o paciente (ou você!) acabou de fazer –, mas os dois saberão que você errou. Você deve tomar uma atitude imediata para consertar. "Opa, um momento senil", eu poderia dizer, com um sorriso pesaroso. Se você não tiver a sorte de poder usar a idade como desculpa, deve admitir que pensou em outra coisa por um instante e fazer o que for necessário para corrigir seu erro (por exemplo, pedir para o paciente refazer a pergunta). Quase sempre, a conversa avança tranquilamente.

USE O MESMO LINGUAJAR DO PACIENTE

Esforce-se para falar em termos que o paciente possa entender. Um paciente com pouca educação pode reconhecer termos "educados" para funções sexuais ou excretórias, mas a relação pode se desenvolver melhor se você usar a linguagem simples. Escute o linguajar do paciente e use-o, desde que se sinta confortável com ele. Como os adolescentes e jovens muitas vezes não confiam em pessoas mais velhas, podem responder de forma mais positiva se você usar palavras que sejam atuais para a geração deles. Certifique-se de que sua expressão "legal" ainda está na moda, ou correrá o risco de ser considerado simplesmente "quadrado". (Existe outro ponto de vista sobre essa questão. Alguns pacientes adolescentes podem não gostar e até ficar ainda mais desconfiados se você adotar os seus padrões discursivos.) A maneira como você fala com qualquer paciente deve ser orientada pela necessidade de clareza e de *rapport*. Então, monitore as reações do paciente e adapte sua maneira de falar conforme o necessário.

Certos termos podem servir como bandeiras vermelhas para muitos pacientes. Essas palavras carregadas trazem uma mensagem de doença, de fracasso ou de mau-caráter, e devem ser evitadas, em geral. Eis um exemplo rápido: *aborto, mau, traumatismo craniano, câncer, louco, defeituoso, fantasia, frigidez, histérica, impotência, neurótico, obsceno, perversão, vítima*. Você encontrará muitas outras durante a sua carreira como entrevistador. Prepare-se e use sinônimos neutros para essas palavras ou, melhor ainda, escolha termos que o paciente já tenha usado.

Evite usar jargão psicológico. Mesmo termos simples como *psicose* podem ser malcompreendidos, e seu paciente pode pensar que você parece insensível para com alguém que tenha menos formação que você. Tenha certeza de compreender a forma como o paciente usa as palavras; não pressuponha que é igual à sua. Por exemplo, para você, "um drinque ocasional" pode significar uma vez por mês; para o paciente, pode ser "de maneira intermitente ao longo do dia". Seu paciente adolescente toma *Coca* ou cheira coca? Na língua das ruas, "fiquei paranoico" não significa que a pessoa se sentiu psicoticamente perseguida, mas, sim, apenas apavorada.

Se o seu paciente for estrangeiro ou se cresceu em outra parte do país, vocês poderão ter dificuldade para se entender. Não deixe sua atitude dar a entender que é o paciente quem "fala engraçado". Pelo contrário, reconheça que vocês têm sotaques diferentes e que, às vezes, tenham que pedir para o outro repetir algo. Para um paciente que hesita ou que parece inseguro de como agir, você pode aliviar parte da pressão dizendo "pode levar no seu próprio ritmo, para que eu possa entender o que você está passando". Além disso, para garantir que está entendendo *mesmo*, você pode traduzir em palavras mais simples os termos às vezes floridos que os pacientes usam para se expressar – talvez para confundir, talvez porque pensam que um clínico gostará de ouvir termos psicológicos.

Paciente: Sempre tive uma fobia com os gatos – tenho quatro.
Entrevistador: Então você é um verdadeiro amante dos gatos!

Mais adiante, talvez, quando vocês tiverem se conhecido melhor, você pode dar a definição exata.

MANTENHA OS LIMITES

A forma como os clínicos devem se relacionar com seus pacientes tem sido um tema difícil nos últimos anos. A imagem tradicional de um legislador autoritário, que decide *pelo* paciente, em muitos locais, foi substituída por um colaborador menos formal, que explora problemas e suas soluções *com* o paciente. Prefiro muito o segundo estilo. Para mim, ele parece mais confortável (é menos arrogante), e incentiva os pacientes a participar em decisões ligadas ao tratamento. De fato, coloca duas mentes para trabalhar, em vez de deixar toda a responsabilidade a cargo do clínico. Quando os pacientes discutem e contribuem para seus planos de tratamento, é mais provável que sigam esse plano e menos provável que reclamem de obstáculos no caminho para a melhora.

Ainda assim, mesmo os clínicos que estimulam a colaboração solidária devem manter os limites. Quando trabalhei na Califórnia, era costume chamar os pacientes pelo primeiro nome. Para adolescentes, isso parecia normal, mas ouvi até homens e mulheres idosos serem tratados dessa maneira excessivamente familiar por profissionais da saúde mental que poderiam ser seus netos. Isso tende a infantilizar pacientes que, se estiverem hospitalizados, já terão perdido sua autonomia consideravelmente. Além disso, também aumenta a tendência do profissional de se tornar *paternalista* – ou seja, de tomar decisões ligadas ao tratamento, que os pacientes deveriam estar tomando por conta própria.

Todavia, antes de fazer disso um problema grande *demais*, deixe-me dizer que os tempos mudaram e que muitos terapeutas têm êxito enquanto eles e seus pacientes se tratam em termos familiares. Ainda rejeito a ideia de usar o primeiro nome para pacientes hospitalizados e continuo a chamar meus pacientes adultos pelo sobrenome com o título (sr., sra. ou srta. Green). Essa prática aumenta a dignidade pessoal e reforça o sentido de maturidade – mesmo em um momento em que pode haver perda de autonomia –, e também incentiva os pacientes a manter uma certa distância emocional, pelo uso do título e do sobrenome. Essa distância às vezes pode ajudar a evitar tentativas inadequadas de relacionamentos amorosos e outros relacionamentos não profissionais.*

Se o paciente parecer ofendido porque eu não concordo em chamá-lo pelo primeiro nome, respondo que meu hábito é sempre usar nomes e títulos, e que mudar seria difícil para mim. (Se você ainda é estudante, sua desculpa pode ser a de que a sua instituição exige isso dos estagiários, se for o caso.) Apenas em raras ocasiões, encontrei pacientes que insistiram que eu usasse o primeiro nome. Caso meu hábito possa prejudicar o relacionamento, uso *dois* nomes – o primeiro e o segundo ou o primeiro e o último – *e* o título. Por exemplo, ao chamar uma paciente na sala de espera, digo: "srta. Joanne Cremier", e falo isso com um grande e simpático sorriso. Por enquanto, essa concessão se mostrou satisfatória. De um modo geral, uma boa ideia é não revelar demais sobre si mesmo para os pacientes. Isso é especialmente verdadeiro durante a entrevista inicial, quando ambos não se conhecem muito bem.

> Um residente psiquiátrico iniciante contou ao seu novo paciente que era um reservista das forças de paz. Posteriormente, para sua decepção, descobriu que o paciente tinha um grave transtorno de personalidade e um ódio inabalável da polícia.

Se você está tendo dificuldade para obter informações de um paciente, deve estimular a cooperação, identificando

---

* N. do R.T. Por não ser uma forma de tratamento habitual em nosso meio, substituí pela forma mais coloquial "você".

algo que vocês tenham em comum. Por exemplo, você pode comentar que, assim como o paciente, você gosta de velejar ou que nasceu em Indiana. O *status* de velejadores ou de ex-alunos da Indiana University pode aproximá-los um pouco do *rapport* que procuram. Essa técnica deve ser usada com parcimônia – raramente mais de uma vez com cada paciente – ou você começará a soar familiar demais. Você também deve ter cuidado para não deixar nenhuma conversa trivial distraí-lo por muito tempo do propósito verdadeiro da entrevista.

Por que os pacientes fazem perguntas pessoais? Algumas decorrem da simples curiosidade. Outras podem ocultar preocupações com a formação profissional ou com a capacidade dos entrevistadores de ajudar. Oferecer reasseguramento sobre o treinamento e a competência é uma das razões por que os clínicos apresentam uma parede cheia de diplomas, licenças e outros certificados. Os estagiários normalmente não têm o benefício de certificados ou paredes. Ainda assim, você deve fornecer essas informações verbalmente, quando solicitadas. Não hesite em citar os nomes e os cargos dos seus supervisores se isso for necessário para tranquilizar um paciente especialmente ansioso.

Alguns pedidos de informações pessoais podem ser motivados por um desejo amplamente inconsciente de alcançar um sentido de igualdade com o entrevistador. Outros podem ocultar a tentativa de evitar a discussão de material delicado, e devem ser tratados com firmeza, mas com tato:

Paciente: Quantos anos você tem, afinal?
Entrevistador: Por que você quer saber?
Paciente: Você parece muito jovem para estar fazendo este tipo de trabalho.
Entrevistador: Bem, obrigado pelo elogio, mas não creio que minha idade seja relevante para a nossa discussão. Vamos nos concentrar em você. Voltando à pergunta que eu fiz...

Em algumas circunstâncias, as informações pessoais podem parecer relevantes para a sua entrevista. Se você decidir que esse é o caso, deve revelar algo sobre si mesmo:

Paciente: Você cresceu nesta cidade?
Entrevistador: O que faz você perguntar isso?
Paciente: Minha mãe me disse para pegar um terapeuta que tenha crescido aqui. Ela diz que ninguém mais entenderia como é crescer em um gueto.
Entrevistador: Entendo. Na verdade, eu não cresci aqui, mas foi onde fiz quase toda a minha formação. Eu morei aqui por quase 8 anos, e acho que tenho uma boa ideia de quais devem ter sido algumas de suas experiências. Mas tenho impressão de que você vai me contar muito mais.

Sempre que parece razoável, tendo a responder as perguntas de forma franca, pois acredito que acelera a criação do *rapport*.

DEMONSTRE SUA HABILIDADE

Você pode construir um outro caminho para o *rapport*, dizendo ao paciente que sabe algo sobre os sintomas e o que eles significam. Essa avaliação virá naturalmente ao final da entrevista inicial, quando você tiver obtido informações suficientes para saber do que está falando. Então, você provavelmente dirá algo como:

- "Sua condição na verdade é bastante comum – um dos problemas mais frequentes que os pacientes trazem para os clínicos que trabalham com saúde mental. Vi vários casos semelhantes nos últimos meses. Temos boas abordagens de tratamento disponíveis, então podemos enxergar uma boa perspectiva no seu caso."

Mesmo que você enfrente uma condição rara, poderá tranquilizar o paciente ao dizer que sabe onde procurar orientação:

- "Podemos resolver esse problema juntos".

Se você é estudante, provavelmente não terá tido muita experiência pessoal com a condição do seu paciente – ou de qualquer outro. Porém, você está ligado a um programa de formação que emprega professores experientes, que já encontraram muitos pacientes com condições semelhantes.

Gostaria de oferecer algumas advertências sobre a demonstração de habilidade. Em primeiro lugar, uma consequência natural da empatia é o respeito, o que implica que você deve se esforçar para não soar autoritário. Soar *competente* é bom, mas soar *autoritário* lembra o velho estilo clínico paternalista, que parece desrespeitoso no século XXI. De qualquer modo, ele nunca funcionou muito. Em segundo lugar, em seu zelo para deixar o paciente à vontade, não sucumba aos pedidos precoces por informações ou conselhos. Uma parte de ser um especialista é saber esperar até ter os fatos para justificar uma oferta de apoio. Precipitar-se com um diagnóstico ou sugestões para o tratamento às vezes pode levar à embaraçosa necessidade de retroceder no final. Finalmente, tente usar a sua erudição de forma leve. Inicie suas opiniões com "eu acho" ou "em minha experiência" – o paciente as escutará da mesma forma, e você evitará a necessidade de satisfazer uma aura de infalibilidade que ninguém consegue sustentar.

De maneira inevitável, você encontrará pacientes com quem não conseguirá trabalhar. Às vezes, isso se deve aos seus próprios sentimentos – com relação a um comportamento criminoso impenitente, talvez, ou alguém que lembre demais um ex-cônjuge. Em outras ocasiões, você notará algo que o paciente diz, como uma declaração de preferência por "um terapeuta cristão" ou uma outra orientação terapêutica, que simplesmente não se encaixa na situação.

Esses pacientes provavelmente serão poucos, mas você tem o dever de encará-los com honestidade. É claro que, para garantir que suas impressões estejam corretas, você deve concluir a avaliação antes de decidir. Então, poderá dizer algo como:

- "Francamente, acho que não sou a pessoa certa para lidar com o seu problema."

Então, continue explicando por que chegou a essa opinião (excluindo as partes pouco elogiosas) e aonde recomendaria que o paciente fosse:

- "O seu problema é algo com que não tenho muita experiência. Porém, conheço uma pessoa no mesmo prédio que fez um estudo com pessoas com a mesma dificuldade que você tem. Se quiser, posso escrever uma nota descrevendo minhas observações em seu caso."

4

CONTROLANDO A ENTREVISTA INICIAL DO PACIENTE

Passados alguns minutos do começo da maioria das sessões de entrevista inicial, o paciente deve estar relaxado para fornecer as informações de que você precisa. Grande parte da sua tarefa nesse momento é simplesmente manter o paciente falando. A maioria dos pacientes se sente bastante motivada para falar, e, geralmente, você precisa apenas escolher a estratégia que mais estimule. (Se isso não se aplicar à sua entrevista, você pode revisar o material apresentado nos Capítulos 16 e 17.)

Para manter o discurso fluindo livremente, interrompa o mínimo que puder. Qualquer coisa que disser – perguntas, comentários ou mesmo um pigarro para limpar a garganta – pode distrair. Desde que esteja descobrindo por que o paciente procurou tratamento, mantenha-se fora do caminho. Em termos práticos, normalmente você apenas escuta pelos primeiros minutos. Então, o fluxo de informações começa a diminuir ou toma o rumo errado, e você deve intervir. As intervenções escolhidas podem ajudar a determinar o sucesso geral da entrevista.

INCENTIVOS NÃO VERBAIS

Seu desafio mais frequente pode ser lidar com o silêncio. Os iniciantes muitas vezes consideram difícil tolerar o silêncio, pois sentem que cada lacuna na conversa, não importa o quão pequena, deve ser preenchida com palavras. É verdade que pausas maiores que dez ou quinze segundos podem fazer o entrevistador parecer frio, e isso desestimula certos pacientes. Pausas mais breves costumam significar apenas que o paciente está tentando organizar seus pensamentos para continuar a discussão. Não deixe que a ansiedade o faça descarrilar um trem de pensamentos que parou apenas para retomar o vapor.

Você deve aprender a caminhar sobre a tênue linha entre permitir breves pausas nas quais seu paciente organiza ideias e lacunas longas que façam você parecer insensível ou desinteressado. Um rápido olhar lhe dirá se a narrativa ainda está em andamento. Observe se o paciente está apenas recuperando o fôlego ou demonstrando outros sinais de atividade, como umedecer os lábios.

Você pode incentivar a fala usando pistas não verbais. Tenha o cuidado de não romper o contato visual. Um sorriso ou movimento da cabeça diz: "você está indo bem, continue em seu próprio ritmo". Outra técnica que os entrevistadores experientes usam quase sem pensar é inclinar-se um pouco para demonstrar interesse no que o paciente está dizendo. Essas pistas não verbais são os incentivos mais simples e, muitas vezes, os mais produtivos que você pode usar. Sem interromper, elas claramente indicam que você está atento e interessado. Elas fazem parte de uma linguagem corporal universal, que pede para o paciente continuar. Todavia, não enfatize demais nenhum desses gestos: um clínico que balança excessivamente a cabeça ou que sorri demais pode distrair o paciente, que pode questionar o que significam esses movimentos engraçados.

INCENTIVOS VERBAIS

A linguagem corporal ajuda, mas você também deve falar um pouco. As palavras que você escolhe são importantes: você quer facilitar, e não distrair. Portanto, fale o mais brevemente que puder enquanto ainda estiver transmitindo o significado que pretende.

Uma sílaba ou duas geralmente é tudo que se precisa. "Sim" ou "aham" indicam claramente que o material está registrado com você. Sem ser diretivo, interjeições e expressões breves pedem que o paciente continue falando. Use-as com frequência, talvez as intercalando aleatoriamente com incentivos não verbais. Um incentivo desses a cada um ou dois minutos deve ajudar o paciente a falar.

Existem várias outras técnicas verbais que você pode usar para solicitar informações adicionais. Elas são mais intrusivas que as citadas, de modo que você deve usá-las sem exageros. Ilustrarei cada uma delas – algumas são chamadas de "escuta reflexiva" – com um breve exemplo.

- Repita a última palavra do paciente com uma inflexão ascendente em sua voz para torná-la uma questão.

    Paciente: Eu estava tão incomodado que, por horas, parecia estar ouvindo vozes. (*Pausa*)
    Entrevistador: "Vozes?"
    Paciente: Na cabeça. Achei que tinha ouvido a voz da minha mãe chamando o meu nome.

- Continue a partir de uma palavra que o paciente usou antes. Essa técnica permite que você retorne a uma ideia que não foi a última discutida.

    Paciente: Sei que exagerei, mas estava me sentindo desesperada. Eu não conseguia dormir ou comer, e gritei com meus filhos.
    Entrevistador: Você disse que estava desesperada. (*Pausa*)
    Paciente: Sim, até pensei em suicídio.

- Peça mais informações diretamente.
    – "Fale mais sobre isso."
    – "Como assim?"

- Repita a pergunta quando o paciente parecer ter interpretado incorretamente a sua questão original.

    Entrevistador: Que tipo de trabalho você faz?
    Paciente: É na fundição na rua Elm.
    Entrevistador: E que tipo de trabalho você faz lá?

- Faça resumos breves. Geralmente, começam com "então você acha que..." ou "você quer dizer que..."

    Entrevistador: Então, há seis meses, você tem sentido depressão e ansiedade.
    Paciente: É. Ultimamente, tenho até tido pensamentos horríveis – ideias de me matar.

Às vezes, você recebe informações que não quer realmente. Não significa que descrições de férias recentes, brincadeiras dos filhos e nomes de namorados sejam desinteressantes, mas eles podem tomar o tempo que poderia ser mais bem usado explorando outras questões. Embora você possa desestimular esse tipo de armadilha verbal simplesmente se não reforçá-la, é melhor ser direto com o paciente:

– "Isso é interessante, talvez possamos voltar a isso mais tarde, mas agora eu gostaria de saber sobre..."

Ou talvez possa ser ainda mais direto:

– "Não, vamos manter nosso foco em informações que possam me ajudar a ajudar você."

OFERECENDO REASSEGURAMENTO

Reassegurar é qualquer coisa que você fizer para aumentar o sentido de confiança ou o bem-estar do paciente. O fato de isso mostrar que você gosta ou está interessado na pessoa, também pode promover o *rapport*. Usadas de maneira esparsa durante a entrevista inicial, as afirmações de apoio dizem que: "estou do seu lado. Nós vamos conseguir resolver isso".

Qualquer entrevista pode ser terapêutica. Estudos mostram que o simples ato de dividir os problemas com outra pessoa (até mesmo, em alguns casos, com um computador!) pode ajudar uma pessoa a assumir uma nova visão de questões antigas ou juntar as ideias de outras maneiras. Porém, com um paciente novo, você não pode simplesmente chegar e começar a dar conselhos, fazer interpretações ou "fazer terapia". Em vez disso, o propósito da entrevista inicial é obter as informações necessárias para planejar o tratamento. Por outro lado, você não deve perder a oportunidade de tranquilizar o paciente, desde que isso não interfira no principal objetivo da sua entrevista. Você pode até aumentar a confiança de alguns pacientes, o suficiente para que revelem material especialmente delicado que você não obteria de outra forma.

A linguagem corporal (sorrisos e balançar a cabeça) pode ser reasseguradora, mas reassegura-se principalmente por meio da fala. Para ser verdadeiramente reassegurador, tudo que você disser deve ser baseado em fatos. Não se vai longe dizendo "você tem uma boa cabeça para finanças" para um paciente que, em 45 anos, não economizou um centavo para sua aposentadoria. Além disso, você deve escolher suas palavras cuidadosamente. Evite clichês ou outras expressões estereotipadas que o farão soar como se estivesse respondendo apenas mecanicamente, e não de coração.

O reasseguramento que dá apoio deve ser factual, sincero e específico para a situação. Eis dois exemplos:

Paciente: Eu consegui obter duas promoções no ano passado.
Entrevistador: Então você realmente se saiu bem com o seu trabalho!
Paciente: Quando ele me ameaçou com a faca, pulei da janela do segundo andar e caí no telhado da garagem. Aquilo fez eu me sentir um tolo. Achei apenas que tinha economizado o trabalho dele de me cortar em pedaços.
Entrevistador: Isso pode ter salvado a sua vida! Talvez fosse a única coisa que você poderia ter feito.

Evite falsas generalizações cedo demais na entrevista ou falas que sejam baseadas em poucos fatos. Dizer "tenho certeza de que tudo vai dar certo" ou "esses medos parecem infundados" provavelmente parecerá vazio para a maioria dos pacientes, especialmente para aqueles paranoides ou com depressão grave. Eles *sabem* que as coisas não vão ficar bem! Mesmo indivíduos com doenças graves podem começar a questionar o seu conhecimento se você se precipitar com frases insípidas e abrangentes demais para serem confiáveis.

Ocasionalmente, um paciente expressará preocupação com base em uma concepção errônea sobre fenômenos mentais ou físicos. Nesse caso, você pode usar a sua habilidade para esclarecer as coisas sem interferir na obtenção da história.

Paciente: Nunca estive na Califórnia antes, mas de repente me ocorreu "já estive nesta mesma rua de São Francisco". Pensei se não estava ficando louco.

Entrevistador: Essa sensação se chama *déjà vu*. É muito comum e não significa que alguma coisa esteja errada. Agora, conte-me o que aconteceu depois.

Observe, porém, que esse entrevistador comete o erro de proporcionar reasseguramento *incondicional*. Embora o *déjà vu* quase sempre seja um fenômeno benigno, ele às vezes está associado a condições neurológicas, como, por exemplo, a epilepsia do lobo temporal. Contudo, sem mais evidências para substanciar, também seria um erro sugerir que pode haver qualquer significância patológica. Eis um ajuste razoável: *"geralmente*, não significa que haja algo errado".

Tenha cuidado para evitar comentários informais que possam ser perturbadores. Uma paciente descreveu um encontro sexual com seu primo e disse que não sabia se aquilo seria considerado molestar. "Me parece que ele a molestou", respondeu o jovem entrevistador. Essa resposta tinha o potencial de levantar ansiedades, com as quais a paciente não estava pronta para lidar. ("Como você interpreta isso?" teria sido uma resposta mais segura).

Na maior parte das vezes, suas tentativas de reasseguramento e de encorajamento serão bem-sucedidas. Entretanto, qualquer uma dessas técnicas pode sair pela culatra. Um paciente com delírios persecutórios pode interpretar até um gesto ou um sorriso amigável como deboche. Se você se aproximar de alguém que está bravo, talvez seja recompensado não com mais informações, mas com hostilidade ou silêncio profundo. Pode ser difícil julgar quando o paciente não será receptivo. Sua melhor aposta é começar lentamente. Seja amigável e agradável, mas não em um nível agressivo.

Procure pistas. Se você for agressivamente solícito, seu paciente pode apresentar um dos seguintes comportamentos:

- Cortar o contato visual
- Congelar a expressão
- Falar menos
- Mudar de posição nervosamente

Se você identificar qualquer um desses sinais de aviso, mude rapidamente para uma conduta mais reservada.

5
A HISTÓRIA DA DOENÇA ATUAL

Quando sentir que não existem outras áreas de problemas importantes para descobrir, encerre o período de fala livre e avance suavemente para a história da doença atual. (Todavia, enquanto obtém a história de maneira equilibrada, escute cuidadosamente em busca de outras pistas que possam indicar o caminho para mais explorações.) Agora, você explorará de maneira mais detalhada os problemas que trouxeram o paciente para o tratamento – o "filé" da entrevista inicial, incluindo uma descrição de sintomas, sua ocorrência temporal e possíveis estressores para cada um dos problemas que você identificou. Para ajudar nesse processo, você pode considerar as áreas de interesse clínico que cobriu durante o período de fala livre. Essas áreas foram mencionadas no Capítulo 2 e, como contêm material do exame do estado mental, não serão consideradas em sua totalidade até o Capítulo 13.

Embora alguns pacientes não tenham nenhum transtorno diagnosticável, a convenção manda rotular como "doença" tudo que leve alguém a fazer uma avaliação. Nesse sentido amplo, então, os desacordos conjugais e outros problemas da vida – mesmo o desejo de se compreender melhor – podem constituir uma "doença" que ninguém, muito menos o paciente, reconheceria como tal. Contudo, todos esses problemas têm precipitantes, sintomas, curso e outros aspectos que permitem sugerir um plano de ação efetivo.

O EPISÓDIO ATUAL

Ainda que você acabe querendo saber sobre todo e qualquer episódio, concentre-se primeiro no episódio atual da doença. Seu paciente estará mais preocupado com ele, e seus detalhes estarão mais vivos nas mentes de todos os informantes. É claro que você precisará de uma base de informações básicas sobre quais sintomas exatamente pode esperar encontrar em um episódio da doença. Para isso, você deve procurar em livros e outros recursos que tratem desse material (eu mesmo já escrevi um ou dois). O Apêndice D deste livro apresenta uma entrevista semiestruturada que cobre os sintomas encontrados geralmente nos transtornos mentais mais comuns. Se as suas primeiras experiências com entrevista foram como as minhas (veja o começo da introdução deste livro), você deve retornar ao paciente para fazer as perguntas que esqueceu na primeira ou na segunda vez.

DESCREVENDO SINTOMAS

Descubra o máximo que puder sobre cada sintoma que seu paciente relatar. (Lembre-se de que um *sintoma* é qualquer sensação subjetiva que faça o paciente pensar que algo está errado. Um sintoma pode ser uma dor, uma alucinação, uma sensação de ansiedade ou qualquer um entre muitos outros pensamentos, sentimentos ou comportamentos.) Esclareça os termos descritivos que forem usados: por exemplo, o que significa *nervoso* para o paciente?

Caracterize cada sintoma da forma mais completa que puder. Está sempre presente ou vem e vai (episódico)? Se episódico, como é o caso dos ataques de ansiedade e muitas depressões, com que frequência isso ocorre? Quão intenso é? É sempre igual ou varia? Lembre-se de que os sintomas podem aumentar e diminuir com o tempo ou com mudanças no ambiente. O paciente observou fatores (tais como atividade ou hora do dia) que pareçam estar associados ao sintoma? A intensidade ou a frequência do sintoma tem aumentado, permanecido igual ou diminuído? Quando seu paciente tem o sintoma, quanto tempo ele dura? Em que contexto ele ocorre? (Somente à noite? Apenas quando está só? Ou a qualquer momento?)

Como o paciente descreve o sintoma? A dor pode ser pungente, ardente, pesada, aguda ou total. As alucinações auditivas podem ser descritas conforme seu conteúdo (ruídos, murmúrios, palavras isoladas, sentenças completas), localização (dentro da cabeça do paciente, no ar ou no corredor) e intensidade (variando de gritos altos a sussurros distantes). Outros tipos de alucinações – da visão, tato, olfato ou paladar – podem ser descritos de maneira semelhante. Falarei mais sobre isso no Capítulo 12.

SINTOMAS VEGETATIVOS

Muitos pacientes com problemas sérios, tais como ataques de ansiedade, depressões e psicoses, têm *sintomas vegetativos*. Esse termo antigo refere-se a funções corporais que dizem respeito a manter a saúde e o vigor. Os sintomas vegetativos envolvem problemas com sono, apetite, alterações do peso, nível de energia e interesse sexual.

Nem todo paciente relata espontaneamente esses sintomas, mas, por serem encontrados em muitos dos transtornos mentais mais sérios, eles servem como uma ferramenta útil para a triagem. Você deve questionar a respeito deles rotineiramente. Procure especialmente por evidências de *alteração* a partir de um nível de funcionamento normal. Você pode encontrar uma ou mais das seguintes respostas:

- Sono. O paciente pode se queixar de sonolência excessiva (hipersonia) ou incapacidade de dormir (insônia). No segundo caso, observe qual parte do período normal do sono é afetada – o início (insônia inicial), o meio (insônia intermediária) ou o final (insônia terminal). A insônia terminal costuma estar associada a problemas mentais mais graves, como depressão com melancolia. A insônia inicial é muito mais comum, ela se manifesta, de vez em quando, em adultos normais devido a problemas do cotidiano. A insônia intermediária, quando o paciente acorda com pesadelos, pode ser encontrada em pacientes bebedores pesados ou que têm transtorno de estresse pós-traumático (TEPT). Observe como você pode investigar sobre problemas com o sono:

    Entrevistador: Você já teve problemas com o sono?
    Paciente: Sim, tem sido massacrante.
    Entrevistador: Que tipo de problema você teve?
    Paciente: Como assim?

Entrevistador: Bem, em que parte da noite você não dormia bem?
Paciente: Ah. Geralmente, é dificuldade para pegar no sono.
Entrevistador: Você costuma acordar de madrugada, antes da hora de levantar, e, depois, não consegue voltar a dormir?
Paciente: Sim, isso também. Acontece muito.
Entrevistador: Quanto tempo você costuma dormir?
Paciente: Ultimamente, acho que... provavelmente apenas 4 ou 5 horas.
Entrevistador: E você se sente descansado quando acorda?
Paciente: Ah sim, descansado como se tivesse carregado tijolos a noite toda!
Entrevistador: Que mudança isso representa para você?

- Apetite e peso. Podem aumentar ou diminuir com um episódio de doença. Você também deve descobrir o quanto a mudança é significativa (quanto peso o paciente ganhou ou perdeu e durante quanto tempo?). Pergunte também se essa alteração no peso foi intencional. Alguns pacientes dizem que não se pesaram nos últimos tempos; perguntar se as roupas estão frouxas ou apertadas pode ajudá-lo a avaliar.
- Nível de energia. O paciente reclama de se sentir constantemente cansado? Isso é diferente do normal para essa pessoa? Tem interferido de alguma forma no desempenho no trabalho, nos estudos ou nos afazeres domésticos? Você também pode ouvir queixas de mudanças em outras funções corporais, como os hábitos intestinais. Por exemplo, alguns pacientes com depressão grave têm constipação.
- Variação diurna do humor. Essa expressão se refere à tendência de certos pacientes de se sentirem melhor durante uma certa parte do dia. Pacientes com depressão grave se sentem mal quando levantam e melhoram à medida que passa o dia. Na hora de dormir, podem se sentir quase normais. Aqueles que são menos deprimidos costumam se sentir melhor no início do dia; mas deprimidos, lentos e cansados ao entardecer.
- Interesse e desempenho sexuais. O funcionamento sexual geralmente depende bastante do sentido de bem-estar do indivíduo. A perda do interesse pelo sexo costuma ser, portanto, uma das primeiras fatalidades dos distúrbios mentais. Além disso, tente descobrir como estes aspectos da vida sexual do paciente mudaram: frequência, capacidade e prazer. A direção da mudança pode ser ascendente ou descendente, dependendo do problema específico de saúde mental. O número e a escolha dos parceiros também podem ser afetados se o julgamento estiver comprometido. Uma descrição mais detalhada de sintomas e padrões sexuais será apresentada no Capítulo 9.

CONSEQUÊNCIAS DA DOENÇA

O transtorno mental pode interferir em todas as diferentes interações humanas. Por várias razões, é importante descobrir como a doença do paciente afetou o funcionamento e os relacionamentos em todas as áreas da vida, incluindo a social, a educacional/ocupacional e a familiar.

1. Isso pode proporcionar o índice mais confiável da gravidade. Até aqui, a maior parte da história que você ouviu foi altamente subjetiva: você depende do talento do paciente em separar fatos de opiniões. Em parte, porque isso pode ser verificado por conversas com informantes, o fato de um paciente faltar ao trabalho durante uma semana pode estar sujeito a menos distorção do que a quantidade de vodca que esse mesmo paciente consumiu.
2. O diagnóstico de certos transtornos depende muito das consequências sociais: quais foram os efeitos sobre o paciente ou sobre outras pessoas? Os transtornos por uso de substâncias e o transtorno de personalidade antissocial são exemplos de condições que podem acarretar problemas legais, financeiros, de saúde e interpessoais.
3. Você pode descobrir que os familiares culpam o paciente por ter sido despedido, por ter se divorciado ou por ter se afastado da família. Ainda assim, esses e vários outros relacionamentos humanos rompidos são, na verdade, *decorrências* de um transtorno mental. Esta visão pode ser valiosa para o paciente e seus familiares: ensinar a família e os amigos sobre as consequências da doença pode ajudar o seu paciente a ser mais bem compreendido.

Para saber os problemas sociais que a doença do paciente causou, comece com uma pergunta aberta que não limite as informações que você pode obter. Se o paciente perguntar o que você deseja com a sua questão, responda com exemplos do tipo de fatos que interessariam a você.

Entrevistador: Que tipo de dificuldades esse problema lhe causou?
Paciente: O que você quer dizer com dificuldades?
Entrevistador: Por exemplo, ajudaria saber se o seu problema mudou a maneira como você se relaciona com a sua família, seus amigos, trabalho, lazer – esse tipo de coisa.

Certifique-se de obter detalhes sobre respostas positivas. Entre as áreas a explorar, estão as seguintes:

- Conjugal/casal. Os pacientes moderadamente doentes geralmente experimentam desacordo em seus casamentos ou em outros relacionamentos amorosos. Com muita frequência, o transtorno mental pode levar ao divórcio ou à separação.
- Interpessoal. O paciente se sente distante dos familiares ou foi isolado pelos amigos? Você consegue dizer se esse é apenas um problema percebido ou se o comportamento tem sido problemático por tempo suficiente para fazer as pessoas realmente evitarem o paciente?

- Legal. Existem dificuldades legais? Elas são especialmente prováveis quando a história é complicada pelo uso de álcool ou outras substâncias. Pergunte:
  - "Você já teve dificuldades com a polícia ou algum outro problema legal?"
  - "Você já foi preso? Quantas vezes?"
  - "Você já esteve na cadeia? Por quanto tempo no total?"
  - "Você já foi condenado a uma instituição ou colocado sob controle de um tutor ou um guardião?"

Essas medidas legais sérias geralmente são tomadas somente depois de um longo surto de uma doença mental grave. Certifique-se de obter detalhes: acontecimentos que levem a uma ação legal; duração; nome e incumbências da pessoa legalmente responsável e o efeito da ação sobre o curso do transtorno.

- *Ocupacional/educacional*. Como resultado de problemas emocionais, o paciente faltou ao trabalho, demitiu-se ou foi demitido? Quantas vezes isso aconteceu? Problemas com o desempenho no trabalho às vezes são observados pelos supervisores ou colegas, mesmo antes de familiares notarem as dificuldades do paciente. Para pacientes mais jovens, as questões a considerar devem envolver a frequência e o desempenho na escola.
- *Pagamentos por deficiência*. O paciente recebe pagamento de benefícios do exército, da assistência social, de algum conselho de compensação do estado ou aposentadoria privada? Para qual transtorno? Que valor? Quanto tempo durará o pagamento?
- *Interesses*. O interesse em passatempos, leitura ou televisão mudou? E nas tarefas de casa? O interesse sexual aumentou ou diminuiu? E o desempenho sexual? Existem queixas de impotência, relações sexuais dolorosas ou incapacidade de atingir o orgasmo? Mais sobre isso no Capítulo 9.
- *Sintomas*. Quanto desconforto os sintomas causam? Que medos o paciente tem sobre os significados dos sintomas? Eles parecem acarretar morte ou invalidez permanente? Insanidade? Essas informações também ajudarão a avaliar a profundidade do *insight* e a integridade do julgamento do paciente, que discutiremos no Capítulo 12.

INÍCIO E SEQUÊNCIA DOS SINTOMAS

Além de uma descrição completa e exata dos sintomas, você deve estabelecer a ocorrência temporal e a sua sequência. Quando esses problemas começaram? Às vezes, o início pode ser relatado de forma bastante precisa: "comecei a beber novamente na noite de Ano Novo" ou "acordei me sentindo deprimido na semana passada, na quinta-feira". Porém, na maioria das vezes, a resposta não será tão exata, seja porque o paciente é vago ou porque o episódio começou de forma tão gradual que não se pode identificar o início.

Tente incentivar o paciente a dar informações precisas sobre o início de sintomas particularmente notáveis. (Às vezes, os detalhes são especialmente importantes, como no caso do primeiro episódio de pânico ou do acontecimento impactante que precipita o TEPT.) Os pacientes muitas vezes conseguem lembrar da primeira vez que tiveram esses problemas importantes, tais como desejos de morrer ou perda do interesse sexual, e você talvez consiga relacionar o início com datas ou acontecimentos importantes.

Entrevistador: Você começou a se sentir deprimido no Quatro de Julho do ano passado?
Paciente: Não, acho que não foi.
Entrevistador: E no outono então, por volta do seu aniversário?

Não importa o quanto você ajude, alguns pacientes simplesmente não conseguem dar uma data ou mesmo uma aproximação: "só sei que faz muito tempo. Muitíssimo tempo". Pressionar para obter uma resposta precisa provavelmente irá apenas frustrar os dois. Tente se concentrar em algo que o paciente possa ter pensado muitas vezes:

– "Quando foi a última vez que você se sentiu bem?"

Se isso falhar, pelo menos tente descobrir qual dos problemas graves começou primeiro. É importante para o diagnóstico saber, por exemplo, se o que começou antes foi o episódio de depressão ou de consumo exagerado de álcool. Pergunte:

– "Que sintomas você notou primeiro, a bebida ou a depressão?"
– "Quanto tempo levou para o outro sintoma se desenvolver?"

Se os sintomas oscilarem:

– "Eles variam juntos?"

ESTRESSORES

É claro que ter sintomas mentais já é bastante estressante, mas, aqui, iremos considerar o estresse em um outro sentido. Um *estressor* é qualquer condição ou acontecimento que pareça causar, precipitar ou piorar os problemas mentais do paciente.

– "Meu marido fugiu com a secretária".
– "Eu não queria mais depender de remédios, então parei de tomar".
– "Meu gato morreu".

A variedade de estressores possíveis é enorme, e aquilo que pode ser levemente estressante para uma pessoa pode parecer catastrófico para outra. Durante anos, os manuais diagnósticos têm listado nove grupos de potenciais problemas psicossociais e ambientais, compreendendo muitos estressores individuais. Na Tabela 5.1, parafraseei muitos dos estressores. Eles devem ter ocorrido durante o ano anterior à avaliação. Caso tenham ocorrido antes disso, devem ser foco de tratamento ou devem ter contribuído para o desenvolvimento do transtorno mental para contarem como estressores atuais. Ao citá-los no Eixo IV, seja o mais específico possível.

Os pacientes muitas vezes mencionam estressores durante o período de fala livre ou quando citam a queixa principal. Se não mencionarem, você deve perguntar. Um bom momento para fazer isso é logo após identificar o início aproximado do episódio da doença. Se encontrar um estressor, tente descobrir como ele afetou o curso da dificuldade do paciente. Pergunte:

– "Tinha alguma coisa acontecendo na época que possa ter causado seus sintomas?"
– "Como afetou você?"

Se o seu paciente não conseguir pensar em outro estressor, você deve repassar a lista de possibilidades, pausando brevemente para que ele possa pensar:

– "Pode ter acontecido alguma coisa em casa? No trabalho? Com os amigos? Algum problema legal? Doença? Problemas com as crianças? Com seu cônjuge?"

TABELA 5.1
Problemas psicossociais e ambientais

Estes estressores podem ter causado um Transtorno do Eixo I ou do Eixo II, ou podem ser independentes.

- Acesso a serviços de saúde: plano de saúde ou serviços de saúde inadequados; falta de transporte até os serviços de saúde
- Econômicos: pobreza acentuada; finanças ou assistência social inadequadas
- Educacional: problemas acadêmicos; brigas com colegas e professores; analfabetismo; ambiente escolar inadequado
- Habitação: falta de moradia; habitação inadequada; bairro perigoso; brigas com senhorio ou vizinhos
- Sistema legal/crime: prisão; encarceramento; litígios; ser vítima de crimes
- Ocupacional: horário ou condições de trabalho estressantes; mudança ou insatisfação no trabalho; brigas com supervisor ou colegas de trabalho; aposentadoria; desemprego; ameaça de perder o emprego
- Ambiente social: morte ou perda de amigo; dificuldade com aculturação; discriminação; morar só; isolamento social
- Grupo de apoio: morte ou doença de familiar; perturbação familiar por divórcio ou separação; novo casamento dos pais; abuso físico ou sexual; desacordo com familiar
- Outro: brigas com cuidadores de fora da família (conselheiro, assistente social, médico); indisponibilidade de agências de serviço social; exposição a desastres, guerra ou outras hostilidades

Para certos episódios de doenças, você não encontrará nenhum estressor, mas, para um paciente, quase qualquer coisa pode parecer uma causa possível de transtorno emocional. Portanto, os acontecimentos relatados como estressores podem ser nascimentos, mortes, casamentos, divórcios, perda de emprego, rompimentos amorosos, problemas de saúde e praticamente qualquer outro trauma emocional em que você possa pensar, além de muitas experiências de vida que possam parecer rotina.

Todavia, apenas porque seu paciente identifica algo como um estressor, não significa que esse "algo" realmente fez o transtorno acontecer. Muitas vezes, dois acontecimentos simplesmente ocorrem por coincidência, mas nós tendemos a colocar a culpa de qualquer problema no que tiver acontecido antes. Por exemplo, se você verificar cuidadosamente o curso temporal da depressão da sra. Albert, poderá descobrir que ela tinha alguns sintomas – talvez insônia e crises de choro – mesmo antes do marido a abandonar.

O "estressor" de outro paciente pode parecer uma causa improvável de doença, como no caso da mulher cuja depressão avassaladora começou, segundo ela, quando soube que sua sobrinha estava grávida. Mesmo que o estressor não pareça estar relacionado com o transtorno, tome nota. Você pode avaliá-lo posteriormente, à luz de tudo mais que for descoberto sobre o paciente.

Mesmo que não consiga encontrar nada que tenha precipitado o episódio de doença mental, tente responder esta questão: por que o seu paciente procurou uma avaliação agora? Em certos casos, a decisão não terá sido do paciente, mas de outra pessoa que percebeu a necessidade de ajuda devido a uma tentativa de suicídio, à compra de uma arma ou a uma intoxicação aguda. Se a resposta não for tão óbvia, a melhor abordagem é perguntar:

- "Esse problema tem incomodado você há muito tempo. O que o fez procurar ajuda agora?"

Quando o paciente procurar a avaliação voluntariamente, é provável que fale de pedidos de familiares preocupados, do medo de perder um emprego valorizado ou da ansiedade de que os sintomas piorem.

EPISÓDIOS ANTERIORES

Saber sobre episódios anteriores da mesma ou de uma condição mental diferente pode ajudá-lo a determinar o diagnóstico e o prognóstico para o futuro. Quando isso acontecer, você já pode ter ouvido detalhes de episódios anteriores; se não, pergunte:

- "Quando foi a primeira vez que você se sentiu assim?"
- "Você procurou tratamento naquela época ou depois?"
- "Por que você esperou?"
- "Qual foi o diagnóstico?" (Pode haver mais de um.)

Desde o primeiro ataque, houve recuperação total, ou o paciente continuou a ter sintomas residuais ou uma mudança de personalidade? Essa questão da recuperação total pode ser bastante importante. Por exemplo, ela pode ajudar a diferenciar esquizofrenia (da qual muitos pacientes nunca se recuperam totalmente) de um transtorno do humor com sintomas psicóticos (que costuma se resolver completamente).

Como o paciente reagiu aos sintomas ou episódios anteriores da doença? Alguns pacientes podem simplesmente tê-los ignorado, enquanto outros podem ter tentado escapar largando o emprego, fugindo de casa, tentando o suicídio ou abusando de álcool ou outras drogas. As pessoas que têm alucinações auditivas às vezes aumentam o volume do rádio para abafar o som. Algumas conversam com um amigo ou um conselheiro religioso. Seja qual for o comportamento usado para enfrentar o problema, essa informação pode ajudá-lo a avaliar a gravidade do episódio atual, comparando-o com episódios anteriores. Além disso, também ajuda a prever como seu paciente agiria se a doença continuasse sem tratamento.

TRATAMENTO ANTERIOR

O paciente já fez tratamento antes? Tente descobrir o nome e, certamente, a profissão do terapeuta. Quanto tempo durou o tratamento?

Você também deve tentar avaliar se o paciente aderiu ao tratamento. Se você fizer uma pergunta direta sobre isso, o orgulho ou a culpa podem fazer alguns pacientes ter dificuldade para responder a questão. Tente o seguinte:

- "Você geralmente conseguia seguir as instruções do terapeuta?"

Se a resposta for "não", pergunte:

- "Que tipo de dificuldade você tinha?"

Foram prescritos medicamentos? Se foram, quais e em que doses? Houve efeitos colaterais da farmacoterapia? Se o paciente não souber os nomes dos remédios anteriores, uma descrição física das drágeas ou das cápsulas pode dar algumas pistas. Uma lista de efeitos colaterais também pode ajudar na identificação do medicamento. Descubra se foram usados medicamentos injetáveis, especialmente os antipsicóticos injetáveis de ação prolongada, como, por exemplo, a forma de decanoato da flufenazina (Prolixona)* e haloperidol (Haldol).

Quais foram os efeitos dos tratamentos anteriores – alguma coisa ajudou? Se for o caso, tente obter uma opinião sobre qual tratamento ajudou mais (Conversar com um terapeuta? Terapia comportamental? Eletroconvulsoterapia? Medicamentos?). Você se surpreenderá. Embora a medicação atual possa ser um antipsicótico, o paciente além de dizer que o lítio foi o que mais ajudou, pode pedir mais.

O paciente já foi hospitalizado? Se foi, quantas vezes? Onde, e por quanto tempo? Se o tempo for curto e o paciente for instruído e cooperativo, você pode pedir um resumo escrito das hospitalizações anteriores, a ser trazido na próxima entrevista.

---

* N. de R.T. Medicamento não disponível no Brasil.

6

OBTENDO OS FATOS SOBRE A DOENÇA ATUAL

De todas as partes da entrevista inicial em saúde mental, a história da doença atual talvez seja a mais importante. (E também a que é negligenciada com mais frequência.) É aqui que você desenvolverá a maior parte das informações e testará as hipóteses que formam a base para o seu diagnóstico. Esse processo exige que você obtenha informações extremamente válidas, ou seja, ele deve refletir da melhor maneira possível os fatos reais da história do paciente. Existem várias coisas que você pode fazer para aumentar a validade das informações que registra na história da doença.

SEJA CLARO QUANTO AOS OBJETIVOS DA ENTREVISTA

Se tudo der certo, suas expectativas de exatidão serão compreendidas desde o começo. Ainda assim, no meio da entrevista, seu paciente aparentemente sincero pode parecer estar ocultando alguma coisa de você. Alguma coisa no jeito do paciente pode lhe dizer – hesitação na fala ou relutância para olhá-lo no olho. É claro que a sua primeira tarefa deve ser tentar entender esses comportamentos. Trataremos em detalhe das razões para a resistência no Capítulo 16. Para evasões e omissões menores, talvez seja suficiente apenas reafirmar o objetivo da entrevista:

– "Sei que esses temas são difíceis de falar, mas, para ajudá-lo, preciso de toda a informação que puder conseguir".

Se você é estudante, terá menos autoridade para exigir cooperação, mas pode experimentar algo como:

– "Sinto muito por estar lhe incomodando com esta linha de questionamento, mas você tem me ajudado muito com meus estudos. Sei que é doloroso falar disso, mas quem sabe fazer contato com algumas dessas recordações e sentimentos não pode até ajudar o senhor a entender os seus problemas?"

Pode ser especialmente difícil obter fatos de qualidade dos adolescentes. Alguns se preocupam com o que você pode contar aos pais, enquanto outros desconfiam de qualquer pessoa que seja cinco anos mais velha. Seja qual for a causa, alguns adolescentes têm dificuldade para falar a verdade. Às vezes, repetir suas garantias sobre a confidencialidade ajuda. Sempre digo algo como:

– "Como você sabe, depois que terminarmos, preciso falar com os seus pais. Porém, tudo que possa falar a eles, discutirei primeiro com você. E enquanto acreditar que você está em segurança, se você me contar algo que não queira que eu fale a ninguém, respeitarei sua confiança."

Em alguns estados, pode-se aconselhar ou tratar adolescentes para certas indicações – doenças venéreas, controle de natalidade –, mesmo sem informar seus pais. Garantindo a confidencialidade quando os adolescentes possam ter receio de falar aos seus pais, esses estados aprovaram leis na esperança de incentivar os jovens a consultar as pessoas adequadas em relação a condições de saúde importantes. Nesses casos, você deve trabalhar com o paciente para determinar a melhor maneira de informar os pais, em vez de assumir essa responsabilidade para si. Se o adolescente foi trazido pelos pais, você, como regra geral, deve consultá-los – depois de informar ao paciente o que pretende dizer.

Informações que não são válidas podem confundir, principalmente na entrevista inicial, de modo que alguns clínicos começam entrevistas com adolescentes indicando que preferem o silêncio à desinformação. Eis como se pode colocar isso:

- "Muitas das coisas que vou lhe perguntar são pessoais. Algumas delas podem ser bastante embaraçosas ou mesmo assustadoras, mas, para que eu possa ajudá-lo, é importante que eu não me confunda com coisas que não sejam verdadeiras. Então, se não conseguir falar sobre o que estou perguntando, por favor não invente uma resposta. Apenas diga que não quer falar disso agora, e passamos para outra coisa!".

IDENTIFIQUE SUAS DISTRAÇÕES

Dificilmente, um entrevistador avança suavemente e de forma lógica, cobrindo um tema por completo antes de passar para outro. De fato, entrevistadores experientes já esperam sofrer distrações de vez em quando por causa de coisas, digamos, inesperadas. Quando um novo material interrompe o fluxo da entrevista, você pode investigar imediatamente ou, se achar que o primeiro tema é mais importante, tomar nota para retornar mais adiante. Se escolher a segunda linha de ação, você deve reconhecer que o paciente disse algo importante e prometer que retornará àquilo em seguida.

Paciente: Ontem, eu estava tão incomodado comigo mesmo que peguei a minha mala, só para sentir como seria tê-la em minha mão.

Entrevistador: Você deve ter se sentido bastante mal para pensar em fugir. Vamos falar mais sobre essas ideias em seguida, depois que terminarmos de falar da bebida.

Na entrevista clínica, você deve conciliar constantemente dois princípios opostos: obter todas as informações necessárias enquanto evita o atoleiro de detalhes excessivos. Por exemplo, você quer saber sobre os problemas familiares que ocorreram há um mês, quando o paciente estava entrando em depressão profunda, mas não às custas de identificar sintomas suficientes da depressão para fazer um diagnóstico sólido. Resolver esse dilema muitas vezes implica postergar questões que, por mais que se queira as respostas, devem assumir uma posição secundária em relação a outras mais urgentes. É o momento ideal para fazer anotações para referência futura.

USE PERGUNTAS ABERTAS

Antes de mais nada, você quer informações que sejam válidas. Estudos mostram que os pacientes fornecem informações mais válidas quando podem responder livremente, em suas próprias palavras, da maneira mais completa que desejarem. Assim, sempre que possível, formule suas perguntas de um modo aberto, que permita uma resposta mais ampla. Eis alguns exemplos:

- Em vez de "você tinha insônia quando estava deprimida?", tente "como estava o seu sono?". (O paciente pode ter dormido demais, em vez de ter insônia.)
- Em vez de "quantas vezes você foi hospitalizado?", tente "fale-me das suas hospitalizações anteriores". (Os detalhes podem revelar tentativas de suicídio ou consumo exagerado de álcool.)
- Em vez de "você perdeu o apetite?", tente "até que ponto seu apetite mudou?". (A expressão "até que ponto" pode transformar quase qualquer questão fechada em uma pergunta aberta.)

USE O MESMO LINGUAJAR DO PACIENTE

Mesmo os entrevistadores mais experientes devem se proteger contra o uso de palavras técnicas que os pacientes podem não entender.

– "Sua libido se mantém saudável?", perguntava um professor de psiquiatria durante seus *rounds* pelo hospital. A paciente, uma jovem robusta que havia abandonado o ensino médio, parecia perplexa.

Se você usar uma palavra desconhecida e o paciente pedir que defina, você não perderá nada além de um pouco de tempo.

Alguns pacientes pensam que entendem, mas não. Se respondem a questão que *pensaram* que você tinha perguntado, as informações recebidas podem não ser corretas. Outros relutam em admitir sua ignorância e não dizem nada. Você aumentará a validade se colocar as perguntas em um nível que o paciente possa entender, tome cuidado para não depreciá-lo.

Um entrevistador perguntou ao paciente, um homem com mestrado em psicologia: "como está o penso?". O paciente, a princípio, não entendeu. Quando o clínico explicou o que queria dizer, o paciente se sentiu tão ofendido que saiu da sala sem terminar a entrevista.

Embora muitos pacientes não reajam de forma tão extrema, lembre-se de tratar todos os adultos (e crianças também) com total respeito por sua inteligência e seus sentimentos.

Na sociedade civilizada, todos usam circunlóquios em determinado momento. Por exemplo, "dormir com alguém" costuma ser usado para significar "ter relações sexuais com alguém" – nada a ver com dormir. Você deve tentar preservar as amenidades, é claro; mas sua principal obrigação deve ser comunicar-se com exatidão. Perguntar se o paciente fazia "sexo antes de se casar" é discreto, mas impreciso. Quase todos fazem, mesmo que apenas por masturbação. Se você realmente quiser saber sobre a história de relações sexuais, faça essa pergunta nas palavras exatas. No Capítulo 9, mostraremos alguns métodos para ajudar a lidar com temas delicados, tais como sexo, suicídio e uso de substâncias.

Você deve se esforçar para garantir que entende o que o seu paciente está tentando dizer. Por exemplo, o que significa "eu estava fora da casinha"? Para descobrir, você pode fazer duas coisas:

1. Mostre que compreende a expressão: "você quer dizer, estava muito aflito?".
2. Simplesmente pergunte o que quer dizer: "não entendo como sua colocação está relacionada

com o que estamos conversando".

Para garantir uma boa comunicação, sua atenção constante será necessária. É muito fácil pressupor que você sabe o que o paciente quer dizer, quando, na verdade, os dois estão falando línguas diferentes.

Na mesma linha, tenha cuidado para não julgar o comportamento das pessoas segundo o seu. Um exemplo comum é a duração do sono. Você pode pensar que o seu paciente, que dorme seis horas por noite, sofre de insônia, mas, para certas pessoas, isso é o bastante (Thomas Edison dormia apenas quatro). Tenha em mente a variedade quase inesgotável de preferências e hábitos humanos, e proteja-se da tentação de impor seus padrões nos outros.

ESCOLHA AS PERGUNTAS CORRETAS PARA A INVESTIGAÇÃO

Quando quiser saber sobre alguma coisa, apenas pergunte. Um pedido simples de informações normalmente trará o que você deseja com o mínimo esforço. Seu paciente possivelmente gostará da franqueza. Se usar uma pergunta aberta, você provavelmente obterá detalhes.

Quando chegar a hora de mergulhar mais profundamente nos problemas do paciente, escolha suas perguntas tendo dois princípios em mente:

1. Selecione perguntas que resolvam questões pendentes. É mais eficiente concentrar seus esforços em áreas que o seu paciente ainda não tenha tratado.
2. Se suas perguntas mostrarem que você sabe muito sobre a doença, você será percebido como conhecedor. O somatório do *rapport* e da confiança deve levar a um compartilhamento maior de informações.

Nesse ponto da sua entrevista, você está interessado nos fatos, de modo que perguntas que comecem com "por que..." devem ser evitadas. Isso se aplica especialmente se as questões se referem às opiniões do paciente ou ao comportamento de outras pessoas. Além disso, esse tipo de pergunta pode ser frustrante para pacientes com pouco *insight*, e essa frustração pode inibir a formação do *rapport*.

- "Por que você acha que está tendo esses sintomas agora?"
- "Por que o seu chefe disse isso?"
- "Por que o seu filho saiu de casa?"

Cada uma dessas perguntas é um convite à especulação, em detrimento de fatos. Talvez mais adiante, você queira ouvir falar de interpretações possíveis; no começo, porém, você deve evitar as opiniões e se concentrar em dados que favoreçam suas próprias conclusões. Tente pedir mais detalhes ou alguns exemplos típicos. (Um aviso necessário: mais adiante, quebrarei a minha própria regra e citarei algumas situações específicas nas quais você pode usar perguntas começadas com "por que" e ter um bom efeito.)

A obtenção de uma boa história depende em parte de saber quais questões ajudarão a entender melhor os fatos sobre sintomas ou problemas do paciente. Cada sintoma tem um conjunto singular de detalhes que devem ser explorados, mas, para uma exploração plena e rica de qualquer comportamento ou acontecimento, sempre são necessárias algumas informações, incluindo detalhes precisos sobre os seguintes aspectos dos sintomas:

- Tipo
- Gravidade
- Frequência
- Duração
- Contexto em que ocorrem

Como agora está procurando detalhes específicos, você deve usar perguntas mais fechadas – aquelas que podem ser respondidas em poucas palavras e *não* convidam o paciente a fazer maiores comentários. Você ainda deve incluir algumas perguntas abertas, de modo a estimular o paciente a relatar material adicional que você possa não ter pensado em perguntar. No exemplo seguinte, o clínico usa uma mistura de perguntas fechadas e abertas para explorar as crises de ansiedade do paciente:

Entrevistador: Quando você notou esses episódios de ansiedade? [fechada]
Paciente: Acho que foi há uns dois meses – eu tinha começado meu novo trabalho na prefeitura.
Entrevistador: Você pode descrever um episódio para mim? [aberta]
Paciente: É sempre mais ou menos igual. Sem nenhuma razão, eu começo a me sentir nervoso e com medo de não conseguir respirar. É muito assustador.
Entrevistador: Com que frequência eles ocorrem? [fechada]
Paciente: Tem ficado mais frequente. Não sei dizer.
Entrevistador: Bom, mas são várias vezes por dia, uma vez por dia, uma vez por semana? [fechada, múltipla escolha]
Paciente: Uma ou duas vezes por dia, eu diria.
Entrevistador: E o que você faz a respeito? [aberta]
Paciente: Geralmente, eu me sento. Normalmente estou tremendo demais para ficar em pé. Depois de uns 15 minutos, começa a passar.
Entrevistador: Que tipo de ajuda você já procurou? [aberta]

Algumas regras de entrevista parecem óbvias, mas devem ser mencionadas.

- *Não formule perguntas no negativo.* ("Você não tem bebido demais, tem?") O efeito é telegrafar uma resposta esperada, que, no caso, seria "claro que não".
- *Não faça perguntas duplas.* ("Você tem dificuldades com o sono ou com o apetite?") As questões duplas podem parecer eficientes, mas são confusas. O paciente pode responder a uma parte da questão e ignorar a outra, sem você se dar conta.
- *Evite perguntas indutoras.* ("A bebida já lhe causou algum problema sério, como, por exemplo, faltar ao trabalho?") Uma pergunta indutora é aquela que (de forma ampla) dá pistas da resposta esperada. Em programas policiais da televisão, os juízes indeferem as perguntas indutoras, e você deve fazer o mesmo. Elas representam o oposto da sua busca por uma investigação honesta e aberta: "Você já faltou ao trabalho por causa da bebida?".
- *Incentive a precisão.* Sempre que adequado, pergunte por datas, horas e números.
- *Faça perguntas breves.* Perguntas longas, com muitos detalhes explicativos, podem confundir o paciente e também ocupam tempo que você poderia estar usando para obter informações.
- *Continue procurando novas pistas.* Mesmo quando você está no rastro de informações vitais, mantenha-se atento a pistas de outras direções a explorar posteriormente.

Paciente: ... é sobre a história da minha primeira tentativa de suicídio. Aquilo incomodou muito a minha mãe, tanto que ela teve um colapso nervoso. Você quer saber sobre a outra tentativa?

Entrevistador: (*Anotando no bloco: "colapso da mãe".*) Sim, por favor.

CONFRONTAÇÕES

Esclareçamos, uma *confrontação* não significa demonstrar raiva, muito menos chegar às vias de fato. No contexto de uma entrevista de saúde mental, simplesmente significa apontar algo que se deve elucidar. Pode ser uma inconsistência entre dois pontos da história ou entre a história e como o paciente se sente a respeito. O propósito da confrontação é ajudar você e o paciente a se comunicarem melhor.

Entrevistador: Observei que sempre que eu pergunto sobre o seu pai, você desvia o olhar. Você notou isso?
Paciente: Não, não notei.
Entrevistador: O que você acha que isso significa?

Geralmente, na entrevista inicial, deve-se tentar evitar qualquer confrontação maior que o exemplo moderado citado. Nas primeiras consultas, vocês não se conhecem bem, e o paciente pode se sentir ameaçado ou pressionado por um desconhecido que aponta suas inconsistências. Isso pode levar a pouca cooperação com a história ou, em casos extremos, a um rompimento na comunicação. Porém, se você achar que está recebendo informações contraditórias sobre algo importante, tente aumentar a validade pedindo um esclarecimento.

Quando pedir, aja com suavidade. A experiência de ser interrogado pode ser desagradável; faz o sujeito se sentir atacado e defensivo. Se, pelo contrário, você fizer suas confrontações de maneira afetuosa e empática, é menos provável que sejam rejeitadas. Se o paciente enxergar você como alguém interessado e preocupado, a confrontação deve promover a autoexploração.

Você também pode fazer a confrontação não parecer tanto com um desafio, escolhendo suas expressões cuidadosamente. Você pode expressar surpresa e pedir ajuda:

– "Eis uma coisa que eu não entendi. Você acaba de dizer que seu marido a levou para o hospital, mas eu entendi que ele tinha fugido com a secretária."

Observe o "eu entendi". Ele implica que o entrevistador pode estar enganado. O efeito geral da confrontação citada é tornar o entrevistador e a paciente colaboradores na busca pela verdade. Em outro exemplo, para um paciente que fez o que lhe parece ser uma conexão ilógica (talvez delirante), você pode simplesmente sondar: "acho que não estou acompanhando isso".

Suponhamos que você observe que a expressão facial e o conteúdo do pensamento do seu paciente não se encaixam. Uma confrontação pede esclarecimento:

– "O que você me disse sobre sua sogra é triste, mas você parece estar sorrindo. Deve haver algo mais nessa história."

Seja qual for o problema, tente restringir suas confrontações a uma ou duas questões essenciais. De outra forma, você coloca em risco o *rapport* com seu novo paciente. Para garantir esse tratamento apenas para as questões mais importantes, pode ser melhor guardar as confrontações para mais perto do fim da entrevista. Seu relacionamento deve estar mais forte então (o risco será menor), e você já terá obtido a maioria das informações (há menos a perder). Qualquer risco que você correr será a serviço de resolver questões importantes.

7
ENTREVISTANDO SOBRE SENTIMENTOS

Datas, acontecimentos e outros fatos representam apenas o esqueleto dos problemas do paciente. Eles devem ser completados com sentimentos e reações para substanciar os problemas. Seja qual for a natureza dos problemas – mesmo em pacientes psicóticos – os sentimentos em relação à doença e, de fato, em relação à própria entrevista, provavelmente estão entre as informações mais importantes que você obtém durante toda a entrevista. Ainda assim, os estudos mostram que, de todos os tópicos que devem ser tratados em uma entrevista inicial para saúde mental, aqueles que costumam ser mais ignorados pelos entrevistadores iniciantes são os sentimentos.

SENTIMENTOS NEGATIVOS E POSITIVOS

As pessoas podem sentir uma variedade surpreendente de sentimentos. Fiz uma lista com alguns deles (Tabela 7.1) e tentei ser abrangente. Alguns são humores ou afetos importantes, enquanto outros são variações ou combinações. Todos são representados por palavras de uso comum. Embora, em quase todos os casos, exista uma forma em substantivo, listei os adjetivos (com sinônimos ocasionais), pois é como as pessoas usam essas palavras em referência a si mesmas. Por exemplo, um paciente estaria mais inclinado a dizer "estou ansioso" do que "estou com ansiedade".

Na maioria dos casos, combinei os sentimentos com seus opostos. Observe que os sentimentos negativos são consideravelmente mais numerosos que os positivos. Omiti os antônimos mais óbvios (palavras com *des* e *in*) e não incluí certas palavras que são vagas demais para serem usadas como descritores, tais como *ruim, bom, nervoso* e *desconfortável*. Como queria incluir apenas os termos que são usados para descrever como as pessoas se sentem, em certos casos, não coloquei nenhum antônimo. Assim, *inocente* não é fornecido como antônimo para *culpado*, pois as pessoas não costumam dizer que se sentem inocentes – "eu *sou* inocente" denota convicção, e não emoção.

Você pode obter informações sobre os sentimentos da maioria das pessoas que são normalmente expressivas apenas observando-as e escutando-as cuidadosamente. Porém, certos pacientes relutam em compartilhar seus sentimentos. Mesmo quando estão dispostos a falar, eles escondem suas emoções profundamente. Então, você deve explorar para evocar os sentimentos.

EVOCANDO SENTIMENTOS

Muitos pacientes – talvez a maioria – expressarão seus sentimentos adequadamente se você simplesmente perguntar. Os pacientes não parecem se importar com esse método. De fato, estudos mostram que a maioria dos pacientes e informantes prefere essa abordagem direta, desde que o entrevistador tenha um modo afetuoso e cuidadoso e seja atento, cortês e responsivo.

TABELA 7.1
Sentimentos negativos e positivos

SENTIMENTOS NEGATIVOS	SENTIMENTOS POSITIVOS
Receoso, temeroso, apreensivo	Confiante
Bravo	
Ansioso	Contente, calmo, tranquilo
Apático, indiferente	Ávido, entusiasmado, interessado
Envergonhado	Orgulhoso
Confuso, perplexo, chocado	Certo, seguro
Carente	
Decepcionado	Satisfeito
Desgostoso	Encantado
Insatisfeito	Satisfeito
Embaraçado	
Invejoso	
Tolo	
Frustrado	Estimulado
Culpado	
Hostil	Afetuoso, amoroso
Impotente, dependente	Independente
Desamparado, aprisionado	Esperançoso
Humilhado	
Impaciente	Paciente
Indignado	Contente
Inferior	Importante
Ciumento	
Solitário	Sociável
Pessimista	Otimista
Arrependido	
Rejeitado	Aceito
Ressentido	
Triste, infeliz, deprimido	Alegre, feliz, eufórico
Tímido, introspectivo	Confiante
Surpreso, pasmo, espantado	Preparado
Desconfiado	Confiante
Tenso	Descontraído
Inseguro	Determinado
Inútil, imprestável	Útil, prestimoso
Vulnerável	Seguro, cauteloso
Preocupado	Despreocupado
	Agradecido, grato
	Simpático

Os examinadores exitosos usam duas técnicas especialmente boas para evocar as emoções, as já mencionadas perguntas diretas e perguntas abertas.

Perguntas diretas sobre sentimentos

Procure uma oportunidade para perguntar sobre os sentimentos associados a qualquer um dos fatos discutidos. Simplesmente perguntar seja talvez o método mais efetivo de evocar as emoções, mas tenha cuidado para usar a palavra *sentimentos* ou um sinônimo. Se você se enganar e disser, por exemplo, "o que você *pensa*?", estará se arriscando a obter muito material factual e cognitivo, especialmente se o seu paciente for bastante instruído ou tender a intelectualizar. Eis alguns exemplos de perguntas sobre os sentimentos:

- "Como você se sentiu quando descobriu que teria de se mudar?"
- "Como ficou o seu humor quando você recebeu a intimação?"

Os pacientes estão acostumados a responder perguntas, e geralmente fornecem informações sobre quase qualquer estado emocional que você pareça suficientemente interessado em perguntar.

Perguntas abertas

Sem perguntar especificamente como o paciente se sente, as perguntas abertas incentivam a expressão livre das emoções. Esse método funciona porque sua relativa liberdade estimula os pacientes a falar bastante. Quanto mais as pessoas falam, mais próximas elas ficam de revelar informações carregadas de emoções.

Essa técnica, que na verdade é uma extensão da fala livre, sugere que você se preocupa e indica como o paciente percebe a situação como um todo. Por outro lado, as perguntas fechadas e com respostas curtas podem sugerir que você já decidiu o que é importante, o que pode reduzir a motivação do paciente para contar toda a história. Além disso, parece óbvio que, quanto menos tempo você passar fazendo perguntas, mais tempo seu paciente terá para revelar seus sentimentos.

As perguntas abertas também podem ajudar pacientes que tenham dificuldade para separar ou aceitar emoções conflitantes – como na velha piada sobre assistir a sua sogra cair do penhasco com o carro novo do genro. Para descrever as emoções conflitantes, costumamos usar o termo *ambivalência*. A maioria das pessoas considera difícil expressar sentimentos ambivalentes em poucas palavras. Porém, uma fala comparativamente longa e ininterrupta pode proporcionar o tempo necessário para que o paciente pense e expresse esses sentimentos. Eis um exemplo de uma pergunta aberta que revelou sentimentos claramente ambíguos:

Entrevistador: Há alguns minutos, você disse que a sua esposa tem falado em divórcio. Pode me falar mais sobre isso?
Paciente: Tem sido um tempo difícil para mim... sei que... bem, sempre senti que, se você fracassar no casamento, terá fracassado na vida. Pelo menos, é o que a minha mãe sempre disse.
Entrevistador: (*Faz um gesto de encorajamento com a cabeça.*)
Paciente: Mas quando eu penso a respeito... sabe, tivemos tanta dificuldade para nos relacionar, quase desde que... bem, desde que as crianças nasceram. Talvez nós não tenhamos tido um casamento verdadeiro. Talvez existam coisas piores que o divórcio.

OUTRAS TÉCNICAS

Existem diversas situações que podem dificultar o processo de evocar as emoções dos pacientes. Eis algumas delas:

- Desde a infância, certas pessoas são desencorajadas a revelar seus sentimentos ou a demonstrar emoções. Quando crescem, essa visão "machista" do comportamento adequado pode levá-las a negar seus sentimentos. O exemplo mais óbvio é quando a advertência típica da infância "menino não chora" se torna "homem deve mostrar que não se importa". O mesmo destino também pode cair sobre as mulheres.
- Alguns pacientes não reconhecem seus sentimentos ou têm dificuldade para conectar seus sentimentos com suas experiências. Talvez isso também se desenvolva a partir das experiências da infância. Em casos extremos, as pessoas crescem incapazes de reconhecer ou de descrever como se sentem – uma condição chamada *alexitimia*.
- Outras, ainda, podem relutar em se expressar, especialmente para alguém que não conheçam bem, porque isso as faz parecer vulneráveis. "Se você demonstrar um exterior firme, ninguém pode machucá-lo", é como podem se portar. Ao contrário das pessoas com alexitimia, essas pessoas sabem como se sentem e sabem colocar suas emoções em palavras, mas a necessidade de autoproteção vence.

Para evocar sentimentos em uma dessas situações, talvez você precise usar técnicas como expressões de interesse, reflexão de sentimentos, busca de pistas emocionais e interpretação.

Expressões de interesse ou empatia

Estudos controlados mostram que qualquer expressão de interesse ou empatia da parte do clínico pode estimular o paciente a compartilhar seus sentimentos. É bastante provável que isso funcione se o paciente já tiver começado a dividir alguns sentimentos. A expressão empática que você usar pode ser verbal ou comportamental, como, por exemplo, expressões faciais ou outra linguagem corporal.

Paciente: Trabalhei para aquela empresa por 15 anos, mas quando abriu uma vaga de supervisor, o chefe me passou e colocou o seu sobrinho. Aquilo acabou comigo!
Entrevistador: (*Faz expressão empática*). Fico triste por ouvir isso! Eu acho que qualquer um nessa situação ficaria magoado e bravo.
Paciente: Foi mais que isso – fiquei totalmente devastado. Eu queria deixar de existir! Ainda me sinto assim, às vezes.

Reflexão de sentimentos

Refletir sentimentos significa dizer explicitamente a emoção que você acredita que o paciente pode ter sentido em uma dada situação.

Paciente: Minha filha sempre foi um pouco indisciplinada, mas na noite passada, ela não voltou até quase o dia clarear.
Entrevistador: Garanto que você ficou furioso.

É claro que essa técnica traz o risco de que a sua interpretação esteja errada. Porém, se estiver, e o paciente disser isso, você pelo menos terá conseguido promover uma discussão sobre sentimentos.

Buscando pistas emocionais

Buscar pistas emocionais significa estar constantemente atento para indícios de preocupação emocional. Muitas vezes, elas serão pistas não verbais: uma leve franzida na testa, umedecimento dos olhos ou qualquer outro sinal da linguagem corporal. Sua resposta pode ser verbal:

– "Achei que você parecia um pouco triste enquanto falava sobre a sua mãe. O que estava sentindo?"

Você também pode indicar seu interesse e seu apoio com alguma ação silenciosa, como alcançar a caixa de lenço para alguém que começou a chorar.

Interpretação

Na interpretação, você traça paralelos entre o conteúdo emocional de situações atuais e passadas.

Paciente: Meu marido nunca escuta a minha opinião sobre as coisas.
Entrevistador: Pelo que você me contou antes, parece a o jeito como seu pai a tratava na sua adolescência.

A técnica da interpretação pode ser difícil de usar. O paciente deve estar receptivo, procurando explicações para o comportamento. Preferencialmente, deve ser o paciente a sugerir a conexão. Do contrário, ofereça a interpretação de maneira experimental: ela pode ser rejeitada rapidamente. De modo geral, tendo a me afastar de interpretações durante a entrevista inicial; elas são mais adequadas para uso posterior, na terapia com clínicos experientes.

Estudos mostram que cada uma das técnicas citadas pode incentivar um paciente ou um informante reticente a expor mais emoções e examiná-las em maior profundidade. Por outro lado, nenhuma delas desestimulará uma pessoa normalmente expressiva a revelar suas emoções. Elas também exigem uma investigação menos detalhada do que outras técnicas menos sensíveis às necessidades do paciente.

Analogia

Finalmente, para pacientes que não conseguem, em absoluto, identificar os sentimentos que acompanham uma situação específica, você deve perguntar sobre momentos em que sentimentos semelhantes possam ter ocorrido.

– "Você sentiu alguma coisa assim quando a sua mãe morreu?"
– "Você se sentiu assim quando seu patrão tomou-o como um mau exemplo na frente de toda a equipe?"

PROCURANDO DETALHES

Após ter descoberto alguns sentimentos, aumente a profundidade da entrevista, pedindo mais. Continue investigando para evocar exemplos e avaliar detalhes.

Entrevistador: Eu gostaria de ouvir mais a respeito desses ataques de raiva. Quando você se sente assim?
Paciente: Em primeiro lugar, sempre que vou visitar o meu sogro.
Entrevistador: Você já teve algumas experiências desagradáveis com ele?
Paciente: Eu que o diga! Ele quase arruinou meu casamento

Entrevistador: com um dos seus comentários sabidos.
Entrevistador: Eu gostaria de ouvir um exemplo de como você se sentiu.

Certifique-se de fazer perguntas investigativas quando seu paciente lhe der a oportunidade. Os iniciantes às vezes encontram indícios de acontecimentos significativos ou de patologia, mas ignoram no diálogo seguinte. Eis um exemplo disso:

Entrevistador: Você foi abordado de alguma forma sexual quando era criança?
Paciente: Sim, fui.
Entrevistador: (*Anota "sim"*). Onde você trabalha atualmente?

Talvez esse entrevistador tenha se sentido desconfortável para pedir detalhes, mas o paciente teve que lidar com a frustração das informações contidas. As informações positivas devem ser seguidas até você ter descoberto quem, o que, quando, onde, por que e como.

MECANISMOS DE DEFESA

Ao continuar, você também deve descobrir o que o seu paciente faz para lidar com os sentimentos. Essas estratégias, que servem para lidar com emoções e comportamentos, são chamadas de *mecanismos de defesa*. Elas parecem quase intermináveis em número e em variedade – consulte textos de referência para uma listagem mais completa. A seguir, apresentarei algumas das mais comuns. Mas em vez de apenas apresentar definições, tentarei esclarecer o que significam com exemplos de mecanismos de defesa que podem ser usados por um político aspirante que sente ansiedade e raiva por ter perdido a eleição para vereador.

Mecanismos de defesa potencialmente prejudiciais

No grupo potencialmente prejudicial, incluí os mecanismos que geralmente permitem que a pessoa evite confrontar os efeitos de sentimentos ou emoções. Quando estressada, a maioria das pessoas recorre a essas medidas para controlar seus egos.

- Acting out. [O político quebra a câmera de um fotógrafo que está tentando tirar uma foto.]
- *Negação*. "A recontagem mostrará que eu venci."
- *Desvalorização*. "É um péssimo emprego – o horário é péssimo e não há nada além de reclamações de contribuintes."
- *Deslocamento*. [O político vai para casa e chuta o gato.]
- *Dissociação*. [O político acorda pela manhã em um lugar estranho, incapaz de lembrar dos acontecimentos dos últimos três dias.]
- *Fantasia*. "No ano que vem, vou concorrer a deputado – e vencer!"
- *Intelectualização*. "Vejo essa derrota apenas como um exemplo da 'democracia em ação.'"
- *Projeção*. [Pensamento inconsciente: "Eu gostaria de matá-lo".] "Ele está planejando me matar."
- *Repressão*. [O político "esquece" de ir a um banquete para homenagear o vencedor.]
- *Clivagem*. "Alguns políticos são bons, outros são ruins; meu oponente é um dos ruins."
- *Formação reativa*. [Pensamento: "Ele é um fracassado miserável."] "Estou orgulhoso de apoiar o ilustre vereador."
- *Somatização*. [O candidato desenvolve dores torácicas persistentes

de origem inexplicável.] "... então eu não poderia assumir, de qualquer maneira."

Mecanismos de defesa efetivos

Os adultos mais integrados contam principalmente com alguns dos mecanismos de defesa mais maduros.

- *Altruísmo.* "Vou apoiá-lo; ele tem mais qualificações que eu."
- *Humor.* "Na campanha, eu disse que ele era honesto. Ele disse que eu era um babaca. Quem sabe estávamos ambos errados?."
- *Sublimação.* "Vou escrever um livro sobre a campanha."
- *Supressão.* "Vou deixar isso em segundo plano, e me concentrar no mais importante."

LIDANDO COM PACIENTES EXCESSIVAMENTE EMOTIVOS

Embora você geralmente queira incentivar a expressão das emoções, alguns pacientes são tão emotivos que isso impede a comunicação com outras pessoas, incluindo terapeutas. As pessoas podem ter emotividade excessiva por uma variedade de razões.

- Podem sentir raiva, às vezes sem saber o porquê.
- Outras pessoas, como aquelas com um transtorno de somatização ou transtorno de personalidade antissocial, aprenderam que emoções fortes as ajudam a conseguir o que querem. Portanto, o drama se tornou um meio de vida.
- Mesmo pessoas que não apresentam uma psicopatologia subjacente tão grave usam muitas demonstrações emocionais para controlar suas famílias e seus amigos.
- Certas pessoas cresceram em famílias nas quais os sentimentos eram expressados com intensidade e frequência. Imitando os outros, esse comportamento se tornou habitual.
- A ansiedade faz certas pessoas agirem assim.
- Alguns não conseguem suportar a solidão do silêncio.
- Talvez seu paciente, recordando experiências com outros clínicos, tema que você não esteja interessado ou que não vá haver tempo suficiente para contar toda a história.

Seja qual for a causa, a emotividade excessiva pode concentrar a sua atenção demais nos sentimentos, deixando tempo insuficiente para reunir os fatos. Nessa situação, tente adotar modos controlados e ativos para direcionar o rumo da entrevista com firmeza. Diversas técnicas podem ajudá-lo a alcançar esse objetivo.

1. Reconheça a emoção. Você pode conseguir aliviar a pressão apenas por colocar um rótulo na emoção. Assim, o paciente enxerga que você reconhece o sentimento e não precisa mais atrair sua atenção para ele.

    Paciente: (*Gritando*) Ela não vai me sacanear daquele jeito, nunca mais!
    Entrevistador: Você realmente está bravo. Frustrado e bravo.
    Paciente: (*Mais calmo*) Bem, é claro. Quem não ficaria? Espere para ouvir o que ela fez na semana passada.

Essa técnica mostra que você entende e aceita como o paciente se sente, assim ela é, talvez, a mais adequada. Experimente-a primeiro.

2. Fale com calma. Se o paciente gritar, tente *baixar* a sua própria voz. É difícil para a maioria das pessoas manter o volume alto quando você está falando tão baixo que quase não se pode ouvir.
3. Explique novamente quais informações você está tentando obter:
"O que eu realmente quero neste momento é conhecer a sua história familiar. Talvez mais adiante, nós possamos falar mais sobre a namorada do seu marido."
4. Redirecione todas as perguntas ou comentários do paciente que mudem de assunto.

Entrevistador: Agora, eu gostaria de ouvir sobre o seu filho. Você disse que ele estava morando com a mãe?

Paciente: Isso, e ela sequer me deixou falar com ele no telefone nos últimos três meses. Você não acha que eu deveria conseguir um mandado judicial?

Entrevistador: Podemos falar sobre isso depois. Agora, eu realmente preciso saber sobre o seu relacionamento com o seu filho. Vocês eram próximos?

5. Mude para um estilo fechado. O oposto das perguntas abertas, esse estilo indica o tipo de resposta específica que você gostaria de ouvir. Além disso, tende a desestimular outros comentários do paciente.

Entrevistador: Você pode me falar do seu primeiro casamento?

Paciente: Foi um desastre! Eu nunca perdoei aquele homem! Ele era um completo bruto! Uma vez, chorei por um mês sem parar. Por que, eu não conseguia...

Entrevistador: (*Interrompe, reconhecendo que as questões abertas não são produtivas*). Ele bebia?

Paciente: Oh, Deus, sim, ele bebia como um camelo. Ele...

Entrevistador: (*Interrompe.*) Quanto tempo durou o casamento?

Paciente: Até os meus 26 anos, por volta de quatro anos. Ele nunca...

Entrevistador: O divórcio foi ideia sua, ou dele?

Esse entrevistador estava preparado para continuar interrompendo até a paciente aprender a se manter no assunto principal.

6. Se você ainda estiver tendo dificuldade, certifique-se de

que o paciente entende o que você quer. Eis como você pode formular essa confrontação:
- "Nós parecemos estar tendo dificuldade com a nossa comunicação. Deixei claro o que preciso saber?"

O objetivo de cada uma dessas técnicas é reduzir o espaço do paciente para demonstrações verbais e comportamentais excessivas, bem como ajudá-lo a obter as informações diagnósticas das quais precisa sem sacrificar o *rapport*.

Eventualmente, mesmo essas técnicas serão insuficientes. Se uma crise de lágrimas ou outros sentimentos impedem que você obtenha as informações de que necessita, você deve suspender a entrevista pelo tempo suficiente para que o paciente esteja mais controlado. Diga algo como:

- "Estou vendo que você está incomodada demais para continuar hoje. Vamos fazer uma pausa por enquanto. Voltarei para vê-la pela manhã, depois que você tiver dormido um pouco."

8
HISTÓRIA PESSOAL E SOCIAL

Os profissionais da saúde não tratam doenças, eles tratam pessoas. Portanto, você deve saber o contexto em que as queixas do seu paciente ocorreram. Isso exige aprender tudo aquilo que puder sobre a origem familiar e os demais dados biográficos. O processo não apenas ajudará você a conhecer o paciente, como também pode revelar material que ilumine e estenda o seu conhecimento sobre causas e contextos dos transtornos mentais. Parte disso pode ter relação direta com a causa de uma doença ou com seu tratamento. Seu paciente passou uma vida acumulando essas experiências, de modo que quase não existe limite na quantidade e na variedade das informações que você pode encontrar. O que você descobre é determinado pelo propósito da sua entrevista atual e pelo tempo que dedica a ela.

Enquanto você está reunindo informações biográficas, mantenha um ceticismo saudável em relação à validade de tais dados. A memória humana é falível, especialmente quando a pessoa tem um interesse pessoal intenso no que está sendo lembrado. É mais provável que haja uma recordação precisa para acontecimentos históricos importantes, tais como nascimentos, mortes e casamentos, assim como os acontecimentos recentes que constituem a história da doença atual.

Algumas informações são mais sujeitas a distorção: acontecimentos da infância, coisas contadas em segunda mão, disputas interpessoais e qualquer outra coisa que exija interpretação. Você deve avaliar constantemente a validade de todos os dados da entrevista, comparando-os com seus padrões internos ("Essa história parece provável? Ela sequer parece possível?"). Porém, também deve usar verificação externa da sua veracidade – prontuários médicos anteriores e entrevistas com familiares e amigos (ver o Capítulo 15).

Neste e em capítulos posteriores, usarei *itálico* para apontar algumas interpretações possíveis do material à medida que o discutirmos.

INFÂNCIA E ADOLESCÊNCIA

A família nuclear da infância

Um ponto de partida lógico é o nascimento do paciente. Em que cidade/estado/país ele ocorreu? O paciente é filho único? Se havia irmãos e irmãs, quantos de cada um? Qual era a posição do paciente entre os irmãos (primeiro, segundo, do meio, mais novo)? Como o paciente se relacionava com os irmãos? Algum dos irmãos era favorecido frente aos outros? *Os filhos mais velhos tendem a receber mais atenção quando são pequenos, ao passo que os filhos do meio podem ser relativamente negligenciados, e os menores podem ser tratados como bebês ou virem a ser mimados. Os transtornos genéticos que são visíveis no nascimento (como síndrome de Down) tendem a ocorrer nos últimos filhos.*

Se o seu paciente tinha um gêmeo, eles eram idênticos (um óvulo) ou fraternos (dois óvulos)? *Os gêmeos idênticos herdam o mesmo material genético, ao passo que os fraternos não são mais semelhan-*

tes geneticamente do que irmãos comuns. Alguns transtornos mentais, incluindo esquizofrenia e transtornos bipolares, são muito mais prováveis em um paciente que for gêmeo idêntico de alguém com o mesmo transtorno.

O paciente se sentia desejado quando criança? O relacionamento com os pais era próximo? Isso mudou com a adolescência? O paciente foi criado por ambos os pais? Se não, isso se deve a morte? Divórcio? Serviço militar? *A ausência de um dos pais (especialmente o pai) é associada ao transtorno de personalidade antissocial. Em alguns estudos, a morte precoce de um dos pais é associada à depressão de início na vida adulta.*

Ocasionalmente, um paciente dirá a você: "não conheci o meu pai". Você deverá tentar descobrir, de uma maneira amável, se os pais eram casados (usar a expressão "é possível que..." pode suavizar consideravelmente essa pergunta). *Mesmo na atualidade, ter nascido "ilegítimo" é uma fonte de desconforto e embaraçamento para algumas pessoas que dura por toda a vida.*

Seja qual for a natureza exata da família nuclear do paciente, você deve tentar descobrir algo sobre como os pais (ou substitutos) se relacionavam. Eles se comunicavam bem? Demonstravam afeto? Discutiam com frequência? Brigavam? Um abusava fisicamente do outro? Como o relacionamento afetava o clima emocional na casa enquanto o paciente crescia? *As pessoas costumam modelar seus relacionamentos adultos com os outros tomando como base aquilo que observavam como a "norma" durante a infância. Por outro lado, certas pessoas chegam a extremos para ser diferentes de pais cujo comportamento era considerado indesejável ou desinteressante.*

Se o paciente foi adotado, em que idade isso aconteceu? Você pode descobrir algo sobre os pais biológicos ou sobre as circunstâncias que levaram à adoção? A adoção foi intrafamiliar (ou seja, os pais adotivos eram familiares consanguíneos do paciente) ou extrafamiliar? *Muitas pessoas adotadas, especialmente adolescentes e adultos jovens, sentem-se incompletos porque não conhecem seus pais biológicos. Isso pode resultar em uma busca por raízes, que leva alguns a distâncias extraordinárias para descobrir (e, em certos casos, relacionar-se com) os pais biológicos que os abandonaram.*

Criação

Qual era a idade dos pais quando o paciente nasceu? Eles eram suficientemente maduros para proporcionar um cuidado responsável? Ambos trabalhavam regularmente? Quais eram os seus empregos? Eram bons provedores? Tinham tempo suficiente para passar com os filhos? Que tipo de técnicas disciplinares eram usadas? Elas eram rígidas, firmes, relaxadas ou incoerentes?

Se os pais passaram um longo período fora de casa, descubra o porquê. (Doença? Um emprego longe de casa? Cadeia? O paciente era filho de militar?) A família morou sempre no mesmo lugar, ou havia mudanças seguidas? A família chegou a firmar raízes em algum lugar?

Houve outras perdas, como, por exemplo, a morte de um irmão, dos avós ou de outros familiares próximos?

Descubra sobre passatempos, clubes e outros interesses extracurriculares. O paciente era sociável? Um solitário? *Muitas pessoas com esquizofrenia são isoladas ou solitárias a maior parte das suas vidas.*

Tente obter um quadro geral do ambiente da infância e do lugar que o paciente ocupava nele. Eis algumas questões que podem ajudar com essa tarefa ampla:

– "Pode me contar algo sobre a sua infância?"
– "Como era a vida para você naquela época?"

- "Como você se sentia em relação aos seus irmãos?"
- "Quem eram seus amigos na infância?"
- "Você se sentia diferente das outras crianças?"
- "Como você passava o seu tempo livre?"
- "Você participava de organizações, como escoteiros ou ACM?"
- "Você fazia esportes organizados?"
- "Onde sua família tirava férias?"
- "Sua família tinha animais de estimação?"
- "Que deveres ou responsabilidades você tinha?"
- "O que você queria ser quando crescesse?"
- "Que empregos você teve depois da escola ou nas férias?"
- "Com quem você se identificava?"
- "Discutia-se sexo em sua casa?"
- "Quais eram as posturas dos seus pais em relação ao sexo?"
- "Quando você começou a se interessar em ter um relacionamento amoroso?"

Perguntando sobre abuso

Muitos pacientes sofreram abuso físico quando crianças – uma experiência que pode afetar significativamente a personalidade adulta. Essa informação pode ser difícil de obter. Às vezes, mesmo os pacientes não entendem o nível em que sofreram abuso quando crianças. Você deve fazer um esforço para descobrir se a infância do paciente envolveu esse tipo de experiência, podendo entrar nesses temas delicados de maneira gradual:

- "Você sentia que seus pais eram bons provedores?"
- "Que métodos disciplinares seus pais usavam?"
- "Você sentia que era maltratado quando criança?"

Respostas positivas a questões sobre abuso devem ser investigadas minuciosa e cuidadosamente. Você deverá desenvolver as seguintes áreas de informação:

- Com que frequência o abuso ocorria?
- Quem fazia o abuso: ambos os pais participavam?
- Se um deles tentava proteger a criança, quem era?
- Que forma tinha o abuso? (Surras? Com o quê?)
- Qual era a provocação, se alguma havia?
- Na época, o paciente sentia que o abuso era merecido?
- E agora?
- Que efeito essas experiências tiveram sobre o paciente quando criança?
- Como adulto, como o paciente se sente em relação a essas experiências?

Você deve perguntar também sobre abuso sexual. Trataremos dessa questão no Capítulo 9.

A saúde na infância

Os marcos evolutivos iniciais (como as idades em que a criança aprende a sentar, ficar em pé, caminhar, falar palavras e formar sentenças) geralmente não devem ser investigados. A maior parte do que o paciente sabe sobre esses marcos provavelmente foi transmitida pela mitologia familiar, que é altamente sujeita a distorção. (Quem lembra de ser amamentado ou treinado para usar o banheiro?) Porém, se você suspeitar de um retardo mental ou de dificuldades evolutivas, como um determinado transtorno da aprendizagem, esses marcos podem ser suficientemente importantes para que você pergunte sobre eles aos seus informantes.

Tente descobrir algo sobre a saúde geral na infância. Havia visitas frequentes a médicos, hospitalizações, operações ou ausências prolongadas da escola por razões ligadas à saúde? Como a família lidava com as doenças? (Superproteção? Rejeição?) Se o paciente foi uma criança doente, os pais e outros familiares "recompensavam" o comportamento doente com muita atenção? *Superproteção ou recompensas por doenças pode preceder certos transtornos somatoformes.*

Qual era o temperamento e o nível de atividade do paciente, especialmente dos 5 aos 10 anos? A criança era quieta e retraída ou extrovertida e simpática? *As características do temperamento aparecem nos primeiros meses de vida e tendem a persistir ao longo da infância, mesmo até a idade adulta. Elas podem ter correlação com transtornos mentais adultos.*

O paciente relata algum dos seguintes problemas, relativamente comuns na infância?

- Urinar na cama
- Tiques
- Gagueira
- Obesidade
- Pesadelos
- Fobias

Se for o caso, que tratamento (se algum) foi experimentado? Ajudou? Como esses problemas afetaram as relações com irmãos e colegas? *Qualquer uma dessas condições sugere que o paciente estava sob estresse quando criança. Devido à maior frequência, a obesidade, nos últimos anos, pode ter se tornado mais aceita, mas continua sendo uma fonte potencial séria de obscuridade na infância.*

Havia preocupações com a masturbação? Em que idade a puberdade chegou? Se mulher, a paciente estava preparada para o começo da menstruação? Se sim, quem falou com ela? Em que idade começou? Ela se preocupava ou fazia brincadeiras com o desenvolvimento dos seios? *Adolescentes de ambos os sexos podem ser estranhamente sensíveis quanto a ser notados. Algum atraso (ou aceleração) do desenvolvimento pode ter causado um grau de embaraço ao paciente.*

Com que idade começou a namorar? Que sentimentos eram associados a isso? Trataremos do histórico sexual no Capítulo 9.

Educação

Como o paciente era do ponto de vista acadêmico e qual foi a última série concluída? O paciente gostava da escola? Se havia problemas acadêmicos, que disciplinas causavam mais dificuldade? Havia algum problema específico com a leitura (dislexia)? Havia problemas comportamentais na escola? Matava aula? Quais eram as consequências? (Era mandado para o diretor? Repetência? Suspensão ou expulsão?)

O paciente repetiu séries ou tinha dificuldade para se concentrar no trabalho escolar? *Pouca atenção e desempenho inferior na escola sugerem transtorno de déficit de atenção/hiperatividade. Alguns desses pacientes (garotos pequenos, especialmente) eram notavelmente hiperativos quando crianças, e podem até ter aprendido a caminhar cedo.*

O paciente perdia aulas por períodos longos? Se sim, por quê? Existe história de rejeição da escola? Que idade tinha o paciente quando isso ocorreu? *A rejeição da escola (antes conhecida como "fobia escolar") é bastante comum em crianças pequenas e não é necessariamente preditora de uma patologia no futuro.*

Se o paciente abandonou a escola antes do fim do ensino médio, qual foi a razão? O que o paciente fez então? Trabalhou? Entrou para o serviço militar? Você também deve saber se houve tentativa de ingressar na universidade.

Finalmente, com que idade o paciente fez a transição de uma vida de dependência dos pais ou outras pessoas para uma vida de autossuficiência.

A VIDA COMO ADULTO

Histórico ocupacional

A história ocupacional pode ajudá-lo a avaliar o potencial básico do paciente e o efeito da doença recente em seu desempenho. Essa informação também é relativamente objetiva: a história de trabalho parece ser menos distorcida do que partes mais pessoais, talvez mais embaraçosas, da história social. Portanto, você deve passar algum tempo investigando os detalhes da história ocupacional do paciente.

Qual é a ocupação atual do paciente? Ela é estimulante, satisfatória? Corresponde às ambições? Quanto tempo o paciente trabalhou para o patrão atual? Se o paciente esteve desempregado, por que e por quanto tempo? Se empregado apenas brevemente, quantos empregos foram nos últimos cinco anos? As mudanças de emprego foram para algo melhor? Quanto tempo ele passa trabalhando? Investigue qualquer lacuna, mudança de direção ou falta de promoção.

Se o paciente alguma vez foi despedido, quais foram as circunstâncias? Se o paciente está desempregado atualmente, por quê? Quando foi o último emprego regular do paciente? Se atualmente desempregado, quais são os meios de subsistência? *Empregos múltiplos de curta duração costumam ser observados no transtorno de personalidade antissocial. Jamais trabalhar, ou nenhum emprego por muitos anos, é comum em pacientes com esquizofrenia crônica.*

Enquanto estiver nisso, descubra sobre atividades adultas de lazer. O paciente tem algum passatempo? Pertence a algum clube ou outras organizações? Existem tentativas de continuar a formação educacional como adulto? Quais são os seus talentos? Para descobrir mais, você pode perguntar:

- "Em que você acha que é bom?"

História militar

O paciente serviu às forças armadas? (Não omita esse tópico para pacientes do sexo feminino.) Se a resposta for "sim", pergunte:

- "Em qual delas?"
- "Foi um alistamento voluntário ou foi convocado?"
- "Quanto tempo você serviu?"
- "Qual era sua função no exército?"
- "Qual foi a patente mais alta alcançada?"
- "Teve algum problema disciplinar?" (Inclui cortes marciais, rebaixamentos, etc.)
- "Como foi a saída?" (Com honra? Comum? Com desonra? Médica?)
- "Você enfrentou algum combate? Se sim, por quanto tempo? Qual era o seu papel?"
- "Você se feriu?"
- "Você tem alguma incapacidade ligada ao serviço militar?" (Pode ser devido a ferimentos ou a algum acidente ou doença sem relação com combate.)
- "Você foi prisioneiro de guerra?"
- "Como resultado do serviço militar, você revive constantemente suas experiências ou tem pesadelos ou reações em datas marcantes?" *Sintomas que persistem depois de qualquer trauma grave podem indicar TEPT. Essa condição foi relatada*

em 10% ou mais dos veteranos da era do Vietnã, e também tem aparecido em grande número nos soldados que retornam da guerra do Iraque. Também pode ocorrer após calamidades civis, como acidentes de carro e desastres naturais.

História legal

Pergunte sobre possíveis problemas legais, podendo envolver processos judiciais por causa de seguros ou de incapacidades (especialmente prováveis nos casos de doença crônica, lesões ou dor), ou mesmo por causa de despejo e de brigas com vizinhos. Nos litigiosos dias de hoje, quase qualquer tipo de disputa parece possível. *A história legal pode servir como pista para uso de substâncias para transtornos de personalidade ou para doenças como transtorno bipolar.*

O paciente foi preso alguma vez? Se sim, com que idade? Quais foram as circunstâncias? Quantas vezes isso ocorreu? Qual foi o resultado? (Condicional? Tempo na prisão?) O confinamento foi local ou em uma penitenciária? Qual foi a duração total?

Existe um padrão contínuo de comportamento ilegal da adolescência à vida adulta? Se há, essas atividades criminosas sempre ocorreram no contexto de uso de substâncias, ou também acontecem quando o paciente está limpo e sóbrio? Existem outras atividades ilegais pelas quais o paciente nunca foi pego? Talvez seja bom perguntar especificamente sobre furtos em lojas, que é um comportamento relativamente comum, especialmente em crianças e jovens. No transtorno de personalidade antissocial, existe um padrão contínuo de atos ilegais, em média, desde os 15 anos (e às vezes muito antes). Em parte porque indica um prognóstico muito negativo, o transtorno de personalidade antissocial é um diagnóstico que não se deve fazer para pacientes cujo comportamento ilegal tenha ocorrido sempre sob influência de drogas ou álcool.

Religião

A que religião o paciente pertence (se alguma)? É diferente de sua afiliação religiosa da infância? Com que frequência o paciente participa de celebrações? Como a religião influencia a vida do paciente? *É importante saber sobre a religião por várias razões. Pode proporcionar pistas de possíveis fontes de apoio e de conforto, também pode revelar algo sobre os valores e o sistema ético do paciente, além de sugerir o grau em que houve rompimento com os pais. Cada vez mais, as autoridades defendem a exploração da espiritualidade e da crença do paciente em Deus.*

Situação residencial atual

Onde o paciente mora atualmente? (Casa? Apartamento? Trailer? Quarto alugado? Casa de repouso? Na rua?) Como é o bairro?

O paciente vive só ou com mais alguém? Com quem? Como ele se cuida? Se o paciente costuma andar ao léu, talvez você não descubra isso com ele, podendo depender de informantes para obter essa informação. *Perambular à toa pelas ruas é algo comum em pacientes com transtornos cognitivos.*

A partir do que o paciente diz, você pode caracterizar a qualidade do lar? Existe privacidade para cada pessoa que reside lá? Há animais de estimação? Existem meios de comunicação suficientes, incluindo telefone, correio, e-mail? Que tipo de transporte o paciente usa – carro? Ônibus? Trem?

O paciente já foi sem-teto? Se foi, por quanto tempo? Quais eram as circunstâncias?

Qual é a situação financeira do paciente? Qual é a fonte de renda? É estável? Certifique-se de incluir empregos, compensação por invalidez, previdência social, anuidades, pensões e investimentos. Pergunte:

- "O dinheiro representa um problema para você?"

Rede social

Você pode começar a avaliar a qualidade dos relacionamentos sociais perguntando:

- "De quem você se sente próximo em sua família?"
- "E entre os amigos?"
- "Com que frequência você vê essas pessoas?"

Se responsável por prestar cuidado para outro adulto, como, por exemplo, pais, outros familiares ou amigos, como o paciente se sente em relação a essas obrigações? Você consegue dizer se essa função é desempenhada adequadamente?

Que nível de rede social de apoio o paciente tem? Tente descobrir sobre a qualidade dos relacionamentos com familiares, amigos e colegas de trabalho. Ele participa de clubes ou de grupos de apoio? Existem agências governamentais ou privadas que o ajudem? E serviços de alimentação residencial? Se o paciente tiver filhos crescidos, como é o relacionamento?

O paciente busca seus interesses de lazer sozinho ou com outras pessoas?

Situação conjugal

Atualmente, é lugar-comum casais viverem juntos sem que sejam casados. Usarei os termos *cônjuge* e *parceiro* para me referir a qualquer relacionamento íntimo entre duas pessoas, sem considerar o estado legal ou o gênero.

Você pode começar perguntando:

- "Fale-me do seu cônjuge." (O que você ouve do paciente corresponde àquilo que observa?)
- "Quais você considera os pontos fortes do relacionamento?" (Como todas as perguntas abertas, essa abre espaço suficiente para discutir o que parecer importante. O relato, favorável ou não, pode indicar o estado geral do relacionamento.)

Eis algumas informações específicas que você deve averiguar:

- O paciente está casado atualmente?
- O paciente já foi casado ou teve relacionamentos de longo prazo?
- Paciente e cônjuge moram juntos atualmente?
- Quais são as idades do paciente e seu cônjuge?
- Se são casados, há quanto tempo se conheciam antes da cerimônia?
- Quantos casamentos cada um dos parceiros já teve?
- Se houve casamentos anteriores, que idade tinha o paciente na época?
- Por que os casamentos ou os relacionamentos anteriores acabaram?
- Como os problemas emocionais afetaram o relacionamento atual do paciente?
- De que maneira o parceiro apoia o paciente durante momentos de doença ou incapacidade?
- Se o paciente é divorciado, quais foram as circunstâncias da separação? Quem tomou a iniciativa? Por quê? Os ex-cônjuges ainda

mantêm um relacionamento? Se sim, é amigável?

Certas perguntas, incluindo dinheiro, sexo, filhos e familiares, geralmente são combustível para disputas nos casamentos contemporâneos. Elas podem se transformar em brigas enormes entre os pacientes e suas famílias, na medida em que o fardo do transtorno mental gera um número e uma variedade incomuns de discussões, de brigas, de casos extraconjugais, de separações e de divórcios. Invista um tempo considerável – e acumule bastante informação – em investigações sobre a qualidade do casamento ou outros relacionamentos amorosos do paciente. A seguir, algumas perguntas que você pode fazer para evocar problemas rotineiros que podem gerar atrito em qualquer relacionamento:

- "Como é a comunicação entre você e seu cônjuge?" (Certos casais quase nunca têm uma discussão séria, e os casais bem-sucedidos relaxam com suas queixas, suas preferências e seus pontos de vista).
- "Ambos se consideram melhores amigos?"
- "Como vocês discutem?" (Problemas antigos são trazidos constantemente ou são esquecidos? Os parceiros geralmente dizem coisas de que se arrependem depois?)
- "Sobre o que vocês discutem?"

Se há filhos, você deve averiguar:

- Quantos filhos de cada casamento?
- Tem netos?
- Qual é a idade e o gênero de cada filho?
- Houve algum filho concebido fora do casamento?
- Como é o relacionamento do paciente com cada filho?
- O paciente e seu cônjuge concordam em dividir a responsabilidade pelo cuidado dos filhos?

Questões sobre adaptação e preferências sexuais, logicamente, são incluídas aqui. Elas podem ser difíceis de discutir, então serão abordadas em um capítulo separado, sobre temas delicados (Capítulo 9).

Ocupações e interesses

Supondo que não seja um diagnóstico certo de esquizofrenia ou transtorno bipolar, ainda assim, você pode querer saber algo sobre como o paciente passa – ou gostaria de passar – o tempo livre. O que você pode inferir a partir de passatempos (p.ex., passatempos preferencialmente solitários, como colecionar selos ou fotografias, atividades ao ar livre, como observar pássaros) e interesses (televisão, cinema, leitura, compras)? *Por volta de 5% dos adultos se identificam como consumidores compulsivos. Essa história pode indicar outras patologias, tais como depressão, jogo ou compulsão alimentar.* As atividades esportivas são participativas (dança, tênis ou golfe) ou são principalmente aquelas assistidas da arquibancada (ou do sofá da sala)? Houve alguma mudança recente no tipo ou intensidade dos interesses de lazer ou na capacidade do paciente de concentrar a atenção enquanto persegue os seus interesses? Se houve, você pode dizer por quê?

HISTÓRIA MÉDICA

Mesmo que você não seja médico, não ignore a história médica. É vital que cada profissional saiba sobre esse tema e sobre o próximo: a revisão dos sistemas – os dois temas têm implicações práticas para diagnóstico, tratamento e prognóstico. Por exemplo, em 2007, um relatório mostrou que os pacientes com doenças mentais morrem, em média, 25 anos antes do que as pessoas da população geral – não apenas por causa de suicídio (embora essa seja uma causa importante), mas, sim, por condições como doenças cardíacas e pulmonares e doenças infecciosas, inclusive HIV/AIDS. Todas elas podem ser tratadas, mas é preciso identificá-las primeiro. Além disso, alguns pacientes com sintomas de doença mental, na verdade, apresentam condições médicas tratáveis comuns, tais como problemas da tireoide ou doença de Lyme. Posso garantir que todas as questões cobertas nestas duas seções não são mais difíceis que qualquer uma das áreas que já discutimos.

O paciente já teve alguma doença importante? Se teve, quais foram? Elas resultaram em hospitalização? Houve alguma operação? Se houve, quais foram? Onde ocorreram? O paciente já recebeu alguma transfusão de sangue? Se sim, o paciente corre risco de desenvolver AIDS? Se houve doenças médicas sérias ou operações durante a infância, como o paciente as percebia na época? Ele tinha alergias a pólen, poeira ou animais?

Enquanto está obtendo a história, você pode tentar descobrir se o paciente aderia às recomendações de médicos e outros terapeutas. Muitas pessoas, especialmente aquelas que não lhe conhecem muito bem, podem ter dificuldade para admitir que não seguiam as recomendações. Tente perguntar:

- "Sempre foi fácil para você seguir os conselhos do seu médico?"
- "Quando você teve dificuldade?"

Você encontrará mais orientações sobre como lidar com comportamentos difíceis nos Capítulos 16 e 17.

Pergunte sobre problemas físicos visíveis. Não se intimide em comentar uma gagueira, um tapa-olho, um membro ausente ou se o paciente manca. Tudo isso pode ter relação com o problema atual e também pode ter sido motivo de deboches na infância. Mesmo que os defeitos físicos não causem problemas emocionais agora, podem ter causado em algum momento do passado. Você pode dizer:

- "Notei que você gaguejou uma ou duas vezes enquanto estávamos conversando. Imagino que tipo de problemas isso pode ter lhe causado quando era criança".
- "As crianças podem ser bastante cruéis com marcas de nascença. Pode me falar da sua?"

Medicamentos

Na história da doença atual, você já terá se informado sobre os medicamentos prescritos para transtornos emocionais. Agora, pergunte se o paciente toma algum outro medicamento regularmente. Essa informação é especialmente importante quando os problemas são depressão, psicose ou ansiedade. Qualquer uma delas pode ser causada ou piorada por medicamentos comuns. Preste especial atenção a pílulas anticoncepcionais, outros hormônios (como hormônios da tireoide ou esteroides), medicamentos para dor e remédios para a pressão sanguínea. Para cada remédio, tente saber a dose, a frequência e por quanto tempo o paciente vem tomando. O paciente parou de tomar algum outro medicamento recentemente? *É claro que você está averiguando a possibilidade de que os efeitos colaterais possam explicar alguns dos sintomas que está investigando. Continue a ler.*

Efeitos colaterais

O paciente teve efeitos colaterais (efeitos indesejados) ou reações a fármacos? Esse tema costuma ser ignorado pelos entrevistadores iniciantes, mas pode influenciar a escolha das terapias. Tente obter uma boa descrição do efeito colateral ou da reação:

- O que aconteceu?
- Quanto tempo depois da primeira dose?
- O tratamento era necessário?

Se o paciente experimentou o remédio novamente, ele produziu a mesma reação? *Com frequência, os pacientes pressupõem que uma droga causou sintomas físicos ou mentais, quando os dois acontecimentos foram nada mais que coincidências. A questão de causa e efeito às vezes é resolvida quando, ao iniciar-se novo tratamento com a medicação, devido aos sintomas reaparecem ou não.*

É bastante provável que você ouça queixas sobre reações cutâneas surgindo devido ao uso de sulfa ou penicilina, mas é mais importante descobrir sobre reações indesejadas a medicamentos psiquiátricos. As alergias verdadeiras a essas drogas são raras, mas os efeitos colaterais não são. Eis alguns dos mais comuns:

- Antidepressivos: torpor, boca seca, reação cutânea, tontura, náusea, ganho de peso, visão turva, constipação
- Agentes ansiolíticos: torpor, esquecimento ou confusão, tontura
- Lítio: reação cutânea, tremor, diurese excessiva, sede
- Antipsicóticos: hipotensão, efeitos colaterais extrapiramidais

Os *efeitos colaterais extrapiramidais* são sintomas neurológicos que podem ser causados pelo uso de medicação antipsicótica. Os quatro tipos são basicamente comuns, a ponto de qualquer profissional da saúde mental esperar encontrar cada um deles seguidamente. Os três primeiros ocorrem logo após o início da medicação, e podem ser tratados com drogas antiparkinsonianas, como trihexifenidil (Artane) ou difenhidramina (Benadryl).

1. A *distonia aguda* desenvolve-se dentro de horas depois da primeira dose de uma droga antipsicótica. Ela se caracteriza por uma dor pungente e paralisante no pescoço, que pode fazer a cabeça virar para o lado. Às vezes, o olhar vira para cima. Esse efeito colateral pode ser doloroso e assustador, podendo constituir uma emergência verdadeira.
2. A *acatisia* geralmente começa dentro de poucos dias depois de se começar um antipsicótico. Os pacientes a experimentam como uma inquietação profunda, geralmente com uma incapacidade de ficar sentado, que os faz marchar no lugar, mesmo parado ou sentado.
3. O *pseudoparkinsonismo* também ocorre logo depois de começar um medicamento. O paciente experimenta uma redução na mobilidade da expressão facial (fácies em máscara), apresentando uma tendência a caminhar com passos curtos e arrastados e um tremor nas mãos, quando relaxadas. Esse tremor se assemelha ao movimento que os antigos farmacêuticos usavam para transformar os fármacos em pílulas, por isso chamado *tremor de enrolar pílulas*.
4. A *discinesia tardia* geralmente não começa até que o paciente tenha usado o antipsicótico por meses ou anos. Alguém com discinesia tardia normalmente tem movimentos descontrolados da língua, do maxilar e dos lábios, que resultam em movimentos persistentes de franzir, mastigar ou lamber. Os próprios pacientes

quase nunca se dão conta de que estão fazendo isso. Não é um transtorno debilitante, mas é feio. *A discinesia tardia é mais importante porque não tem nenhum tratamento específico. A menos que o antipsicótico seja descontinuado rapidamente, a discinesia tardia pode se tornar permanente, persistindo mesmo depois que se para com a medicação.*

REVISÃO DOS SISTEMAS

Na revisão dos sistemas, você pede para os pacientes identificarem os sintomas que já tiveram a partir de uma lista que você lê. Essa lista compreende sintomas de todos os sistemas orgânicos do corpo. O raciocínio para usá-la é o de que os pacientes reconhecem mais sintomas por identificação passiva do que se dependerem de sua recordação espontânea e ativa.

Uma revisão médica completa dos sistemas seria longa e não muito relevante para o exame do estado mental inicial. Todavia, você deve perguntar pelo seguinte:

- Problemas com o apetite (*observados na depressão grave, na anorexia nervosa e na bulimia nervosa. Comer em excesso ou de forma restritiva pode começar já na infância.*)
- Traumatismo craniano (*característico de transtornos cognitivos, embora, em 2007, os pesquisadores tenham observado inabilidade social e mudança na resposta a dilemas morais em pacientes que tiveram tumores ou acidentes vasculares que afetaram a área ventromedial do córtex pré-frontal do cérebro.*)
- Histórico de perda de consciência, tontura ou desmaios (*sugere transtornos cognitivos, transtorno de somatização.*)
- As convulsões podem ser de natureza biológica ou psicológica. Pergunte sobre os seguintes sintomas: perda de consciência, perda do controle do intestino ou da bexiga, morder a língua e auras (qualquer premonição ou sensação que avise o paciente que uma convulsão vai começar).
- Sintomas de transtorno disfórico pré-menstrual. Antes da menstruação, pode haver raiva persistente, labilidade emocional, dificuldade para dormir, fadiga, tensão, dificuldade de concentração e sintomas físicos como ganho de peso. *É fácil ignorar o transtorno disfórico pré-menstrual, especialmente se o entrevistador for do sexo masculino. Porém, ele é bastante comum em mulheres com idade fértil e pode causar sintomas de depressão.*

Transtorno de somatização

Além dessas questões gerais, existe uma revisão especializada dos sistemas, que você pode usar para diagnosticar um transtorno de somatização – uma doença crônica que começa geralmente na adolescência ou no início da faixa dos 20 anos e é observada em cerca de 8% das pacientes psiquiátricas do sexo feminino. Embora essa revisão seja um pouco incômoda, ela continua sendo o único modo confiável de diagnosticar o transtorno de somatização. O paciente deve responder positivamente a pelo menos oito sintomas da lista no Apêndice B. Para contar como significativo,

1. Qualquer sintoma não pode ser explicado totalmente por uma condição médica geral ou uso de substância, *ou*
2. Quando existe uma condição médica geral relacionada, os sintomas ou os prejuízos devem

exceder o que você esperaria, a partir dos seus achados.

HISTÓRIA FAMILIAR

Com a história familiar, você tem a oportunidade de realizar três coisas:

1. desenvolver um breve esboço biográfico dos pais, dos irmãos, do cônjuge (ou pessoa significativa) e dos filhos;
2. aprender sobre os relacionamentos entre o paciente e seus familiares, atuais e durante a infância;
3. descobrir se existem transtornos mentais na família, incluindo os familiares distantes. (Lembre-se de que a transmissão de um transtorno familiar pode ser genética ou ambiental.)

Você pode começar com um pedido aberto por informações sobre a família atual do paciente em casa:

– "Fale-me como você se relaciona com seu [cônjuge, filho]."
– "Que tipo de pessoas são os seus pais?"

Algumas sondagens adicionais nessa linha devem ajudar a responder as duas primeiras questões sobre a história familiar. Tenha em mente que você deve obter a avaliação do paciente sobre a família da infância e a atual.

Nesse momento, você provavelmente terá descoberto coisas básicas, como a ocupação e a idade dos irmãos, mas talvez não saiba quanto contato o paciente tem tido com eles como adulto. Se tiver havido uma ruptura nesses relacionamentos, descubra o porquê. A resposta pode dizer algo sobre as personalidades dos familiares, e também sobre a do seu paciente.

Para descobrir o tipo de transtornos mentais que podem existir na família do paciente, você deve ser explícito. Naturalmente, você quer saber se algum familiar consanguíneo já teve sintomas semelhantes aos do paciente, mas, para deixar claro que está procurando saber mais, defina cuidadosamente os transtornos e os familiares que está averiguando:

– "Eu gostaria de saber se seus familiares consanguíneos já tiveram algum transtorno nervoso ou mental. Com 'familiares consanguíneos', quero dizer pais, irmãos, filhos, avós, tios, primos e sobrinhos. Alguma dessas pessoas já teve nervosismo, um colapso nervoso, psicose ou esquizofrenia, depressão, problemas com dependência de drogas ou álcool, suicídio ou tentativas de suicídio, delinquência, hipocondria [defina esse termo se você achar que o paciente não vai entender], uma hospitalização psiquiátrica ou prisão? Algum familiar considerado estranho ou excêntrico, ou que tinha uma personalidade difícil?"

Esse discurso é longo, mas diz ao paciente exatamente o que você deseja saber e quais familiares deve incluir.

Avance lentamente na lista de transtornos para dar tempo para o paciente pensar, e investigue os detalhes das respostas positivas. Apenas porque alguém (mesmo um profissional da saúde mental) diagnosticou a prima Louise como esquizofrênica, isso não garante que ela tivesse a doença. A pessoa pode ter entendido mal o diagnóstico, ou o clínico poderia estar errado. Tente descobrir a idade que Louise tinha quando adoeceu e quais eram os sintomas. Que tipo de tratamento ela fez? Como reagiu? Qual foi o resultado final – doença crônica ou recuperação total? Ela teve outro episódio?

TRAÇOS E TRANSTORNOS DE PERSONALIDADE

Podemos definir a *personalidade* como a combinação de todos os aspectos mentais, emocionais, comportamentais e sociais que nos tornam seres humanos individuais. O termo *caráter* costuma ser usado como sinônimo de *personalidade*. A maneira como os indivíduos percebem, pensam e relacionam-se com o ambiente e consigo mesmos forma padrões de comportamento chamados *traços de personalidade*, que persistem por longos períodos de tempo, muitas vezes por toda a vida. Os traços de personalidade (ou do caráter) podem ser detectados já nos primeiros meses de vida. Eles influenciam o comportamento para sempre, e podem se acentuar com a idade. Esses padrões regem os relacionamentos com amigos, namorados, patrões e colegas, bem como a maioria dos contatos sociais casuais.

Grande parte da personalidade está sob a superfície, não sendo facilmente visível para as outras pessoas ou mesmo para o indivíduo. Testes psicológicos podem ajudar a revelar aspectos da personalidade do paciente, mas você provavelmente não terá esse tipo de material disponível durante a entrevista inicial. Sua própria impressão dependerá de várias fontes de informações:

- A autoavaliação do paciente
- Entrevistas com pessoas que conhecem bem o paciente (abordadas no Capítulo 15)
- Informações sobre relacionamentos, atitudes e comportamentos com outras pessoas
- Comportamentos que você observa durante a sessão de entrevista

A autoavaliação do paciente

Tente descobrir o que caracterizava a personalidade do paciente antes do primeiro episódio do transtorno mental, que costuma ser chamada de *personalidade pré-mórbida*. Algumas das perguntas abertas a seguir podem ajudar a avaliar a personalidade pré-mórbida:

- "Descreva a si mesmo para mim". Isso deve ser um convite. Se a resposta for "como assim?", você pode ajudar com as seguintes questões:
- "Que tipo de pessoa você normalmente é?" (Procure respostas que indiquem se a autoestima é baixa ou inflada, ou respostas que contradigam fatos que você já conhece.)
- "O que você mais gosta em si mesmo?"
- "Como é o seu humor, normalmente?"
- "Como você era na adolescência?"

Mantenha-se bastante atento em busca de indícios de padrões comportamentais que tenham durado toda a vida. O paciente pode usar certas frases que indiquem isso:

- "Desde que eu me lembro, tenho facilidade para fazer amigos."
- "Toda a minha vida, eu sempre fui uma pessoa 'pra cima' – até a doença começar."

Os dois exemplos dados sugerem comportamentos e posturas que costumam funcionar bem para as pessoas. De fato, ao avaliar a personalidade, é importante não se concentrar apenas nas fraquezas, mas também nos pontos fortes. Por exemplo, como você descreveria a inteligência do paciente? Seus sucessos anteriores? Habilidades de enfrentamento? Sistema de apoio? Não deixe sua busca pela psicopatologia cegar você ao poder preditivo de uma personalidade pré-mórbida normal. A preponderância de traços de caráter positivos sugere que o paciente se sentirá menos incomodado com a doença atual, terá mais apoio social enquanto estiver doente e, uma vez que a crise atual passe, terá mais chance de retornar à saúde mental completa.

A seguir, há uma lista de características da personalidade que costumam ser consideradas positivas:

Agradável	Bondoso
Charmoso	Independente
Alegre	Inquisidor
Seguro	Aberto
Consciencioso	Otimista
Confiável	Extrovertido
Pontual	Estável
Descontraído	Confiante

Na entrevista inicial de saúde mental, muitas vezes, você encontrará padrões antigos de desajuste ou conflitos interpessoais. Eis algumas autoavaliações típicas dos pacientes:

- "Sempre fui uma pessoa ansiosa e tensa. Meio depressiva."
- "Eu fui solitário durante toda a minha vida."
- "As pessoas não valem nada. Não gosto delas e elas não gostam de mim."
- "Nunca me senti confortável perto das pessoas – a menos que estivesse bebendo."
- "Nunca tive sucesso da maneira que queria."
- "Desde que consigo lembrar, tenho evitado conflitos, seja qual for o custo."

Uma lista desses traços negativos da personalidade incluiria os seguintes:

Agressivo	Passivo
Ansioso	Perfeccionista
Inconstante	Briguento
Compulsivo	Ressentido
Controlador	Rígido
Nervoso	Autocentrado
Obscuro	Desconfiado
Histriônico	Tímido
Introvertido	Tenso
Irritável	Volúvel
Ciumento	Preocupado
Neurótico	

Outros traços podem ser lidos como positivos, negativos, ou nenhum dos dois:

Convincente	Sensível
Meticuloso	Sério
Reservado	

Relacionamentos com outras pessoas

Durante uma única entrevista com qualquer paciente, você pode ter dificuldade com a avaliação da sua personalidade. Alguns pacientes mentais fazem avaliações distorcidas: o quadro que você obtém pode ser ou negativo demais ou excessivamente otimista. Ainda assim, você pode obter informações valiosas tentando descobrir como outras pessoas enxergam o paciente – na perspectiva do próprio paciente:

- "Com que tipo de situações as pessoas pensam que você tem dificuldade para lidar?"
- "Você consegue controlar seu temperamento?"
- "Alguém em sua família acha que você tem dificuldade com [álcool, drogas, seu temperamento]?"

O que você pode descobrir sobre os preconceitos e opiniões do paciente para com outras pessoas? Pergunte:

- "Como você se sente em relação ao seu chefe?"
- "Sua esposa sempre lhe deu o apoio que você gostaria?"
- "Existe alguém – um tipo de pessoa – que você não suporte?"

Embora eu normalmente tente evitá-las, perguntas que começam com "por que..." podem ajudar a entender as motivações e o estilo de relacionamento que o paciente tem com os outros:

- "Por que você acha que o seu irmão quer que a sua mãe vá morar com ele?"
- "Você disse que não consegue trabalhar bem com um dos seus sócios. Por quê?"

Um indicador mais objetivo dos traços de personalidade é a história, relatado à maneira do paciente e, especialmente, por outros informantes. Por exemplo, com a história de empregos, você pode descobrir algo sobre a adesão do paciente à ética de trabalho: considere a idade do primeiro emprego, o número de empregos, um padrão constante de empregos e a história de bicos. Da história conjugal, você pode aprender sobre a fidelidade do paciente e sua capacidade de formar relacionamentos. Ao longo da história, haverá exemplos de como o paciente reage a estressores diversos.

Em vez de levar ao pé da letra o que vê ou ouve, tente avaliar todas as informações em comparação a comportamentos que já conheça. Por exemplo, suponhamos que você já tenha ouvido que um irmão tinha favorecimento do pai e que a etnia dava a um colega de trabalho a dianteira para uma promoção. Como essas opiniões se encaixam na afirmação do paciente de que é uma pessoa aberta e confiante?

Comportamentos observados

Alguns dos comportamentos que você observa durante a entrevista podem revelar traços importantes de caráter. Preste atenção em ações ou comentários que pareçam ir além do que você esperaria durante a situação de entrevista. Por exemplo, o paciente:

- Boceja, tem má postura, olha ao redor da sala e parece desinteressado
- Invade seu espaço pessoal, pegando coisas da sua escrivaninha
- Pede um intervalo para fumar um cigarro
- Questiona suas credenciais como terapeuta
- Critica suas roupas ou cabelo
- Usa palavras fortes para expressar preconceito contra certos grupos étnicos ou religiosos
- Tenta discutir algo que você disse
- Gaba-se de qualidades que outras pessoas podem tentar esconder, como, por exemplo, relações sexuais, agressões físicas, atividades ilegais ou uso de substâncias

Reconhecendo um transtorno de personalidade

Por si só, nenhum dos comportamentos que citei significa que haja uma patologia do caráter. Todavia, juntas, ou combinadas com informações históricas, elas podem sugerir um ou mais dos *transtornos de personalidade*. Esses diagnósticos são feitos somente quando os traços de caráter são tão inflexíveis e mal-adaptados aos requisitos da vida que causam perturbações consideráveis ou comprometem o funcionamento da pessoa nos domínios social, profissional ou em outras áreas.

Um transtorno de personalidade é antes um modo de vida do que uma doença. Ele implica um comportamento persistente que causa problemas para o paciente. Muitas vezes, tem raízes na infância e pode partir de influências ambientais ou do material genético herdado pelo paciente. Às vezes, as duas causas estão envolvidas.

Um transtorno de personalidade deve ser diagnosticado com base em comportamentos, sustentados ao longo da vida, que sugiram conflitos interpessoais ou má adaptação e problemas com cognição (como as pessoas percebem e interpretam a si mesmas, os outros e tudo aquilo que acontece ao seu redor), afetividade (como respondem emocionalmente, incluindo o tipo de resposta e o quão intensa, instável e adequada é) e o controle dos impulsos.

Para uma breve noção dos transtornos de personalidade, a seguir, descrevo alguns que foram definidos ao longo de décadas. Os cinco marcados com um losango (♦) são geralmente considerados com melhor validade que os outros. Descrevo-os de forma mais completa no Apêndice B.

Antissocial♦. O comportamento irresponsável e muitas vezes criminoso dessas pessoas começa na infância ou na pré-adolescência. O comportamento infantil patológico envolve cabular aulas, fuga, crueldade, brigas, comportamento destrutivo, mentira, furtos e roubos. Como adultos, podem não pagar dívidas, não cuidar dos seus dependentes, não conseguir manter relacionamentos monogâmicos e não apresentar remorso por seu comportamento. Esse talvez seja o diagnóstico de transtorno de personalidade feito com maior validade, principalmente porque depende de dados históricos verificáveis.

Esquiva. Essas pessoas tímidas se magoam tão facilmente com críticas que hesitam em se envolver com os outros. Podem temer o embaraço de demonstrar emoções ou de dizer coisas que possam parecer tolas. Elas podem não ter nenhum amigo próximo e exageram os riscos de fazer coisas fora da sua rotina normal.

***Borderline*♦.** Essas pessoas impulsivas fazem ameaças ou tentativas recorrentes de suicídio. Afetivamente instáveis, apresentam uma raiva intensa e inadequada. Elas se sentem vazias ou entediadas e tentam freneticamente evitar o abandono. Não têm certeza de quem são e são incapazes de manter relacionamentos interpessoais estáveis.

Dependente. Essas pessoas têm dificuldade para começar projetos e para tomar decisões independentes, ao ponto de concordarem com pessoas que possam estar erradas. Geralmente preocupadas com temores de abandono, sentem-se impotentes quando sós e desamparadas quando seus relacionamentos acabam. Elas se magoam facilmente com críticas e oferecem-se para tarefas desagradáveis para ganhar a benevolência das pessoas.

Histriônica. Excessivamente emotivos, vagos e em busca de atenção, esses pacientes precisam de garantias constantes sobre sua atratividade. Podem ser autocentrados e sexualmente sedutores.

Narcisista. As pessoas narcisistas são grandiosas quanto à própria importância e costumam se preocupar com a inveja, fantasias de sucesso ou ruminações sobre a singularidade dos seus problemas. Seu sentido de merecimento e falta de empatia podem fazê-las tirar vantagem dos outros. Elas rejeitam as críticas vigorosamente e precisam de atenção e de admiração constantemente.

Obsessivo-compulsivo♦. O perfeccionismo e a rigidez caracterizam essas pessoas. Normalmente *workaholics*, tendem a ser indecisas, excessivamente escrupulosas e preocupadas com detalhes. Insistem que os outros façam as coisas à sua maneira, têm dificuldade para expressar afeto, tendem a não ser generosas e podem até resistir a colocar fora objetos de que não precisem mais.

Paranoide. Essas pessoas supõem que serão ameaçadas ou humilhadas, e o comportamento dos outros parece confirmar suas expectativas. Podem ser rápidas para aceitar ofensas e lentas para perdoar. Costumam ter poucos confidentes, questionar a lealdade das pessoas e ler significados ocultos em comentários inocentes.

Esquizoide♦. Esses pacientes se interessam pouco por relacionamentos sociais, têm uma faixa emocional restrita e parecem indiferentes a críticas ou elogios. Tendendo a ser solitárias, evitam relacionamentos íntimos (inclusive sexuais).

Esquizotípica♦. Esses pacientes têm tanta dificuldade com os relacionamentos interpessoais que parecem peculiares ou estranhos para os outros. Sem amigos próximos, sentem-se desconfortáveis em situações sociais. Podem ter desconfiança, percepções ou pensamentos bizarros, um modo excêntrico de falar e afeto inadequado.

Ao considerar essas descrições, devemos ter duas questões em mente. Em primeiro lugar, muitas pessoas, talvez a maioria dos nossos pacientes, têm problemas sociais perturbadores que *não* são causados por nenhum transtorno de personalidade. Um chefe tirano pode criar discórdia no trabalho e um cônjuge psicótico pode destruir o casamento. A psicose crônica pode alienar os pacientes de suas famílias. Todos os dias, garotos usam drogas e a bolsa de valores engole a poupança de alguém. Também devemos garantir que o padrão de comportamento não é causado por, digamos, uma depressão, um abuso de substâncias ou uma condição médica. Podemos nos proteger contra esse tipo de erro certificando-nos de que cobrimos todas as possibilidades durante a fase de coleta de informações na avaliação.

A segunda questão a lembrar tem a ver com as limitações inerentes a uma única entrevista, não importa o quanto seja cuidadosa e ampla. Especialmente com os transtornos de personalidade, o material de que você precisa para o diagnóstico talvez seja revelado somente quando o tempo aprofundar a sua experiência com o paciente.

9

TEMAS DELICADOS

Criar coragem para tratar de certos temas pode ser um desafio. Embora o material em si seja bastante claro, nossa sociedade considera esses temas delicados – incluindo sexo, uso de substâncias e comportamento suicida – profundamente privados. Como consequência, o paciente pode sentir culpa ou vergonha, ao passo que o entrevistador deve colocar de lado uma vida de ensino, dúvidas pessoais e, talvez, preconceitos. Porém, como essa exploração é essencialmente importante para a entrevista, se o paciente não mencioná-los espontaneamente, você deve, em algum ponto, referi-los. Você pode esperar até mais adiante na entrevista, depois de conhecer melhor o paciente; mas não espere até o final: você pode esgotar o tempo e ainda assim permanecer com material importante a ser examinado. Qualquer entrevistador que ignore esses temas corre o risco de cometer erros sérios de diagnóstico e de tratamento.

COMPORTAMENTO SUICIDA

Investigar o comportamento suicida é absolutamente obrigatório. Essa regra vale mesmo se não houver nenhum indício de desejo de morrer ou ideias suicidas em nenhum momento da entrevista. Violar essa regra com pacientes que podem estar envergonhados demais para mencioná-los espontaneamente traz o risco de se ignorarem ideias e comportamentos que coloquem a vida em perigo. Embora a grande maioria dos pacientes psiquiátricos não se mate, quase todos os diagnósticos em saúde mental conferem um certo grau de risco de suicídio além do encontrado na população geral.

Ao questionar sobre comportamentos suicidas, você talvez sinta um certo desconforto. Os entrevistadores iniciantes às vezes hesitam em mencioná-lo por acreditarem que esse tema possa plantar a ideia na mente do paciente. A verdade é que qualquer paciente em risco sério de suicídio já terá pensado nisso muito antes que qualquer um pense em perguntar. O verdadeiro risco é não perguntar o quanto antes. Do contrário, talvez só se descubra tarde demais o quanto a doença do paciente era grave.

Se for o paciente quem levantar o assunto, você pode seguir com um certo grau de conforto. Se não houver essa iniciativa, é de vital importância que você mesmo levante a questão. A menos que o paciente pareça muito desconfortável, você não precisa preceder as perguntas com desculpas ou explicações. A maioria dos pacientes se sentirá tão confortável quanto você parecer se sentir.

No contexto da entrevista de saúde mental, é perfeitamente adequado perguntar:

– "Você já pensou em se ferir ou se matar?" Se a resposta for "não" e isso parecer corresponder ao humor e ao comportamento recentes do paciente, você pode aceitar como um fato simples e avançar para outro tema. Se a resposta for ambígua ou apresentada com linguagem corporal oposta, como um modo hesitante ou um desvio súbito do olhar, você deve investigar a questão com mais perguntas.

É claro que você também deve ter cuidado para não comprometer o *rapport*. Se suas perguntas parecerem aumentar o desconforto (hesitação, lágrimas), você talvez precise comentar a perturbação:

– "Você parece tão triste que eu me sinto mal de perguntar sobre esse assunto, mas realmente sinto que devo."

A alguém que tentou suicídio ou que foi violento de outra forma, você pode dizer:

– "Sua experiência recente me deixa preocupado com a possibilidade de você tentar novamente. Há alguma coisa que mudou ou que possa influenciá-lo de um ou outro modo?"

Alguns clínicos acreditam que os pacientes podem responder de forma mais verdadeira se você evitar a "palavra S", *suicídio*. Você pode trabalhar gradualmente rumo ao seu objetivo com uma série de questões cada vez mais explícitas:

1. "Você tem tido pensamentos perturbadores ou melancólicos?"
2. "Esses pensamentos são desesperados?"
3. "Você alguma vez desejou estar morto?"
4. "Você já pensou em se ferir?"
5. "Você já fez planos de tirar a própria vida?"
6. "Você já fez alguma tentativa verdadeira?"

É importante expandir se a resposta for "sim" a qualquer uma dessas questões, fazendo a seguinte pergunta aberta:

– "Pode me falar mais sobre isso?"
– "O que aconteceu então?"

Se as tentativas verdadeiras ocorreram antes do episódio atual – às vezes num passado distante – as memórias podem estar turvas. Contudo, você deve tentar descobrir o máximo que puder sobre as tentativas anteriores. Essas informações ajudarão você a:

1. prever o que o paciente pode fazer depois;
2. avaliar as ações que você deve tomar.

Desse modo, obtenha a resposta para estas questões:

- Quantas tentativas anteriores foram?
- Quando ocorreram?
- Onde estava o paciente na época?
- Qual era o humor do paciente na época?
- Que métodos foram usados para as tentativas?
- A tentativa ocorreu sob influência de drogas ou álcool? (Se foi, houve alguma outra tentativa em que o paciente estivesse sóbrio?)
- O paciente tinha outros transtornos mentais na época? (Além de uso de substâncias, você deve averiguar também sobre depressão e psicose.)
- Quais foram os estressores que precederam o comportamento suicida? (Procure perdas como separação ou divórcio, morte de um ente querido, perda do emprego ou aposentadoria. Entretanto,

qualquer acontecimento perturbador na vida do paciente, de um amigo ou familiar pode servir como precipitante.)
- A tentativa foi séria?

Gravidade física e psicológica

Podemos julgar a gravidade de uma tentativa de suicídio de duas maneiras:

1. Qual o grau de risco físico da tentativa?
2. O paciente tinha intenção real de morrer?

Uma tentativa grave, seja física ou psicologicamente, aumenta a probabilidade de o paciente cometer suicídio no futuro. Ao avaliar o potencial suicida de um novo paciente, você deve ter essas diretrizes em mente.

Uma tentativa de suicídio é fisicamente grave quando resulta (ou pode resultar) em dano corporal significativo. Segundo esse padrão, um corte na jugular, um coma profundo ou um tiro no peito podem ser tentativas fisicamente graves, assim como a ingestão de 100 drágeas de um antidepressivo tricíclico, mesmo que o estômago do paciente seja lavado antes de ele entrar em coma. Sem atenção médica adequada, menos da metade desse número de antidepressivos já pode ser fatal.

No outro extremo, estão aquelas tentativas que são bastante improváveis de causar qualquer dano grave, muito menos a morte. Elas incluem atos como arranhar o pulso levemente e tomar quatro ou cinco aspirinas. Esses comportamentos, que às vezes são chamados de "gestos", sugerem que o paciente tinha outro propósito em mente que não a morte. Fazendo essa avaliação, você deixa de lado as implicações físicas e considera a gravidade psicológica da tentativa, para descobrir a intenção por trás dela. Havia um desejo genuíno de morrer ou foi um pedido de ajuda? Eis alguns dos motivos possíveis para uma tentativa de suicídio:

- Um desejo genuíno de morrer
- O desejo de conseguir ajuda
- Fugir de uma situação intolerável
- Alívio do sofrimento mental
- Uma tentativa de influenciar alguém

Muitos pacientes que fizeram tentativas psicologicamente sérias podem declarar seus sentimentos claramente:

– "Pena que não deu certo."
– "Vou tentar de novo."

Outros podem ser menos claros, ou até ambivalentes. Para eles, você deve perguntar:

– "Qual você achava que seria o resultado da sua overdose [ou outra tentativa]?"

Para alguns, sua melhor linha de ação pode ser inferir a intenção a partir do comportamento. O paciente que tenta cometer suicídio sozinho num quarto de hotel, sob um nome fictício, claramente está mais inclinado à autodestruição do que aquele cuja tentativa ocorre em casa, pouco antes da hora do cônjuge chegar.

Eis algumas outras questões que podem ajudar você a julgar a gravidade psicológica:

– "Você decidiu tentar impulsivamente ou vinha planejando há algum tempo?" *O planejamento e a preparação costumam estar associados a tentativas mais sérias.*
– "Antes da tentativa, você tinha escrito ou revisado o testamento,

distribuído bens ou feito um seguro de vida?" *Qualquer um desses comportamentos sugere planejamento.*
- "Você escreveu um bilhete de suicídio?" *Mais evidência de planejamento.*
- "Havia alguém com você quando fez a tentativa?" *Um "sim" sugere que o paciente havia preparado um meio de resgate.*
- "O que você fez depois da tentativa?" (Ficou deitado para esperar o fim? Pediu ajuda? Telefonou para um número de ajuda a suicidas?) *A falta de ação pode fazer tocar o alarme.*
- "Como você se sentiu quando foi salvo? *"Raiva" soa mais grave que "alívio".*

Você deve correlacionar o que descobrir sobre essas ideias e tentativas suicidas anteriores com o pensamento atual do paciente sobre o tema. É vital saber se o paciente tem planos que possam ser letais, especialmente nas próximas horas ou nos próximos dias. Pergunte:

- "Você tem pensado em suicídio ultimamente?"
- "Quais são suas ideias em relação ao suicídio?"
- "Você tem feito planos?" (Se sim:) "Quais são?"
- "Você acha que está propenso a executá-los?"
- "O que o impediu no passado?"
- "Quando é provável que aconteça?"
- "Que efeito você acha que terá sobre os outros?"
- "Você sente que tem alguma razão para viver?"
- "Existe alguma coisa que diminua a possibilidade do suicídio?"

Como regra geral, evito usar o termo *manipuladora* para descrever uma tentativa de suicídio. Por uma razão: a maioria dos pacientes que tenta (ou comete) suicídio se sente ambivalente em relação aos seus atos, de modo que a maioria das tentativas tem algum grau de manipulação. Mais importante, esse termo tende a fazer os clínicos e as famílias relaxarem em sua atenção em um momento no qual ela pode ser bastante necessária.

Quaisquer ideias ou planos que possam ser danosos exigem ação rápida. Se você é estagiário, isso significa contatar o clínico que trata o paciente imediatamente, para garantir que os pensamentos e planos do paciente sejam plenamente conhecidos. Essa ação da sua parte é essencial, mesmo que signifique violar a confiança ou a promessa de confidencialidade que você fez antes. *Prevenir o suicídio ou outro risco ao paciente é um dever absoluto de todo profissional da saúde. Para cumprir esse dever efetivamente, todos os clínicos devem se sentir confiantes de que todos que tiverem contato com o paciente compartilharão informações vitais. Se você precisa quebrar a confiança para garantir a segurança do paciente, saiba que a vasta maioria dos pacientes não o culpará por sua ação. De fato, a maior parte deles se sentirá intensamente grata por essa "traição" que salvou sua vida.*

VIOLÊNCIA E SUA PREVENÇÃO

Uma história de comportamento violento é relativamente incomum, mas é pelo menos tão importante conhecê-la quanto a de suicídio, pois pode ter implicações graves para os pacientes e suas supostas vítimas.

Se o paciente admite ter tido dificuldades legais, tais como detenções ou tempo de prisão, você terá uma abertura natural para perguntas sobre a violência. Grande parte da violência é doméstica, de modo que um outro bom momento para perguntar é quando você descobre que o paciente é divorciado ou teve um casamento problemático. (Não deixe de averiguar sobre surras ou outras formas de maus-tratos que o paciente pode ter *recebido* de um parceiro doméstico.)

Se não houver uma abertura natural, você deverá perguntar. Como no caso da automutilação, você pode chegar até o tema gradualmente:

1. "Você já teve sentimentos incontroláveis de raiva?"
2. "Você já pensou em agredir outras pessoas?"
3. "Você já teve dificuldade para controlar os seus impulsos?"
4. "Como adulto, você já se envolveu em brigas?"
5. "Você já foi preso por brigar ou por outro comportamento violento?"

As respostas positivas devem ser exploradas:

- "Quais foram as circunstâncias dos atos violentos?"
- "Quando eles ocorreram?"
- "Quem estava envolvido?"
- "Como você se sentiu a respeito?"
- "O comportamento envolveu uso de substâncias?"
- "Qual foi o efeito sobre a vítima?"
- "O que lhe aconteceu como resultado?"
- "Você foi preso?"
- "Você foi condenado?"
- "Quanto tempo você cumpriu?"

Tente sempre entender o que está por trás das ideias ou dos comportamentos violentos do paciente e o que pode ter causado esses sentimentos. Por exemplo, você pode encontrar:

- *Raiva* de um motorista que danificou o carro do paciente
- *Depressão* que resulta de uma herança genética e de bebida pesada
- *Inveja* de um colega de trabalho que ganhou uma promoção cobiçada para vice-presidente
- *Frustração* porque a Receita Federal continua enviando avisos insistentes sobre uma tributação que o paciente já pagou
- *Cobiça* ante à possibilidade de herdar uma grande propriedade
- *Ódio* do ex-cônjuge
- *Vingança* pela morte da irmã nas mãos de um ladrão

Uma tentação para qualquer um (inclusive para um médico experiente) que entreviste um paciente com potencial de ser violento é mergulhar na tentativa de obter as informações relevantes, a ponto de omitir qualquer outra consideração. A principal delas deve ser a segurança pessoal. Não desejo alarmar ninguém, pois o risco com qualquer paciente é pequeno. Ainda assim, uma pesquisa observou que mais da metade dos profissionais da saúde mental havia sido ameaçada ou agredida por pacientes no ano anterior. Há alguns anos, fui agredido por um paciente violento, e é algo que eu faria tudo para prevenir de acontecer novamente. Resumindo, eis como se pode agir a respeito.

1. Garanta que você tem uma rota livre de fuga da sala onde está trabalhando. Isso significa que não deve haver nada entre você e a saída.
2. Certifique-se de que haja alguém que escute ou que possa respon-

der instantaneamente a uma campainha ou outro alarme.
3. Mantenha-se especialmente alerta quando seu paciente tiver uma história de violência. A taxa recidiva em agressões é altíssima. O perigo é bastante elevado para pacientes que devem tomar drogas antipsicóticas, mas que não estejam tomando.
4. Mantenha-se alerta às nuanças da voz (aumentos no tom ou no ritmo), às palavras (ameaças e insultos) e à linguagem corporal (um punho fechado, olhar tenso ou passo agitado) que possam indicar a necessidade de agir.
5. Assim que sentir o perigo, aja. Você deverá deixar de lado seus instintos normais de acalmar o paciente (não se aproxime para proporcionar conforto, não toque para tranquilizar). Pelo contrário, diga calmamente o que você vai fazer – "sr. Smyth, vou levantar e caminhar até a porta": uma advertência verbal para evitar um choque súbito em um paciente assustado. Então, faça como prometeu.
6. Depois que sair da sala, procure a ajuda das pessoas disponíveis: outros funcionários, a segurança do prédio ou a polícia.

Com relação ao seu consultório, cada clínica para pacientes internados ou ambulatoriais deve ter um conjunto de procedimentos de emergência que sirvam como base para treinamento. Os detalhes envolvem decidir quem liga para a polícia, quem aparece na porta para responder ao alarme e quem faz uma demonstração de força do modo mais casual e inofensivo nas circunstâncias em questão.

USO INDEVIDO DE SUBSTÂNCIAS

Pelo menos 1 em cada 13 norte-americanos adultos tem problemas com o uso indevido de substâncias. Essa cifra é ainda maior entre os pacientes psiquiátricos, dos quais talvez 25% usem substâncias de forma inadequada. A experiência com substâncias que podem sofrer abuso se tornou quase um rito de passagem para os adolescentes norte-americanos. Ela é tão comum – e seus efeitos sobre o paciente e o ambiente podem ser tão amplos – que o uso de substâncias deve ser tratado na entrevista inicial de todo paciente psiquiátrico, independentemente do sexo, da idade ou da queixa.

Álcool

Apesar dos esforços educativos de profissionais da saúde mental e de organizações de 12 passos como os Alcoólicos Anônimos, muitas pessoas ainda consideram o uso indevido de substâncias como um transtorno da moral. Como resultado, pacientes e entrevistadores têm dificuldade para discutir essa questão. Talvez você possa encontrar uma via natural. A história familiar pode dar uma pista.

Paciente: Então, como você vê, minha infância quase foi arruinada pelo hábito de beber da minha mãe.
Entrevistador: Parece bastante difícil. E você – você também bebe?

Nesse momento, talvez seja inconveniente mudar o rumo e falar de outro tema, como fez esse entrevistador. Você deve continuar evocando a história da infância e, mais adiante, retornar ao que o paciente disse sobre a história familiar:

Entrevistador: Uns minutos atrás, você mencionou que sua mãe bebia. Aquilo me fez pensar – você também já bebeu?

Se o paciente não levanta o tema do uso de drogas e de álcool, você deverá criar a sua própria oportunidade. O álcool é mais aceitável socialmente, e você pode perguntar a respeito com menos risco de envergonhar o paciente. Pressuponha que o paciente, assim como a maioria dos adultos, não é abstêmio. É mais provável que você acerte do que erre, e o pressuposto da bebida pode reduzir o estigma se o paciente bebe demais. Descubra a frequência e o quanto o paciente bebe:

- "Eu gostaria de saber sobre alguns dos seus hábitos. Primeiramente, em um mês médio, em quantos dias você toma pelo menos uma dose de álcool?"

Observe como a forma dessa questão exige uma resposta precisa, formulada em termos de dias por mês. Isso desestimula respostas vagas ou evasivas como "não muito" ou "apenas em ocasiões sociais". (Você pode considerar que os seguintes drinques contêm aproximadamente o mesmo conteúdo de álcool: uma cerveja de 355 ml, uma taça de vinho de 177 ml e uma dose de um destilado.)

Depois disso, pergunte:

- "Em um dia médio em que você toma no mínimo um drinque, quantos drinques costuma beber?"

Esses dois números – drinques por dia e dias por mês – permitem que você calcule o número médio de drinques que o paciente toma por mês. À medida que faz mais entrevistas, você desenvolverá um sentido para o que é normal e o que é excessivo. Mais de 60 drinques por mês (dois por dia, em média) é preocupante, e mais de 100 por mês é bastante acima da norma. Porém, mesmo um número abaixo de 60 sugere um problema com a bebida se muitos dos drinques são consumidos em apenas alguns dias: o beber compulsivo é um dos padrões possíveis de abuso de álcool.

Mesmo se o paciente negar que vem bebendo muito, descubra quanto ele bebia no passado. O paciente tem sido abstêmio por toda a vida ou isso é uma mudança recente? ("Não toco em álcool" pode significar "não bebo desde domingo. No café da manhã".) Pergunte:

- "Houve algum momento em sua vida em que você bebeu mais pesado do que atualmente?"

Obtenha informações sobre dias por mês, drinques por dia e as razões para parar.

O alcoolismo (chamado mais corretamente de *dependência de álcool*) é um transtorno definido por suas consequências. A quantidade que uma pessoa consome é uma pista importante, mas o diagnóstico em si baseia-se nos efeitos que a bebida tem sobre o indivíduo e o ambiente. Portanto, a menos que o paciente negue que já teve algum problema com a bebida, você deve fazer perguntas sobre várias categorias de consequências.

Para problemas médicos, pergunte:

- "A bebida já lhe causou algum problema hepático, vômitos ou outros problemas médicos?"
- "Já lhe disseram para parar de beber por causa da sua saúde? E você parou?"
- "Você já teve blecautes? Isso significa que, na manhã depois de beber, você não consegue lembrar da noite anterior." (Como mostra a pergunta, certifique-se de definir o que você quer dizer com *blecautes*

– alguns pacientes não conhecem o termo.)

Um dos critérios para a dependência de álcool (ou qualquer substância) é usar mais do que o paciente pretende. Isso às vezes é difícil de avaliar – especialmente com adolescentes, que não são conhecidos por ter limites, e bebem pelo efeito que causa. Em vez disso, tente avaliar a perda do controle:

- "Você já tentou parar de beber?"
- "Você já estabeleceu regras sobre a bebida, como 'nunca beba antes das quatro da tarde?'"
- "Você empina drinques?"
- "Quando toma o primeiro drinque, Você tem dificuldade para parar?"

Para problemas pessoais e interpessoais, pergunte:

- "Você às vezes sente culpa por causa da quantidade de bebida que ingere?"
- "Você se envolve em brigas quando bebe?"
- "A bebida alguma vez lhe causou um divórcio ou outros problemas sérios?"
- "Fez você perder amigos?"

Para problemas no trabalho, pergunte:

- "A bebida alguma vez o fez não ir trabalhar ou se atrasar para o trabalho?"
- "Você já foi demitido por beber?"

Para problemas legais, pergunte:

- "Você já foi preso por um comportamento relacionado ao álcool?"
- "Você já foi preso por dirigir sob efeito de álcool?" (Se foi, descubra o que aconteceu no tribunal.)
- "Você já causou um acidente enquanto dirigia embriagado?"

Para problemas financeiros, pergunte:

- "Você já gastou dinheiro em álcool que deveria ter usado em necessidades como comida?"
- "Você já teve outras dificuldades financeiras por causa da bebida?"

Se qualquer uma dessas questões gerar uma resposta positiva, pergunte:

- "Você já se preocupou com a bebida?"
- "Você já pensou que era alcoolista?"
- "Qual foi o seu período mais longo de sobriedade?"
- "Como você chegou a ele?"
- "Você já se tratou para o uso de álcool?"
- "O que aconteceu como resultado do tratamento?"

Drogas recreativas

Com as drogas recreativas, o procedimento é semelhante. Suas perguntas sobre o álcool levarão naturalmente a esse tema. Pergunte:

- "Você já usou algum tipo de droga recreativa?"

Da mesma forma que foi para o uso de álcool, você quer saber quando começou o uso da droga e quando terminou. Defina o tipo de droga, a frequência do uso e os efeitos do uso sobre paciente, amigos e familiares.

Um problema que você pode encontrar é não saber a terminologia das ruas para as drogas que costumam ser usadas. Se não entender um termo, pergunte. Os paciente adoram ensinar seus cuidadores.

Listei alguns dos termos que você pode ouvir, mas existem mais centenas. Você pode encontrar muitos deles na internet (www.pride.org/slangdrugterms.htm).

- Hipnóticos: panca, panqueca
- Cocaína: pó, pó da vida, coca, pedra, crack, neve, brilho, branquinha, Brizola, Branca de Neve, cheirosa, novidade
- Alucinógenos: LSD, ácido, PCP, mescalina, peiote, STP
- Narcóticos: heroína, codeína, Dilaudid, morfina
- Maconha: erva, marijuana, coisa, baseado, haxixe, preta
- Estimulantes do sistema nervoso central: anfetamina

Além disso, certos grupos étnicos podem usar nomes específicos, assim como em locais diversos do país, e a terminologia é fluida, mudando à medida que novos grupos de usuários chegam à idade de usar.

Medicamentos prescritos ou vendidos sem prescrição médica

Não esqueça de perguntar sobre o uso excessivo de medicamentos:

– "Você já tomou uma quantidade maior de um medicamento do que o médico receitou?"
– "Você já tomou remédios excessivamente?"

Mais uma vez, você deve descobrir quando, o quê, quanto e quais foram os efeitos.

E, para qualquer substância, você deseja saber a resposta para esta questão: "O que ela faz por você que o mantém usando?"

VIDA SEXUAL

Normalmente, os pacientes esperam perguntas sobre sexo. Para a maioria deles, é uma parte aceita da consulta com um profissional da saúde mental. Todavia, essa linha de questionamento faz certas pessoas se sentirem desconfortáveis, de modo que talvez seja melhor postergá-la até mais adiante na entrevista, quando você tiver conhecido melhor o paciente; ele pode considerar essas questões delicadas no contexto de outras informações psicológicas, médicas e sociais necessárias.

Para saber sobre essa importante área da vida de qualquer pessoa, você deve ser capaz de discuti-la abertamente, sem demonstrar desaprovação ou censura. Os clínicos em formação geralmente têm dificuldade para interrogar os pacientes sobre suas vidas sexuais. Às vezes, isso se deve a uma falta de familiaridade com as questões que devem ser perguntadas, mas pode estar relacionado com padrões pessoais de conduta sexual – que, por sua vez, são resultados da criação e da cultura. Aqui, além de seus próprios padrões, é vital, também, reconhecer que o paciente tem direito a uma visão diferente. E, como uma discussão franca sobre o sexo pode ser excitante para ambas as partes, a história sexual é uma área em que, mais do que nunca, você deve ter um domínio firme dos seus limites profissionais.

Durante a discussão da doença atual ou das histórias pessoal e social, você talvez já tenha aprendido algo sobre o relacionamento entre paciente e parceiro que proporcione uma introdução natural para o tema do sexo. Se isso não tiver acontecido, ou se o paciente não tiver nenhum parceiro atual, deve-se fazer um pedido franco de informações. Uma pergunta aberta pode proporcionar conforto para você e espaço para o paciente responder:

– "Agora, eu gostaria que você me falasse sobre o seu funcionamento sexual." A forma dessa questão pressupõe que a maioria das pessoas tem vida sexual, e que ela é aceitável e normal.

Se a primeira resposta for uma pergunta do paciente ("Como assim?"), você pode desenvolver da seguinte maneira:

– "Estou tentando descobrir duas coisas. Primeiro, como é o seu funcionamento sexual normalmente? E, segundo, como ele foi afetado pelo problema que o trouxe ao tratamento?" (Observe que essa fala, que deliberadamente quebra a regra sobre não fazer duas perguntas ao mesmo tempo, diz ao paciente a extensão do que você está tentando descobrir.)

A discussão que se segue deve lhe dar os seguintes tipos de informações:

- Com que idade o paciente aprendeu sobre o sexo?
- Qual era a natureza das primeiras experiência sexuais?
- Com que idade elas ocorreram?
- Como o paciente reagiu a elas?

Preferência sexual

Alguns clínicos da saúde mental preferem começar suas investigações sobre o sexo com uma pergunta direta:

– "Qual é a sua preferência sexual?"

Essa abordagem tem a virtude de (geralmente) evocar uma resposta clara já desde o início, evitando assim a possibilidade de mal-entendidos embaraçosos mais adiante. Tenha o cuidado de não pressupor que um paciente casado não tenha história de homossexualidade.

Para alguém com tal história, você deve tentar descobrir:

- O paciente é bissexual ou exclusivamente homossexual?
- Se bissexual, que porcentagem dos encontros sexuais é heterossexual?
- O paciente considera essa orientação sexual confortável (egossintônica) ou desconfortável (egodistônica)?
- Como o paciente integrou a orientação sexual em seu estilo de vida?
- O paciente já quis ou tentou mudar?

Embora os sonhos e as fantasias muitas vezes não sejam produtivos em uma entrevista inicial, a presença de fantasias homossexuais pode ajudar na avaliação de pacientes que parecem inseguros quanto à sua orientação básica.

Práticas sexuais

Quando existe história de dificuldades sexuais, há muitas perguntas importantes que devem ser feitas e que você não investigaria rotineiramente. Quando for necessário discutir essas questões, é melhor deixar para uma entrevista subsequente. Use o bom-senso. Depois de garantir que o paciente e seu parceiro estão felizes juntos e interagem bem sexualmente, você provavelmente pode fazer a seguinte pergunta:

– "Existem questões de natureza sexual que não tenhamos falado ainda?"

No caso de disfunção sexual, contudo, algumas das questões seguintes serão apropriadas para a discussão:

- O problema sexual é antigo ou foi adquirido recentemente?
- Como é a organização das camas atualmente na casa?
- Existem problemas com as relações sexuais? (Necessitam de abstinência?)
- O sexo é prazeroso para o paciente?
- E para o parceiro? (Até conhecer as preferências e práticas sexuais, é mais seguro usar o termo *parceiro* para generalizar os gêneros.) *As mulheres são muito mais prováveis do que os homens de relatar falta de prazer sexual.*
- Se o paciente é casado ou está em um relacionamento de longo prazo, houve casos extraconjugais? Se houve, quantos? Com que frequência? Quando foi o último?
- O casal se comunica de forma clara sobre o sexo?
- Qual é a frequência das relações sexuais? Isso mudou recentemente ou com a idade?
- Quem geralmente toma a iniciativa para o sexo?
- Os parceiros hesitam para abordar um ao outro para o sexo, talvez por causa de problemas interpessoais?
- O casal usa preliminares? Quanto tempo duram? O que constituem as preliminares? (Conversar? Beijar? Toques genitais?) *Como muitos homens não entendem que a excitação demora mais para uma mulher do que para um homem, suas parceiras podem relatar que as preliminares são breves demais e que a relação sexual em si é insatisfatória.*
- Se há sexo oral, os dois são entusiásticos a respeito?
- Com que frequência o paciente alcança o clímax? *A anorgasmia (ausência de clímax) é bastante comum entre as mulheres, que podem mesmo assim sentir um forte desejo sexual. Algumas somente alcançam o clímax em certas circunstâncias, como a masturbação. A capacidade de alcançar o clímax, como o interesse sexual, pode diminuir com a doença (física ou mental) e com a ansiedade.*
- Com que frequência o paciente se masturba? Isso representa um problema para o paciente ou para o parceiro?
- Que método de contracepção (se algum) o casal usa? Os parceiros estão de acordo em relação ao momento ou prevenção da concepção?
- Houve parceiros sexuais fora do relacionamento atual?
- Um dos parceiros tem história de doenças sexualmente transmissíveis?

Problemas sexuais comuns

O funcionamento sexual compreende as áreas do desejo, da excitação e do orgasmo. Mesmo se o desejo parecer ter diminuído, o paciente ainda tem pensamentos ou fantasias sexuais? Mantenha-se atento para diversos problemas sexuais relativamente comuns:

- *Impotência* (a incapacidade de alcançar ou manter a ereção). Há quanto tempo começou? É total ou parcial? Ela ocorre apenas com parceiros específicos? Já foi analisada medicamente? E foi tratada? Observe que a impotência é bas-

tante diferente da falta de desejo sexual.
- *Dispareunia* (dor na relação). Comum em mulheres, essa condição também é observada raramente em homens. Sua causa pode ser biológica ou emocional. Ela é suficientemente grave para interferir no funcionamento ou no prazer sexual?
- *Ejaculação precoce*. Quando um homem chega rápido demais ao estágio de inevitabilidade ejaculatória (para usar o termo de Masters e Johnson), o casal pode se frustrar e não sentir prazer.
- *Ejaculação retardada*. Pode ser resultado de fatores emocionais – como culpa – ou uso de certos medicamentos. O clássico é a tioridazina (Melleril), que é usada para tratar ejaculação precoce.
- *Preocupações com uma possível homossexualidade ou bissexualidade*. Enquanto esse comportamento pode ser importante para o paciente e, assim, constituir uma base legítima para investigação por um profissional da saúde mental, é importante mostrar ao paciente que isso não é considerado uma doença, mas uma forma de preferência sexual normal.

Quando você estiver investigando a vida sexual do paciente, pergunte sobre situações específicas em que o problema ocorreu. Se o problema parecer ser de técnica, peça uma descrição em termos comportamentais: "Primeiro, eu... então, ela faz... mas isso geralmente não funciona, então nós...". Como para qualquer problema que não seja de cunho sexual, descubra quando começou, com que frequência e em que circunstâncias ocorre, a gravidade (está piorando?), o que se fez a respeito e o que parece ajudar.

Parafilias

As parafilias são relativamente incomuns e compreendem diversos transtornos em que o paciente se excita com um estímulo que não seja o de um adulto que consente, ou com a humilhação ou o sofrimento do paciente ou do parceiro sexual. O diagnóstico é feito somente quando o desejo ocorre constantemente por no mínimo seis meses e quando o paciente age segundo a vontade ou fica profundamente perturbado com ela. Quase todos esses pacientes são homens e, normalmente, experimentam três ou mais desses desejos, que podem interferir na capacidade de desfrutar de relacionamentos sexuais e amorosos normais. As parafilias específicas são as seguintes:

- *Exibicionismo*. Esses pacientes têm fantasias e desejos que envolvem a exposição repentina dos órgãos genitais para um estranho, geralmente uma mulher. Os pacientes que agem segundo essas fantasias geralmente não buscam contato físico com a vítima e não representam perigo físico.
- *Fetichismo*. Os fetichistas se excitam sexualmente com objetos inanimados – geralmente roupas íntimas ou sapatos femininos, que são usados pelo próprio paciente ou pelo parceiro para atividade sexual.
- *Froteurismo*. Os froteuristas se excitam tocando ou esfregando-se contra uma pessoa que não consente. A frotagem geralmente ocorre em um lugar lotado e pode envolver contato através das roupas com as mãos ou genitais.
- *Pedofilia*. Esses pacientes têm fantasias e desejos sexuais com crianças pequenas (geralmente com menos de 13 anos). A maioria

dos pedófilos prefere garotas, mas alguns se excitam com garotos ou com crianças dos dois sexos. O transtorno geralmente é crônico, podendo envolver várias atividades sexuais, incluindo olhar, despir e ter contato físico.
- *Masoquismo sexual.* As fantasias e os comportamentos sexuais desses pacientes envolvem ser espancado, ser amarrado, ser humilhado ou sofrer. Em casos extremos, pode resultar em morte por sufocação.
- *Sadismo sexual.* Esses pacientes se excitam sexualmente causando dor física ou psicológica nos parceiros, que podem consentir ou não. Esse comportamento pode aumentar com o tempo, às vezes, ao ponto dos pacientes causarem lesões graves e até a morte.
- *Fetichismo travestido.* Comum apenas em homens heterossexuais, esse transtorno envolve a excitação sexual ao se vestir com roupas femininas.
- *Voyeurismo.* Os voyeurs se excitam olhando uma pessoa nua, no ato de se despir ou em relações sexuais, a qual não desconfia do que está acontecendo.
- *Outras parafilias.* Podem envolver a excitação sexual com animais, com excreções, com cadáveres e com "linguagem suja" no telefone.

Doenças sexualmente transmissíveis

Para todos os pacientes, mantenha-se alerta para uma história de doenças sexualmente transmissíveis, incluindo herpes, sífilis e gonorreia. Em especial, pergunte sobre fatores de risco para AIDS: parceiros sexuais múltiplos, sexo com usuários de drogas ou relacionamentos homossexuais. Se a resposta for "sim", você deve perguntar se o paciente faz uso de preservativos. Em caso positivo, em que porcentagem das relações? O paciente já fez exame para o HIV? Se já, quando foi o último? Quais foram os resultados?

ABUSO SEXUAL

Molestamento infantil

Infelizmente, a história de experiências sexuais na infância é algo bastante comum, principalmente entre pacientes com problemas mentais. Ainda assim, essa área muitas vezes não é explorada, mesmo por clínicos experientes. *As experiências sexuais na infância foram relacionadas com muitos transtornos adultos, incluindo o transtorno de personalidade borderline, transtornos alimentares, transtorno dissociativo de identidade e transtorno de somatização.*

Mesmo sem a presença de nenhuma dessas condições, recordações de comportamento sexual precoce podem representar preocupações que exijam discussão e tranquilização. Portanto, você deve perguntar a respeito. Porém, pergunte de um modo que evite o carregado termo *molestamento*:

– "Quando era criança, você alguma vez foi abordado por outra criança ou por um adulto em busca de sexo?"

Uma resposta positiva deve ser explorada minuciosamente. Particularmente, obtenha os seguintes detalhes:

- O que aconteceu realmente?
- Houve contato físico?
- Que idade tinha o paciente?
- Quantas vezes os incidentes ocorreram?
- Quem foi o perpetrador?

- Havia uma relação consanguínea entre o perpetrador e o paciente?
- Como o paciente reagiu ao incidente?
- Os pais foram informados?
- Quais foram suas reações?
- Como esses incidentes afetaram o paciente, seja durante a infância ou como adulto?

Algum paciente poderá dar respostas ambíguas como "não tenho certeza" ou "eu realmente não consigo me lembrar de muita coisa da minha infância". Essa resposta deve alertá-lo de que, em algum lugar na história do paciente, pode haver experiências perturbadoras demais para serem toleradas como uma recordação consciente. Uma investigação mais aprofundada nesse momento não revelará muitas informações adicionais, mas tente identificar da forma mais exata possível o intervalo que foi esquecido ("idade de 6 a 12 anos" ou "no ensino médio"). Isso pode ajudar mais adiante no processo de recuperação dessas recordações.

Talvez, esse seja um momento em que você não deve alertar o paciente de que retornará ao tema mais adiante. A promessa de investigar recordações traumáticas há muito ocultadas pode parecer ameaçadora e interferir no *rapport* que você está tentando construir. Em vez disso, diga:

– "Parece que você tem alguma dúvida nessa área. Tudo bem – ninguém lembra tudo da infância. Mas se lembrar alguma coisa sobre suas primeiras experiências sexuais, eu gostaria de ouvir a respeito mais adiante. Talvez seja importante."

Faça uma anotação cuidadosa sobre retornar ao tema em uma outra entrevista, quando sua relação com o paciente estiver mais sólida.

Estupro e abuso do cônjuge

Por décadas (no mínimo), o crime de estupro foi seriamente ocultado. Esse fato provavelmente seja explicado pelos sentimentos de culpa e de vergonha das vítimas e pelo medo da notoriedade. Com a publicidade de julgamentos de "estupros de celebridades" e com nossa compreensão reforçada a respeito da psicologia das vítimas, essas posturas diminuíram um pouco nos últimos anos. Entretanto, ainda permanece muito comum que pacientes (quase sempre do sexo feminino), na idade adulta, sofram estupro ou outras formas de abuso sexual. (O exército norte-americano relatou que os casos de agressão sexual aumentaram 24% em 2006, em relação ao ano anterior.) Os entrevistadores da saúde mental devem ser capazes de obter as informações necessárias para determinar a melhor linha de ação com tais pacientes, muitos dos quais foram gravemente traumatizados por suas experiências.

Geralmente, a abordagem preferida é um convite amigável e não estruturado para descrever os acontecimentos e suas consequências:

– "Por favor, fale-me dessas experiências."

Com perguntas investigativas cuidadosas, você deve tentar obter as seguintes informações:

- Quais foram as circunstâncias? (Local? Idade do paciente?)
- Quem foi o perpetrador? (Familiar? Conhecido? Desconhecido? Gangue?)
- Quantas vezes ocorreu?
- O paciente conhecia o perpetrador?
- Eles eram familiares?
- Houve envolvimento de álcool ou drogas? Se sim, por quem?

- Que sentimentos o paciente teve na época?
- Quem foi informado?
- A história foi ouvida com empatia?
- Houve alguma ação legal? Se não, por quê?
- Quais foram os efeitos mais duradouros das experiências? (Investigue raiva, medo, vergonha, ansiedade, depressão e sintomas de estresse pós-traumático.)

Diversas emoções semelhantes podem ser evocadas por abuso sexual ou físico do cônjuge. As vítimas podem resistir em relatar esse crime por medo de represália, como mais abuso ou abandono.

10
O CONTROLE DAS ENTREVISTAS POSTERIORES

Durante a maior parte da entrevista inicial, você incentivou o paciente a discutir seus problemas livremente. Quando avança para a história pessoal e social, você precisará exercer mais controle sobre a forma da sua entrevista. Isso possibilitará que você use seu tempo de maneira eficiente para cobrir todo o material e investigar áreas importantes que restem. Diversas técnicas verbais e não verbais podem ajudar a direcionar as respostas do paciente e maximizar a quantidade de material obtido.

ASSUMA O CONTROLE

Alguns pacientes tomam a direção tão bem que você pode exercer controle apenas fazendo uma pergunta orientadora ocasional. Aqueles com pressão maníaca na fala ou desconfiança psicótica podem precisar de redirecionamento quase constante.

É claro que você deve controlar a sua própria produção verbal. Os entrevistadores novatos devem prestar especial atenção: a ansiedade às vezes faz com que falem com muita frequência e por tempo demais. Lembre-se que o principal propósito é facilitar o fluxo de informações do paciente. Para ocupar o menor tempo possível com explicações, faça suas perguntas de maneira clara e sucinta.

Com a necessidade de cobrir tanto material, talvez você não consiga responder de forma tão completa quanto gostaria as questões que o paciente levantar. Por exemplo, ao ouvir que caçoavam do paciente quando criança, seu impulso natural pode ser empatizar e perguntar por exemplos, efeitos e reações do paciente. Porém, talvez já seja tarde na sessão, e você ainda precise investigar a história de abuso sexual. Você terá que postergar algumas dessas respostas naturais até a próxima sessão. Por enquanto, você pode apenas ser empático e mostrar o seu interesse, perguntando sobre outros traumas da infância que precisa averiguar.

Paciente: ... então eu me sentia o bobo de cada piada e trote que ocorria no pátio da escola.
Entrevistador: Esse tipo de experiência realmente pode deixar uma criança se sentindo arrasada. Você tinha outros tipos de problemas perturbadores quando criança? Por exemplo, alguém o abordou em busca de sexo?

Você deve tentar evitar transições abruptas, que possam prejudicar o *rapport*. Em vez disso, experimente uma destas técnicas:

- Você pode mudar o assunto com mais habilidade se antes fizer um

comentário empático, como fez o entrevistador no exemplo anterior.
- Pare de tomar notas e largue a caneta. Se você continuar a escrever, o paciente pode se sentir estimulado a falar sobre o mesmo tema.
- Se você deve interromper, tente levantar o dedo indicador (levantar toda a mão parece autoritário) e inspirar para indicar que precisa falar.
- Tente ser rápido para colocar uma palavra entre duas sentenças do paciente. Embora isso exija atenção e possa ser bastante difícil, geralmente funciona bem, especialmente se você conseguir intervir ao final de uma ideia.
- Se o paciente falar algo que vocês já conversaram suficientemente, indique a necessidade de mudar a direção:
  – "Eu gostaria de ouvir mais sobre isso depois, se tivermos tempo. Por enquanto, vamos falar de..."
  – "Acho que entendi a sua insônia. Mas o seu apetite mudou alguma coisa?" (Observe que fazer uma pergunta que exija "sim" ou "não" como resposta sugere que você quer uma resposta curta.)
  – "Preciso interromper aqui para perguntar algo que também é importante..."
- Faça um sinal com a cabeça quando tiver obtido a resposta que deseja. Esse reforço incentiva a brevidade.

Às vezes, contudo, os pacientes simplesmente não respondem bem a sinais. Para alguém que continua a falar, você deve ser mais direto. Uma boa abordagem é dizer claramente as suas necessidades e a solução que propõe:

- "Para que eu possa ajudá-lo, é importante que cubramos bastantes coisas. Isso significa que temos que avançar para outra área."
- "Nosso tempo está ficando curto..."
- "Vamos nos ater ao tema principal..."

Talvez você deva indicar a nova direção mais de uma vez antes que um paciente falante entenda o recado. Porém, continue tentando – você deve obter todo o material diagnóstico que procura.

PERGUNTAS FECHADAS

Nas primeiras partes da entrevista, recomenda-se o uso de perguntas abertas, pois elas ajudam os pacientes a se comunicar com maior clareza e alcance. Mais adiante na entrevista, quando você souber o tipo de informações específicas que pode ser relevante para o diagnóstico e para a terapia, as perguntas fechadas funcionam bastante bem.

As perguntas fechadas são aquelas que podem ser respondidas com um "sim" ou um "não", ou que exigem uma resposta específica (como o lugar de nascimento ou a duração do casamento do paciente). Elas permitem que você identifique critérios diagnósticos e esclareça respostas anteriores, para que obtenha uma visão mais completa dos problemas do paciente; também são menos prováveis de promover uma postura evasiva em um paciente que gostaria de ocultar certos tipos de informações. Além disso, elas ajudam você a se certificar de negativos importantes, tais como a *ausência* de problemas sexuais ou psicose. Apenas com as perguntas abertas, você pode não saber que o paciente não tem esses sintomas.

Outra técnica fechada é substituir por um pedido de múltipla escolha quando seu paciente não consegue responder a uma pergunta menos definida:

Entrevistador: Há quanto tempo você usa cocaína?
Paciente: Bem, eu... quer dizer... ah, não sei ao certo.
Entrevistador: Bem, faz uma semana ou duas, quem sabe seis meses, talvez um ano ou mais?
Paciente: Ah, faz mais de um ano. Talvez três anos.

Você também deve estar ciente das limitações potenciais das perguntas fechadas. Os pacientes que são mais verbais podem não gostar de perguntas fechadas se pensarem que você se interessa mais no processo de obter informações do que na pessoa que as está fornecendo. Além disso, o formato "sim-não" não dá ao paciente a chance de um gradiente de resposta. A resposta que você recebe pode ser enganosa, em vez de informar. Eis um exemplo:

Entrevistador: Você tinha dificuldade para se relacionar com o seu pai quando era criança?
Paciente: (*Pensando*, "Vamos ver, eu não aguentava o velho, então nunca prestava atenção no que ele dizia. Acho que a resposta que posso dar é...") Não.

As perguntas fechadas podem ser valiosas, mas você deve evitar sugerir como gostaria que o paciente respondesse. Essas *perguntas indutoras* dão uma dica ampla de que existem certos padrões ou comportamentos que você aprova. Uma pergunta indutora limita gravemente o alcance e a validade das informações que você obterá. Por exemplo, não indique a sua ideia de "média":

Entrevistador: Quanto você bebe de álcool?
Paciente: Ah, eu diria na média.
Entrevistador: Duas ou três vezes por semana?
Paciente: Sim, isso.

Uma pergunta melhor para esse entrevistado teria sido "o que é a 'média' para você?". De fato, tome cuidado com qualquer formulação indutora que sugira o que você considera normal. Em vez de "sua relação com o seu pai é boa?", tente a forma aberta "como você se relaciona com o seu pai?".

As perguntas fechadas podem na verdade inibir alguns pacientes de responder completamente. É por isso que elas somente devem ser usadas mais adiante na entrevista, depois que você tiver construído um bom *rapport* e o paciente tiver desenvolvido o hábito de dar respostas completas. Como você deve falar mais, as perguntas fechadas ocupam mais do seu tempo e dão ao paciente a chance de filtrar possíveis respostas que sejam embaraçosas ou que pareçam "irrelevantes". Como consequência, as informações que você obtém podem ser falsas ou incompletas.

Ainda assim, esse estilo bastante estruturado de solicitar informações pode ser adequado para pacientes que não estejam acostumados com o processo de entrevista ou para aqueles cujas habilidades verbais nunca tenham se desenvolvido bem. Isso se aplica especialmente a pacientes com uma doença mental séria como esquizofrenia não tratada, para alguns com retardo mental e para aqueles que, por uma variedade de razões, relutam em ser entrevistados. Esses pacientes podem precisar de um uso mais amplo de perguntas do tipo "sim-não".

Independentemente de até onde avançou na entrevista, você provavelmente terá mais êxito se continuar a usar uma mistura de perguntas abertas e fechadas. Por exemplo, depois que obtiver um fluxo rápido de respostas que confirmem o diagnóstico de alcoolismo, você pode aliviar a monotonia (e a tensão) fazendo uma pergunta aberta:

- "Foram muitas perguntas. Agora, quem sabe você pode me contar como planeja lidar com a bebida no futuro."

Combinando estilos, você pode obter informações estruturadas e detalhadas, além de incentivar o paciente a gerar material novo importante. A combinação de estilos pode ajudar você a obter material com muita validade.

TREINAMENTO DA SENSIBILIDADE

É importante lembrar que as perguntas muito estruturadas não precisam (e não devem) ser abrasivas ou desagradáveis. Você pode suavizar qualquer pergunta com uma expressão facial ou tom de voz empáticos. Porém, também deve colocar suas perguntas de modo a ajudar o paciente a falar sobre uma variedade de questões delicadas:

- "Sei que a morte da sua esposa torna difícil para você falar sobre ela." Esse comentário reconhece que o tema é importante para investigar, apesar da perturbação clara do paciente.
- "Como você acha que outras pessoas lidariam com uma filha que tem problemas com a justiça?" Perguntando como outros poderiam reagir ou se sentir, você pode conseguir reduzir a sensação de envolvimento e responsabilidade pessoal do paciente. Essa expressão específica também sugere que o paciente não está só em seu sofrimento com esse tipo de experiência. O resultado pode ser uma informação que você não teria obtido de outra forma.
- "E se a polícia o prendesse por estar alcoolizado – como você se sentiria?" Usando uma suposição, você ajuda o paciente a se distanciar de uma situação emocionalmente difícil.
- "Você já teve a oportunidade de contar à sua esposa que sente muito por bater nela?" Aqui, você suaviza a pergunta, sugerindo que o acaso pode ter impedido alguma ação elogiosa que o paciente deveria ter tomado, mas não tomou.

TRANSIÇÕES

Uma entrevista efetiva não envolve apenas fazer uma pergunta após a outra. Você também deve prestar atenção na coerência geral do que você e o paciente estão dizendo. A sentença ou a expressão que você usa para passar de um tópico para outro se chama *transição*. Da mesma maneira mostra o caminho para onde você está indo, uma transição cuidadosa impede que o paciente se sinta conduzido às cegas. As transições também ajudam a costurar toda a história.

As melhores transições são colocadas em uma linguagem que flui naturalmente, como em uma conversa. Tente fazer com que cada pergunta nasça de uma parte da resposta anterior. Sempre que possível use as palavras do próprio paciente como veículo para exploração:

Paciente: ... então nossas finanças realmente mudaram para

> melhor quando a minha esposa arrumou um emprego.
>
> *Entrevistador*: E o seu relacionamento – ele mudou depois que a sua esposa conseguiu o emprego?

As entrevistas nem sempre seguem de forma linear. Se você está discutindo o importante tema A quando se menciona B, a entrevista pode se tornar fragmentada, a menos que você faça um fechamento em A antes de avançar. Mais adiante, se reintroduzir B referindo-se à afirmação anterior do paciente, você terá feito uma transição suave. Por exemplo:

– "Há alguns minutos, você mencionou que a depressão parece melhorar quando você toma álcool. Você pode me falar mais sobre a bebida?"

Você pode usar qualquer fator comum – tempo, lugar, relacionamentos familiares, um emprego – para suavizar o fluxo da conversa:

> *Paciente*: ... então foi logo depois que meu irmão foi para o Iraque que a minha mãe morreu.
>
> *Entrevistador*: E o que você estava fazendo na época?

Ninguém gosta de ficar em último plano, e os pacientes não são exceção. Portanto, você deve tentar fazer a entrevista parecer uma conversa, não um interrogatório. As transições suaves ajudam a criar esse sentimento, mas quando você precisa fazer uma transição abrupta, indique para que o paciente compreenda que você está trocando de marcha intencionalmente:

– "Creio que tenho um bom quadro do seu beber. Agora, eu gostaria de passar para algo diferente. Poderia me dizer se já teve problemas com outras substâncias, como maconha ou cocaína?"

Depois que você e seu paciente tiverem se acostumado um com o outro, você provavelmente verá que uma única palavra, enfatizada adequadamente, pode indicar uma mudança de assunto:

– "*Agora*, diga-me o que aconteceu quando você e o seu marido estavam preparando e vendendo anfetamina".

Se o paciente se tornar hostil ou ansioso, pode ser um momento em que você se sinta tentado a fazer uma transição bastante abrupta. Mesmo então, você deve tentar suavizar a transição, reconhecendo a mudança – e o direito do paciente aos sentimentos incômodos que você pode ter causado inadvertidamente. Por exemplo:

– "Posso ver que é bastante incômodo falar sobre como sua esposa fugiu com o seu amante. Não o culpo. É uma área que podemos pular tranquilamente agora. Em vez disso, deixe-me perguntar mais sobre a sua nova namorada."

Se for o paciente que mudar o assunto abruptamente, você deve tentar descobrir o porquê.

11

EXAME DO ESTADO MENTAL I: ASPECTOS COMPORTAMENTAIS

O QUE É O EXAME DO ESTADO MENTAL?

O *exame do estado mental* é apenas a sua avaliação sobre o funcionamento mental atual do paciente. Originalmente parte do exame neurológico tradicional, hoje é a base do exame inicial de saúde mental. Este capítulo e o seguinte discutem o exame do estado mental em sua totalidade. A quantidade e o tipo de material apresentados aqui podem parecer assustadores a princípio, mas, uma vez aprendidos, tornam-se automáticos e fáceis de cobrir em alguns minutos.

O exame do estado mental se divide em diversas partes, que podem ser organizadas de muitas maneiras diferentes. Organize o seu exame do estado mental da maneira que desejar, desde que contemple todas as partes. O melhor que pode fazer é escolher um formato, memorizá-lo e realizar o exame do estado mental da mesma maneira até que tenha se tornado natural para você.

O formato a seguir tem funcionado bem para muitos profissionais. Ele divide o exame do estado mental em duas grandes áreas: comportamental e cognitiva.

Aspectos comportamentais

Para obter o material comportamental, você não precisa fazer perguntas especiais ou realizar testes. Apenas observe a fala e o comportamento, enquanto conversa com o paciente (embora, na área do humor, existam perguntas a fazer). Os aspectos comportamentais são os seguintes:

1. Aparência e comportamento gerais
2. Humor
3. Fluxo do pensamento

Aspectos cognitivos

A parte cognitiva do exame do estado mental dizem respeito àquilo sobre o qual paciente está pensando (falando). Essa avaliação exige mais atividade da sua parte, incluindo o seguinte:

1. Conteúdo do pensamento
2. Percepção
3. Cognição
4. *Insight* e julgamento

Os aspectos cognitivos serão descritos no Capítulo 12.

Vamos definir e explicar os termos básicos que você deve saber. O uso do itálico indica algumas das *possíveis* interpretações que você pode fazer sobre essas informações. Lembre-se, contudo, de que muitas outras interpretações são possíveis, e mesmo pequenos comportamentos bastante incomuns podem ser completamente normais. No decorrer da entrevista, você deve constantemente avaliar o que observa do comportamento atual do paciente, em comparação com o que a história levaria a esperar.

APARÊNCIA E COMPORTAMENTO GERAIS

Podemos aprender muita coisa sobre um paciente apenas observando-o. A maior parte das características a seguir envolve coisas que você deve começar a notar logo no início da entrevista, mesmo antes que alguém diga uma só palavra.

Características físicas

Qual é a etnia do seu paciente? *Diversos estudos sugerem que os pacientes hispânicos relatam seus sintomas de maneira diferente da dos indivíduos de origem anglo-americana. Alguns diagnósticos são mais comuns, por exemplo, entre os nativos norte-americanos. Qualquer paciente pode ter dificuldade para se relacionar com um profissional de etnia diferente.*

Que idade você diria que a pessoa tem? A idade aparente corresponde à idade informada? *A idade pode sugerir certos diagnósticos. Os transtornos de personalidade e a esquizofrenia são mais prováveis em pacientes jovens (do final da adolescência à metade da faixa dos 30 anos), ao passo que os sintomas de melancolia ou a demência de Alzheimer são muito mais comuns em pacientes idosos.*

Observe a constituição física do paciente. Ele é esbelto? Forte? Musculoso? E a postura (ereta, desleixada)? O passo e os outros movimentos são graciosos ou aos trancos? O paciente manca? Existem características físicas notáveis, como, por exemplo, cicatrizes, tatuagens ou membros ausentes? Como você avaliaria a nutrição geral do paciente? (Obeso? Delgado? Debilitado?) *A magreza anormal sugere anorexia nervosa. Uma má nutrição não costuma estar relacionada com transtornos mentais, mas pode indicar doença física debilitante e crônica, depressão, abuso de substância ou problemas por ser morador de rua.*

Quando você aperta a mão do paciente na chegada, observe se as palmas do paciente estão secas ou úmidas. Seu aperto é firme e sincero, ou flácido e indiferente?

Estado de consciência

O estado de alerta do paciente pode ser avaliado ao longo de um *continuum*.

- O *estado de consciência plena ou normal* implica consciência do ambiente e a capacidade de responder rapidamente a uma variedade de estímulos sensoriais.
- *Torpor* e *turvação da consciência* referem-se de forma imprecisa a alguém que está desperto, mas não está plenamente alerta. O torpor sugere que o paciente pode ser estimulado até estar plenamente desperto. A turvação da consciência pode ser menos passageira, como em uma pessoa que tomou uma *overdose* de drogas – e implica maior patologia.
- O *estupor* é um estado de inconsciência. O paciente estuporoso responde com excitação parcial a estímulos físicos repetidos, como sacudir ou beliscar.
- O *coma* é uma condição em que o paciente não pode ser excitado de forma alguma, mesmo por estímulos como dor profunda ou odores nocivos.

Não é incomum encontrar oscilação da consciência durante uma sessão de entrevista. *Observe cuidadosamente possíveis alterações no nível de consciência, pois eles podem afetar a sua interpretação dos testes formais, bem como suas observações informais sobre o comportamento do paciente.*

Alguns pacientes parecem mais atentos do que se considera normal. Essas pessoas podem olhar de forma rápida e repetida ao redor da sala, como se verificassem o ambiente, suspeitando de perigos. *Essa hipervigilância ou hiperatenção é encontrada em transtornos paranoides e TEPT.*

Vestuário e higiene

As roupas do paciente estão limpas e bem-cuidadas ou sujas e esfarrapadas? São casuais ou formais? Contemporâneas ou desatualizadas? São adequadas ao clima e às circunstâncias do seu encontro? Observe possíveis joias ou bijuterias. *Cores fortes podem sugerir mania; e algo tão comum quanto uma camisa ou um casaco mal-abotoados pode indicar demência. Roupas bizarras, como um adulto usando um uniforme de escoteiro, sugerem psicose.*

Qual é o estilo e a cor do cabelo do paciente? Ele usa alguma forma de pelo no rosto? E a higiene pessoal? *Se o paciente está desarrumado e malcheiroso, suspeite de doenças sérias, como esquizofrenia ou dependência de substâncias.*

Atividade motora

Tente avaliar a postura corporal dominante: é de aparente relaxamento ou o paciente se senta de forma tensa na borda da cadeira?

Observe a quantidade de atividade motora. Enquanto você fala, o paciente permanece em silêncio? Isso às vezes se aproxima da imobilidade? *A imobilidade verdadeira é rara e pode se dever a catatonia. Classicamente descrita como um aspecto da esquizofrenia, a imobilidade, na verdade, é encontrada em uma variedade de outras condições psiquiátricas e em disfunções do lobo frontal com causas físicas diversas.*

Muito mais comum em pacientes psiquiátricos é o movimento excessivo. O paciente se remexe, sacode uma perna ou levanta com frequência da cadeira? *Esses comportamentos podem se dever a uma acatisia, um efeito colateral das drogas antipsicóticas mais antigas, que ainda podem ser usadas para controlar a psicose. Às vezes, a acatisia pode ser tão grave que o paciente literalmente não consegue ficar sentado e passa a maior parte do tempo andando agitadamente pela sala. Mudanças de posição ocasionais provavelmente sejam consequência de simples ansiedade.*

Na maioria dos casos, os gestos do paciente apenas expressam os sentimentos falados ou enfatizam afirmações verbalizadas ("falar com as mãos"). Todavia, certos gestos transmitem ideias que não são verbalizadas – como o sinal de "legal" com o polegar para cima e o "não-tão-legal", com o polegar para baixo. Observe as mãos do paciente. Elas estão dobradas em repouso ou os punhos estão firmes e fechados? As unhas estão sujas, roídas, manchadas ou minuciosamente feitas na manicure? Observa-se tremor? *Isso pode se dever à ansiedade, mas o tremor do tipo de rolar pílulas é observado na doença de Parkinson e no pseudoparkinsonismo (um efeito colateral comum dos medicamentos antipsicóticos mais antigos).*

Observe qualquer comportamento inadequado, como arranhar, tocar ou esfregar-se em público. A pessoa belisca a pele ou a roupa? *Uma explicação possível é o delirium, que pode ter uma variedade de causas físicas ou químicas. Um tipo é o delirium tremens (DTs), observado na dependência grave de álcool.*

É extremamente importante, especialmente em paciente com doenças mentais crônicas, procurar movimentos involuntários do rosto e dos membros, associados à discinesia tardia. Observam-se movimentos de torção e de contração das extremidades? E mastigação, caretas faciais, franzimento dos lábios ou protrusão da língua? Esses movimentos podem ser brutos e inconfundíveis, mas geralmente são leves e difíceis de identificar. Se tiver dúvidas, peça para ver a língua do paciente. Fasciculações podem ser um sinal precoce de discinesia tardia.

Você pode notar outros comportamentos inusitados. Procure *maneirismos* – comportamentos desnecessários que fazem parte de atividades propostas. (Um exemplo seria os floreios que certas pessoas fazem com a caneta antes de escrever.) *Os maneirismos são comuns e normais. Até certo ponto, todos temos algum.* Por outro lado, os *estereótipos* são comportamentos sem nenhum propósito. Um exemplo seria o paciente que repetidamente faz o sinal da paz sem nenhum propósito aparente. As *posturas* são quando o paciente faz e mantém uma pose (como uma mão enfiada na camisa, ao modo de Napoleão) que parece não ter finalidade. O *negativismo* despropositado pode ser demonstrado quando há um silêncio persistente ou quando a pessoa desvia o olhar do examinador. Na *flexibilidade cérea*, o paciente firma os membros rigidamente, de modo que somente podem ser movidos lentamente e com pressão, como se você estivesse manuseando uma barra de cera maleável. Os pacientes com *catalepsia* mantêm qualquer postura estranha ou inusitada em que você os colocar, mesmo se pedir para relaxarem. *Os estereótipos, as posturas, a flexibilidade cérea, o negativismo e a catalepsia não são encontrados com frequência hoje em dia, somente nos pacientes hospitalizados com patologias mais graves. Geralmente, significam uma psicose – mais frequentemente esquizofrenia.*

Expressão facial

O paciente sorri e apresenta mobilidade normal da expressão facial? *Uma expressão fixa e imóvel pode indicar senilidade, a rigidez comum da doença de Parkinson, ou o pseudoparkinsonismo das drogas antipsicóticas.* Como o paciente faz contato visual com você? *Um paciente psicótico pode olhá-lo fixamente e, na depressão, o olhar pode ser desviado para o chão.* Enquanto você fala, o paciente olha repetidamente ao redor da sala, como se notasse algo que você não consegue enxergar ou como se ouvisse vozes que ninguém mais pode ouvir? *Esses comportamentos de responder a estímulos internos podem ser observados em pacientes com tipos variados de psicoses.* Existem tiques dos olhos, da boca ou de outras partes do corpo?

Você deve procurar outros comportamentos que contradigam as informações que o paciente lhe der verbalmente:

- Você observa a inquietação motora da acatisia, emquanto o paciente nega que esteja tomando antipsicóticos
- O paciente apresenta um olhar triste e parece estar à beira do choro, mas afirma estar alegre.

Voz

Enquanto conversam, observe o volume, o tom e a clareza da voz do paciente. Ela tem um ritmo normal (chamado *prosódia*), ou é monótona e tediosa? A partir do uso da gramática, você pode dizer algo sobre a educação e a origem familiar? O sotaque identifica o país ou a região onde o paciente cresceu? O paciente gagueja, ceceia, murmura ou apresenta algum outro problema da fala? Existem maneirismos do discurso, como palavras ou expressões usadas habitualmente? Como você caracterizaria o tom da voz: simpático, bravo ou triste?

Atitude para com o examinador

Existem várias dimensões ao longo das quais se pode descrever o relacionamento do paciente com você:

Cooperativo → obstrutivo
Amigável → hostil
Aberto → reservado
Envolvido → apático

Desdém
Asco
Medo
Culpa

Tristeza
Vergonha
Surpresa

O quanto à esquerda o paciente fica em cada um desses fatores ajudará a determinar a quantidade de informações que você pode esperar obter, bem como a força do *rapport*. Além disso, observe possíveis indícios de sedução ou atitudes evasivas.

HUMOR

Os termos *humor* e *afeto* são definidos de várias maneiras. Atualmente, alguns profissionais os usam como sinônimos. Usarei *humor* para indicar a maneira como a pessoa alega estar se sentindo, e *afeto* para indicar como a pessoa parece estar se sentindo. Portanto, o termo *afeto* significa não apenas o humor declarado, mas também expressões faciais, posturas, contato visual (ou sua falta) e choro.

O humor (ou o afeto) é descrito em diversas dimensões: tipo, labilidade, adequação e (para certos observadores) intensidade.

Tipo

Qual é o *tipo* de humor do paciente? Isso significa simplesmente a qualidade básica do humor. No Capítulo 7, apresentei cerca de 60 termos para sentimentos (ver a Tabela 11.1), mas eles podem ser resumidos em apenas alguns humores básicos. O problema é que não existe muita concordância em relação àquilo que é exatamente básico. Eis minha versão da melhor avaliação consensual de alguns especialistas sobre as emoções básicas:

Raiva
Ansiedade

Alegria
Amor

Geralmente, predominará um tipo de humor. Quando isso não ocorre, "normal" ou "em torno da média" serve como uma descrição adequada.

O humor do paciente provavelmente ficará claro a partir daquilo que você já tiver observado. Se não ficar, pergunte:

– "Como você está se sentindo agora?"
– "Como está o seu humor no momento?"

Se detectar tristeza, você pode perguntar:

– "Você sente vontade de chorar?"

Em algumas ocasiões, um paciente pode cair em lágrimas – uma reação que pode ser perturbadora para o entrevistador iniciante, mas que às vezes é terapêutica para o paciente. Tenha lenços de papel à mão para essa situação, e tente observar os sentimentos que estão por trás dessa explosão.

Você também pode inferir muita coisa a partir da linguagem corporal do paciente. Eis algumas pistas não verbais para os sentimentos:

- *Raiva*: maxilar rígido, punhos fechados, rubor no rosto ou no pescoço, tamborilar dos dedos, veias saltadas no pescoço, olhar fixo
- *Ansiedade*: pés agitados, torcer os dedos, casualidade afetada (como espalitar os dentes)
- *Tristeza*: olhos umedecidos, ombros caídos, movimentos lentos
- *Vergonha*: pouco contato visual, rubor, encolher os ombros

Certos pacientes têm dificuldade para descrever ou mesmo para reconhecer como se sentem. Alguns simplesmente não conseguem fazê-lo. Cito novamente o termo *alexitimia*, que é usado para descrever a incapacidade de reconhecer ou descrever os próprios sentimentos.

Labilidade

Mesmo pessoas normais às vezes apresentam dois ou mais humores dentro de um período breve de tempo. Por exemplo, em um momento engraçado, mas delicado, de um filme ou peça teatral, a pessoa pode chorar e rir quase ao mesmo tempo. Porém, as alterações súbitas do humor são anormais e devem ser observadas na entrevista de saúde mental. Essas alterações do humor são chamadas de *labilidade elevada* do humor. *Pacientes com transtorno de somatização podem apresentar alterações súbitas do humor, de êxtase a lágrimas, tudo em questão de minutos. Um paciente maniacamente eufórico pode cair subitamente aos prantos, e retornar rapidamente ao seu bom humor (o termo* microdepressão *é usado às vezes para descrever esse fenômeno). Nas demências, as alterações rápidas do humor podem ser tão graves a ponto de merecer o termo* incontinência afetiva.

O quadro oposto ocorre quando o paciente apresenta uma variação reduzida do humor. O termo *embotamento* é usado como sinônimo, embora alguns autores usem *humor plano* para indicar uma faixa reduzida de humor e reservem *embotamento* para a falta de sensibilidade emocional. *Seja como forem definidos os termos, esses pacientes, identificados classicamente como esquizofrênicos, parecem incapazes de se relacionar com as emoções das outras pessoas. A imobilidade relativa do humor também é observada na depressão grave, na doença de Parkinson e em outras condições neurológicas. O afeto imperturbável, no qual pouca coisa parece mexer com o paciente, ocorre normalmente nas demências.*

Adequação

A *adequação* do humor é a sua estimativa do quanto o humor do paciente corresponde à situação e ao conteúdo do pensamento. Seu juízo será afetado por duas culturas: a sua e a do paciente. Embora a maioria das pessoas apresente reações emocionais inadequadas de vez em quando, uma inadequação acentuada é comum em certos grupos diagnósticos. *Alguém que ri enquanto, por exemplo, descreve algo triste (como a morte de um familiar próximo) pode estar sofrendo de esquizofrenia, tipo desorganizado. O afeto patológico (rir ou chorar inadequadamente) pode ser encontrado na paralisia pseudobulbar, que pode ter uma variedade de causas, incluindo esclerose múltipla e derrames. Os pacientes com transtorno de somatização às vezes falam de suas incapacidades físicas (paralisia, cegueira) com uma indiferença mais apropriada para o repórter que lê a previsão do tempo. Esse tipo especial de humor inadequado se chama* la belle indiférece *(termo francês para "indiferença altiva").*

Embora você deva manter-se constantemente atento a esses e a outros sinais de sentimentos que não são expressados, é importante não exagerar na interpretação. Em vez disso, tente relacionar aquilo que observa com o que ouve e com o que você mesmo poderia sentir em circunstâncias semelhantes. As lágrimas são justificáveis pelo tema em discussão ou o paciente parece estar triste demais? O sorriso parece genuíno ou é forçado, talvez ocultando os sentimentos verdadeiros?

Intensidade

Embora a designação seja subjetiva e, portanto, um tanto arbitrária, você pode classificar a *intensidade* do humor como leve, moderada ou grave (pense na progressão de distimia até depressão maior sem e com psicose). Talvez você também queira observar a *reatividade* do humor: é fugaz, prolongado ou algo entre os dois?

O FLUXO DO PENSAMENTO

A expressão *fluxo do pensamento* é um pouco enganosa. Estamos interessados é no pensamento, mas o que percebemos é o fluxo da fala. Pressupomos que a fala que ouvimos reflete os pensamentos do paciente.

A maioria dos problemas descritos aqui costuma ser visível apenas durante a fase aguda da doença. Eles podem ser agrupados em duas categorias gerais:

1. prejuízo na *associação* (a maneira como as palavras se unem para formar expressões e sentenças);
2. *velocidade e ritmo* anormais.

Infelizmente, os profissionais que atuam na saúde mental nem sempre concordam em relação a essas definições, então tentei adotar uma visão consensual. Todavia, você estará mais seguro se registrar, como citações, exemplos reais da fala do paciente. Isso ajudará a lembrar mais adiante exatamente o que o paciente disse, e ajudará qualquer um que leia o relatório a entender o que você quer dizer com as palavras que usa, proporcionando um registro para fundamentar avaliações de mudanças futuras nos padrões de pensamento, que possam ocorrer com o tratamento.

Tome cuidado para não atribuir um significado patológico indevido à maneira de falar do paciente. Padrões da fala diferentes dos seus podem ser causados por transtornos neurológicos ou outros problemas médicos, por influências culturais ou por crescer falando um idioma diferente.

Associação

Primeiramente, observe se a fala é *espontânea* ou se ocorre apenas em resposta a perguntas. No segundo caso, você deve tentar induzir o paciente a falar espontaneamente:

– "Fico grato por todas as respostas que você me deu. Mas agora acho que ajudaria se você apenas falasse um pouco sobre os seus problemas. Dessa forma, terei uma ideia melhor do que está lhe incomodando."

Se você não tiver êxito com isso, a quantidade de informações que você pode obter sobre os padrões discursivos obviamente será limitada. Registre exemplos da fala, e anote as tentativas que fez para obter mais.

Perda do fluxo associativo. Às vezes chamado de *afrouxamento do curso associativo,* a perda do fluxo associativo é uma quebra na associação do pensamento, na qual uma ideia parece atropelar a outra. As duas ideias podem estar relacionadas ou não. Você pode entender a sequência das palavras, mas sua direção geral parece não ser regida pela lógica, mas, sim, por rimas, por trocadilhos ou por outras regras que não sejam claras para o observador. O que isso transmite é uma fala que parece significar algo para o paciente, mas não para você:

– "Ela coloca uma coisa num dia e tira no outro."
– "Mais vale um pássaro na mão do que dois na gaiola."
– "Nunca mais vou naquela loja. Não tenho areia suficiente para meus sapatos."

Um tipo especial de perda do fluxo associativo é a *fuga de ideias*, na qual uma palavra ou uma expressão de um pensamento estimula o paciente a mudar para outro. Os pensamentos não parecem estar relacionados pela lógica. Normalmente, o paciente perde totalmente o fio da meada da questão original.

Entrevistador: Quando você chegou no hospital?
Paciente: Na segunda-feira. Segunda é dia de lavar. É isso que vou fazer – lavar esse cara do meu cabelo. Ele é a tartaruga e eu sou a lebre.

Pacientes com mania muitas vezes têm fuga de ideias associada à pressão da fala (descrita mais adiante neste capítulo).

Tangencialidade (fala tangencial). Esses termos descrevem uma resposta que parece irrelevante para a pergunta feita. Se existe alguma relação entre a pergunta e a resposta, é difícil discernir.

Entrevistador: Quanto tempo você morou em Wichita?
Paciente: Até os tamanduás gostam de beijo de língua.

A perda do fluxo associativo e a tangencialidade são encontrados classicamente na psicose, muitas vezes na esquizofrenia, mas pacientes com mania também podem apresentar esses sintomas.

Pobreza da fala. Uma redução notável na quantidade de fala espontânea. O paciente responde brevemente quando se espera elaboração e, a menos que se pergunte, pode não dizer nada por longos períodos. Quando esse comportamento chega ao extremo do mutismo, há pouca ou nenhuma fala. *Os pacientes com depressão podem apresentar pobreza da fala. A mudez é mais característica da esquizofrenia, mas às vezes é observada no transtorno de somatização. Deve ser distinguido da afonia de origem neurológica.*

Os termos seguintes designam patologias da fala que raramente são encontradas em entrevistas clínicas. Defino-os brevemente, mas, a menos que você trabalhe em uma enfermaria para pacientes graves de um grande hospital psiquiátrico, é improvável que encontre qualquer um desses comportamentos mais de uma vez em alguns anos. A maioria deles ocorre na esquizofrenia, mas qualquer um pode ser encontrado em psicoses de origem cognitiva. Quando encontrar um exemplo, certifique-se de registrar e tentar entender por que o paciente respondeu daquela forma.

Bloqueio do pensamento. O trem de pensamento para subitamente, antes de chegar na estação. O paciente geralmente não dá uma explicação mais adequada do que o simples "esquecimento".

Aliteração. Uma expressão ou uma sentença, intencionalmente, contém diversas repetições dos mesmos sons ou de sons semelhantes: "arrisquei, régio regente professor, a reconhecer os ratos revoltosos rodando ao redor do relógio".

Associações por rimas. A escolha de palavras é regida por rimas ou outras semelhanças entre os sons, e não pelas necessidades da comunicação.

Entrevistador: Quem o trouxe ao hospital?
Paciente: Minha mulher, a mulher da minha vida, minha querida.

Ecolalia. Ao responder uma pergunta, o paciente repete palavras ou expressões desnecessariamente. Isso pode ser bastante sutil, ao ponto de você reconhecer apenas depois de várias repetições.

Entrevistador: Quanto tempo você ficou no hospital daquela vez?

Paciente: Quanto tempo você ficou no hospital? Eu fiquei no hospital por muito, muito tempo, esse foi o tempo que eu fiquei no hospital.

Verbigeração. O paciente continua a repetir uma palavra ou uma expressão sem nenhum propósito claro: "eu estava mortalmente paralisado. Mortalmente. Mortalmente paralisado. Mortalmente. Paralisado mortalmente".

Incoerência. O paciente parece tão desorganizado que mesmo expressões ou palavras individuais parecem não ter conexão lógica: "pá... não era o... mais odiado... vida toda". Às vezes, isso também é denominado *salada de palavras*.

Neologismos. Na ausência de intenção artística (como em "Pargarávio" de Lewis Carrol – "Era briluz. As lesmolisas touvas roldavam e reviam nos gramilvos...."), o paciente cria palavras, muitas vezes a partir de partes de palavras conhecidas. A estrutura resultante pode soar bastante autêntica: "eu não queria espalhar teias por toda parte, então bati nela com meu aracnoesmagador [um sapato]".

Perseveração. O paciente repete palavras ou expressões, ou retorna repetidamente a uma questão que já foi tratada ou mencionada.

Entrevistador: E como era a sua namorada?
Paciente: Ah, ela tinha cabelos longos e loiros e usava um rabo-de-cavalo...
Entrevistador: Você sentiu que ela o apoiou quando seus problemas com sua ex-esposa começaram?
Paciente: Mas ela não era muito alta. Um pouco mais de um metro e meio.
Entrevistador: O que eu gostaria de saber é do seu relacionamento com ela.
Paciente: Ela era bonita, muito bonita.

Fala afetada. O sotaque, a fraseologia ou a escolha de palavras dão à fala um sabor artificial ou estranho, como se o paciente fosse outra pessoa. Pode-se dizer que um norte-americano que usa um sotaque britânico ou que seguidamente usa gírias britânicas tem a fala afetada.

Velocidade e ritmo da fala

Diz-se que os pacientes que falam rapidamente, e muitas vezes de forma prolongada, apresentam *pressão da fala* (ou *fala pressionada*). Como esses pacientes costumam ser ruidosos ou difíceis de interromper, podem ser um grande desafio para os entrevistadores. A pressão da fala costuma ser associada a uma *latência reduzida da resposta*, na qual o tempo entre a sua pergunta e a resposta do paciente é notavelmente reduzido. Às vezes, a resposta parece vir quase antes de você fazer a pergunta. *A pressão da fala e a latência reduzida da resposta são encontradas com frequência em pacientes com mania, que podem dizer que suas palavras não conseguem acompanhar seus pensamentos rápidos.*

Um paciente com *latência aumentada da resposta maior* leva mais tempo do que o normal para responder, ou interpõe longas pausas entre as sentenças. Esse padrão discursivo pode se parecer com o *retardo psicomotor* mais geral. Quando a frase finalmente sai, ela pode ser breve e dita com uma lentidão irritante. *A latência aumentada da resposta maior é característica da depressão grave.*

Quando o tempo das sílabas se afasta do normal, pode haver um transtorno da fala. A *gagueira* é uma das possibilidades. Na *fala rápida* (ou *taquifemia*), o paciente fala rapidamente e enreda a língua, desorganizando-se. Pacientes com lesões cerebelares podem pronunciar cada sílaba no mesmo ritmo da última, em uma taxa extremamente exata. Aqueles que apresentam certas formas de distrofia muscular podem falar em grupos ou ter dificuldade para pronunciar sílabas.

Existem outros padrões discursivos que geralmente não têm nenhuma significância patológica. Enquanto podem parecer bastante claros para o ouvinte, o indivíduo que os usa pode estar totalmente inconsciente da frequência com que ocorrem.

A expressão *fala circunstancial* significa que existe muito material estranho incluído na mensagem principal. Nesse padrão discursivo comum, o indivíduo fala do assunto, embora com um custo considerável de tempo e de paciência para o ouvinte.

Na *fala distraída*, a atenção da pessoa pode ser desviada por estímulos alheios à conversa. Ruídos no corredor ou uma mariposa batendo asas contra a janela podem levar a conversa para uma nova direção (ainda que geralmente temporária). A fala distraída geralmente é normal, mas também pode ser encontrada na mania.

Os *cacoetes verbais* são expressões convencionais que muitas pessoas usam demais de vez em quando, geralmente sem notar. Essas expressões, usadas para preencher o tempo, quase sempre são normais, mas chatas.

- "Tá me entendendo?"
- "E eu" (para "eu disse")
- "Basicamente"
- "Verdade?"
- "Chocante!"

Muitas das expressões que usamos para rotular os padrões da fala são confusas, e diversos especialistas as usam de formas diferentes. Mais uma vez, recomendo que você faça o registro o mais claro possível, anotando exemplos *literais* da fala que considerar patológica.

12

EXAME DO ESTADO MENTAL II: ASPECTOS COGNITIVOS

Quase todas as observações mencionadas no Capítulo 11 são feitas geralmente por observação passiva. Em comparação, você deve usar um questionamento ativo para evocar a maior parte do material apresentado neste capítulo.

DEVE-SE FAZER UM EXAME FORMAL DO ESTADO MENTAL?

Alguns profissionais ainda não avaliam – ou relatam – os aspectos cognitivos do exame do estado mental, apesar da importância crítica dessas informações para a avaliação geral de qualquer paciente. Outros sentem que é um insulto fazer perguntas rotineiras e óbvias, tais como "que dia é hoje?" ou "quem é o presidente?", para um adulto que parece claramente saudável. Eles preferem não fazer testes formais sem uma indicação positiva, como, por exemplo, uma queixa de familiares de que o paciente está com um problema de memória.

Você provavelmente não se precipitaria ao ponto de perguntar a um paciente obviamente saudável se ele está ouvindo vozes. Porém, a menos que pergunte, nunca poderá ter certeza de que um paciente está saudável. É por isso que recomendo fortemente, especialmente se você está apenas começando, que faça o exame formal do estado mental para todos os pacientes. Você pode tomar certas atitudes para reduzir a probabilidade de ressentimento para o paciente e de embaraço para você mesmo.

- Comece explicando o que deseja fazer. Enfatize o fato de que essas questões são a norma e não são ocasionadas por algo que o paciente disse ou fez:
  – "Eu gostaria de fazer algumas perguntas de rotina, que me ajudarão a avaliar como você pensa sobre as coisas. Isso só vai levar alguns minutos."

  Palavras como *rotina* e *normal* ajudam a explorar questões que, de outra forma, poderiam se mal-compreendidas.

- Use o grau de *feedback* positivo que parecer necessário, desde que não fale mais que a verdade:
  – "Isso é excelente! Foi o melhor desempenho em cálculos desta semana."

- Preste atenção a qualquer perturbação que essas perguntas pareçam causar. Se necessário, faça um intervalo e retorne depois a algum aspecto que seja problemático:
  – "Subtrair sete mentalmente é difícil. Vamos dar uma parada e tentar os presidentes."

- De qualquer maneira, todos se sentirão muito mais confortáveis se você fizer essa parte da avaliação do caminho durante a primeira entrevista. Se você protelar até que o tratamento esteja em andamento, aumentará a possibilidade de embaraço para você e o paciente.

Qualquer um que observe profissionais experientes realizando as parte formais do exame do estado mental notará que eles não perguntam tudo para todos os pacientes. Com o tempo e a experiência, os clínicos aprendem quais testes podem ser omitidos para certos pacientes e quais devem ser feitos todas as vezes. Enquanto ainda está aprendendo, recomendo que você faça todo o procedimento. Dessa forma, você saberá tudo, e também desenvolverá um sentido de quais respostas são normais para cada teste. Depois de se tornar um especialista (depois de algumas centenas de exames), você poderá decidir quais testes omitir e quando.

O exame do estado mental diz respeito apenas a comportamentos, experiências e emoções atuais. Todavia, muitas vezes, é conveniente cobrir dados históricos relacionados ao mesmo tempo. Essa é a razão por que tantas das questões da triagem começam com "você *alguma vez...*".

Um último ponto: algumas das experiências tratadas nas páginas seguintes são suficientemente incomuns para fazer o paciente relutar em responder com franqueza. Para abordar essa relutância, você pode dizer que as pessoas podem ter todos os tipos de experiências estranhas quando estão estressadas, doentes ou tomando medicamentos. Formular a sua investigação dessa maneira pode ajudar a reduzir a ansiedade e incentivar o paciente a revelar o que você precisa saber.

O CONTEÚDO DO PENSAMENTO

Qualquer coisa que for o foco do indivíduo no momento da fala constitui o conteúdo do pensamento. Durante a história da doença atual, isso geralmente dirá respeito aos problemas que fizeram o paciente procurar tratamento. Porém, é vital que você cubra diversos tópicos do pensamento a cada exame que fizer. O paciente estará propenso a mencionar alguns deles espontaneamente, mas você terá que descobrir outros fazendo perguntas de triagem. Para fazer uma entrevista inicial sistemática e minuciosa, você deve ter todos esses tópicos em mente e fazer perguntas para cada uma dessas anormalidades do pensamento.

Sempre que você estiver investigando anormalidades do pensamento, questione com suavidade, para que o paciente continue a enxergar você como alguém simpático e amigável. Não faça julgamentos precipitados nem demonstre surpresa ante as respostas que ouvir. Lembre-se de que ideias bizarras como discos voadores ou peixes que falam podem parecer tão normais para o paciente quanto as suas convicções mais firmes lhe parecem (incluindo religião e política).

Delírios

Um *delírio* é uma crença fixa e falsa que a cultura e a educação do paciente não podem explicar. Todas as partes dessa definição devem ser satisfeitas. Outras pessoas da mesma cultura devem considerar a crença ou a ideia claramente falsa. Ela deve ser inabalável, apesar das evidências de que está errada.

- "Fui enviado para proteger o presidente." (Aos 73 anos, o paciente tinha alcoolismo crônico e não trabalhava havia anos.)
- "Secretamente, meu marido faz sexo com a mulher do outro lado da rua. Ele faz sinal para ela com a veneziana." (O marido suspirou e admitiu ao entrevistador que era impotente havia 15 anos.)

- "Minhas iniciais são J.C., o que significa que eu sou Jesus Cristo!" (Seis irmãos atestaram que ele estava doente havia seis anos.)

Você pode testar a força das crenças do paciente, perguntando:

- "É possível que esse sentimento se deva a algum tipo de problema nervoso ou emocional?"

Se o paciente responder que não – e se disser, talvez, que a equipe do hospital faz parte da conspiração – considere a ideia um delírio.

Alguns pacientes, quando são desafiados dessa forma, concordam que existe outra explicação possível. Para eles, não se deve diagnosticar como delírio.

- "Parecia apenas que havia algum tipo de plano."
- "Talvez fosse imaginário, afinal!"
- "Meus nervos não andam bem ultimamente."

Considere delírio apenas quando o paciente mantiver uma explicação obviamente falsa, apesar de evidências claras do contrário.

Como o critério cultural-educacional também deve ser satisfeito, um navajo tradicional não deve ser considerado delirante por acreditar em bruxas, assim como crianças que escrevem cartas ao Papai Noel.

Avalie os delírios fazendo perguntas como as seguintes (com pausas adequadas para a resposta):

- "Você já teve pensamentos ou sensações de que as pessoas estavam lhe espionando, falando de você ou tentando prejudicá-lo de algum modo?"
- "Você já recebeu mensagens estranhas?"
- "Você já teve outros pensamentos ou ideias que as pessoas poderiam considerar estranhos?"

Os pacientes normalmente estão cientes de que outras pessoas consideram suas ideias incomuns ou estranhas, podendo fazer de tudo para esconder esses delírios. Geralmente, uma postura empática, interessada e imparcial descontrai o suficiente para que o paciente discuta esses problemas de maneira tão livre quanto qualquer outra pessoa. Você pode pedir para o paciente comentar mais sobre um delírio e falar de outros, fazendo a seguinte pergunta descompromissada:

- "Como você sabe que esse é o caso [o delírio]?"

Se você desafia os delírios, corre o risco de incomodar o paciente. Se os aceitar, você arrisca confirmar essas falsas ideias na mente do paciente. Talvez você deva andar sobre uma linha tênue. Naturalmente, você não demonstrará descrença e ficará mais seguro se puder evitar dar qualquer opinião que seja. Se pressionado, pode dizer sinceramente:

- "Muitas pessoas considerariam isso [o delírio] incomum".

Como isso é algo que o paciente já entende, não será nenhum choque, e a resposta costuma satisfazer. Talvez, você possa ter de responder ainda mais:

- "Creio que outras explicações podem justificar o seu desconforto. Você pode estar enganado ou pode ser alguma forma de nervosismo".

Devido ao fato de você falar de possibilidades, esse tipo de afirmação pode não gerar muita discussão. Se gerar, talvez você e o paciente possam concordar ou discordar de maneira amigável.

Depois que você detectar um delírio, descubra tudo o que puder a respeito. As seguintes questões devem ajudar:

- "Há quanto tempo você se sente assim?"
- "Que atitudes você tomou como resultado?"
- "Que outras atitudes você planeja tomar?"
- "Como você se sente em relação a esses acontecimentos?"
- "Por que você acha que isso está acontecendo?" (Questões mais específicas do tipo, "por que..." – "Por que você foi demitido?" – são outra maneira de evocar delírios.)

Finalmente, o delírio é *congruente com o humor*? Em outras palavras, o conteúdo do delírio está de acordo com o humor do paciente? Eis um exemplo de um delírio congruente com o humor:

> Um homem de meia-idade, hospitalizado por uma depressão, acreditava que tinha literalmente ido para o inferno. Ele pensava que os membros da equipe médica ao redor da sua cama eram demônios, que haviam se reunido para administrar punições merecidas por seus pecados.

E um exemplo de um delírio incongruente com o humor:

> Uma mulher idosa, sofrendo de psicose crônica por muitos anos, também tinha inchaço no tornozelo devido à insuficiência cardíaca. Ela explicava, de maneira imperturbada, que seus fluidos corporais eram puxados para as suas pernas por máquinas de gravidade instaladas no porão pelos nazistas.

A presença de delírios congruentes com o humor deve fazer você suspeitar de um transtorno do humor. Os delírios incongruentes com o humor são mais típicos da esquizofrenia.

Delírios específicos

Quando entrevistar muitos pacientes, você provavelmente encontrará uma ampla variedade de delírios. Eis alguns dos mais conhecidos:

- Morte. Também chamados de delírios *niilistas*, esses sintomas raros são casos extremos de delírios causados por doenças.
- Grandeza. A crença falsa de que o paciente é alguém de posição elevada (Deus, Paris Hilton) ou tem poderes e talentos que outras pessoas não possuem (riqueza imensa, virtuosismo musical, vida eterna). Certifique-se de distinguir essas ideias de referências engraçadas: presidentes, reis e executivos às vezes adotam o manto da presciência ou da invencibilidade. Para eles, "eu sou Deus" pode ser uma figura de linguagem parcialmente realizada. *Os delírios de grandeza costumam ser encontrados na mania, mas também podem ocorrer na esquizofrenia.*
- Culpa. Esses pacientes acreditam que cometeram algum erro ou pecado grave, pelo qual podem alegar que merecem punição. *Os delírios de culpa são encontrados especialmente na depressão grave e no transtorno delirante.*
- Saúde fraca ou alterações corporais. Esses pacientes acreditam que foram afligidos por alguma doença terrível: suas vísceras estão podres, seus intestinos viraram concreto. *Os delírios de problemas de saúde e delírios somáticos são encontrados ocasionalmente na depressão grave ou na esquizofrenia.*
- Ciúme. A esposa do paciente "foi infiel". *Os delírios de ciúme são classicamente observados na pa-*

ranoia alcoólica, mas também são encontrados na esquizofrenia paranoide e no transtorno delirante.
- Passividade ou influência. Esses pacientes acreditam que estão sendo controlados de maneiras inusitadas por influências externas, tais como a televisão, o rádio ou o forno de micro-ondas. Como resultado, eles podem negar a responsabilidade por seu comportamento. Em comparação, alguns podem crer que controlam o ambiente: o que tomaram no café da manhã fez o Secretário de Estado mencionar o Irã em seu discurso, ou suas ondas de pensamento fazem os rios subirem. *Os delírios costumam ser encontrados em pacientes com esquizofrenia paranoide.*
- Perseguição. Os pacientes acreditam que estão sendo ameaçados, ridicularizados, discriminados ou impedidos. *Esses delírios são típicos da esquizofrenia paranoide.*
- Pobreza. Apesar das evidências do contrário (dinheiro no banco, uma aposentadoria por invalidez), esses pacientes acreditam que a destituição os forçará a vender a casa e leiloar suas posses. *Esses delírios às vezes ocorrem na depressão grave.*
- Referência. Pessoas estão espionando os pacientes, difamando-os ou agindo contra eles de alguma forma. Esses pacientes "observam" que as pessoas sussurram a seu respeito quando eles passam. A mídia impressa, o rádio ou a televisão contêm mensagens voltadas especificamente para eles. Por exemplo, "no *The NewsHour* de ontem, Jim Leher disse que um acordo era iminente. Isso significa que eu devo aceitar o acordo do divórcio com minha ex-esposa". *Os delírios de referência são especialmente comuns na esquizofrenia paranoide, mas também podem ser encontrados em outras psicoses.*
- Transmissão. O paciente acredita que seus pensamentos podem ser transmitidos em âmbito local ou em todo o continente. *A transmissão de pensamentos é observada na esquizofrenia.*
- Controle do pensamento. Pensamentos, sentimentos ou ideias são colocados na mente do paciente ou são retirados dela. *Intimamente relacionados com os sentimentos de passividade, esses delírios têm importância semelhante.*

PERCEPÇÃO

Alucinações

As *alucinações* são percepções sensoriais falsas, que ocorrem na ausência de um estímulo sensorial relacionado. (Por exemplo, o paciente ouve vozes falando a partir da lareira ou enxerga um quarteto de cobras roxas flutuando na banheira.) As alucinações podem envolver qualquer um dos cinco sentidos. Entre os pacientes psiquiátricos, as alucinações auditivas são as mais comuns; e as alucinações visuais são as seguintes.

Faça uma triagem em busca de alucinações, perguntando:

– "Você ouve vozes ou outros sons quando não há ninguém por perto para produzi-los?"
– "Você enxerga coisas que as outras pessoas não enxergam?"

Alguns pacientes respondem "sim", por engano, a questões sobre alucinações auditivas, quando querem dizer apenas que estão ouvindo uma voz (a voz do entrevistador) ou que "ouvem" os seus próprios pensamentos (embora não falados como nos pensamentos audíveis, que serão descritos mais adiante neste capítulo). Com perguntas cuidadosas, você pode distinguir esses falsos positivos de alucinações genuínas.

Por exemplo, quando alguém alegar ouvir vozes ou uma ou duas palavras faladas, pergunte:

- "Isso não pode ser algo vindo de você mesmo, como a sua consciência ou os seus próprios pensamentos?"

Uma admissão de que pode ser "minha imaginação" ou "parece que vem do corredor" não se encaixa no tipo de alucinação auditiva verdadeira que espero de uma pessoa com uma psicose séria. Às vezes, pergunto ao paciente se a voz é clara como a minha e se ela fala sentenças completas, novamente descontando as respostas "não". As alucinações que ocorrem apenas quando o paciente está revivendo um trauma também sugerem diagnósticos que não o de esquizofrenia. Posso tranquilizar o paciente de que esse tipo de experiência não significa nada sério.

As alucinações devem ser caracterizadas segundo a gravidade. As *alucinações auditivas*, por exemplo, podem ser classificadas em um *continuum*: ruídos vagos → murmúrios → palavras compreensíveis → expressões → sentenças completas.

Eis algumas questões adicionais que podem ajudar a descobrir mais sobre as alucinações auditivas:

- "Com que frequência você ouve esse tipo de voz?"
- "Ela é tão clara quanto a minha voz está agora?"
- "De onde vem?" (Da cabeça ou do corpo do paciente? Do forno de micro-ondas? Do corredor?)
- "De quem é a voz?"
- "Há mais de uma?"
- "Elas falam sobre você?"
- "O que elas dizem?"
- "Elas conversam entre si?"
- "Qual você acha que é a causa?"
- "Outras pessoas podem ouvir essas vozes?"
- "Como você reage?" (Muitos pacientes têm medo das suas alucinações; outros apenas se preocupam.)
- "As vozes dão comandos?" (Se sim, o paciente as obedece?) *Essa questão é importante: os pacientes às vezes obedecem a alucinações de comando e, como resultado, podem causar mal a outras pessoas.*

Os *pensamentos audíveis* constituem uma forma especial de alucinações auditivas, nas quais os pacientes ouvem seus próprios pensamentos falados tão alto que outras pessoas podem ouvi-los.

As *alucinações visuais* também podem ser classificadas: pontos de luz → imagens turvas → formas humanas (de que tamanho?) → cenas ou quadros vivos. Algumas das perguntas recomendadas para alucinações auditivas, adequadamente modificadas, devem ser feitas a pacientes que admitem ter alucinações visuais. Deseja-se saber especialmente quando elas ocorrem (somente quando o paciente está usando drogas ou álcool, ou em outros momentos?) e qual é o conteúdo. Como o paciente reage a essas alucinações? (Pode ser extremamente assustador perceber rostos mudando de cor ou forma. Uma mulher olhou-se no espelho e viu que estava se transformando em um cogumelo!)

As alucinações visuais são especialmente características de psicoses cognitivas. Por exemplo, pequenos animais ou habitantes de Lilliput costumam ser citados por pacientes com DTs, na abstinência de uso prolongado e pesado de álcool. Os fenômenos dos rastros, nos quais imagens parecem permanecer na retina do paciente, às vezes acompanham o uso de drogas psicodélicas. Porém, as alucinações visuais também podem ocorrer na esquizofrenia, cujos sintomas iniciais podem incluir a intensificação da cor ou mudanças no tamanho dos objetos.

As alucinações táteis *(tato),* olfativas *(olfato) e* gustativas *(paladar) são incomuns em pacientes com doença mental. Esses sintomas geralmente sugerem psicose por transtornos como tumor cerebral, psicose tóxica ou um transtorno convulsivo. As experiências visuais, auditivas e táteis também podem ocorrer em pessoas normais, quando estão pegando no sono ou acordando. Elas são facilmente diferenciadas das alucinações reais por seu tempo exclusivo de ocorrência.*

Uma mulher recentemente me disse: "você vai pensar que eu enlouqueci. Uma manhã, no ano passado, bem cedo, eu vi o diabo de pé sobre mim na minha cama. Fiquei totalmente paralisada – não conseguia mexer meus braços ou pernas, mas estava totalmente acordada! Fiquei tão apavorada que tremi por uma hora depois disso". Fiquei feliz de poder dizer a ela que estava sã – que ela tinha tido uma combinação de *percepção hipnopômpica* (imagens que ocorrem ao acordar, que não são alucinações verdadeiras) com paralisia do sono, que também ocorre ao despertar.

Sintomas da ansiedade

A *ansiedade* é um medo não direcionado e não causado por algo específico que o paciente consiga identificar. Geralmente, ela vem acompanhada por diversas sensações corporais desagradáveis. Outros sintomas mentais podem incluir irritabilidade, pouca concentração, tensão mental, preocupação e uma resposta de sobressalto exagerada.

Faça a triagem para sintomas de ansiedade, perguntando:

- "Você acha que se preocupa com as coisas de maneira excessiva ou desproporcionalmente ao perigo real que representam?"
- "Sua família diz que você é um preocupado?"
- "Você se sente ansioso ou tenso na maior parte do tempo?"

Se qualquer resposta for "sim", continue com algumas das questões discutidas na seção sobre os transtornos da ansiedade no Capítulo 13.

Quando uma ansiedade intensa ocorrer repentinamente em um episódio discreto, com um aumento rápido nessas sensações corporais, diz-se que o paciente está tendo um *ataque de pânico*. Os pacientes costumam dizer que temem desastres, loucura ou a morte iminente.

Faça a triagem para ataques de pânico, perguntando:

- "Você já teve um ataque de pânico – um momento em que se sentiu totalmente assustado ou ansioso?"

Continue com o mesmo tipo de pergunta que faria para outros transtornos da ansiedade (Capítulo 13 e Apêndice D). *Queixas de tensão interna, às vezes acompanhada por uma inquietação acentuada, podem ser associadas à acatisia em pacientes que vinham usando até mesmo alguns dos medicamentos antipsicóticos mais novos.*

Fobias

Uma *fobia* é um medo irracional e intenso, associado a algum objeto ou alguma situação. As *fobias específicas* comuns são medos de animais diversos, de viagens aéreas, de altura (*acrofobia*) e de estar em locais fechados (*claustrofobia*). As *fobias sociais* comuns incluem medo de falar em público, de comer em público, de usar um mictório público ou de escrever quando outras pessoas possam ver as mãos do paciente tremerem. A *agorafobia* é o medo de estar longe de casa ou de estar em locais públicos.

Para o leigo, uma fobia pode parecer tão irracional quanto um delírio. A diferença é que, enquanto o paciente fóbico reconhece o quanto esses sentimentos são irracionais, o paciente delirante não reconhece.

Faça a triagem para fobias, perguntando:

– "Você já sentiu medo de sair de casa sozinho, de estar na multidão ou em locais públicos como lojas ou pontes?"
– "Você já teve medos que pareciam irracionais ou fora de proporção, mas que simplesmente não conseguia desconsiderar?"

No caso das fobias sociais (como o medo de falar em público), certifique-se de perguntar sobre o desenvolvimento da *ansiedade antecipatória*. Nessa condição, a ansiedade que costuma ser intensa e incapacitante é sentida antes do paciente realizar o ato que teme.

Dismorfofobia é um termo usado às vezes para descrever uma preocupação excessiva com defeitos pequenos (ou imaginados) na aparência do corpo. Geralmente, esses defeitos são faciais (rugas, forma do nariz), mas já foram citados para quase todas as partes imagináveis do corpo. É claro que o paciente não pode evitar a parte corporal em questão, de modo que a condição não é uma fobia real. Atualmente, é conhecida como *transtorno dismórfico corporal*.

Obsessões e compulsões

Uma *obsessão* é uma crença, uma ideia ou um pensamento que domina o conteúdo do pensamento do paciente e persiste, apesar de o paciente entender que é irrealista e, talvez, tentar resistir. Por exemplo, um homem de meia-idade tinha o pensamento persistente de fazer algo embaraçoso, como ficar de pé e gritar na missa. As obsessões costumam envolver sujeira, tempo e dinheiro.

As *compulsões* são atos realizados repetidamente, de um modo que o paciente sabe que não é proveitoso nem adequado. Muitas vezes, ocorrem em resposta a (ou para enfrentar) uma obsessão. Alguns exemplos:

- Contar as coisas repetidamente
- Ter superstições infundadas
- Seguir rituais (como uma rotina para a hora de dormir que, se não seguida ao pé da letra, deve ser iniciada novamente)

Um aspecto básico das obsessões e das compulsões é o fato de que o paciente entende que essas ideias e esses comportamentos não têm sentido e tenta resistir a eles.

Faça a triagem para obsessões e compulsões, perguntando:

– "Você já teve ideias ou pensamentos obsessivos? Pensamentos que possam parecer absurdos para você, mas que ficam voltando mesmo assim?"
– "Você já teve compulsões – como rituais ou rotinas que acha que deve realizar repetidamente, mesmo que tente resistir?" (Prepare-se para citar exemplos se o paciente pedir).

Algumas pessoas não compreendem que esses comportamentos – organização excessiva, por exemplo – não são nada incomuns. Um questionamento cuidadoso pode ser necessário para descobri-los:

- "O quanto sua casa, suas coisas pessoais, são arrumadas?"
- "Você já foi dormir e deixou pratos sujos na pia?"
- "Se alguém sentar na cama depois de você arrumar, você sente que deve arrumá-la novamente?"

Um grau menor de pensamento obsessivo é bastante comum, de modo que é importante avaliar a gravidade. Como com as fobias, isso pode ser medido em termos dos efeitos sobre atividades como os estudos, o trabalho e a vida familiar. Em casos graves, os pacientes podem passar muitas horas por dia ocupados fazendo coisas sem sentido, tais como lavar as mãos repetidamente, fazer rituais para se vestir ou para ir ao banheiro. Como com as fobias, pergunte a respeito do início, da duração e do tratamento, bem como a respeito da gravidade.

Pensamentos de violência

Independentemente de ter havido ou não tentativas de suicídio ou violência direcionada a outras pessoas, você deve descobrir o que o paciente pensa no momento. Faça a triagem para *ideias suicidas*, perguntando:

- "Você já teve ideias ou pensamentos sobre se machucar de algum modo ou se matar?"

Como a maioria das pessoas já teve esse pensamento em um momento ou outro, uma resposta positiva pode simplesmente refletir uma reação fugaz a um problema ou a uma situação difícil na vida. Porém, seria um equívoco injustificável e potencialmente trágico ignorar qualquer resposta que fosse no mínimo ambígua. Você deve investigar minuciosamente qualquer ideia que encontrar.

Revise todo o material que já obteve sobre tentativas de suicídio passadas (ver o Capítulo 9). Descubra se o paciente tem planos atuais e os meios necessários para executá-los. Você deve perguntar:

- "O que seria necessário para fazer o suicídio parecer menos interessante?"

Considere séria e de mau prognóstico qualquer resposta equivalente a "nada poderia". Se encontrar esse tipo de pensamento – e especialmente se ele for corroborado com evidências de bebida ou depressão atual (sensações de inutilidade, desesperança, dificuldade para pensar, perda de energia, sentimentos de culpa) – você talvez tenha uma hipótese que exija hospitalização – possivelmente, terá chegado a hora.

As *ideias de homicídio ou violência* apresentam uma necessidade semelhante e urgente de ação. O terror das ideias violentas é mitigado apenas pelo fato de que são encontradas com muito menos frequência do que as ideias suicidas. Faça a triagem para pensamentos de homicídio ou violência contra terceiros, perguntando:

- "Você tem se sentido tão bravo ou irritado que pensa em agredir alguém?"
- "Você já teve dificuldade para resistir a essa vontade?"

Qualquer resposta positiva deve ser seguida imediatamente e comparada com as informações históricas que você já tiver obtido. Existem planos ou apenas ideias? O paciente tem os meios (armas, drogas letais) necessários para executar o plano? Existe uma agenda? (Certifique-se de revisar o material detalhado sobre a violência no Capítulo 9.)

Sintomas que são preocupantes, mas geralmente normais

Existem diversos sintomas sobre os quais você geralmente não precisa perguntar: eles são normais ou não têm importância diagnóstica. Todavia, os pacientes às vezes se preocupam com eles e os comentam durante sessões de entrevista. Você deve ter explicações prontas.

As *ilusões* são interpretações errôneas de estímulos sensoriais reais. Geralmente visuais, elas ocorrem principalmente quando existe pouco estímulo sensorial (como na luz fraca). A explicação benigna é facilmente reconhecida tão logo o paciente se dá conta do engano. Você provavelmente já teve a experiência: uma rachadura na parede parece uma cobra apavorante. Quando acende a luz, sente alívio imediato. Para distinguir ilusões de alucinações, obtenha detalhes sobre questões como as circunstâncias (luz fraca, etc.) e o momento (talvez apenas ao ir dormir). Embora sejam geralmente normais, as ilusões podem ser encontradas em pacientes com demência ou *delirium*.

O *déjà vu*, termo francês para "já visto", é uma sensação comum de que a pessoa já passou por uma situação ou um local, quando isso provavelmente não ocorreu. A maioria das pessoas normais já teve esse sentimento mais de uma vez, embora o *déjà vu* possa ocorrer na epilepsia do lobo temporal.

As *ideias supervalorizadas* são crenças que continuamos a ter apesar da ausência de provas sobre o seu valor. Como os delírios, elas não podem ser desafiadas por argumentos ou pela lógica. Ao contrário dos delírios, não são claramente falsas. Entre os exemplos, estão a superioridade de gênero, de raça, de partido político ou de religião. As ideias supervalorizadas, às vezes, são seguidas a um ponto em que interferem no funcionamento do indivíduo, causando sofrimento para si ou para outros que a rodeiam. Um exemplo comum é o ódio racial. As ideias religiosas supervalorizadas podem se transformar em uma preocupação religiosa e, a partir daí, em delírios religiosos, e a linha divisória pode ser difícil de traçar. Nesse caso, observe as palavras exatas do paciente como medida basal para uma revisão futura.

A *despersonalização* é uma alteração da percepção de si mesmo. As pessoas geralmente a experimentam como uma sensação de estarem afastados do corpo ou da mente, podendo ter a sensação de se enxergarem ou de estarem em um sonho. Na *desrealização*, as pessoas sentem que são reais, mas que o ambiente não é. Faça a triagem para essas experiências, perguntando:

- "Você já se sentiu irreal? Como se fosse um robô?"
- "Você já sentiu que as coisas ao seu redor são irreais?"

A desrealização e a despersonalização são razoavelmente comuns e costumam ser normais. Às vezes, desenvolvem-se durante um período de perturbação profunda ou devido à privação do sono. Quando essas experiências são prolongadas ou repetidas e suficientemente graves para causar perturbação, o indivíduo pode ser diagnosticado como portador de transtorno de despersonalização. Elas também podem ocorrer durante crises de TEPT e junto a patologias cerebrais orgânicas.

CONSCIÊNCIA E COGNIÇÃO

Na próxima seção do exame do estado mental, testa-se a capacidade do paciente de absorver, processar e comunicar informações. Os testes clínicos são apenas aproximados, mas podem servir como um guia valioso.

Para introduzir esses testes, talvez você deva reafirmar a garantia de que sempre faz essas perguntas de rotina para os pacientes novos. Espero que você evite o erro comum dos clínicos jovens, que, talvez pelo embaraço de fazer essas perguntas, podem descrevê-las como "tolas". Desvalorizar esses testes pode diminuir a motivação do paciente. Para alguém que queira saber por que você está perguntando, a resposta correta é "para ajudar a avaliá-lo". Você não deve se referir a elas como "simples", o que somente aumentaria o desconforto para um paciente que tenha dificuldade para responder. Lembre-se que qualquer teste do funcionamento mental pode ser traumático, especialmente se houver medo de fracassar. Ir mal sempre causa estresse, e o paciente que tropeça pode precisar de apoio:

- "A maioria das pessoas não consegue dar o máximo quando sob pressão."
- "A maioria dos pacientes tem um pouco de dificuldade com esse teste."

Em todo caso, tente enfatizar o que o paciente consegue fazer:

- "Você foi bem nas séries de sete."
- "Você está indo melhor do que muitas pessoas nesse teste."

(Claro que você nunca deve usar esse tipo de comentário de apoio se não for verdade.)

Atenção e concentração

Nesse ponto da entrevista, você já terá uma boa ideia da *atenção* (que definiremos como a capacidade de se concentrar em uma tarefa ou em um tópico atual) e da *concentração* (a capacidade de manter esse foco por um período de tempo) do seu paciente. Você pode avaliar essas qualidades de modo mais formal por meio de cálculos, que avaliam a capacidade de se concentrar em um estímulo. Peça para o paciente subtrair 7 de 100. Uma vez feito isso, peça novamente para subtrair 7 do resultado, e assim por diante até 0. A maioria dos adultos termina em menos de um minuto, com menos de quatro erros. Lembre-se de considerar a idade do paciente, o seu nível educacional, a cultura e os graus de depressão e ansiedade ao avaliar o desempenho.

Pessoalmente, sempre que possível, prefiro avaliar a atenção durante a entrevista. Essa possibilidade pode surgir, por exemplo, quando o paciente menciona uma data que passou há anos. "Vamos ver", eu digo, "que idade você tinha então?" Provavelmente, eu não levaria esse tipo de teste adiante se o paciente puder dizer a idade correta e parecer se concentrar bem em nossa conversa (talvez longa).

Se as subtrações se mostrarem difíceis demais (elas pressupõem um certo nível de educação e de facilidade com a matemática), peça para o paciente contar em ordem inversa, com intervalo de 1, desde, digamos, 87 e parar no 63. Esse teste da atenção tem menos relação com a cultura do que as subtrações seriais. Soletrar *mundo* ao contrário é algo que se pede tantas vezes que certos pacientes conseguem "matraquear" a resposta sem pensar. Tente uma palavra diferente, também com cinco letras, mas antes certifique-se de que o paciente sabe soletrá-la na ordem normal. Recordar uma série de cinco a sete algarismos, depois na ordem inversa, cumpre a mesma função e depende menos do nível educacional. *A atenção reduzida é observada em pacientes com condições como epilepsia, demência e traumatismo craniano, bem como em pacientes com esquizofrenia e transtorno bipolar. Como uma proporção tão grande do processamento mental depende da capacidade de se concentrar, você deve interpretar com cautela o resto dos resultados do exame do estado mental quando a atenção estiver comprometida.*

Orientação

Se os pacientes sabem os seus nomes ou não (orientação para a pessoa) é algo que deve ficar evidente nas primeiras partes da entrevista. Faça um teste para garantir que o paciente está orientado em relação ao tempo e ao lugar, perguntando:

- "Onde estamos agora [cidade, estado, nome da clínica]?" Se o paciente tiver um branco, pergunte em que tipo de instalação estão. *Uma resposta como "uma biblioteca" ou "no lugar do World Trade Center" sugere uma patologia grave, embora você deva ter cuidado para não supervalorizar o que ouvir de um paciente brincalhão ou que não coopere.*
- "Que dia é hoje?" *Comumente, os pacientes dizem o dia e o mês corretos, mas erram o ano. Certifique-se de perguntar por todos os componentes da orientação do tempo. Os pacientes às vezes erram a data por um ou dois dias. Isso geralmente não têm importância, especialmente para pacientes hospitalizados, que, afastados de suas rotinas normais, tendem a se perder no tempo.*

Se você detectar confusão em relação ao tempo ou ao lugar, avalie a orientação para a pessoa:

- "Pode me dizer o seu nome completo novamente?"

Ocasionalmente, você encontrará um paciente que não apenas está desorientado, mas que também tenta ocultar seus enganos, criando respostas que soem lógicas. Esse processo de criar respostas se chama *confabulação* e não significa mentir, pois os pacientes parecem acreditar realmente nas histórias que contam. Ante a pergunta relativa a se vocês já se conheciam antes, esses pacientes podem concordar, mesmo que seja a primeira vez que vocês se veem. *A confabulação é característica de pacientes cuja capacidade de lembrar está gravemente comprometida por transtornos como alcoolismo crônico com deficiência de tiamina.*

Recentemente, um estudante me perguntou a diferença entre um delírio e uma confabulação. Boa questão, essa! Uma confabulação é a tentativa (não intencional) de preencher os defeitos da memória, que não são típicos dos delírios. Os pacientes delirantes podem confabular e, há quem afirme, a linha entre as duas condições às vezes é tênue. Fique ligado.

Linguagem

A *linguagem* refere-se aos meios pelos quais entendemos e expressamos significados com palavras e símbolos. As áreas da linguagem geralmente avaliadas são a compreensão, a fluência, a nomeação, a repetição, a leitura e a escrita. Sua avaliação de rotina pode ser feita rapidamente e tem particular importância em pacientes idosos e naqueles que estão fisicamente doentes. Não é incomum que sejam diagnosticadas histeria, demência e outras condições mentais quando, na verdade, o paciente tem um transtorno da linguagem.

- O grau de *compreensão* já deve estar evidente pela maneira como o paciente respondeu à conversa durante a entrevista. Como um teste simples, peça para ele realizar uma ação complexa, como: "pegue essa caneta, coloque em seu bolso e depois coloque-a de volta na mesa".
- A *fluência* da linguagem também deve ficar clara a partir do

- uso de vocabulário normal e da prosódia para criar sentenças de comprimento normal. Mantenha-se atento a hesitação, murmúrios, gagueira e ênfase incomum.
- Problemas com a *nomeação* podem ser evidentes se, em vez de seus nomes, o paciente usar circunlocuções para descrever objetos cotidianos. Exemplos de afasia da nomeação:
  Pulseira do relógio: "a coisa que segura ele no pulso".
  Caneta: "a coisa de escrever".
  Investigue a existência de afasias perguntando ao paciente o nome das partes de uma caneta esferográfica: ponteira, clipe, corpo.
- Para testar a *repetição*, peça para o paciente repetir uma frase simples e normal, como "amanhã fará sol".
- A *leitura* pode ser testada rapidamente pedindo-se para o paciente ler uma ou duas sentenças. Observe que, mesmo em sociedades avançadas, existe uma pequena porcentagem de adultos que são funcionalmente analfabetos. Você deverá avaliar os resultados desse e de outros testes em comparação com o que já sabe a partir da base educacional do paciente. Esteja preparado para oferecer apoio para o embaraço de pacientes que tiverem dificuldade com esse teste.
- Teste a *escrita* pedindo para o paciente escrever uma sentença (você pode ditar algo se o paciente tiver dificuldade para pensar em alguma coisa).
  Perguntar os nomes do lápis e do relógio serve de teste para *disfasia expressiva*, assim como pedir para o paciente escrever uma frase de sua escolha.
- Teste a *apraxia* (a incapacidade de realizar um ato voluntário, apesar de ter vias motoras intactas) pedindo que o paciente copie uma figura geométrica simples, como a seguinte:

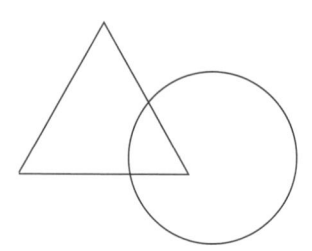

A incapacidade de reproduzir os elementos básicos dessa figura (ignore tremor e rotação) pode indicar uma *apraxia ideomotora*. As apraxias podem ser devidas a uma lesão no lado direito do cérebro.

Se você encontrar problemas com qualquer um desses testes de triagem, deve solicitar uma avaliação neurológica. A condição mental do paciente pode ser complicada por uma disfunção neurológica significativa.

Memória

A memória geralmente é dividida em três ou quatro partes. Por conveniência, discutiremos três: imediata, de curto prazo e de longo prazo. Se você se sentir desconfortável fazendo alguma dessas perguntas, pode começar assim:

– "Você já teve problemas com a memória? Eu gostaria de testá-la."

A *memória imediata* (a capacidade de registrar e reproduzir informações depois de 5 ou 10 segundos) é mais um teste da atenção, que você pode já ter feito com as séries de sete ou com a contagem. Porém, você pode avaliá-la novamente no caminho para o teste da memória de curto prazo. Cite várias coisas sem relação, como um nome, uma cor e um endereço, e peça para o paciente repetir. Essa repetição não apenas avalia a memória imediata, como também garante que o paciente entendeu o que você disse.

Devemos avisar os pacientes que pretendemos pedir que eles repitam as três coisas depois? Existem duas escolas de pensamento. Uma aconselha a dar uma indicação, ainda que eu creia nunca ter lido a razão para isso. A outra adverte que esse aviso leva a um ensaio cognitivo, o que pode significar que certos pacientes se beneficiam por praticarem, enquanto prestam pouca atenção às perguntas que você faz. Embora eu sempre defenda a segunda escola, talvez a questão seja mais cosmética do que cósmica – os dois métodos podem funcionar, desde que você seja coerente. O que você deseja é ter uma ideia das respostas normais para a maneira como faz suas perguntas.

Cinco minutos depois, teste a *memória de curto prazo (recente)*, pedindo para o paciente lembrar as três coisas. Aos cinco minutos, a maioria dos pacientes deve conseguir repetir o nome, a cor e pelo menos parte do endereço. Quando estiver interpretando os resultados desse teste, certifique-se de considerar o grau de motivação aparente do paciente. *Uma falha em todos os três testes sugere desatenção séria devido a um transtorno cognitivo grave ou a estresse grave por depressão, por psicose ou por ansiedade.*

Você pode avaliar a *memória de longo prazo (remota)* a partir da capacidade do paciente de organizar as informações necessárias para contar a história da doença atual. Você também pode ter uma boa ideia da facilidade do paciente com datas de casamento, nascimento de filhos, e assim por diante – material que você já terá evocado quando obteve a história pessoal e social. Os especialistas discordam em relação a onde se encontra a linha divisória entre as memórias de longo e de curto prazos. A maioria concorda que alguma forma de consolidação ocorre entre 12 e 18 meses, de modo que as recordações armazenadas como de longo prazo não são esquecidas facilmente. *Embora pacientes com demências graves, como a de Alzheimer, geralmente retenham recordações de longo prazo mais que as de curto prazo, mesmo informações retidas por muito tempo acabam se perdendo se a doença avançar o suficiente.*

A *amnésia*, aquela perda temporária da memória por causa de um trauma físico ou psicológico, é muito diferente da demência. Ela pode ser encontrada em traumatismos cranianos, blecautes por álcool, TEPT e transtornos dissociativos. A amnésia pode ser difícil de identificar – a resposta natural a "você já teve amnésia?" é "não lembro". Você pode experimentar:

- "Já houve períodos em que você não conseguia lembrar nada?"
- "Outras pessoas já comentaram que você tem problemas com a memória?"

Se observar amnésia, tente determinar se ela é fragmentária (o paciente consegue lembrar partes isoladas dos períodos afetados) ou em bloco (há uma perda total da memória para o período). Você pode tentar limitar a lacuna da memória com as lembranças adjacentes a ela ("Qual é a última coisa que você consegue lembrar antes do período da amnésia começar? Qual é a primeira coisa que consegue lembrar depois?"). Você também pode perguntar: "Você já pediu para amigos ou familiares tentarem ajudá-lo a reconstruir o que aconteceu?".

Não pressuponha que uma lacuna na memória significa que algo ruim aconteceu. Os clínicos erram ao persuadirem pacientes de que a amnésia implica agressão ou molestamento – a chamada síndrome da "falsa recordação".

Informações culturais

Alguns textos sequer mencionam os testes de informações culturais, que avaliam principalmente a memória remota e a inteligência geral do paciente. Todavia, eles representam uma parte tradicional do exame do estado mental, de modo que você deve ter certa familiaridade com as questões clássicas.

- "Cite os cinco presidentes mais recentes [ou primeiros-ministros ou outros chefes de estado], a começar pelo atual". A maioria dos pacientes consegue citar quatro ou cinco, em ordem inversa. Peça um de cada vez. De maneira compreensível, muitos pacientes consideram difícil "citar os últimos cinco presidentes na ordem cronológica inversa". Se o paciente errar um, é justo estimular a memória: "Vamos ver, não deixou um de fora?" ou "Ele está entre dois Bushes".
- "Quem é o governador?"
- "Diga o nome de cinco grandes cidades."
- "Cite cinco rios."

Os cuidados em relação à interpretação são os mesmos sugeridos para a subtração e a contagem, citados anteriormente. De maneira alternativa, você pode obter um quadro bastante preciso do interesse, da inteligência e da memória do paciente perguntando sobre os acontecimentos atuais: resultados de eventos esportivos importantes, os nomes dos candidatos para a próxima eleição e outras coisas de significância cultural popular.

Pensamento abstrato

A capacidade de abstrair um princípio a partir de um exemplo específico é outro teste tradicional que depende muito da cultura, da inteligência e da educação. Essa capacidade não tem nada a ver com a sanidade, como se pensava antes. Abstrações comuns incluem a interpretação de provérbios, de semelhanças e de diferenças. Eis alguns provérbios típicos para interpretar:

- "O que significa quando alguém diz que pessoas que vivem em casas com teto de vidro não devem atirar pedras?"
- "Diga-me o que isto significa: pedras rolantes não criam limo." Observe que certos provérbios podem ter mais de uma interpretação (criar limo pode ser considerado desejável ou não). Eu aceito qualquer interpretação lógica.

As semelhanças e as diferenças são menos ligadas à cultura do que os provérbios, de modo que provavelmente seja melhor perguntar algo assim:

- "No que uma laranja e uma maçã são semelhantes?" (Ambas são frutas, ambas são esféricas, ambas têm sementes.)
- "Qual é a diferença entre uma criança e um anão?" (A criança irá crescer.)

Miniexame do estado mental

O miniexame do estado mental, às vezes chamado de *teste de Folstein*, em homenagem aos seus dois primeiros autores, amplia e quantifica os testes da cognição. Ele leva apenas alguns minutos para ser administrado e, durante anos, foi a base das avaliações de rotina em saúde mental. Um escore abaixo de 24 sugere demência, embora um paciente inteligente, com nível educacional elevado possa marcar mais e exigir um teste neuropsicológico formal para revelar demência leve.

Um bom uso para o miniexame do estado mental é acompanhar as mudanças cognitivas em um paciente com demência. O miniexame, que costumava ser livremente disponível, não pode mais ser reproduzido totalmente. Ele pode ser adquirido com a Psychological Assessment Resources (www.minimental.com) ou você pode procurar o artigo original, cuja referência está no Apêndice F.

Mesmo o miniexame do estado mental gera apenas uma aproximação das capacidades cognitivas do paciente. Para ter ainda mais precisão, você pode solicitar uma testagem neuropsicológica formal com um psicólogo qualificado.

INSIGHT E JULGAMENTO

O *insight* (autopercepção) se refere às ideias do paciente sobre o que está errado. No contexto do exame do estado mental, ele não tem nada a ver com teorias da etiologia ou da psicodinâmica. Você pode questionar:

- "Você acha que há algo de errado consigo?"
- "Para que tipo de doenças as pessoas vêm aqui procurar tratamento?"
- "Que pontos fortes você acha que tem?"
- "Você acha que tem algum comprometimento?"

O *insight* pode ser total, parcial ou nulo. Por exemplo, um paciente maníaco que tem *insight* parcial pode entender que existe algo errado, mas pode culpar os outros por isso. O *insight* também tende a não ser estático e a se deteriorar à medida que a doença piora ou melhorar durante a remissão. *O insight pobre é típico dos transtornos cognitivos, da depressão grave e de qualquer uma das psicoses (especialmente mania e esquizofrenia). A avaliação dos pacientes sobre os seus pontos fortes – aquilo em que pensam que são bons – pode ser importante para recomendar o tratamento e estimar o prognóstico.*

Você também deve tentar adquirir uma ideia da autoimagem do paciente, perguntando:

- "O que você gosta em si mesmo?"
- "Como você acha que as outras pessoas o enxergam?"

O *julgamento* refere-se à capacidade de decidir sobre um curso adequado de ação para alcançar objetivos realistas. Alguns autores ainda aconselham os entrevistadores a avaliar o julgamento fazendo perguntas hipotéticas como "o que você faria se encontrasse uma carta, já com o selo no envelope?" ou "como você reagiria se começasse um incêndio no teatro em que estivesse assistindo a uma peça?". Essas questões abstratas provavelmente tenham pouca relação com a capacidade do paciente de se relacionar no mundo, e você deve evitá-las. Existem várias outras perguntas que você pode fazer para avaliar o julgamento do paciente:

- "Você acha que precisa de tratamento?"
- "O que você espera do tratamento?"
- "Quais são os seus planos para o futuro?"

Em última análise, sua melhor avaliação do julgamento provavelmente virá da sessão de uma hora na qual obtém a história.

QUANDO SE PODE OMITIR O EXAME DO ESTADO MENTAL FORMAL?

A resposta óbvia à questão colocada nesse título continua sendo "nunca". A razão é que, a menos que todas as informações venham de registros escritos, você fará um grande número de observações do estado mental cada vez que tiver uma conversa. A pergunta que estamos realmente fazendo é a seguinte: quando se pode, com segurança, evitar de fazer as perguntas contidas na parte cognitiva do exame do estado mental (todo o conteúdo deste capítulo)?

Raramente, estamos livres de risco ao deixar de fazer algum teste. Sempre que isso ocorrer, deve ser com a ideia de equilibrar os benefícios (seu tempo e um possível embaraço para o paciente) com as desvantagens (menos informações diagnósticas). As desvantagens geralmente não têm consequências: a maioria dos testes é rápida, e a maioria dos pacientes aceita de boa vontade as questões que você apresentar. Entretanto, existem certas situações em que você pode abreviar o exame do estado mental omitindo certos testes formais da orientação, do conhecimento, da atenção e da memória:

- Você tem uma história bem-organizada. Por exemplo, um paciente ambulatorial que consulta para um problema relativamente inofensivo (estresse na vida, talvez, ou dificuldades conjugais) claramente conta uma história que é coerente e livre de lacunas ou de inconsistências.
- Existem resultados de testes disponíveis. Você tem um relatório de testes psicológicos recentes, que são muito mais precisos do que seus testes aproximados.
- O paciente está perturbado. Se o paciente foi avaliado recentemente por outros examinadores e está com vergonha ou raiva por causa dos pedidos repetidos, talvez seja bom abreviar o exame. Isso pode se aplicar especialmente a pacientes que tenham dificuldade com alguns dos testes.

Você não deve omitir nenhuma parte do exame do estado mental formal nas seguintes circunstâncias:

- Qualquer exame forense. Esses relatórios podem ser escrutinados em um tribunal. Não deixe de fazer o exame completo.
- Qualquer outra exigência legal. Os procedimentos de compromisso, as avaliações da competência e os exames exigidos para certos procedimentos (como a eletroconvulsoterapia) quase sempre exigem um relatório completo.
- Qualquer registro relevante. Por exemplo, se você sabe que deverá avaliar os resultados do tratamento depois, é melhor ter um registro de como o paciente era "antes".
- Qualquer sugestão de ideação suicida ou ameaças de violência. As consequências pessoais para o paciente e as determinações legais em geral exigem o exame completo.
- Diagnósticos importantes. Qualquer diagnóstico (Eixo I ou Eixo II) deve ser investigado minuciosamente.
- Internação. Qualquer paciente que esteja suficientemente doente para ser hospitalizado está suficientemente doente para fazer um exame completo.
- Possível lesão cerebral. Sempre faça um exame do estado mental completo quando houver história de traumatismo craniano ou doença neurológica.
- Examinador iniciante. Realizar a avaliação completa repetidamente trará familiaridade e facilidade com ela.

13
SINAIS E SINTOMAS EM ÁREAS DE INTERESSE CLÍNICO

As áreas de interesse clínico são apenas uma maneira de abordar as informações históricas e as do estado mental. Os oito grupos que serão discutidos incluem a maioria dos sinais e dos sintomas que um profissional da saúde mental pode esperar encontrar. As áreas de interesse clínico devem ajudar a concentrar a sua investigação nas informações necessárias para fazer um diagnóstico diferencial.

Seu trabalho é obter os fatos necessários para avaliar a importância de qualquer uma dessas áreas que você encontrar para a avaliação geral. Lembre-se de que cada uma delas compreende diversos diagnósticos clínicos que têm sintomas em comum. Para decidir qual diagnóstico se encaixa melhor, você deve investigar os sintomas de cada transtorno que tem em mente.

Para um exemplo de como esse processo funciona, considere um paciente que reclama de se sentir deprimido, triste ou "para baixo". Você deve esperar encontrar alguns destes sintomas adicionais de transtorno do humor: crises de choro, desesperança, transtorno de apetite, mudança nos padrões do sono, sentir-se pior em certos momentos do dia, pouca energia, pouca concentração, perspectiva pessimista e ideias ou comportamentos suicidas. A maioria dos pacientes não terá todos esses sintomas, mas mesmo alguns deles já sugeririam que o paciente pode sofrer de algum tipo de condição depressiva. Nesse caso, você deve descobrir se os sintomas e o curso da doença corroboram um dos diagnósticos de transtorno de humor. Em outras palavras, primeiro, obtenha os dados. Depois, quando tiver todos os fatos, você pode decidir quais dos diagnósticos se encaixam melhor nos fatos.

Ao discutir cada área de interesse clínico, apresentarei os seguintes aspectos:

1. Dicas, os sintomas de "bandeira vermelha" que devem alertá-lo a explorar mais.
2. Os principais diagnósticos, uma seção que compreende os transtornos mais importantes cobertos pela área de interesse clínico, além dos principais diagnósticos diferenciais. Marquei com um losango (♦) aqueles que incluí no Apêndice B, na paráfrase/resumo dos critérios diagnósticos do *Manual Diagnóstico e Estatístico de Transtornos Mentais*, quarta edição, texto revisado (DSM-IV-TR).*
3. Informações históricas, que expliquem brevemente a importância de cada dado histórico que você deve investigar.
4. Aspectos típicos do exame do estado mental. O estado mental atual costuma não ajudar tanto quanto a história a resolver o diagnóstico diferencial, de modo que listei apenas os sintomas típicos.

---

*N. de R. Publicado pela Artmed Editora.

Às vezes, é difícil saber onde termina a história e começa o exame do estado mental. Por essa razão, você pode achar que certos aspectos mencionados em uma seção podem pertencer à outra. Por exemplo, um paciente pode relatar certos estados de humor que não são observados durante a entrevista.

No Apêndice D, você encontrará uma entrevista semiestruturada, que inclui a maior parte dos diagnósticos de saúde mental. Ela foi incluída principalmente para proporcionar, às pessoas que quiserem, um modo que garanta que "cobriram tudo" em sua entrevista. Todavia, quero advertir você a ter cuidado com entrevistar *para* um determinado diagnóstico. O propósito da entrevista inicial é determinar o que está errado, e não apenas encontrar evidências que reafirmem as suas preconcepções – ou o que outro clínico já tenha dito.

PSICOSE

A *psicose* significa simplesmente que o paciente perdeu o contato com a realidade, o que pode ser julgado pela presença de alucinações, de delírios ou de associações notavelmente frouxas entre pensamentos. Essa condição pode ser passageira ou crônica, embora, com os métodos atuais de tratamento, é incomum que uma pessoa permaneça psicótica por longos períodos.

Dicas

Os sintomas que fariam você considerar a psicose como área de interesse clínico são os seguintes:

- Afeto plano ou inadequado
- Comportamento bizarro
- Confusão
- Delírios
- Fantasias ou ideias ilógicas
- Alucinações (de qualquer um dos sentidos)
- *Insight* ou julgamento prejudicado
- Mudez
- Distorções perceptivas ou interpretações errôneas
- Retraimento social
- Fala incoerente ou difícil de seguir

Diagnósticos principais

É provável que um paciente que apresente psicose tenha um dos três diagnósticos principais: psicose orgânica, esquizofrenia, ou algum tipo de transtorno do humor (seja depressão com psicose ou mania grave). Desses, os transtornos do humor e a esquizofrenia são encontrados com mais frequência. Porém, eis uma lista completa:

- Esquizofrenia◆
- Episódio depressivo maior◆
- Episódio maníaco◆
- Transtornos cognitivos, como, por exemplo, *delirium*◆, devido a uma variedade de causas
- Transtorno psicótico induzido por substâncias◆ (p.ex., devido ao álcool)
- Transtorno psicótico breve
- Transtorno esquizofreniforme
- Transtorno esquizoafetivo
- Transtorno delirante◆

Informações históricas

Idade de início. A esquizofrenia tende a começar cedo (no final da adolescência ou na faixa de 20 anos), e o transtorno delirante começa do meio para o fim da vida.

Álcool ou drogas. Muitos pacientes psicóticos usam substâncias. Verifique a cronologia. Se a psicose começou antes, o diagnóstico provável será esquizofrenia com uso indevido de substâncias. Se o uso da substância começou antes, a psicose talvez seja um diagnóstico secundário, e a esquizofrenia será menos provável.

Depressão. Se houver uma depressão grave passada ou presente, considere o diagnóstico de transtorno do humor com psicose.

Estresse ambiental. O estresse grave que precede o início da psicose sugere um diagnóstico de transtorno psicótico breve.

História familiar. A esquizofrenia e os transtornos do humor tendem a ter um curso familiar. Ter um familiar com uma dessas condições aumenta a possibilidade do diagnóstico para o paciente.

Duração da doença. Quanto mais tempo dura uma psicose, mais provável será de ser esquizofrenia o diagnóstico final.

Perda da motivação, da volição, do interesse. Esses sintomas são típicos das fases avançadas da esquizofrenia.

Início. O início súbito (de alguns poucos dias até poucas semanas) sugere um transtorno cognitivo ou de humor com psicose. Quanto mais longo e mais gradual for o início – até muitos anos em alguns casos – mais provável que essa psicose seja esquizofrenia.

Doenças físicas. As psicoses cognitivas são associadas a diversos fatores de risco para a saúde: transtornos endócrinos ou metabólicos, tumores, exposição a substâncias tóxicas, traumas e uma variedade de doenças neurológicas e médicas.

Episódios anteriores com recuperação. Os transtornos do humor tendem a ser doenças episódicas. Esses pacientes são mais prováveis de se recuperar completamente do que aqueles com esquizofrenia.

Personalidade pré-mórbida esquizoide ou esquizotípica. Traços de caráter antigos, tais como indiferença, retraimento emocional, círculo social reduzido ou crenças e comportamentos estranhos às vezes precedem o início da esquizofrenia.

Desemprego ou nível reduzido de emprego. Se o desemprego ou o subemprego ocorreram por muitos anos, e especialmente se o nível reduzido de emprego continua depois da recuperação de um episódio agudo, a esquizofrenia será mais provável do que se o paciente tiver trabalhado em um emprego difícil e exigente até pouco tempo atrás.

Observação sobre sintomas de primeira ordem. Um conjunto bastante discutido de alucinações e de delírios são os *sintomas de primeira ordem* de Kurt Schneider, que acreditava serem todos diagnósticos da esquizofrenia. Embora pesquisas subsequentes tenham mostrado que os pacientes com outros transtornos também podem apresentar esses sintomas, você encontrará o conceito de sintomas de primeira ordem com frequência suficiente para justificar uma lista breve.

Pensamentos audíveis

- Percepção delirante, na qual uma observação normal tem significância anormal para o paciente. Por exemplo, quando o paciente recebeu um sanduíche de frango grelhado para o almoço, ele "soube" que a sua tia ia morrer
- Delírios de influência
- Delírios do controle do pensamento
- Mais de uma voz falando sobre o paciente
- Vozes comentando os atos do paciente
- Alucinações somáticas (sensações corporais produzidas por influências externas)
- Transmissão de pensamentos

Exame do estado mental

Aparência e comportamento
    Anormalidades do movimento
      Atividade reduzida
      Caminhar
      Posturas
      Rigidez
      Negativismo
      Caretas
      Estereótipos
    Roupas excêntricas ou desarrumadas
    Hipervigil
    Negligência da higiene
Humor
    Plano ou tolo
    Perplexidade em relação à identidade
Fluxo do pensamento
    Fala restrita em quantidade
    Mudo
    Incoerente
    Associações frouxas
    Ideias ilógicas
    Preocupado com fantasias
Conteúdo do pensamento
    Alucinações: quando? Onde?
      Auditivas
        Vozes
        Se sim, de quem?
        Pensamentos audíveis?
      Visuais
      Táteis
      Paladar
      Olfato
    Delírios
      Morte
      Erotomania
      Grandeza
      Culpa
      Saúde fraca ou mudança corporal
      Ciúme
      Passividade
      Perseguição
      Pobreza
      Referência
Linguagem geralmente não está comprometida
Cognição geralmente preservada
Insight ausente com frequência
Julgamento pode estar comprometido na fase aguda

TRANSTORNO DO HUMOR: DEPRESSÃO

A *depressão* significa um humor descrito de formas variadas, como, por exemplo, tristeza ou melancolia – além de se sentir deprimido. Esse humor pode ser persistente, podendo durar pelo menos uma ou duas semanas. Ele costuma ser descrito como uma mudança acentuada em relação ao humor normal do paciente. As informações necessárias para a história da doença atual avaliam a causa e a gravidade da depressão (ver a seguir).

Dicas

Você deve investigar a depressão se o paciente apresentar algum dos seguintes sintomas:

- Nível de atividade notavelmente maior ou menor
- Sintomas de ansiedade
- Mudanças no apetite
- Baixa concentração
- Desejos de morte
- Humor deprimido
- Interesse menor por atividades comuns (incluindo sexo)
- Insônia ou sonolência excessiva
- Ideias suicidas
- Choro
- Uso de drogas ou álcool
- Perda ou ganho de peso
- Inutilidade

Diagnósticos principais

Muitas das mesmas doenças físicas que produzem psicose também podem levar à depressão. Todavia, o principal problema com o diagnóstico é diferenciar a depressão *primária* (a depressão que é cronologicamente o primeiro transtorno a aparecer) da depressão *secundária* (a depressão que começa depois e é causada por outro transtorno mental ou de personalidade). Os principais diagnósticos a considerar são os seguintes:

- Episódio depressivo maior♦ (como parte de um transtorno depressivo maior ou transtorno bipolar I ou bipolar II)
- Melancolia♦
- Distimia♦
- Transtorno afetivo de padrão sazonal
- Depressão secundária

Informações históricas

Álcool e drogas. O uso de substâncias é a principal observação que precede o início da depressão secundária.

Aspectos atípicos. A depressão relacionada com o estresse pode ter sintomas de sono excessivo (hipersonia), aumento do apetite e ganho de peso. Os pacientes podem se sentir melhor pela manhã e quando estão com pessoas de quem gostam. Esses aspectos são chamados *atípicos* porque os pacientes depressivos geralmente têm insônia, sentem-se melhor à noite e queixam-se de diminuição do apetite e do peso.

Mudança em relação ao self *usual*. Com frequência, os pacientes que têm episódios depressivos bipolares ou depressão unipolar relatam que a maneira como se sentem é uma "mudança completa de como eu me sentia antes".

Estresse ambiental. Qualquer estressor ambiental grave pode ser associado ao humor deprimido. Uma depressão que entre em remissão assim que o estressor passa costuma ser chamada de *reativa*. As depressões reativas geralmente são menos graves do que as depressões que não são relacionadas com o estresse, e são menos prováveis de exigir medicação.

Doença episódica. Houve episódios anteriores de depressão? O paciente se recuperou totalmente? Respostas "sim" sugerem formas de depressão como episódios depressivos bipolares, depressão unipolar e transtorno afetivo de padrão sazonal. Uma depressão crônica de baixa intensidade, que esteve presente por anos, é típica da distimia.

História familiar de transtorno do humor. Esse é um achado clássico na depressão grave. Os transtornos bipolares, por exemplo, são herdados pelo menos em parte.

Indecisão. A incapacidade de tomar decisões, mesmo em relação aos menores detalhes, também é emblemática da depressão grave.

Isolamento. Afastamento dos amigos ou da família sugere uma depressão grave, como a melancolia.

Mania sempre. A distinção entre um episódio depressivo bipolar e um transtorno depressivo maior é feita facilmente com a observação de episódios anteriores de mania.

Negligência de passatempos, atividades. A perda do interesse por atividades usuais acompanha a depressão grave.

Perda recente (luto). Esse é outro estressor ambiental comum. A reação de luto não é considerada um transtorno mental no DSM-IV-TR, mas costuma causar sintomas depressivos.

Padrão sazonal. Alguns pacientes relatam o início regular da depressão em uma determinada estação do ano (geralmente no outono), com remissão total mais adiante (geralmente na primavera). Esses pacientes podem ser diagnosticados como portadores de transtorno afetivo de padrão sazonal.

Redução do interesse pelo sexo. A perda da libido é um sintoma clássico de depressão de moderada a grave.

Ideias, tentativas de suicídio. Para qualquer paciente deprimido, averigue a seriedade psicológica e física de tentativas anteriores de suicídio. Existem ideias atuais sobre suicídio e meios para executá-las?

Dificuldade para pensar ou se concentrar. Esses sintomas geralmente são encontrados na depressão de moderada a grave.

Sintomas vegetativos. Clássicas para a depressão grave com melancolia são insônia terminal (o paciente acorda cedo e não consegue voltar a dormir), diminuição do apetite, diminuição de peso e pouca energia (fadiga). Os pacientes tendem a se sentir melhor à noite, e não melhoram muito quando estão com pessoas de cuja companhia costumam gostar.

Exame do estado mental

Aparência e comportamento
    Choro
    Pouca atenção à aparência
    Pouco interesse em atividades normais
    Ações lentas
    Agitação
Humor
    Rosto triste
    Ansiedade
Fluxo de pensamento
    Lentidão
Conteúdo do pensamento
    Sentimentos de culpa
    Ruminações
    Desesperança
    Inutilidade
    Perda do prazer
    "Melhor se estivesse morto"
    Desejos de morte
    Ideias e planos de suicídio
    Delírios congruentes com o humor
        Culpa
        Pecado
        Inutilidade
        Problemas de saúde
        Pobreza
Linguagem não costuma ser afetada
Cognição
    Geralmente intacta
    Pode ter "pseudodemência"
Insight e julgamento
    Pode negar que está deprimido
    Pode negar a possibilidade de melhora

TRANSTORNO DO HUMOR: MANIA

Os pacientes maníacos descrevem seu humor como elevado, ativo, exaltado, excitado ou eufórico. Às vezes, eles são particularmente irritáveis. Embora a mania seja uma condição que foi reconhecida há mais de 100 anos, esses pacientes muitas vezes são diagnosticados incorretamente como portadores de esquizofrenia. Os transtornos cognitivos, por vezes, podem apresentar sintomas de mania.

Dicas

Considere mania quando encontrar qualquer um dos seguintes sintomas:

- Nível maior de atividade
- Distratibilidade
- Sentido grandioso de amor próprio
- Deterioro do julgamento
- Humor eufórico ou irritável
- Planejamento de muitas atividades
- Pouco sono (necessidade reduzida de dormir)
- Fala rápida, ruidosa e difícil de interromper

- Uso de substâncias começou ou aumentou recentemente
- Pensamentos mudam rapidamente de uma ideia para outra

Diagnósticos principais

A maioria dos pacientes maníacos também tem episódios de depressão (geralmente grave). A ciclotimia, uma condição mais leve, na qual estados de humor elevado que não são psicóticos se alternam com estados de humor depressivo, é a outra possibilidade principal a considerar. Os diagnósticos são os seguintes:

- Mania♦ (transtorno bipolar I, episódio maníaco)
- Transtorno bipolar II
- Ciclotimia
- Transtorno orgânico do humor

Informações históricas

Uso indevido de álcool. Essa pode ser uma tentativa de tratar uma sensação incontrolável de estar acelerado.

Pouca concentração. Os pacientes maníacos costumam começar projetos que não concluem.

Doença episódica. Um episódio anterior de mania ou de depressão sem recuperação total comprova o diagnóstico. Se for o caso, procure especialmente por ciclagem rápida (quatro ou mais mudanças entre altos e baixos no decurso de um ano). Esses episódios, que podem ser breves e durar alguns dias, podem ter implicações para o tipo de tratamento que pode ser efetivo.

Insônia. Costuma ocorrer como uma necessidade reduzida de dormir.

Julgamento prejudicado. Aparece como uma história de gastos compulsivos, problemas legais ou indiscrições sexuais.

Aumento da libido. Exuberância maníaca pode levar a promiscuidade, gravidez e risco de doenças sexualmente transmissíveis.

Mudanças na personalidade. Uma pessoa normalmente calma e despretensiosa subitamente se torna impetuosa, argumentativa e prepotente.

Condições físicas. Desinibição semelhante à mania pode ser encontrada depois de um traumatismo craniano e em condições variadas, como, por exemplo, tumores cerebrais e transtornos endócrinos.

Problemas de relacionamento. Amigos e família têm dificuldade para lidar com comportamento notavelmente mudado.

Aumento da sociabilidade. Os pacientes maníacos podem gostar excessivamente de festas e outras reuniões sociais.

Problemas relacionados com o trabalho. A perda da concentração e uma preocupação com planos grandiosos contribuem para um desempenho inferior no trabalho ou na escola.

Exame do estado mental

Aparência e comportamento
    Excitado, agitado
    Hiperativo
    Maior energia
    Fala ruidosa
    Roupas exageradas ou bizarras
    Pode ser ameaçador ou agressivo
Humor
    Eufórico
    Irritável
    Rapidamente cambiante
Fluxo do pensamento
    Pensamentos fugazes
    Fuga de ideias
    Pressão na fala
    Jogo de palavras, piadas
    Distratibilidade

Conteúdo do pensamento
    Autoconfiante
    Religiosidade aumentada
    Abundância de projetos e planos
    Grandiosidade que pode ser delirante
Linguagem geralmente não afetada
Cognição geralmente intacta
Insight e julgamento
    Falta de *insight* quanto a estar doente
    Julgamento prejudicado (recusa hospitalização, tratamento)

TRANSTORNOS RELACIONADOS A SUBSTÂNCIAS

O uso indevido de substâncias é definido pela cultura na qual ocorre. Na maior parte dos segmentos da nossa cultura, a maioria dos adultos usa alguma substância, mesmo que apenas cafeína. O fato de considerarmos que uma pessoa está usando uma substância indevidamente não depende apenas da quantidade ou frequência do uso, mas também das consequências do comportamento. Essas consequências podem ser comportamentais, cognitivas, legais, financeiras e físicas, e muitas delas também afetam a sociedade como um todo.

Dicas

Os seguintes sintomas devem levá-lo a considerar um diagnóstico de transtorno relacionado a substâncias:

- Uso de álcool superior a um ou dois drinques por dia
- Prisões ou outros problemas legais
- Problemas financeiros: gastar dinheiro necessário para outras despesas
- Problemas de saúde: blecautes, cirrose, dor abdominal, vômito
- Uso de substâncias ilegais
- Perda do emprego, atraso, rebaixamento na carreira
- Prejuízo da memória
- Problemas sociais: brigas, perda de amigos

Diagnósticos principais

No uso diagnóstico atual, esses transtornos se categorizam como dependência (definida mais adiante) e abuso, que é uma classificação residual para pacientes que tenham problemas com substâncias mas que não se qualifiquem para o diagnóstico de dependência. Os transtornos mentais cognitivos induzidos por substâncias e as síndromes cerebrais que muitas pessoas que consomem substâncias pesadamente também têm, em um ou em outro momento, serão considerados na seção sobre dificuldade para pensar.

As classes de substâncias que são reconhecidas como sujeitas a uso indevido são apresentadas a seguir. Muitos usuários de substâncias usam mais de uma dessas classes.

- Álcool♦
- Anfetaminas♦
- *Cannabis*♦
- Cocaína♦
- Alucinógenos♦
- Inalantes♦
- Nicotina♦
- Opioides♦
- Fenciclidina (PCP) e psicotomiméticos afins♦
- Sedativos, hipnóticos e ansiolíticos♦

O uso indevido de substâncias pode ocorrer como diagnóstico único, mas costuma estar associado a um transtorno de personalidade ou a outro diagnóstico importante em saúde mental. Procure especialmente pelos seguintes:

- Transtornos do humor (depressão◆ e mania◆)
- Esquizofrenia◆
- Transtorno de somatização◆
- Transtorno de personalidade antissocial◆

Informações históricas

Abuso. O abuso de substâncias é um diagnóstico específico aplicado àqueles usuários que não são dependentes de substâncias (ver a seguir), mas que continuam a usá-las apesar de pelo menos um dos seguintes fatores:

1. perigos físicos (como dirigir embriagado);
2. saber que têm problemas que resultam do uso da substância;
3. deixar de cumprir obrigações (emprego, casa, escola);
4. problemas interpessoais (brigas, discussões).

Atividades usadas para obter a droga. Inclui venda de drogas, furto, roubo e prostituição.

Idade de início. Que idade tinha o paciente quando começou a usar a substância? Para uso de álcool, as mulheres podem ter uma idade de início muito mais avançada que os homens.

Cronologia. Se existe um transtorno mental associado, qual veio antes? Por exemplo, se o alcoolismo precede a depressão cronologicamente, a depressão é considerada secundária.

Dependência. A dependência de qualquer substância é definida por três ou mais dos seguintes sintomas dentro de 12 meses (os números 1 e 2 não se aplicam normalmente à *cannabis*, a alucinógenos ou à fenciclidina):

1. Tolerância (o paciente precisa de mais droga para produzir o mesmo efeito ou tem menos efeito com a mesma dose).
2. Retraimento (o paciente tem sintomas de abstinência característicos da substância ou toma mais para evitar a abstinência).
3. O paciente usa mais da substância do que pretendia.
4. O paciente tenta sem sucesso controlar o uso da substância.
5. O paciente passa muito tempo tentando obter ou usar a substância ou recuperando-se dos efeitos.
6. O uso da substância faz o paciente desistir de trabalhos, atividades sociais ou recreativas importantes.
7. Apesar de saber que tem causado problemas físicos ou psicológicos, o paciente continua a usar a substância.

Transtornos emocionais/comportamentais. Complicações que são especialmente prováveis são psicose, síndromes do humor, síndromes da ansiedade, transtorno delirante e *delirium* com abstinência.

Frequência de uso. Com que frequência cada droga é usada? O padrão mudou com o episódio atual?

Problemas de saúde. A deterioração da saúde é sugerida por indícios como cirrose, transtornos digestivos, debilidade física, tuberculose ou problemas respiratórios?

Problemas legais. Houve prisões ou encarceramentos por posse, vendas ou atividades criminosas para financiar o suprimento da substância? Uma história de atividade criminosa ocasionado pela necessidade de obter dinheiro para drogas deve ser distinguido do transtorno de personalidade antissocial. O transtorno de personalidade antissocial pode ser o diagnóstico correto se as atividades ilegais eram realizadas quando o paciente estava limpo e sóbrio.

Compartilhamento de agulha. Se houve uso intravenoso, o paciente *alguma vez* usou agulhas sujas? Teve hepatite? Quando foi o último teste para o HIV?

Padrão de uso. Houve uso contínuo, episódico ou compulsivo? Se mais de uma droga está envolvida, qual é o padrão de cada uma?

Mudança da personalidade. Como o uso da droga afetou a maneira como o paciente se relaciona com as pessoas? Existe uma perda geral da motivação (especialmente com o uso de *cannabis* ou alucinógenos em longo prazo)?

Problemas de relacionamento. Incluem divórcio, separação e brigas. Alguns casais ficam juntos apenas *por causa* do interesse comum no uso da droga.

Rota de administração. Qualquer um dos seguintes meios pode ser usado: engolir, cheirar, fumar, subcutâneo, intravenoso.

Exame do estado mental

Aparência
    Rubor facial
    Tremor
    Desarrumado
Humor
    Deprimido
    Ansioso
    Beligerante
Fluxo do pensamento
    Falante
Conteúdo do pensamento
    Sentimentalismo pela embriaguez
    Exigente
    Alucinações
        Mais visuais
        Podem ser auditivas
Linguagem
    Fluência reduzida
    (murmúrios, fala obscura)

Cognitivo
Pode apresentar sinais cognitivos com transtorno cognitivo concomitante
Insight e julgamento
    Pode rejeitar o diagnóstico
    Pacientes recusam o tratamento ou contrariam conselhos

PROBLEMAS SOCIAIS E DE PERSONALIDADE

Os *traços* de personalidade são padrões de comportamento ou de pensamento que persistem ao longo da vida adulta. Para serem chamados de *transtornos* de personalidade, os traços devem ser acentuados o suficiente para causar perturbação ou prejuízo funcional (social, emocional ou biológico) ao paciente.

Dicas

Você deve averiguar a possibilidade de problemas sociais e de personalidade sempre que o paciente tiver qualquer uma das seguintes características:

- Ansiedade
- Comportamentos que pareçam estranhos ou bizarros
- Quadro dramático
- Uso indevido de droga ou álcool
- Conflitos interpessoais
- Problemas ocupacionais
- Dificuldades legais
- Conflitos conjugais

Os transtornos de personalidade devem ser distinguidos de problemas comuns da vida que não sejam transtornos mentais. Estes podem incluir inteligência *limítrofe*, problemas acadêmicos, problemas conjugais e familiares, problemas ocupacionais e luto não complicado.

Diagnósticos principais

Embora muitos transtornos de personalidade tenham sido propostos ao longo dos anos, apenas os dez apresentados a seguir desfrutam atualmente do benefício do diagnóstico oficial. Como têm características em comum, geralmente são apresentados em três grupos.

Grupo A. Estas pessoas tendem a ser consideradas estranhas ou excêntricas. O grupo contém três transtornos de personalidade:

- Paranoide
- Esquizoide◆
- Esquizotípica

Diagnósticos diferenciais importantes (além de transtorno de personalidade neste ou nos outros grupos) são os seguintes:

- Esquizofrenia◆
- Transtorno delirante◆

Grupo B. Estas pessoas são consideradas dramáticas, excessivamente emotivas e erráticas. O grupo contém os quatro transtornos de personalidade:

- Antissocial◆
- *Borderline*◆
- Histriônica
- Narcisista

Diagnósticos diferenciais importantes (além de outros transtornos de personalidade) são os seguintes:

- Transtornos relacionados a substâncias◆
- Mania◆
- Transtorno de somatização◆

Grupo C. Estes pacientes parecem ansiosos ou com medo. O grupo contém os seguintes transtornos de personalidade:

- Esquiva
- Dependente
- Obsessiva-compulsiva◆

Um diagnóstico diferencial importante (além de outros transtornos de personalidade) é este:

- Transtorno obsessivo-compulsivo◆

Conforme mencionado antes, para qualquer paciente com qualquer transtorno de personalidade, outros transtornos (ou grupos) podem surgir no futuro.

Informações históricas

Muitos traços foram ligados aos transtornos de personalidade. Para fins de descrição, usei algumas categorias comuns. Essa lista não pretende ser completa, mas apresenta traços que os clínicos consideram importantes para definir os transtornos de personalidade reconhecidos atualmente. São algumas das informações que você deve buscar ao fazer o diagnóstico de transtorno de personalidade.

Insensibilidade. Força atividade sexual com outras pessoas; tira vantagem dos outros para ganho próprio; humilha pessoas em público; usa disciplina rígida; sente prazer com o sofrimento dos outros.

Guarda rancores.

Delinquência infantil. Cábula; começa brigas; briga com armas; foge; é cruel com animais ou pessoas; destrói propriedade alheia; inicia incêndios.

Complacência excessiva. Oferece-se para tarefas desagradáveis para obter a aprovação dos outros; concorda com as pessoas para evitar rejeição.

Sem preocupação pelos outros. Autocentrado; incapaz de reconhecer como os outros se sentem.

Rejeita críticas. Não aceita sugestões úteis; magoa-se facilmente.

Desonesto. História de mentiras frequentes; história de furtos, de roubos ou de trapaças.

Impulsividade. Divaga sem um ponto fixo; indiscrições sexuais; furtos em lojas; total desconsideração pela segurança pessoal.

Indecisão. Evita tomar decisões ou depende dos outros para tomá-las; vago em relação a metas.

Indiferença a elogios.

Inflexibilidade. Relutante para fazer coisas que difiram da rotina; perfeccionismo que interfere no cumprimento de tarefas; preocupação com regras, com listas, com ordem; não enxerga a floresta, prendendo-se às árvores; não deixa os outros agirem à sua maneira; rígido com a moralidade e a ética.

Insegurança. Sente-se confortável quando só; não se envolve a menos que tenha certeza de que vai ser correspondido; medo de embaraço em situações sociais; exagera riscos de fazer algo fora da rotina; medo do abandono; sente-se impotente ou desconfortável, e portanto evita estar só.

Irresponsabilidade. Descumpre obrigações financeiras como o sustento da família ou dívidas; incapaz de manter um emprego; não faz uma proporção razoável do trabalho; "esquece" obrigações; protela as coisas.

Instabilidade do humor. Humor oscila mais rápido ou mais amplamente do que costuma ser considerado normal para as circunstâncias. Pode ser rápido para demonstrar raiva; temperamento explosivo.

Agressividade física. Brigas ou agressões.

Guarda objetos sem valor.

Pouco desejo sexual.

Pouca sociabilidade. É solitário (prefere atividades solitárias); desconfortável em situações sociais ou com estranhos; evita relacionamentos íntimos.

Avareza. Demonstra falta de generosidade com o dinheiro ou o tempo.

Ideias ou comportamentos suicidas.

Desconfiança. Relutância para confiar nos outros; facilmente desprezado; lê significados ocultos em comentários inocentes; espera ser explorado ou prejudicado pelos outros; questiona a lealdade de amigos ou a fidelidade do cônjuge/parceiro.

Confia excessivamente nos outros. Escolhe parceiros ou situações que levam à decepção.

Relacionamentos interpessoais instáveis.

Dedicação excessiva ao trabalho (workaholism).

Exame do estado mental

Aparência e comportamento
    Não tem senso de humor
    Hipervigil
    Argumentativo
    Parece tenso
    Relutante para confiar
    Frio ou indiferente
    Sedução sexual inadequada
    Preocupação excessiva com aparência, beleza
Humor
    Hostil ou defensivo
    Temperamental; raiva intensa e inadequada
    Comportamento e fala exageradamente emotivos
    Nega sentir emoções fortes
    Sente-se vazio ou entediado
    Não sente remorso por machucar os outros
    Emoções vazias e inconstantes
    Apatia
    Afeto limitado ou inadequado
    Frio, indiferente ou tolo

Fluxo do pensamento
　Fala vaga
　Fala estranha (vaga, digressiva, pobre)
Conteúdo do pensamento
　Espera que o explorem
　Questiona a lealdade de amigos
　Suspeita de significados ocultos
　Fantasias de sucesso, poder
　Ideias de referência (p.ex., "como se" estranhos falassem sobre o paciente)
　Crenças estranhas, superstições ou pensamento mágico, ilusões
　Incerteza quando à identidade (autoimagem, orientação sexual, objetivos de longo prazo, valores)
　Seguidamente precisa de reasseguramento ou aprovação; busca elogios
　Teme embaraço
　Crítico para com *self* e/ou outros
　Desvaloriza figuras de autoridade irracionalmente
Linguagem: ausência de anormalidades típica
Cognição: ausência de anormalidades típica
Insight e julgamento
　Exagera elogios
　Não sente remorso por comportamento
　Acha que os outros fazem demandas irracionais
　Supervaloriza o próprio trabalho; convencido, sente seus problemas como únicos; sentido de merecimento

DIFICULDADE PARA PENSAR (PROBLEMAS COGNITIVOS)

Uma ampla variedade de problemas físicos e químicos podem interferir no pensamento, incluindo os seguintes:

- Tumores cerebrais
- Traumatismo craniano
- Hipertensão
- Infecções
- Distúrbios metabólicos
- Complicações pós-operatórias
- Transtornos convulsivos
- Substâncias tóxicas ou abstinência de substâncias psicoativas
- Deficiência de vitaminas

Dicas

Qualquer um dos sintomas ou sinais a seguir devem levar a uma investigação mais profunda de problemas cognitivos:

- Comportamento bizarro
- Confusão
- Julgamento reduzido
- Delírios
- Alucinações
- Lacunas de memória
- Oscilações do humor
- Ingestão de toxinas

Principais diagnósticos

Disfunções físicas ou químicas no cérebro produzem anormalidades do comportamento ou do pensamento, que podem ser temporárias ou permanentes. Os tipos de problemas incluem:

- Síndrome amnéstica◆
- Síndrome de ansiedade
- *Delirium*◆
- Síndrome delirante
- Demência◆
- Transtornos dissociativos
- Intoxicação◆ e abstinência◆
- Transtorno psicótico induzido por drogas ou abstinência◆
- Síndrome de humor
- Síndrome de personalidade

Os diagnósticos diferenciais importantes são os diagnósticos marcados com losango no grupo anterior, e também:

- Depressão◆
- Esquizofrenia◆
- Transtornos por uso de substâncias◆

Delirium e demência podem coexistir.

Informações históricas

Idade de início. A demência costuma ser encontrada em pessoas idosas; já o *delirium* é comum em crianças *e* em idosos.

Curso. Pode ser estável, flutuante, em deterioração ou em melhora. Se a lesão for estrutural (como após um traumatismo craniano grave), tende a existir alguma disfunção permanente, mesmo que possa haver melhora. Pacientes com demência (como a de Alzheimer) tendem à deterioração.

Transtorno depressivo. É bastante importante conhecer a história da depressão e as atuais características depressivas, pois a *pseudodemência*, um dos quadros possíveis da depressão grave, é um transtorno do humor completamente tratável e não é demência.

Dificuldade para cuidar de si mesmo. Muitas vezes, é esse o motivo que leva familiares a trazer pacientes com demência para o tratamento.

Sintomas e estado mental flutuantes. Essas oscilações são essencialmente características do *delirium*.

Traumatismo craniano. Um trauma recente pode produzir um hematoma subdural, que causa sintomas dias ou semanas depois. Hemorragia intracraniana também pode causar um hematoma epidural, que leva a sintomas em horas ou dias. Também fique alerta para perda da memória que possa resultar de uma concussão.

Impulsividade. Os pacientes demenciados perdem a capacidade de avaliar o que é um comportamento aceitável; consequentemente, agem segundo impulsos que antes teriam suprimido. Pacientes delirantes ou demenciados podem tentar fugir, como reação ao medo ou à confusão. Pode haver gastos impensados, como na mania, embora, em pacientes demenciados, os gastos podem não ter os altos valores que têm na mania.

Exames laboratoriais. Devem condizer com a suposta causa de qualquer síndrome cognitiva.

Perda da memória. O déficit de memória é característico das demências. A memória recente é afetada com mais frequência, embora, na demência grave, a memória de longo prazo também possa estar envolvida. Alguns pacientes tentam (embora não conscientemente) compensar defeitos na memória *confabulando* – inventando histórias.

Início. O desenvolvimento dos sintomas pode ser rápido ou insidioso, dependendo da causa e da natureza do transtorno. O início rápido é característico de transtornos causados por processos infecciosos ou traumatismo craniano; as deficiências de vitaminas e os tumores cerebrais podem se desenvolver gradualmente.

Mudança na personalidade. Muitos dos sintomas de síndromes cognitivas envolvem uma mudança a partir da personalidade anterior do paciente. Podem ser ataques de raiva ou combatividade, retraimento social, embrutecimento do comportamento (piadas grosseiras) e negligência com a arrumação ou com a higiene. Um paciente com demência de Alzheimer que sempre aceitou a diversidade racial gritou comentários racistas. O asseio excessivo (conhecido como *regularidade orgânica*) ocorre às vezes.

Sintomas psicóticos. Delírios, geralmente persecutórios, ocorrem na demência (pacientes com Alzheimer muitas vezes acreditam que são roubadas pelas pessoas). Esses delírios podem ser indistinguíveis dos da esquizofrenia. Alucinações geralmente ocorrem no *delirium*, mas costumam ser visuais.

Mudanças no ciclo de sono-vigília. Os pacientes delirantes normalmente são sonolentos, embora alguns tenham dificuldade para pegar no sono; sonhos vívidos ou pesadelos podem ocorrer.

Tentativas de suicídio. A presença de comportamento suicida deve fazer você considerar o diagnóstico de depressão maior, embora tentativas (e suicídios) possam ocorrer nas demências.

Exame do estado mental

Aparência e comportamento
    Desarrumado
    Tremor
    Inquietação
    Belisca roupas, cobertas
Humor
    Afeto brando ou plano
    Raiva
    Ansiedade
    Apatia
    Depressão
    Euforia
    Medo
    Irritabilidade
Fluxo do pensamento
    Fala indistinta
    Perseveração
    Desconexo, incoerente
    Afrouxamento das associações
Conteúdo do pensamento
    Desconfiança
    Ideias suicidas atuais
    Ilusões
    Aspectos psicóticos
        Delírios
        Alucinações
        (especialmente visuais)
Linguagem
    Compreensão diminui com o avanço da demência
    Fluência costuma estar preservada, mesmo com demência moderadamente grave
    Nomeação: afasias
Cognição
    Sonolento, dificuldade para se manter acordado
    Desorientação
    Não saber a data pode ser um sintoma precoce de *delirium*
    Desorientação para lugar e pessoa são sintomas posteriores (especialmente para demência)
    Pensamento abstrato comprometido (similaridades)
    Atenção por curtos períodos (distrai-se facilmente) observado especialmente no *delirium*
    Memória comprometida
Insight e julgamento
    Julgamento comprometido

ANSIEDADE, COMPORTAMENTO ESQUIVO E EXCITAÇÃO

Condições nesta área de interesse clínico têm em comum sintomas de ansiedade que levam a tentativas de evitar o estímulo.

Dicas

Os sintomas que levariam você a explorar essa área podem ser qualquer expressão de ansiedade ou de medo, bem como sintomas somáticos que sugiram problemas respiratórios ou alterações na frequência cardíaca quando não existe base para preocupação.

- Ansiedade
- Queixas torácicas (dor, peso, dificuldade para respirar, palpitações)
- Comportamento compulsivo
- Medo de objetos, de situações, de morrer, do fim iminente, de enlouquecer
- Nervosismo
- Ideias obsessivas
- Pânico
- Trauma (história de experiência emocional ou física grave)
- Preocupações

Diagnósticos principais

Os principais transtornos que esta área de interesse clínico abrange são:

- Pânico◆
- Ansiedade generalizada◆
- Fóbicos◆
- Obsessivo-compulsivo◆
- Estresse pós-traumático◆

Embora os sintomas da ansiedade sejam encontrados em quase todos os transtornos mentais, entre os diagnósticos diferenciais importantes, estão os seguintes:

- Depressão◆
- Transtornos relacionados a substâncias◆
- Esquizofrenia◆
- Transtorno de somatização◆

Informações históricas

Idade de início. A maioria dessas condições começa quando o paciente é relativamente jovem. As fobias de animais começam na infância, e as fobias situacionais geralmente começam na faixa dos 30 anos.

Agorafobia. Pode ocorrer com ou sem transtorno do pânico. Ocorre em situações embaraçosas ou das quais é difícil escapar, tais como estar longe de casa, na multidão, em um carro ou em uma ponte.

Uso de álcool ou drogas. Pode ser causa ou efeito de sintomas da ansiedade.

Ansiedade antecipatória. Comum em fobias, essa sensação de medo é sentida minutos ou horas antes da chegada de um estímulo temido (como falar em público).

Consumo de cafeína. Beber café (ou chá) excessivamente pode causar sintomas de ansiedade.

Circunstâncias de ataques de pânico. Quantos ataques foram, e em que período? Eram inesperados? (Os ataques de pânico tendem a surgir do nada.)

Compulsões. As compulsões mais comuns são lavar as mãos, conferir e contar as coisas, e rotinas que *devem* ser seguidas (por exemplo, ao deitar). Podem ocorrer como rituais (regras), como "antídotos" ou como respostas a obsessões.

Sintomas depressivos. Determine se vieram antes da síndrome de ansiedade, sugerindo depressão primária, ou depois, sugerindo que a depressão é secundária.

Duração dos ataques de pânico. Cada ataque de pânico dura apenas alguns minutos, mas podem ser recorrentes durante semanas, meses ou anos.

Frequência dos ataques de pânico. Geralmente ocorrem várias vezes por semana.

Estreitamento do estilo de vida. Como resultado da ansiedade, o paciente fica em casa ou evita determinadas situações ou certos objetos? Isso pode se aplicar ao transtorno fóbico, ao transtorno obsessivo-compulsivo, ao TEPT, à agorafobia e ao transtorno do pânico.

Conteúdo mental dos ataques de pânico. Os pacientes podem ter medo de morrer, de perder o controle ou de perder a cabeça.

Obsessões. As mais comuns são ideias de (1) agredir ou matar e (2) dizer palavrões (blasfemar). Essas ideias persistem apesar do fato de os pacientes reconhecerem que elas são absurdas e estranhas a eles.

Sintomas físicos da ansiedade. A maioria das mesmas sensações físicas ocorre em ataques de pânico e no transtorno de ansiedade:

Falta de ar	Palpitações cardíacas
Dor torácica	Nó na garganta
Calafrios ou rubor	Tensão muscular
Tontura	Náusea
Boca seca	Inquietação
Fadiga	Sudorese
Necessidade frequente de urinar	Tremor

Uso de medicamentos prescritos. Os clínicos costumam prescrever, e os pacientes com ansiedade muitas vezes recorrem a medicamentos na tentativa de controlar os sintomas.

Fobias sociais. Essas fobias geralmente envolvem apresentar-se, falar ou comer em público; usar um banheiro público e tentar escrever quando alguém está olhando.

Fobias específicas. Anteriormente chamadas *fobias simples*, as mais comuns são o medo de andar de avião, medo de animais, de sangue, de locais fechados, de altura e de ferimentos.

Estressores. Uma experiência física ou emocional gravemente traumática é um dos precipitantes necessários para o TEPT.

Preocupação. Uma preocupação injustificada ou excessiva com diversas circunstâncias da vida real é característica do transtorno de ansiedade generalizada. Exemplos são o medo de perder a casa para o banco dois meses antes de terminar de pagar a hipoteca ser despedido quando se é o favorito do presidente da empresa, etc.

Exame do estado mental

Aparência e comportamento
    Hipervigilância (varredura do ambiente)
Humor
    Depressão
    Ansiedade
Conteúdo do pensamento
    Ideias obsessivas
    Matar
    Blasfemar
Insight e julgamento
    Insight de que o medo ou o comportamento é irracional
    Tenta resistir

QUEIXAS FÍSICAS

As doenças físicas (ataques cardíacos, asma, úlceras, alergias e coisas do gênero, que possam ser demonstrados anatomicamente) devem ser uma grande preocupação de qualquer clínico cujo paciente tenha queixas somáticas. Porém, muitos pacientes buscam tratamento psiquiátrico reclamando de sintomas físicos para os quais não se encontra nenhuma base fisiológica, química ou anatômica. Esses sintomas são chamados de *hipocondríacos* ou *psicossomáticos*. Com frequência, quando o paciente finalmente busca ajuda de um profissional da saúde mental, ele já fez uma grande variedade de exames e avaliações. Como certos aspectos demográficos e sintomáticos ocorrem em comum, incluí a anorexia nervosa e a bulimia nervosa neste grupo.

Dicas

Considere esta área de interesse clínico se o paciente apresentar qualquer um dos seguintes problemas:

- Perturbação do apetite
- Depressão crônica

- História complicada
- Queixas múltiplas
- Sintomas físicos que não são explicados por uma doença conhecida (especialmente sintomas neurológicos como dor, convulsões, perda sensorial)
- Abuso sexual ou físico na infância
- Uso indevido de substância em uma mulher
- Fracassos repetidos em tratamentos
- Fraqueza crônica
- História vaga
- Alterações do peso (aumento ou diminuição)

Diagnósticos principais

Os principais diagnósticos nesta área são os seguintes:

- Anorexia nervosa◆
- Transtorno dismórfico corporal (dismorfofobia)
- Bulimia nervosa
- Hipocondria
- Transtornos dolorosos (síndrome de dor crônica)
- Transtorno de somatização◆

Outros transtornos que devem ser considerados em pacientes que se queixam de sintomas físicos são:

- Depressão◆
- Transtorno do pânico◆
- Doença física
- Transtornos relacionados ao uso de substâncias◆

Informações históricas

Idade de início. A maioria dos transtornos mentais neste grupo começa cedo (infância ou adolescência). A hipocondria geralmente começa na faixa dos 20 anos, e o transtorno doloroso, na dos 30 ou 40.

Abuso físico ou sexual na infância. Comum em pacientes com transtorno de somatização, a ocorrência de abuso sempre deve ser investigada.

Dor crônica. No transtorno doloroso, ou não existe base para a dor ou a dor não corresponde a nenhuma causa física conhecida.

Busca de médicos. Uma busca incansável por uma cura costuma acompanhar o transtorno de somatização. Pode levar a avaliações médicas repetidas e infrutíferas.

Estresse ambiental. Os problemas sociais (conjugais, ocupacionais, interpessoais) podem levar os pacientes com transtorno de somatização a procurar tratamento de saúde mental para aquilo que percebem como problemas físicos.

Medo de uma doença que não está presente. A ideia não delirante de que a pessoa está doente persiste apesar dos reasseguramentos (muitas vezes repetidos) do contrário. Esse é o sintoma clássico da hipocondria.

Cirurgias. Pacientes com transtorno de somatização costumam ter uma história de procedimentos cirúrgicos múltiplos, durante os quais certos órgãos podem ser removidos.

Doenças na infância. O paciente recebia atenção por estar doente quando criança? Em alguns casos, esse fator pode estar por trás da somatização.

Deficiência física (imaginada ou exagerada). O sintoma essencial no transtorno dismórfico corporal, essa ideia não é de intensidade delirante. Pacientes com anorexia nervosa geralmente se consideram acima do peso, mesmo que estejam obviamente magros.

Revisão de sistemas. Essa é uma revisão especializada de quatro categorias de sintomas. São necessários oito sintomas para diagnosticar transtorno de somatização. A revisão completa dos sistemas é fornecida no Apêndice B.

Ganhos secundários. Isso ocorre quando uma pessoa recebe atenção ou apoio por estar doente. É clássico para o transtorno de somatização e para outros transtornos somatoformes.

Ideias e comportamentos suicidas. Esses pacientes muitas vezes ameaçam ou tentam cometer suicídio e, ocasionalmente, se matam.

Uso de substâncias. O uso indevido de álcool ou drogas frequentemente complica o transtorno de somatização e outros transtornos deste grupo.

Exame do estado mental

Aparência e comportamento
    Quadro dramático
    Roupas espalhafatosas
    Maneiras insinuantes
    Maneirismos exagerados
    Debilitação notável
Humor
    Indiferença quanto ao sintoma (*la belle indifférence*)
    Ansiedade
    Depressão
Fluxo do pensamento: ausência típica de anormalidades
Conteúdo do pensamento: centrado em doença mental física (às vezes imaginada)
Linguagem: sem anormalidades características
Cognição: sem anormalidades caracterísaticas
Insight e julgamento
    Interpreta excessivamente sintomas físicos

14

ENCERRAMENTO

Geralmente, uma hora é tempo suficiente para explorar as razões da procura por tratamento e para obter uma grande quantidade de informações da história pessoal do paciente. Durante esse tempo, você também deve ter realizado um exame formal do estado mental. Embora ainda haja muita coisa que você queira saber, a entrevista provavelmente não será levada muito adiante. Você está fazendo uma entrevista, não um teste de quanto cada um aguenta; deve estar, portanto, suficientemente tranquilo para avaliar tudo aquilo que ouvir e ver. Talvez a consulta de outro paciente exija que você termine na semana seguinte, ou a hora do dia sugira que continue no dia seguinte. Ou, se você e o paciente ainda tiverem tempo e disposição, faça um intervalo antes de continuar.

A ARTE DE ENCERRAR

Encerrar uma entrevista é uma pequena forma de arte que exige um certo cuidado. Um bom encerramento não apenas resume a entrevista, mas prepara o paciente (e o clínico) para as sessões que estão por vir. Seu paciente, que já terá investido considerável esperança e confiança no tempo que vocês passaram juntos, espera, de forma bastante razoável, alguma informação para levar do encontro. O conteúdo dessa mensagem dependerá em parte do seu relacionamento com o paciente.

Se você é o clínico responsável pelo cuidado desse paciente, provavelmente seguirá estes passos:

1. resuma suas observações;
2. com a colaboração do paciente, desenvolva um plano para o tratamento futuro;
3. estabeleça uma data para o próximo encontro.

Sempre que for justificado, você também deve

4. incluir uma mensagem de esperança para o futuro. Eis um exemplo:

– "Pelo que você me contou, parece que você e o seu marido têm encontrado muita dificuldade para se adaptar à morte da sua filha. Isso é algo sobre o qual vocês não conversaram muito, e você está sofrendo pela falta de comunicação. Creio que posso ajudar, mas antes de decidirmos sobre um plano de ação, eu gostaria de conversar com o seu marido. Você disse que ele estava disposto a vir aqui. Poderia pedir para ele marcar um horário para a semana que vem?"

A frase final da sua entrevista inicial como estagiário pode ser algo assim:

– "Obrigado por passar tanto tempo comigo. Você realmente me ajudou a entender o seu tipo de depressão. Concordo que o seu terapeuta está fazendo todo o possível para ajudar. Amanhã, eu gostaria de fazer mais algumas perguntas sobre a sua origem familiar, se estiver bem para você."

Você não deve esperar prever tudo o que o paciente deve ouvir. Em qualquer sessão intensa como uma entrevista inicial típica, é provável que você deixe algo por dizer que seria importante para o paciente. Portanto, geralmente, uma boa ideia é verificar se você omitiu alguma coisa que deveria ter sido tratada imediatamente. Antes de terminar, diga algo que evoque comentários ou questões sobre a entrevista:

- "Você tem alguma pergunta sobre o que falamos até aqui?" (Nota: pressupondo que o paciente tem perguntas, você incentiva a sua expressão. Para alguns pacientes, a alternativa: "você tem alguma pergunta?" pode fechar essa via de comunicação)
- "Existe alguma questão importante da qual não tratamos?"

Você pode achar que algum assunto não abordado precisa de ação agora – uma informação adicional sobre o tratamento proposto, certa incerteza quanto ao horário da próxima consulta ou algum reasseguramento em relação ao prognóstico. Tente responder qualquer questão importante com fatos.

É claro que você não conseguirá cobrir tudo em uma única sessão de entrevista. A maioria dos pacientes aceita isso e não se importa de protelar outras preocupações, questões e informações históricas até a próxima consulta.

Ocasionalmente, logo no final da entrevista, surge algo que exigiria um tempo considerável para ser tratado adequadamente. Exemplos:

- "O que o futuro promete para alguém como eu?"
- "O que você acha que eu deveria fazer a respeito do alcoolismo do meu filho?"

Se nem você e nem o paciente tiverem limitações de tempo, você pode lidar com essas questões quando elas surgirem. Porém, agendar conflitos normalmente exige protelar uma investigação mais aprofundada até a próxima entrevista.

De qualquer modo, considere as razões possíveis para essa questão nova ao final da entrevista. Alguns pacientes têm o hábito de guardar as informações importantes para a hora de terminar. Talvez eles precisem de quase toda uma sessão para criar coragem para discutir problemas importantes – será que têm medo do que você poderia sugerir? Outros podem considerar suas sessões tão valiosas que inconscientemente tentam prolongá-las.

Você pode lidar com a maioria dessas questões que surgem no último minuto expressando interesse e prometendo discuti-las durante a próxima sessão:

- "Fico feliz por ter mencionado isso. É algo sobre o qual eu quero saber mais. Vamos colocar na primeira pauta da próxima vez."

Se as informações de último minuto forem de proporções suficientes para colocar a vida em risco (ideias suicidas ou homicidas), você não tem outra escolha senão passar da hora. Se isso passar a acontecer habitualmente, você deve se treinar para levantar esses temas delicados mais cedo em suas entrevistas.

ABANDONANDO PRECOCEMENTE

Alguns raros pacientes podem tentar romper com a entrevista antes de você terminar. Geralmente, será alguém que apresenta um transtorno do caráter, uma psicose, uma intoxicação ou estresse grave (talvez por privação do sono ou uma doença física). Às vezes, todas essas alternativas se aplicam! Seja qual for a causa, você de repente se encontra tentando obter informações de uma pessoa que está vestindo o casaco para ir embora. Como reagir?

Se estiver perto do final da sessão, diga que precisa de apenas alguns minutos para terminar. Então, tente acomodar a agitação do paciente, selecionando apenas as perguntas mais importantes que faltam para fazer.

Com um paciente novo, você não tem muito espaço, então tente evitar confrontos diretos. Se for no começo da entrevista, especialmente bem no início, o paciente pode não entender totalmente as razões para a entrevista. Tente explicar novamente. Ao mesmo tempo, você pode demonstrar empatia:

- "Posso ver que você está bastante incomodado. Sinto por estar aumentando seu desconforto, mas precisamos conversar. É a única maneira de eu obter as informações de que preciso para ajudá-lo."

Seu apelo à razão terá êxito na metade das vezes. Se não tiver, tente mudar para uma discussão sobre os sentimentos que estão bloqueando a comunicação. Como antes, inicie com uma declaração empática:

- "Você parece bastante desconfortável. Pode me dizer o que está sentindo?"

Você pode descobrir muita coisa sobre o medo, a raiva ou o desconforto do paciente. Seguindo o que já ouviu, pode facilitar o caminho de volta à entrevista.

Entrevistador: Vejo que isso incomodou você. Pode me dizer como está se sentindo agora?
Paciente: (*Levantando-se para ir embora*) Não consigo aguentar. É como da última vez!
Entrevistador: Você ficou bastante incomodado também?
Paciente: Pode apostar que fiquei. Você também ficaria se seu terapeuta tratasse você da maneira como o meu me tratou.
Entrevistador: Isso deve ter deixado você terrivelmente desconfortável.
Paciente: (*Sentando novamente*) Fiquei humilhado. E apavorado.

Como nesse exemplo, você talvez ouça o paciente falar de tentativas anteriores de terapia que não deram certo. Prepare-se para passar um tempo considerável (tanto na entrevista inicial quanto depois) desenterrando os fatos relacionados com o tratamento anterior, mesmo que possam ter pouco ou nada a ver com as razões para o paciente ter vindo desta vez. (Tome cuidado para não criticar ou menosprezar o clínico anterior – suas informações podem ser bastante unilaterais por enquanto.)

Se todos os seus esforços fracassarem, respeite a necessidade de privacidade e de conforto do paciente. Especificamente, não peça, ameace nem crie vergonha ou culpa. Se o paciente levantar para sair da sala, não use restrições físicas. Em vez disso, reconheça o direito do paciente de tomar essa decisão e sua intenção de respeitá-la. Porém, prometa que tentará em seguida cumprir essa importante tarefa de obter informações:

- "Posso ver que teremos que interromper por enquanto. Tudo bem – você tem o direito de não ser incomodado quando está se sentindo tão mal. Porém, é realmente importante que descubramos quais dificuldades o trouxeram ao hospital. Posso voltar à tarde, depois que você tiver a chance de descansar."

Eventualmente, você pode decidir parar antes, com bem menos de uma hora transcorrida. Essa alternativa parece interessante quando:

- É tarde da noite, o paciente foi admitido há pouco no hospital e ambos estão cansados.
- Por causa de uma psicose ou de uma depressão grave, o paciente não consegue se concentrar na entrevista por mais de alguns minutos de cada vez.
- A raiva faz o paciente não se dispor a cooperar.
- Você encaixou uma entrevista breve em um dia que já estava caótico. De comum acordo, vocês devem conversar apenas o suficiente para descobrir os principais problemas e decidir quando se encontrarão novamente.

15

ENTREVISTANDO INFORMANTES

A maioria dos pacientes talvez diga tudo o que você precisa saber, mas é possível enriquecer o conteúdo do seu banco de dados com informações obtidas com terceiros. Todavia, certas situações praticamente exigem que você busque informações adicionais ou verifique os dados com informantes. Eis algumas delas:

- As crianças e os adolescentes muitas vezes não têm uma perspectiva adequada sobre o seu próprio comportamento.
- Mesmo alguns adultos não sabem de coisas importantes sobre a história da família.
- Os pacientes com retardo mental muitas vezes precisam de ajuda para relatar suas informações.
- Pacientes de qualquer idade, que sentem vergonha de seus comportamentos passados, podem ocultar informações históricas que você pode obter com familiares ou amigos. Entre os exemplos, estão indiscrições sexuais, uso indevido de substâncias, tentativas de suicídio, violência e qualquer tipo de comportamento criminoso.
- Os pacientes com psicose podem apresentar interpretações delirantes de fatos, em vez dos fatos em si.
- A história de saúde na infância, muitas vezes desconhecida para o paciente, pode ser relevante para um retardo mental ou para transtornos específicos da aprendizagem. Pode haver história de complicações obstétricas durante o parto de pacientes que tenham uma forma esporádica (não familiar) de esquizofrenia.
- Pacientes com transtornos cognitivos, como a demência de Alzheimer, podem ser incapazes de fornecer uma boa história.
- Os informantes podem contar sobre normas culturais. Isso pode ser a única maneira de saber que é normal na família do paciente acreditar em astrologia ou "falar novas línguas" na igreja.
- Alguns pacientes com transtornos do caráter (especialmente o transtorno de personalidade antissocial) não contam a verdade de maneira confiável.
- Certos transtornos de personalidade não incomodam muito os pacientes; suas famílias e amigos são quem sofre.
- Para alguns, preservar um segredo de família pode ser mais importante do que dizer coisas que ajudariam no diagnóstico ou no tratamento.
- Por razões óbvias, não é sensato basear-se unicamente em relatos individuais em situações forenses.

Sempre que possível, gosto de obter informações sobre a doença atual do paciente com outras fontes, como, por exemplo, familiares, amigos, registros clínicos anteriores e outros clínicos. Verificando as informações existentes e apresentando novos fatos, você pode obter uma visão clara, abrangente e equilibrada do paciente e do ambiente. Informações adicionais podem revelar características que ajudem a entender ou lidar melhor com o paciente. Por exemplo, níveis elevados de expressão emocional em familiares podem prever recaídas em um paciente esquizofrênico que more com esses familiares.

Você quase sempre entrevistará o paciente primeiro. Isso ajuda a garantir que o paciente faça uma narrativa completa e honesta. As únicas exceções importantes, além de crianças e adolescentes mais jovens que são trazidos pelos pais, são adultos que não têm capacidade de falar por si mesmos, incluindo pacientes esquizofrênicos em regressão, pacientes com demência, alguns indivíduos com retardo mental e pessoas com quem você não compartilhe uma língua comum. Porém, mesmo quando você e o paciente se comunicam bem, um pouco de tempo com os familiares geralmente contribui para a sua perspectiva em relação ao transtorno do paciente. Isso se aplica especialmente a situações em que um familiar vem junto para a primeira visita – normalmente, um sinal de medo do familiar de que, sem ajuda, a história contada não será completa. Em casos raros, um paciente inseguro precisa do apoio de um familiar enquanto lhe conta suas razões para precisar de atendimento.

OBTENDO PERMISSÃO EM PRIMEIRO LUGAR

Antes de falar com amigos e familiares, você normalmente deve pedir a permissão do paciente. A maioria dos pacientes consente prontamente. Alguns que hesitam talvez se preocupem com o fato de que você possa deixar escapar algo que vinham tentando manter em segredo. Você pode apaziguar esses temores dizendo que seu principal trabalho é obter informações, não fornecê-las, e que, para poder ajudar, você precisa da perspectiva de outra pessoa. Eis como pode formular a sua explicação:

– "O que você me disse é confidencial e respeitarei a sua confiança, você tem esse direito mas também tem o direito de receber a melhor ajuda que eu puder lhe dar. Para isso, preciso saber mais sobre você. É por isso que eu gostaria de falar com a sua esposa. Ela naturalmente gostará de saber o que há de errado e o que planejamos fazer. Acho que devo contar a ela, mas somente contarei aquilo que tivermos concordado. Não falarei nada sobre o que discutimos, a menos que você me dê permissão antecipadamente."

Depois de chegar a esse tipo de acordo, tome cuidado para não divulgar outras informações. Os segredos revelados têm um estranho modo de identificar a sua fonte. Nas raras ocasiões em que o paciente não der permissão, você pode sugerir que o paciente acompanhe enquanto conversa com o amigo ou o familiar. Isso acabará com possíveis medos de que você possa usar a reunião para construir algum tipo de plano pelas costas do paciente.

Como regra geral, você deve tentar entrevistar o informante quando o paciente não estiver presente. A privacidade aumentará suas chances de obter informações completas e precisas, e você e o informante se sentirão mais confortáveis.

Existem poucas exceções significativas para a exigências de obter o consentimento prévio do paciente. Essas exceções envolvem pacientes:

- Menores
- Com tutor ou incapazes de dar consentimento
- Violentos

- Mudos
- Agudamente suicidas
- Com uma emergência médica ou de saúde mental

Desse modo, quando ficar claro que o paciente não tem o julgamento necessário para exercer autonomia, seu dever é intervir e decidir sobre o melhor curso de ação. Para tal, você precisa obter informações da maneira que for possível.

Como se deve agir com o amigo ou o familiar que telefona com informações e pede que você as oculte do paciente ou que, pelo menos, não revele a fonte? Fazer essa promessa o torna cúmplice em uma rede complicada – uma situação que você deve evitar. Certamente, não existe por que criar problemas falando de coisas desnecessárias, e você pode enlouquecer tentando não contar um segredo depois de ficar sabendo.

ESCOLHENDO UM INFORMANTE

Como o seu objetivo é obter o máximo de material pertinente que conseguir, você naturalmente escolherá um informante que conheça bem o paciente. O cônjuge – ou parceiro – geralmente é a pessoa mais atualizada, de modo que, se o paciente for casado ou tiver um relacionamento íntimo duradouro, essa é a pessoa com quem você provavelmente deve falar primeiro. Todavia, o tipo de informação que você precisa pode levar a uma escolha diferente. Por exemplo, se quer saber sobre hiperatividade na infância, você deve entrevistar um dos pais. Outra consideração: estudos mostram que pais que tiveram uma doença semelhante à do paciente são mais capazes de reconhecer os seus sintomas. (Talvez porque já foram sensibilizados aos sintomas e ao curso da doença.) Finalmente, como discutiremos mais adiante, a sua entrevista pode acabar sendo uma entrevista em grupo, com vários familiares, amigos e até colegas de trabalho ou orientadores espirituais.

O QUE SE PERGUNTA?

Você deve começar explicando brevemente o propósito dessa entrevista. Os familiares aceitarão facilmente que você precisa verificar a história ou fornecer informações a eles. Porém, também podem se preocupar que, como clínico, você tenha outros planos que possam vir a culpá-los ou fazer com que assumam mais responsabilidade pelo paciente.

Sua entrevista anterior com o paciente deve ter lhe dado uma base considerável de conhecimento, de modo que a discussão com os informantes pode ser comparativamente breve – de alguns minutos a meia hora. Mesmo que você pense que sabe exatamente quais perguntas quer respondidas, você pode se surpreender com novas informações sobre um problema que não havia reconhecido antes. É por isso que você deve começar com uma "curta pescaria" para descobrir o que o informante sabe. Use uma pergunta aberta como isca.

No exemplo a seguir, a paciente havia passado grande parte da entrevista inicial falando sobre seus episódios anteriores de depressão. Então, quando o marido chegou, o entrevistador estava pronto com perguntas sobre sintomas depressivos, tratamento e resultados. Felizmente, a questão inicial foi aberta.

Entrevistador: O que você pode me contar sobre a dificuldade da sua esposa?
Marido da paciente: Bem, espero que você possa fazer algo a respeito da bebida. Ela está bêbada quase sempre quando eu chego do traba-

lho, mas se recusa a admitir que tem um problema.

Depois que tiver determinado se o paciente e o informante identificam o mesmo conjunto de problemas, você pode se dedicar a obter as informações específicas que precisar, que são de dois tipos:

1. questões que o paciente não consegue responder;
2. coisas que parecem confusas em sua mente, muitas vezes devido a inconsistências na história do paciente.

Eis alguns exemplos de cada:

- História de doença mental em um paciente
- A história evolutiva do paciente
- Uma reavaliação da história do uso de drogas e de bebida do paciente
- Os sintomas do paciente durante uma doença psicótica
- A capacidade do paciente de cuidar de si mesmo
- A disposição relativa para se tratar depois da alta hospitalar
- A visão do cônjuge sobre as razões para os problemas conjugais
- Comportamento que sugere uma possível carreira criminosa
- Uma avaliação das características da personalidade do paciente
- Efeitos de qualquer mudança de comportamento sobre a família

Mesmo que você não descubra muita coisa nova sobre o paciente, uma sessão aberta com um informante pode ajudar a descobrir as respostas para as seguintes perguntas:

- Como a família entende a doença?
- O que o paciente contou ao informante sobre os sintomas?
- Como o paciente interpretou os fatos?
- O paciente distorceu o que você disse?

Se as informações do informante conflitam com as que você obteve do paciente, você deve decidir em qual (se alguma) história deve acreditar. Você não estará seguro se aceitar automaticamente a versão do informante – o *status* de paciente psiquiátrico não deve automaticamente desacreditar o testemunho de ninguém. Em vez disso, quando avaliar histórias conflitantes, pondere os seguintes fatores para cada informante, incluindo o paciente:

- Quanto contato o informante tem experimentado com o paciente?
- Quanto o informante parece lembrar?
- O informante parece estar protegendo alguém (a si mesmo, o paciente ou outras pessoas)?
- Algum tabu familiar parece impedir que o informante discuta material sensível?
- Quanto a história está sendo distorcida pelo pensamento ilusório do paciente (por exemplo, a felicidade imaginada em um casamento fracassado)?
- Existem evidências de um efeito de halo que cria uma distorção (positiva ou negativa) em todos os comportamentos do paciente?
- O informante parece motivado para contar a história correta e completa?

Depois, pode ser interessante discutir a sessão com o paciente. Você deve dar alguma ideia do que foi dito, para proporcionar garantias de que não traiu a confiança, mas, se de forma específica ou geral, isso dependerá das necessidades do paciente e da sua própria percepção. Você também deve ficar atento para não trair a confiança dos familiares.

Eis um exemplo do tipo de comentário que se pode fazer:

- "Tive uma ótima conversa com a sua esposa. As informações que ela me deu confirmaram o que você tinha me dito sobre sua depressão na semana passada, e acho que todos concordamos sobre a necessidade de tratamento. Como você pediu, não falei nada a ela sobre o uso de cocaína, mas ainda acho que você se sentiria melhor se criasse coragem para discutir isso com ela."

ENTREVISTAS EM GRUPO

Se a família do paciente é grande e muitos familiares moram por perto, você pode acabar entrevistando grandes grupos de familiares. Alguns clínicos consideram isso difícil, especialmente quando a família está infeliz e expressa isso de forma impetuosa. Embora possa ser difícil lidar com um grande grupo de familiares, existem vantagens nessa abordagem.

- É muito mais eficiente do que tentar falar com eles individualmente. Embora você às vezes possa levar a família a concordar em um porta-voz com quem você deve se reunir, as informações podem se perder ou se distorcer dessa forma.
- A família é uma parte importante do meio do paciente. Uma entrevista em grupo lhe dará a chance de observar como os familiares interagem entre si e, por inferência lógica, com o paciente. Eles se tratam com consideração? Você detecta acusações, tentativas de encontrar um "bode expiatório" ou culpa em um ou mais dos seus informantes? Sua preocupação costuma ser com o paciente ou com seu próprio conforto?
- Em alguns casos, você pode decidir entrevistar a família e o paciente juntos. Isso previne qualquer problema relacionado com a confidencialidade, pois todos ouvem o que todos dizem. Além disso, também lhe dá a chance de observar diretamente como o paciente e a família interagem. Os familiares ignoram ou respondem pelo paciente? Discordam muito? Brigam?
- Se você determinar que a dinâmica da família contribui em parte para as dificuldades do paciente, reunir-se com todos pode ajudar a formar a base para uma mudança eventual no ambiente doméstico, como um complemento da terapia.
- Você pode preparar a base para uma terapia familiar posterior, se parecer que essa seria uma abordagem produtiva para as dificuldades do paciente.

Quando se reunir com mais de um informante de cada vez, certifique-se de incentivar todos os familiares a falar. Às vezes, alguém se mantém passivo e em silêncio, e esse é o indivíduo que você deve estimular. É melhor ter a opinião de todos no começo, do que deixá-los para resolver suas perspectivas depois, quando você não estiver por perto para ajudar. Você não deve tomar decisões por eles nem defender nenhum dos lados. Seu objetivo deve ser facilitar a discussão, de modo que todos possam entender o paciente e seus problemas comuns.

OUTROS CENÁRIOS DE ENTREVISTAS

Telefonemas

Vários estudos mostram que é possível obter informações de qualidade a partir de entrevistas pelo telefone. Se não houver outra forma de falar com um familiar, certamente é melhor do que nada. Porém, é um desafio encontrar alguém pela primeira vez sem contato pessoal. Se você precisa contar apenas com as palavras e o tom da voz, não poderá extrair as nuanças de significado que a linguagem corporal transmite tão bem. Além disso, a menos que esteja participando de uma videoconferência, pelo telefone, os familiares não podem avaliar *você*. Uma entrevista pessoal pode transmitir muito melhor os sentimentos afetuosos que permitem que os familiares saibam que você é alguém a quem podem confiar informações secretas ou delicadas. Finalmente, considere as leis relacionadas com a confidencialidade. Sem contato visual, é mais difícil ter certeza de com quem se está falando. Se você der informações para alguém que pensa ser o cônjuge, mas na verdade é o patrão, pode prejudicar a carreira do paciente e a sua própria reputação.

Visitas em casa

Embora as visitas em casa, em geral, tiveram o mesmo destino da terapia de coma insulínico, ainda podem ser uma ferramenta útil para o clínico que deseja obter o máximo de informações sobre todos os aspectos do ambiente em que vive o paciente. Você pode ter uma ideia do ambiente (tipo de moradia, bairro) *e* da família, que, quando relaxada em casa, pode agir de forma mais "normal".

16

ENCONTRANDO RESISTÊNCIA

Na maioria das entrevistas, dois indivíduos trabalham em conjunto para chegar a uma compreensão comum. A vasta maioria dos pacientes coopera, tem informações para contar e (até um certo grau) demonstra ter *insight*. Porém, todos os pacientes têm suas agendas próprias e, às vezes, elas entram em conflito com os objetivos usuais da entrevista inicial. É por isso que muitos pacientes, de algum modo, resistem a dar informações completas. O resultado pode ser comportamentos que frustrem sua tentativa de obter um banco de dados completo enquanto constrói o *rapport*.

A *resistência* é qualquer tentativa consciente ou inconsciente de evitar um tópico de discussão. Como quase todos se sentem desconfortáveis com um ou outro tema, a resistência talvez seja o comportamento problemático mais frequente que os clínicos enfrentam. Por diversas razões, é importante abordar a resistência quando surge, e não apenas avançar sem tentar determinar (e remediar) as suas causas.

RECONHECENDO A RESISTÊNCIA

Para combater a resistência, você deve antes reconhecê-la. Às vezes, isso é fácil, especialmente se vier na forma de uma declaração óbvia como "eu prefiro não falar disso". Porém, muitos pacientes se sentem desconfortáveis com desafios abertos e podem resistir a você de maneiras tão sutis que, talvez, seja difícil detectá-las. Observe qualquer um dos seguintes comportamentos que podem indicar que a sua entrevista pode estar correndo risco:

- *Atraso*. Atrasar-se para a entrevista é um sinal clássico de resistência. Talvez seja menos comum durante a entrevista inicial do que durante as subsequentes.
- *Comportamentos voluntários*. Pouco contato visual, olhares para o relógio, atender o celular ou remexer-se enquanto sentado são comportamentos que sugerem que o paciente pode se sentir desconfortável com o tópico em discussão.
- *Comportamentos involuntários*. Rubor, bocejar ou engolir também são coisas que implicam desconforto. O olhar vazio de um paciente com TEPT que está tendo um *flashback* fica em algum lugar entre o comportamento voluntário e o involuntário.
- *Esquecimento*. Alguns pacientes desenvolvem uma "conveniente" memória fraca e respondem certas questões com "não sei" ou "não me lembro".
- *Omissões*. O paciente deixa certas informações de fora. A menos que se consultem informantes confiáveis, mesmo clínicos experientes consideram esse tipo de resistência difícil de detectar. "Não tenho nenhum problema" pode ser uma tentativa clara de enterrar questões que deveriam ser exumadas.

- *Contradições.* Informações que contradizem o que você achava que havia descoberto antes são fáceis de identificar, mas podem ser difíceis de conciliar.
- *Mudar o assunto.* Mudar a conversa para outro assunto pode ser uma tentativa de afastar você do tema que o paciente gostaria de evitar. Por exemplo, você pergunta ao paciente como ele se sente sobre seu divórcio iminente e ele responde que o advogado da mulher o está comendo vivo.
- *Exageros.* Exagerar suas próprias realizações é uma maneira pela qual certas pessoas evitam enfrentar a verdade sobre si mesmas. Talvez você não possa detectar um exagero individual, mas, com o tempo, pode começar a discernir um padrão de queixas improváveis.
- *Táticas diversivas.* Incluem contar piadas, pedir uma bebida ou pedir para usar o banheiro. Alguns pacientes podem tentar controlar a entrevista perguntando sobre a vida pessoal do entrevistador.
- *Silêncio.* Pode ser um importante indicador de resistência. Não deve ser confundido com o tempo que certos pacientes precisam para pensar antes de responder uma questão complicada.
- *Uma leve hesitação.* A mais sutil de todas pode ser uma leve hesitação antes de responder certas perguntas.

POR QUE OS PACIENTES RESISTEM?

Os pacientes podem relutar em contar a história toda para o clínico por uma variedade de razões. Entender essas razões pode trazer a chave para romper a resistência.

- Prevenir um possível embaraço provavelmente seja uma das razões mais comuns, que pode ocorrer especialmente durante a entrevista inicial. Isso certamente é compreensível: abrir a sua alma para um completo estranho é a antítese antinatural da autoproteção. Para certas pessoas, é especialmente difícil revelar material delicado sobre sexo, atividades ilegais e comportamento que demonstra falta de julgamento.
- Alguns pacientes (ou suas famílias) temem críticas ou preocupam-se com o fato de que você possa se chocar com suas histórias. Eles aprenderam a evitar a desaprovação simplesmente não correndo riscos: mantêm para si mesmos qualquer material que considerem digno de culpa.
- Alguns pacientes podem reter informações porque têm medo de suas implicações para diagnóstico, prognóstico e tratamento. O estigma da doença mental – talvez ser considerado "louco" – é um exemplo.
- Seu novo paciente pode não sentir confiança suficiente para se comunicar plenamente com você, especialmente sobre pensamentos ou comportamentos que possam prejudicar um relacionamento íntimo ou colocar um emprego ou uma situação legal em perigo. Infelizmente, uma experiência prévia pode ter instigado o medo de que um profissional da saúde mental possa violar a confidencialidade.
- O paciente pode procurar, de maneira altruísta, proteger um amigo ou um ente querido de qualquer uma das consequências mencionadas anteriormente.

- Alguns incidentes ou pensamentos podem parecer triviais demais para serem relatados.
- O paciente pode estar inconscientemente testando você para ver se você é suficientemente esperto ou persistente (se você se importa o suficiente) para desenterrar as informações que estão sendo ocultadas.
- Os pacientes podem reter informações por raiva – consciente ou inconsciente – que pode ter diversas causas. Você pode ter dito algo incômodo involuntariamente ou o paciente pode estar revivendo com você sentimentos que teve em relação a alguém no passado – um comportamento chamado *transferência*. A transferência não se limita apenas a sentimentos de raiva.

Seja qual for a causa, você não deve permitir que a resistência persista sem ser explorada ou desafiada. Você deve tentar determinar a causa e remediá-la. Pode ser um erro sério evitar tópicos importantes ou apenas seguir o paciente passivamente.

COMO LIDAR COM A RESISTÊNCIA

Antes de tudo, é mais importante que você tente entender (e corrigir, se puder) as razões por trás do comportamento. O primeiro passo deve ser considerar se você fez alguma coisa para provocar a resistência. Talvez haja algo óbvio que você possa trabalhar diretamente.

Entrevistador: Observei que você parece ter ficado quieta de repente. Qual é o problema?
Paciente: Não sei.
Entrevistador: Imagino se você está incomodada por eu ter dito que queria falar com o seu marido.
Paciente: (*pausa longa*) Bem, não consigo entender por que você quer isso.
Entrevistador: Pode me dizer do que tem medo?
Paciente: Ele não entenderia aquele caso que eu lhe contei. Ele é um pouco bitolado.
Entrevistador: Ah, agora entendi por que você não gostou. Acho que ninguém gostaria, caso se preocupasse que seu terapeuta pudesse quebrar a confiança dessa forma. Mas não era isso que eu tinha em mente. A razão por que quero falar com ele é para saber como ele enxerga os problemas conjugais que vocês estão tendo. Acho que me ajudaria a entender melhor o quadro todo melhor. Você acha que poderia pedir para ele vir junto na próxima consulta?

A explicação do clínico diz três coisas à paciente:

1. que o clínico a entende;
2. que ela tem direito aos seus sentimentos;
3. que seus temores são infundados.

Finalmente, sugere que eles continuem com o plano.

Todavia, com bastante frequência, você não conseguirá identificar nada específico que possa ser corrigido rapidamente. Então, a abordagem a usar dependerá de diversos aspectos da resistência.

- A causa
- A gravidade

- A forma
- A importância das informações que você está procurando

Lidando com o silêncio

Um exemplo comum de resistência leve é o silêncio por embaraço. Você pode encontrar essa reação a perguntas sobre sexo (ver o Capítulo 9), mas pode ocorrer em quase qualquer situação de entrevista. Sua melhor reação pode ser fazer um pouco de silêncio também. Você pode tentar desviar o olhar por alguns segundos para enfatizar a sua disposição de esperar. Não dizendo nada por alguns momentos, você dá ao paciente um tempo extra para pensar. (Talvez fosse isso o que o silêncio significasse mesmo, mas, se for resistência inicial, você permite que o paciente tente resolver o conflito.)

Todavia, uma falta de resposta prolongada pode estabelecer um precedente para reter informações mais adiante na entrevista, e isso não é do interesse do paciente. Se um intervalo razoável (não mais de 15 segundos) não conseguir gerar nenhuma resposta, você provavelmente deverá intervir.

Durante o breve silêncio, os pensamentos do paciente podem ter divagado, de modo que seu próximo passo é voltar o foco à questão, perguntando novamente de um modo levemente diferente. Eis um exemplo rápido:

Entrevistador: Como tem sido sua adaptação sexual?
Paciente: (*Olha para o chão em silêncio por 15 ou 20 segundos.*)
Entrevistador: Eu estava pensando se há algum problema com sua vida sexual.

Se a questão parece importante (a incapacidade do paciente de responder sugere que pode ser), você provavelmente deve continuar. Comece dando ao paciente controle sobre o que foi dito e tranquilizando-o.

Entrevistador: Conte-me aquilo que você se sentir confortável em falar em relação à sua vida sexual.
Paciente: Isso é muito difícil para mim.
Entrevistador: Tudo bem. É seguro falar aqui.

Outra tática combina diversas abordagens. Você pode falar algo como:

– "Muitas pessoas têm dificuldade com questões delicadas como essa. Sinto ter de fazê-la passar por isso, mas, para ajudar, preciso de todas as informações que puder obter. Por favor, tente me ajudar."

Nessa pequena fala, você:

1. expressa simpatia;
2. enfatiza a normalidade dos sentimentos do paciente;
3. reenfatiza a importância de obter um banco de dados completo;
4. faz um apelo pessoal.

Outra abordagem é tentar nomear as emoções que o paciente possa estar tendo. Se você fizer isso corretamente, potencializará sua imagem como um entrevistador empático e perceptivo, a quem se pode confiar segredos. Você aumentará suas chances de sucesso se nomear várias emoções possíveis, como no seguinte exemplo:

– "Posso ver que você está tendo um problema sério com essa questão. Às vezes, as pessoas têm dificuldade com perguntas por se sentirem envergonhados. Ou às vezes é ansiedade e, até mesmo, medo. Você está sentindo algum desses sentimentos agora?"

Embora você agora tenha perguntado algo diferente da questão original, as duas estão relacionadas. O paciente talvez consiga responder mais facilmente à segunda.

Você deve reforçar em seu paciente o hábito de responder, e mesmo um movimento com a cabeça é melhor do que nada. Mesmo um dar de ombros ou franzir das sobrancelhas pode ser transformado em uma renovação da fala.

Entrevistador: Você deve estar se sentindo bastante incomodada com isso. Estou certo?
Paciente: (*Responde que sim com a cabeça.*)
Entrevistador: Acho que talvez nós devamos ir adiante e falar sobre a sua educação. Parece uma boa ideia?
Paciente: (*Responde que sim com a cabeça.*)
Entrevistador: Tem alguma coisa que você queira falar?
Paciente: Sim... acho que sim.
Entrevistador: Que o outro tema é bastante importante, mas esta certamente não é a hora de falar sobre ele. Podemos voltar mais adiante.

Protelar a discussão de material difícil, como no exemplo apresentado, talvez seja um dos métodos mais usados para lidar com resistência de moderada a grave. A técnica sacrifica informações, em nome do *rapport* e da integridade da entrevista, de modo que você deve usá-la com parcimônia. É importante que o paciente entenda que a questão não foi fechada, apenas postergada.

Uma resposta de "não sei" não traz mais informações do que o silêncio total. Se repetida com frequência, pode fazer a entrevista travar. Ocasionalmente, você pode conseguir tirar o paciente dessa rua sem saída, respondendo:

— "Bem, o que você *pensa* a respeito?"

Infelizmente, isso muitas vezes evoca apenas o óbvio (e irritante) complemento "não sei".

Se você não está obtendo muita informação, não correrá um risco maior forçando uma confrontação rara. Você pode obter algumas pistas da razão para a resistência. Neste exemplo, a paciente confrontada é Julie, uma garota de 16 anos:

Entrevistador: (*Inclina-se para a frente e sorri.*) Várias vezes, quando você disse "não sei", foi para questões para as quais eu acho que você sabe a resposta. O que acha que aconteceria se não reprimisse?
Julie: Não sei.
Entrevistador: Muitas garotas não gostam de falar porque estão incomodadas com alguma coisa. Você está incomodada?
Julie: Talvez.
Entrevistador: (*Sorri.*) Talvez a gente devesse tentar entender isso. O que você sentiu agora há pouco?
Julie: A burra da minha mãe me fez vir aqui. (*Pausa.*)
Entrevistador: Então a ideia de vir foi da sua mãe?

Esse exemplo demonstra confrontação e identificação de sentimentos, os quais já mencionamos. Também sugere várias outras técnicas que podem ajudar a romper a resistência:

- Concentre-se em descrever os sintomas. Por enquanto, não se preocupe com o que podem significar.
- Mude de fatos para sentimentos. A resistência geralmente tem uma base emocional. Esse entrevistador reconheceu que os sentimentos tinham de ser explorados antes de continuar levantando a história.
- Enfatize o normal. Os pacientes às vezes concluem que devem ser bastante bizarros por estarem sob os cuidados de um clínico da saúde mental. Julie pode ter se sentido melhor, uma vez que entendeu que o entrevistador já havia visto esse comportamento antes e não achava estranho.
- Rejeite o comportamento, mas aceite a pessoa. Inclinando-se para a frente e usando palavras e tom de voz afetuosos, o entrevistador indicou claramente (1) uma aceitação incondicional do paciente como pessoa e (2) a necessidade de uma resposta diferente.
- Use incentivos verbais e não verbais. Depois que o paciente começa a falar, o entrevistador incentivou novos esforços com um sorriso e com uma sugestão que tirou dela um "talvez". Elogie o paciente por responder. Outros incentivos (movimentos com a cabeça, paráfrases) foram discutidos no Capítulo 4.
- Concentre-se nos interesses do paciente. Assim que ficou claro que a paciente estava brava por ser forçada a vir para a entrevista, o entrevistador mudou o foco para o relacionamento com a mãe. Em seguida, a sessão se tornou muito mais produtiva.
- Outra técnica é procurar um modelo menos emotivo para o comportamento ou para os sentimentos em questão, e discutir o modelo. Muitas vezes, isso pode ser um episódio semelhante que aconteceu com o paciente há bastante tempo, mas também pode ser um que tenha afetado um amigo ou familiar. Eis como funciona o processo:

Entrevistador: Você alguma vez se sentiu tão mal que pensou em se machucar?

Paciente: Eu – não sei dizer.

Entrevistador: É um assunto bastante incômodo, não é?

Paciente: (*Faz que sim com a cabeça.*)

Entrevistador: Você não disse que tentou cometer suicídio alguns anos atrás?

Paciente: Sim (*Pausa longa*).

Entrevistador: O que aconteceu na época?

Paciente: Tomei uma overdose com os remédios que minha mulher toma para o coração. Mas vomitei tudo.

Entrevistador: Você devia estar se sentindo bastante desesperado.

Paciente: (*Faz que sim com a cabeça.*)

Entrevistador: Você está se sentindo assim agora?

> *Paciente*: Acho que sim. Mas não quero falar disso. Assusta a minha mulher.

Com variações, essa técnica às vezes pode levar a uma discussão produtiva, depois que uma abordagem mais direta tiver falhado. Porém, se o único resultado for mais resistência, você provavelmente deve mudar totalmente de assunto – desde que o adiamento não crie um perigo possível para o paciente.

Às vezes, os pacientes usam espontaneamente essa técnica de mudar para um modelo menos emotivo. Quando isso acontecer, siga o último exemplo, e pergunte:

– "Você consegue enxergar alguma conexão entre o que aconteceu naquela época e a maneira como tem agido recentemente?"

A maioria dos pacientes compreende o que você quer dizer. Para os que não perceberem, você mesmo pode fazer delicadamente a comparação.

Atraso

Com apenas uma entrevista, você não saberá se o atraso é um problema crônico. Se o paciente se atrasar para a primeira entrevista, e se você tiver o próximo horário disponível, não seria inadequado fazer sua avaliação até o fim. Se não tiver, sua melhor opção é dizer: "vamos usar o tempo que temos da melhor maneira", e começar a trabalhar imediatamente.

Porém, o paciente que sempre se atrasa para as consultas é muitas vezes a ruína da prática em saúde mental. Se acontecer apenas uma ou duas vezes, você talvez possa ignorar. Algumas pessoas estão habituadas a se atrasar sempre, mas não é especialmente produtivo aceitar isso como razão. O atraso crônico atrapalha mais do que apenas o tratamento da saúde mental. Não recomendo dar tempo adicional a alguém que sempre se atrasa – isso passa a mensagem de que não tem problema em não cumprir suas obrigações pessoais, e é injusto com o paciente que tem o próximo horário. Esse é um comportamento que você terá de encarar como resistência.

Em primeiro lugar, certifique-se de que o paciente não pensa que você está ofendido. E não deve estar: não tem nada a ver com você, mas com o problema do paciente (talvez exatamente o mesmo que o levou ao tratamento). Em vez disso, suas palavras e seu comportamento devem dizer: "estou preocupado porque você não está recebendo a ajuda de que precisa". Convide o paciente a explorar com você as possíveis razões – "o que você teme que possa surgir durante a nossa sessão?" – mas depois concentre seus esforços em corrigir o comportamento. "O que você acha que pode ajudá-lo a chegar aqui na hora?" Provavelmente, você se encontrará discutindo o uso de despertadores, lembretes e, hoje em dia, o paciente pode receber avisos de vários serviços pela Internet.

Técnicas especiais

Várias outras técnicas de entrevista são usadas para combater a resistência. Na maior parte, essas estratégias se aplicam a situações específicas ou a determinados tipos de pacientes. Os entrevistadores novatos raramente usam essas técnicas especializadas.

- Ofereça uma desculpa para informações desfavoráveis. Ajudando com razões plausíveis, você pode incentivar o paciente a ser franco em relação a problemas embaraçosos ou perturbadores.

Entrevistador: Quanto a você tem bebido ultimamente?
Paciente: Não muito. Não faço a conta.
Entrevistador: Com todo esse estresse pela morte do seu marido, achei que você teria começado a beber bastante de novo, como o que aconteceu há alguns anos, quando a sua mãe morreu.
Paciente: É verdade. Tenho estado tão cansada. Se não tomasse três ou quatro duplos todas as noites, não conseguiria dormir nada.

- Exagere as consequências negativas que *não* aconteceram. Enfatizando os piores resultados possíveis de um comportamento, você diminui a ansiedade do paciente sobre o que realmente aconteceu.

Entrevistador: Durante aquela briga, você realmente machucou a sua esposa?
Paciente: Bem... (*silêncio*)
Entrevistador: Bem, você a matou?
Paciente: Não, só dei uns chutes nela.

- Induza o paciente a se gabar. Às vezes, o paciente retém informações sobre uma façanha, mas parece se orgulhar secretamente dela.

Alguns entrevistadores tentam incentivar a franqueza, demonstrando sutilmente uma admiração implícita por algum aspecto do comportamento em questão.

Entrevistador: Quanto você bebia naquela época?
Paciente: Nossa, é difícil dizer.
Entrevistador: Você é um homem grande. Parece que consegue dar conta de muita coisa.
Paciente: Eu derrubava algumas nos meus dias.
Entrevistador: Garanto que conseguia beber todas escondido!
Paciente: É, acho que ganhei vários torneios de empinar o copo.

Essa técnica pode construir o *rapport*, enquanto obtém informações. Embora provavelmente seja bastante inócua quando aplicada ao uso de substâncias, preocupo-me que possa transmitir uma mensagem de aprovação para um paciente com transtorno de personalidade cujas atividades envolvam conduta sexual inadequada, brigas ou comportamento criminoso. Se você chegar a usar essa técnica, tome cuidado para não desculpar ou incentivar o comportamento em si.

PREVENÇÃO

Como com qualquer outro problema, nenhum remédio para a resistência é tão satisfatório quanto preveni-la antes de mais nada. As estratégias seguintes devem ajudar a evitar o uso das técnicas mais tortuosas que discutimos.

- Se puder obter informações sobre o caráter ou o estilo de interagir do paciente antes de começar a entrevista, você pode ser capaz de modificar a sua abordagem em tópicos difíceis. Os recursos possíveis são informações verbais de clínicos e registros de hospitalizações anteriores.
- Às vezes, você pode ver claramente que o paciente reluta em falar. Uma carranca, um suspiro ou um olhar desviado podem dar essa dica, mesmo antes de você começar a falar. Se for o caso, talvez seja o momento para quebrar a regra do Capítulo 1 e começar com um papo trivial. Alguns momentos de conversa sobre algo que ambos compartilhem (clima ou interesses esportivos) podem ajudar a identificar você como "amigo" e reduzir o antagonismo do paciente. O propósito da conversa trivial – aquecer para uma conversa produtiva com um paciente potencialmente difícil – sugere duas advertências:
    1. Política e religião jamais são temas "triviais"; evite-os como evitaria uma agulha contaminada.
    2. Para qualquer tema, evite assumir uma posição que possa ser considerada forte ou controversa. Isso poderia jogá-lo em um confronto, da qual sua entrevista, já difícil, não precisa.
- Monitore cuidadosamente as suas reações às informações que obtiver. Se a sua fala ou a sua expressão facial indicar surpresa ou desaprovação, você pode prejudicar seriamente o *rapport* e limitar a quantidade e a qualidade das informações.
- Responda às perguntas da forma mais honesta e completa que puder. Essa é a abordagem óbvia a usar com qualquer paciente, mas discussões abertas e cuidadosas das suas intenções e os possíveis benefícios da cooperação podem ajudar especialmente a reduzir a desconfiança de alguém que seja paranoide ou mesmo psicótico.
- Individualize a técnica para obter a história. Alguns pacientes simplesmente não têm pressa. Eles não são psicóticos ou demenciados, simplesmente precisam contar suas histórias à sua maneira. Quando você encontrar um paciente assim, pode esquecer o horário, relaxar e desfrutar do passeio. Você terá a história – um pouco de cada vez – e preservará o *rapport*.
- Prefacie as questões do exame do estado mental relacionadas a delírios, alucinações e orientação com o comentário de que essas "perguntas de rotina" fazem parte da sua avaliação detalhada normal. Isso deve ajudar a desfazer qualquer preocupação ou suspeita sobre o paciente ser mentalmente lento ou psicótico.
- Se encontrar material psicótico, como delírios ou alucinações, não discuta. Você não vai ganhar pontos refutando o que o paciente "sabe" ser verdade. Porém, não concorde com algo que você sabe ser falso: não se deseja reforçar a psicose. Pelo contrário, pergunte há quanto tempo o paciente se sente assim, ou enfatize a sua preocupação pelo desconforto. Por exemplo, o paciente pode ter medo do conteúdo da alucinação.

SUA POSTURA

Conforme mencionado antes, com todos os pacientes, é importante entender os seus próprios sentimentos. Se estiver se sentindo entediado, bravo ou irritado, pergunte a si mesmo: "por quê?". Existe algo nesse paciente que lembre um supervisor, seus pais, ou cônjuge? (Quando os sentimentos dos terapeutas para com os pacientes transbordam de seus relacionamentos pessoais, isso se chama *contratransferência*.) Talvez existam aspectos na personalidade desse paciente que lembrem alguns dos seus próprios traços menos admiráveis. Você sente ansiedade em relação a sua saúde, seu casamento ou sua família? Esses sentimentos são ubíquos, e mesmo os terapeutas experientes devem tomar cuidado para que isso não interfira em seu relacionamento com os pacientes.

Um paciente que não coopera ou que é difícil em outros sentidos representa um desafio especial. Como um profissional, você não deve deixar que sarcasmo, raiva ou um comportamento passivo-agressivo, precipitem uma explosão em você. Esse afeto negativo, especialmente quando ocorre no começo da relação, pode colocar a entrevista em perigo e prejudicar seriamente o *rapport*. Se você estiver se sentindo desconfortável durante a entrevista, pergunte a si mesmo:

- "Por que estou me sentindo tão incomodado?"
- "O que não estou entendendo?"
- "De quem o paciente me lembra?"

As respostas a essas perguntas devem ajudar a determinar a ação corretiva a tomar.

17

PACIENTES COM COMPORTAMENTOS E PROBLEMAS ESPECÍFICOS OU DESAFIADORES

Todos os pacientes são especiais, e cada um é singular. Porém, os comportamentos de alguns podem ser especialmente difíceis: podem ser vagos, hostis, insinceros, confusos e até violentos. E algumas outras características, além dos comportamentos, também podem exigir atenção especial. Esses comportamentos e problemas nos trazem a oportunidade de usar nossas habilidades de acomodação e da persuasão, e de praticar as virtudes da paciência e da tolerância.

FALTA DE CLAREZA

Em vez de informações, o paciente pode dar apenas palavras vazias. Eis alguns exemplos:

A queixa principal sem foco. Diversas preocupações podem ser citadas, mas nenhuma delas parece ser uma razão adequada para procurar tratamento.

Generalizações excessivas. Um episódio único da doença pode ser tratado como típico, quando não é. Um exemplo de comportamento de um amigo é rotulado como "usual". As palavras *sempre* e *nunca* podem indicar generalização exagerada.

Respostas aproximadas. Muitas vezes, isso significa que o paciente fala adjetivos quando o que você quer são números.

Entrevistador: Há quanto tempo você bebe?
Paciente: Muito tempo.
Entrevistador: Você pode me dar uma ideia de quanto tempo?
Paciente: Bem, já faz um bocado.

Às vezes, o paciente simplesmente parece não usar descritores precisos.

Entrevistador: Como você se sentiu quando a sua enteada chegou para essa longa visita?
Paciente: Muito mal.
Entrevistador: Pode descrever seus sentimentos?
Paciente: Me senti horrível.

Lidando com a vaguidade

Antes de mais nada, tente determinar por que o paciente está sendo vago. Às vezes, pode ser função de um determinado transtorno mental: a fala vaga é característica de pacientes que apresentam retardo mental, psicose ou transtornos de personalidade. Você também pode encontrá-la em quase qualquer pessoa que não esteja acostumada a pensar em termos precisos. Talvez essa seja a primeira vez que o paciente tenta expressar sentimentos perturbadores, também pode, entretanto, indicar resistência à entrevista – será que a pessoa tem algo a esconder?

Como se pode imaginar, não seria produtivo acusar o paciente de ser "obscuro" Se você precisa rotular o comportamento, experimente "generalização".

Você pode pedir "ajude-me a entender", e também pode lidar com a falta de clareza proporcionando estrutura: indique claramente o tipo de resposta ou o grau de precisão que espera.

Entrevistador: Quanto tempo você passou na penitenciária?
Paciente: Ah, bastante tempo.
Entrevistador: Quanto tempo foi, em meses ou anos?

Para o paciente que persiste em usar descrições gerais, como *terrível*, você pode responder:

- "Qual é a sua interpretação de *terrível*?"
- "Pode me dar um exemplo do que quer dizer com *terrível*?"

Talvez você precise fazer perguntas específicas para alguns pacientes, possivelmente com base nas áreas de interesse clínico (ver Capítulo 13) ou naquilo que sabe sobre certos transtornos mentais.

Entrevistador: O que você quer dizer com *terrível*?
Paciente: Não sei. Apenas me sinto mal.
Entrevistador: Pode me dar um exemplo?
Paciente: (*Pausa*) Me sinto realmente horrível.
Entrevistador: Bem, você fica deprimido?
Paciente: Às vezes.
Entrevistador: Sente ansiedade?
Paciente: Sim, é isso! Fico batendo como um relógio!

Seja qual for a técnica que você usar, depois que tiver esclarecido o que o paciente quer dizer, resuma o que entendeu:

- "Então você disse que se sentiu 'terrível' quando sua enteada chegou para uma visita; ficou um pouco deprimido, mas, principalmente, sentiu uma sensação de ansiedade paralisante."

Pode ser necessário um pouco de ajuda para ensinar o hábito da precisão a pacientes que preferem respostas aproximadas. Você talvez acabe recorrendo a questões de múltipla escolha. No começo da entrevista, o paciente disperso e incoerente pode exigir que você faça perguntas com foco e que necessitem de respostas curtas. Se a vaguidade persistir, apesar dos seus melhores esforços, suspeite de alguma fonte de ansiedade subjacente. Para explorar as razões para essa resistência, você pode arriscar uma confrontação. Experimente:

- "Para ajudá-lo, realmente preciso de uma resposta mais definitiva. Existe alguma razão para a sua dificuldade em responder minhas perguntas?"

Incapacidade de generalizar

Um problema relacionado com a vaguidade é que alguns pacientes não conseguem generalizar suas experiências. Quando se pede para darem uma visão ampla, eles respondem com exemplos específicos e pequenas histórias.

Você pode tentar lidar com isso redefinindo o que está procurando. O uso de palavras como *comum*, *seguidamente* e *geralmente* pode ajudar a mostrar ao paciente o que você deseja.

Entrevistador: Você tem muita dificuldade para lidar com a raiva?
Paciente: Semana passada, fiquei realmente bravo com minha sogra, tive um ataque.

Entrevistador: É isto que eu gostaria de saber: isso é muito comum para você?

Se o paciente não conseguir generalizar, você talvez deva ficar com os exemplos e tirar uma generalização a partir deles. Depois, sintetize tudo em voz alta para se certificar de que entendeu.

MENTIRA

Como parte do contrato terapêutico, o paciente concorda em dizer a verdade. No começo da relação terapêutica com qualquer paciente, você deve pressupor que isso acontecerá. Infelizmente, por uma variedade de razões, nem sempre é dessa forma.

Os pacientes podem mentir quando sentem medo, vergonha ou raiva. Até certo ponto, essas emoções provavelmente se apliquem à maioria das pessoas que procuram a ajuda de profissionais da saúde mental. Outros pacientes podem mentir para obter ganhos sociais: para conseguir ou manter um emprego, para evitar uma punição ou para se sentir mais respeitado. Aqueles que mentem habitualmente sem uma causa discernível, popularmente chamados de "mentirosos patológicos", provavelmente constituam uma pequena minoria.

Uma variedade de pistas pode advertir que o paciente talvez não esteja contando a verdade:

- A história não condiz com o curso conhecido do transtorno da qual você suspeita. Por exemplo, o paciente nega ter sido hospitalizado, apesar de uma longa história de sintomas maníacos graves.
- Você pergunta por comportamentos que fariam a maioria das pessoas se sentir envergonhada ou culpada. Exemplos comuns são uso de drogas, problemas sexuais, comportamento suicida e violência – que podem proporcionar um estímulo para turvar a verdade.
- O paciente conta uma história que não tem consistência interna. Por exemplo, alguém que nunca passou da oitava série ter trabalhado em posições executivas de alto nível.
- Você observa alguns dos comportamentos que são associados a mentir, podendo incluir demora em responder para selecionar a impressão, que quer passar, rubor, inquietação motora, fala rápida, tom elevado de voz, olhar inconstante sem contato visual, bocejar, gaguejar, suar e hiperventilar. Como qualquer um desses comportamentos pode ter outras causas, você não deve se precipitar em conclusões. Em vez disso, tente confirmar suas suspeitas com informações de outras fontes.
- Você suspeita de um transtorno de personalidade grave. Uma história de delinquência na infância, progredindo para criminalidade adulta, deve trazer suspeitas de transtorno de personalidade antissocial. Esses pacientes muitas vezes apresentam pouca preocupação com a verdade.
- Apesar de oportunidades amplas e de justificativas objetivas, seu paciente nega qualquer atributo pessoal negativo. Por exemplo:

Uma amargurada mulher de 40 anos, pós-graduada, encontra-se perdida em uma posição de secretária. Sua vida aparentemente nunca teve amor e amizade. Porém, quando você pergunta o que ela gostaria de mudar em si mesma se pudesse começar tudo de novo, ela responde: "nada".

- O paciente parece exagerar as realizações da sua vida.

Lidando com a mentira

Do mesmo modo que se procede com outras formas de comportamento problemático, lidar com a suspeita de mentira exige tato bastante delicado. Você precisa de informações corretas para fazer o diagnóstico, mas o confronto aberto traz o risco de uma ruptura precoce no relacionamento. (Em uma terapia que já está em andamento, você deve lidar com a necessidade de confiança no relacionamento. Embora o tratamento não seja o objetivo principal da entrevista inicial, você também não quer dizer nada que o impeça de trabalhar de forma construtiva mais adiante.)

Antes de decidir por uma linha de ação, é importante pedir uma reafirmação do que o paciente acaba de dizer:

– "Pode repetir isso?"

Talvez você não tenha entendido bem, talvez o paciente não tenha falado claramente, mas outros detalhes podem esclarecer o problema. Outra abordagem óbvia é ignorar a mentira e procurar a verdade em outra parte – em registros ou com informantes, por exemplo. Você pode chegar à verdade montando uma história detalhada, ano após ano, do trabalho, da educação e das atividades sociais. Embora isso leve tempo, o trabalho de detetive para obter a história da vida sempre é interessante e gratificante.

Se você concluir que uma confrontação sobre a questão das informações incorretas é justificada, formule suas questões de um modo que evite fazer acusações. Coloque-as em termos de resolver um mal-entendido ou esclarecer a sua confusão:

– "Tem uma coisa que me deixa confuso. Você disse que não havia tido nenhum problema com a bebida, mas o seu prontuário menciona duas visitas à emergência no ano passado por intoxicação. Você poderia me ajudar nisso?"

A alguém cuja resposta indica disposição para brigar ("você está me chamando de mentiroso?"), você pode responder que seu problema não é com o paciente, mas com a história:

– "Ajude-me a entender algumas das contradições."

Uma abordagem semelhante – um pedido gentil para ajudar a entender – pode ajudar a lidar com comportamentos que exageram e minimizam sintomas.

HOSTILIDADE

De todos os comportamentos problemáticos, a hostilidade – raiva direcionada a uma pessoa – costuma ser o mais fácil de identificar. Os sentimentos do paciente são mostrados claramente por meio de um olhar zangado, um punho fechado, um tom de voz irritado, ou pela fala com conteúdo sarcástico. Mesmo os pacientes que sorriem resolutamente apesar de sentirem emoções negativas podem trair esses sentimentos subjacentes com um maxilar rígido ou tensão na voz. Sejam quais forem suas manifestações, a hostilidade deve ser trabalhada de forma imediata e efetiva. Menos que isso colocaria toda a entrevista em perigo.

As causas possíveis da hostilidade são numerosas. Eis algumas, que já foram mencionadas como causas de outros problemas de comportamento:

- *Medo da doença.* Esses pacientes rejeitam a noção de que estão

doentes rejeitando a necessidade de um cuidador.
- *Emoção deslocada.* Talvez não seja você ou a situação atual, mas um patrão, um cônjuge ou um profissional da saúde mental anterior que esteja por trás da hostilidade. Você se torna o alvo inocente da transferência negativa.
- *Medo da intimidade.* Essa razão pode ser especialmente relevante em uma entrevista de saúde mental, na qual a hostilidade pode servir para "proteger" o paciente de fazer revelações indesejadas.
- *Medo da dependência.* Alguns pacientes não gostam de ter de procurar ajuda para nenhum problema. Para eles, a hostilidade pode ser um mecanismo para manter uma distância segura de pessoas que exercem poder. Talvez isso venha de experiências anteriores de ser socialmente "inferior".
- *Hábito.* Seja qual for a causa inicial, certas pessoas se tornam habitualmente agressivas e hostis em suas interações sociais. Elas podem ter aprendido isso como um meio de manter o controle sobre os outros.
- *Falta visível de empatia no entrevistador.* Além dessas causas "centradas no paciente", considere o efeito de um entrevistador que parece não se envolver ou interessar. A maioria dos pacientes psiquiátricos já carrega um fardo considerável de emoções negativas. Se também tiverem de lidar com alguém que deveria agir terapeuticamente, mas que não parece empático, a reação natural pode ser de mais hostilidade.

As emoções negativas geralmente fazem seus portadores se sentirem desconfortáveis, e a hostilidade também faz amigos e conhecidos se sentirem assim. Como esse desconforto reativo também se aplica a entrevistadores em saúde mental, seu primeiro impulso pode ser mudar rapidamente de assunto. Essa estratégia pode funcionar se o problema for raiva ou ressentimento causado pela sua linha de questionamento. Porém, a hostilidade verdadeira tende a ser mais generalizada que a raiva, e é improvável que você consiga lidar com ela ignorando a sua presença.

Lidando com a hostilidade

Qualquer evidência de hostilidade adverte que, antes de continuar, você deve confrontar os sentimentos do paciente. Para continuar efetivamente a sua entrevista, você deve tornar sua confrontação inofensiva e imparcial. Eis como você pode fazer isso:

Entrevistador: O que lhe trouxe aqui?
Paciente: [um homem alto e corpulento, de 28 anos]: Por que me trouxeram aqui, você quer dizer. E por que eu deveria lhe contar? Você já é a terceira pessoa com quem eu falo hoje de tarde!
Entrevistador: Garanto que você está ficando cansado de falar disso. Não lhe culpo.
Paciente: Você não me culpa, só me incomoda.
Entrevistador: Não quero lhe incomodar. Vejo que qualquer pessoa que esteja incomodada como você deve ter muita coisa em mente.
Paciente: Acertou.
Entrevistador: O que é? Deve ser muito ruim ficar irritado desse jeito.

Paciente: Isso mesmo, acertou. (*Pausa.*) Minha esposa me deixou.

Embora as palavras de raiva do paciente tenham sido direcionadas ao entrevistador, a razão subjacente para a hostilidade era muito mais pessoal. Ao desculpar o comportamento e empatizar com os sentimentos, o entrevistador pode tomar o lado do paciente e avançar até o cerne de sua hostilidade. Responder ao medo por trás da hostilidade normalmente é uma excelente forma de combater a hostilidade. Observe como o entrevistador também afastou o paciente de qualquer injúria e levou-o a falar, solicitando detalhes.

Outras reações do entrevistador provavelmente teriam produzido mais sentimentos negativos:

- "Olhe, só estou tentando ajudá--lo." (Culpa)
- "Se você não falar disso, nunca conseguiremos superar." (Ansiedade)
- "Não grite comigo! Não fiz nada contra você." (Mais hostilidade)

A última resposta levanta uma questão que às vezes esquecemos. A hostilidade é contagiosa e, se você não prestar atenção, ela pode infectá-lo. Por mais natural que possa parecer em certas circunstâncias, um comentário mordaz pode arruinar a sua entrevista – talvez o que o paciente vinha tentando provocar o tempo todo. Talvez ajude a manter a compostura se você lembrar que conhece o paciente há pouco tempo para ter provocado qualquer animosidade pessoal. Qualquer ataque verbal, portanto, deve ser produto dos problemas do paciente.

Se você está falando com um paciente voluntário que deseja ir embora, é possível que nunca complete a entrevista. Porém, se o paciente é mantido involuntariamente em uma clínica hospitalar fechada, o tempo estará do seu lado.

Um homem de 20 anos foi admitido contra a sua vontade. No diálogo seguinte, observe como o entrevistador não discutiu, mas concordou com cada frase do paciente, dando a cada pergunta um viés que pedia a sua cooperação:

Paciente: Olha, não quero falar com você ou com qualquer outro psiquiatra. Apenas me deixe sair daqui!

Entrevistador: É isso que eu estou tentando fazer. Meu trabalho é ajudá-lo a sair daqui. Porém, a lei diz que eu não posso deixá-lo ir antes de decidir que é seguro. E eu...

Paciente: Não me venha com conversa fiada. Quero sair agora!

Entrevistador: (*Levanta-se para sair.*) Eu ficarei feliz de trabalhar nisso assim que tiver as informações que preciso de você.

Paciente: Quer dizer que terei de ficar aqui toda a noite?

Entrevistador: (*Aproxima-se da porta.*) Bem, podem ser alguns dias.

Paciente: Espera aí! Você não pode me deixar aqui!

Entrevistador: Ficarei feliz em voltar quando você estiver pronto para falar.

Paciente: Vou processar você e tirar cada centavo que você tem!

Entrevistador: Podemos conseguir um advogado para você amanhã. Mas seria mais rápido se você decidisse cooperar.

O entrevistador saiu da sala, mas retornou 20 minutos depois, a pedido do paciente, que cooperou plenamente – e foi liberado algumas horas mais tarde. A confrontação foi neutralizada quando o entrevistador adotou a postura de que estava do mesmo lado do paciente, que somente poderia conseguir o que queria com uma mudança de comportamento.

Neutralizar a hostilidade pode ser um teste supremo para o profissionalismo de qualquer entrevistador. Para passar desse teste, você deve monitorar constantemente os próprios sentimentos e responder de maneira a abordar as necessidades emocionais do paciente, não as suas.

VIOLÊNCIA POTENCIAL

Apenas raramente, os pacientes se mostram hostis a ponto de cometer violência. Embora seja incomum um profissional da saúde mental ser ferido gravemente por um paciente, a maioria já foi sacudida ou agredida em algum momento da sua carreira. Na melhor hipótese, essa é uma experiência perturbadora – que devemos estar alertas para prevenir.

Infelizmente, é muito difícil prever quem ficará violento. Embora a vasta maioria dos pacientes psiquiátricos graves não represente nenhum perigo, eles contabilizam cerca de 5% dos homicídios nos Estados Unidos. Além de psicoses devidas à esquizofrenia e transtornos do humor, você pode encontrar violência em pessoas com transtornos cognitivos, transtornos de personalidade (principalmente o transtorno de personalidade antissocial) e intoxicação aguda por substâncias. Você deve ficar bastante atento ao entrevistar um homem ou uma mulher que tenha qualquer um desses diagnósticos.

Independentemente do diagnóstico, a abordagem atuarial usa a presença ou a ausência de vários fatores para ajudar a prever quem se tornará violento. Esses fatores envolvem ser relativamente jovem, uma história prévia de violência ou de abuso na infância e alucinações de comando, que mandam a pessoa cometer atos violentos (outros tipos de alucinações não predizem violência). Quando algum desses fatores ocorre em um dado paciente, minha tendência é ser mais vigilante.

Durante qualquer entrevista, tenha em mente vários princípios de segurança. Eles se aplicam a todos, mas são especialmente relevantes para as entrevistadoras do sexo feminino, que certos pacientes tratam como alvos vulneráveis. Lembre-se de que ninguém se importa tanto com a sua segurança quanto você. Eis algumas das medidas preventivas que você deve adotar:

- Revise qualquer documentação existente antes de entrevistar um novo paciente. Mantenha-se especialmente alerta para aqueles com história de violência ou que pareçam ter uma condição que sugira pouco controle dos impulsos. Mais uma vez, a psicose, uma intoxicação atual e comportamentos antissociais são candidatos óbvios.
- Preferencialmente, uma sala de entrevista em uma clínica de emergências psiquiátricas terá duas portas, ambas abertas para fora. Mesmo que esse não seja o caso, organize os assentos em qualquer sala que usar de maneira que o paciente nunca fique entre você e sua rota de fuga.
- Quando estiver encontrando um paciente pela primeira vez, tente ter um guarda ao redor, especialmente se for tarde da noite e houver poucas pessoas por perto.
- Muitos clínicos têm botões de pânico instalados sob a escrivaninha em seus consultórios. Se tiver esse dispositivo, certifique-se de se familiarizar com o funcionamento e com a resposta esperada.

- Em circunstâncias duvidosas, deixar a porta da sala de entrevista aberta também proporciona uma sensação de segurança e dá ao paciente uma razão a mais para se conter.
- Observe cuidadosamente estes sinais de maior tensão: punhos cerrados, voz alta ou trêmula, palavras de raiva, olhar fixo ou surtos repentinos de atividade.
- Se o paciente ficar agitado ou parecer intimidante, mantenha a calma. Você pode dizer, com tranquilidade: "por favor, volte para o seu lugar". Embora certas situações possam ser enfrentadas apenas com uma demonstração de força, evidências da sua calma e da sua competência podem manter a tampa em um caldeirão que ameaça ferver.

Você deve estar preparado para lidar com perigo em potencial para pessoas ou para propriedade alheia. Algumas pessoas vivem a vida intimidando os outros. Muitas vezes, suas ameaças funcionam sem jamais terem que executá-las, mas é difícil saber de antemão quem executará uma ameaça de agressão corporal ou em que circunstâncias. Portanto, é vital ter um plano em três partes:

1. Com os princípios citados e uma força de apoio, garanta a sua segurança e a das pessoas à sua volta.
2. Mantenha-se sereno enquanto informa ao paciente sobre as consequências de novas ameaças ou de um efetivo comportamento atuador.
3. Esteja plenamente preparado para aplicar os limites que estabeleceu, se surgir a necessidade.

Suponhamos que, apesar dos seus melhores esforços para criar *rapport*, o paciente demonstra evidências de hostilidade incessante. Então, você deverá interromper a entrevista, mas tente fazê-lo de um modo que preserve alguma base para um relacionamento futuro:

– "Sinto muito. Eu realmente gostaria de trabalhar com você mas no momento, você parece bastante incomodado. Talvez possamos nos encontrar novamente mais adiante."

Então, saia da sala rapidamente e notifique a equipe de segurança. Lembre-se de que não é seu trabalho enfrentar sozinho um paciente hostil e possivelmente violento. Mesmo sabendo que deve haver vários seguranças, sempre é sua responsabilidade como profissional de saúde mental promover a segurança – de seus pacientes, de seus colegas e a sua.

CONFUSÃO

Os pacientes com confusão resultante de demência ou *delirium* representam um desafio bastante difícil para o entrevistador. Eles podem pensar e falar lentamente, misturar a cronologia dos acontecimentos, esquecer fatos importantes ou ter dificuldade para seguir suas instruções. A frustração desses pacientes com o fraco desempenho às vezes precipita a hostilidade. Como os dados que você obtém com eles são poucos e pouco confiáveis, é difícil fazer um diagnóstico válido. Às vezes, você concluirá a entrevista com pouco, apesar dos seus esforços.

A melhor solução para essa experiência frustrante é a prevenção. Antes da entrevista, obtenha todas as informações que puder com fontes adicionais (familiares, médicos, outros profissionais da saúde mental e registros hospitalares anteriores). Segundo um estudo recente, para alguns transtornos, como uma psicose duradoura, os registros médicos podem proporcionar a grande quantidade de informações de que você precisa. Assim, você pode se concentrar em sua avaliação minuciosa do estado mental do paciente.

Mesmo sem informações adicionais, você pode tomar várias atitudes para facilitar sua entrevista com um paciente confuso:

- Apresente-se de forma lenta e clara. Antes de começar suas perguntas, certifique-se de que o paciente entende quem você é e por que está lá.
- Tente não apurar. É melhor ter alguns fatos confiáveis do que uma mistura de imprecisões.
- Use frases curtas. Longos discursos somente aumentam a confusão.
- Escolha suas palavras cuidadosamente. Jargões e gírias podem ser especialmente enganosos para pacientes confusos.
- Evite expressões dúbias. Por exemplo, um paciente confuso pode entender sua pergunta "você escuta vozes?" no sentido mais literal.
- Peça repetição. Se você achar que a sua pergunta não foi compreendida, peça para o paciente repetir.
- Pergunte sobre os acontecimentos de um único dia. Se não obtiver muito êxito com suas questões normais, peça para o paciente falar sobre as atividades do dia ou sobre a programação de um dia típico.
- Talvez você queira fazer a entrevista na presença de um familiar. Especialmente para pacientes com demência moderada, isso pode aumentar a fidedignidade das suas informações e proporcionar apoio para o paciente.
- Não avance rápido demais para a avaliação formal do estado mental. Alguns pacientes com demência leve podem perceber a conexão e se ofender.
- Sempre sorria. No momento em que está sem informações, você não quer que a aparência de irritação acabe com o *rapport*.

PACIENTES IDOSOS

Ser idoso não constitui uma deficiência. Com frequência, os entrevistadores esquecem disso e pressupõem que os pacientes que são idosos também são confusos, surdos ou fracos. Embora você sempre deva tentar demonstrar preocupação adequadamente, os pacientes idosos, de maneira justificável, não gostam de ser tratados com paternalismo, de ser carregados ou que gritem com eles. Não deixe que a idade avançada impeça que você pergunte sobre atividades geralmente associadas à juventude. Essas pessoas são idosas, mas não estão acabadas. Muitas delas gostam de sexo, consomem drogas ou álcool e até se preocupam com o cuidado de seus próprios pais.

Todavia, existem diversas considerações especiais para se ter em mente ao entrevistar pacientes idosos:

- Você provavelmente precisará de mais tempo de entrevista para passar todo o volume de material. Durante uma vida que já dura muitas décadas, o paciente idoso médio terá acumulado mais experiências, tanto boas quanto ruins, do que o paciente jovem médio. Você precisará dedicar mais tempo, especialmente para a história pessoal e social do paciente idoso. E, como os problemas de saúde mental dos idosos têm mais probabilidade de se complicarem por transtornos médicos, você precisará de tempo

extra para obter informações gerais relacionadas com a saúde.
- Uma mudança de estilo parece ocorrer em algum ponto entre a sétima e a oitava década de vida: os traços de personalidade se tornam acentuados. Além disso, os pacientes idosos tendem a pensar e a falar muito do passado – talvez se sintam melhor quando revisam períodos mais felizes das suas vidas. Os entrevistadores jovens devem se adaptar a esse ritmo mais lento. Fale de forma clara, dê tempo para o paciente responder e, se precisar, sugira entrevistas adicionais para terminar de obter seus dados.
- Os pacientes idosos têm problemas singulares, que os entrevistadores jovens podem ter dificuldade para entender. Tentar preencher tantas horas de lazer é um exemplo de um problema com que muitos profissionais jovens nunca tiveram experiência. O estresse da renda reduzida e fixa pode ser outro. Mesmo atividades comuns, como a preparação das refeições e o planejamento do transporte podem ser um fardo para alguém que se tornou isolado ou retraído.
- Preste atenção em casos de abuso de idosos. Esse problema – que pode envolver negligência, exploração e violação de direitos, assim como abuso físico e psicológico – provavelmente afete mais de um milhão de pessoas com mais de 65 anos a cada ano. É especialmente provável de ocorrer quando uma pessoa idosa recentemente tornou-se mais dependente de um cuidador que geralmente é quem comete o abuso. Você pode fazer uma triagem para casos de abuso, fazendo as seguintes perguntas:

– "Você tem medo de alguém em casa?"
– "Alguém em casa já agrediu você?"
– "Alguém já fez você fazer coisas que não queria fazer?"

O abuso deve ser relatado para o serviço adequado de proteção ao idoso em seu estado. Em alguns estados, os profissionais da saúde que não informarem casos de abuso físico de pacientes idosos incorrem em uma contravenção passível de punição por multa ou prisão.

- Os pacientes idosos já sofreram uma variedade de perdas, que se multiplicam com a passagem dos anos. Entre elas, estão a perda da saúde, do emprego, da renda, do *status*, de amigos e de familiares. Os filhos já saíram de casa e lares de muitos anos foram vendidos quando seus donos se mudaram para casas de repouso. Talvez não tenham telefone, o que gera uma perda de contato com outras pessoas. Cada uma dessas perdas exige uma sensibilidade especial. Isso significa não apenas ser empático, como também manter-se alerta à possibilidade de negação. Alguns pacientes têm dificuldade para admitir, mesmo para si mesmos, a diminuição de suas capacidades e perspectivas. O resultado pode ser uma generalização excessiva ou vaguidade, que você deve combater com pedidos cuidadosos por informações mais completas. Eis um exemplo:

Entrevistador: Com que frequência você vê seus familiares?
Paciente: Oh, com frequência.
Entrevistador: Por exemplo, quando foi a úl-

Paciente: tima vez que viu seu filho? Sei que ele mora logo ali no outro bairro.
Paciente: Bem, na verdade, faz seis meses.

OUTROS PROBLEMAS E COMPORTAMENTOS

Uma variedade de problemas, de posturas e de comportamentos pode afetar o sucesso da sua entrevista inicial. Embora você provavelmente não encontre essas características com frequência, sua reação a elas pode modificar o efeito que têm sobre a sua entrevista. Minha abordagem geral é considerar qualquer problema ou comportamento que ameace se colocar entre mim e o paciente como um problema que devemos enfrentar juntos. De fato, formulo a questão de maneira que o problema fique de um lado, confrontado por mim e pelo paciente do outro lado, trabalhando em equipe.

Demandas do paciente

Seja devido a narcisismo ou qualquer outra questão – ansiedade pela perda do *status*, raiva do cônjuge ou do patrão, ou costume com o *status* de pessoa importante – alguns pacientes sentem que devem ter tratamento especial. Isso pode assumir a forma de exigir um quarto diferente, liberdade para fumar ou para comer, privilégio de tomar notas (ou gravar) durante a entrevista ou um horário especial para suas consultas. Essas demandas dos pacientes podem ser problemáticas e os profissionais talvez precisem contrariá-las. Nessas ocasiões, tento avaliar cada situação individual. Quando posso, faço ajustes para aumentar o nível de conforto do paciente, desde que não sinta que isso levará a um sentido crescente de merecimento.

Rodney trouxe um gravador para a sua entrevista inicial, para que pudesse incluir trechos dela em uma biografia que estava escrevendo. O entrevistador explicou que ele não gravava entrevistas, pois poderia causar desconforto e, possivelmente, perda de informações. Rodney guardou o gravador e a entrevista decorreu normalmente.

Elaine perguntou se podia fazer anotações durante sua entrevista inicial. Ela disse que uma das suas preocupações não conseguir lembrar das coisas tanto quanto costumava lembrar. Ela tinha medo de esquecer algum conceito vital que estivesse sendo discutido. Seu entrevistador disse que não haveria problema, desde que ela mantivesse as notas na quantidade mínima possível. Ao final da hora, ela havia acumulado apenas algumas linhas, e o profissional estava com uma boa ideia dos seus problemas emocionais.

Você deve aplicar abordagens racionais semelhantes a pacientes que exijam o *status* de VIP. Mesmo podendo reconhecer o *status* especial, você também deve enfatizar que a opinião que terão de você será totalmente honesta e criteriosa, como seria para qualquer outro paciente.

Cegueira

Os pacientes cegos podem se comunicar tão bem quanto as pessoas que enxergam. O que eles não fazem é ler a linguagem corporal que os profissionais normalmente usam para ajudar a transmitir preocupações e instruções. Com pacientes cegos, você deverá usar o tom de voz para indicar que se preocupa, e deverá se esforçar mais para colocar em palavras o que quer que façam. Se você se levantar ou mudar de posição, descreva seus movimentos. Isso ajuda a responder perguntas antes que sejam feitas, e diz a esses pacientes que você é um entrevistador que tem consideração e é sensível a necessidades especiais.

Surdez

A maioria dos pacientes surdos se comunica bastante bem se você falar de forma lenta e clara, enquanto olha para eles (isso facilita a leitura labial). Não esconda a boca atrás da mão ou de um papel. É claro que você normalmente não fumaria, comeria nem beberia nada durante uma entrevista, mas essa é mais uma razão para não fazê-lo. Além disso, não grite: a maioria dos pacientes com um prejuízo significativo da audição usa aparelho auditivo, e os ruídos altos podem distorcer o som. Independentemente de terem alguma audição residual, é vital que você os deixe falar; eles podem ser surdos, mas não são crianças.

Tenha também em mente que muitas pessoas com problemas auditivos rejeitam o modelo médio da surdez, que implica que sofrem de uma patologia. Essas pessoas seguem com orgulho a definição cultural da surdez – ou seja, uma comunidade que reúne pessoas por meio de uma característica física comum e uma língua comum (sinais). Você deve se certificar sobre qual ponto de vista o paciente segue. Muitas pessoas culturalmente surdas negam vigorosamente que tenham uma deficiência, e podem não gostar de nenhuma implicação do contrário. Você pode pedir informações da seguinte maneira: "entendo que muitas pessoas considerem sua surdez como uma questão cultural. Você tem algo a dizer a respeito disso?"

Uma bagagem de experiências diferente da sua

Como regra geral, é bastante recomendável pedir que o paciente lhe ensine sobre questões ligadas a costumes, etnia, língua e rituais como um meio de ambos obterem informações e de solidificarem o *rapport*. Isso mostra o quanto você se interessa pelo paciente, que também terá um sentido maior de competência e de valor. Se o paciente for estrangeiro, descubra quando mudou para o país (isso pode ajudar a evitar a impressão de que as respostas que você ouve às perguntas são insuficientes).

Se você se comunicar por meio de um intérprete, certifique-se de olhar para o paciente enquanto fala. Como faria com um paciente surdo que se comunica por meio da língua de sinais com uma pessoa ouvinte, não diga "pergunte se ele...". Em vez disso, olhe diretamente para o paciente e deixe o tradutor falar.

Choro

Os iniciantes às vezes se preocupam com possíveis dificuldades em lidar com um paciente que comece a chorar. Certamente, as lágrimas podem atrasar as coisas um pouco, mas, no longo prazo, elas podem até facilitar o fluxo das informações sobre emoções. Um rápido toque no braço (uma das poucas vezes em que recomendo contato físico, além de um aperto de mãos entre o paciente e o terapeuta) fala da sua preocupação ao paciente. Oferecer um lenço de papel tem o mesmo propósito. Alguns momentos de silêncio podem ser suficientes para permitir que o paciente recupere a compostura com dignidade. Se o paciente não conseguir enxergar a sua preocupação (por causa do choro), certifique-se de verbalizá-la:

- "Posso ver que isso lhe incomoda. Você gostaria de alguns minutos para se recompor?"

Humor

As piadas podem ajudar a reduzir a tensão, mas os pacientes às vezes ocultam suas preocupações no humor. Essa pode ser uma maneira de transmitir uma preocupação de maneira que o entrevistador não leve a sério (e, portanto, não a considere ameaçadora). De qualquer modo, escute cuidadosamente quando o paciente tratar de material delicado com um tom jocoso: pode haver mais causa de preocupação do que parece à primeira vista.

Fala excessiva ou divagação

Alguns pacientes podem ser surpreendentemente circunstanciais. Se deixados por conta própria, contarão muito mais do que você quer saber. Às vezes, especialmente se o paciente não for muito falante, isso pode ser uma tentativa de evitar confrontar sentimentos inaceitáveis ou revelar material delicado, mas, na maior parte do tempo, é mero hábito. Embora a fala circunstancial geralmente não seja patológica, ela traz consigo muito joio para a quantidade de trigo que fornece. O *rapport* também pode sofrer quando você mantém uma conversa que não tem nenhum propósito, de modo que provavelmente seja melhor intervir se o paciente começar a divagar. Para fazer uma transição tranquila, tente deixar a intervenção decolar a partir de algo que o paciente disser. Por exemplo, em resposta a uma pergunta sobre o uso de drogas, este paciente passou vários minutos discutindo os hábitos de beber de uma prima:

Paciente: ... Então, não acho que já a tenha visto depois das 6 da tarde sem ela estar bêbada. Outra coisa...
Entrevistador: (*Interrompendo*.) Mas e a respeito do *seu* beber?

Esse profissional teve que intervir e reafirmar as respostas desejadas várias vezes antes que o paciente finalmente se ativesse ao tema.

Os pacientes que costumam falar demais parecem dominar a entrevista, mesmo que não pretendam. (Aqueles com mania são notórios nesse sentido.) Talvez você consiga lidar com comentários irrelevantes apenas sorrindo como forma de reconhecimento, enquanto continua com sua linha de questionamento. Um gesto mais explícito, como um dedo nos lábios, pode ajudar mesmo um paciente maníaco impetuoso a falar menos. Às vezes, você pode precisar estabelecer limites firmes, talvez na forma de uma confrontação direta:

- "Você tem muitas coisas interessantes para falar, mas nosso tempo é curto e ainda temos muito trabalho a fazer. Vamos tentar nos ater ao tema."
- "Esses detalhes são interessantes, mas nosso primeiro trabalho deve ser entender a situação geral."

Suponhamos que o paciente se prenda a um tema, mesmo que você tente mudar de assunto. Você deverá reavaliar a importância desse tema para o paciente. A confrontação é o método mais direto, mas deve ser colocada de forma diplomática:

- "Parece que o tema do sexo é difícil para você. Estou certo?"

- "Parecemos estar presos à questão do acidente do seu filho. O que mais é importante para você?"

Para um paciente extremamente tagarela, você pode ser forçado a pedir apenas respostas de sim ou não, e resistir vigorosamente a qualquer tentativa de ampliação.

Queixas somáticas

Alguns pacientes, mesmo aqueles que *não* têm nenhum transtorno de somatização, acreditam firmemente que seus sintomas são de natureza física. Apesar do que seus médicos contaram, eles se prendem à ideia de que seus problemas podem ser resolvidos com medicamentos ou com uma cirurgia. Pouco adianta explicar a provável origem emocional dessas queixas: mesmo depois de fracassos repetidos, o paciente continua a buscar medicamentos e cirurgias que tragam alívio. Sem discutir – um dos seus objetivos, lembre-se, é se tornar aliado do paciente – você pode mostrar que abordagens físicas não ajudaram (não o suficiente, pelo menos) e que falar sobre os sentimentos do paciente pode aliviar a ansiedade que inevitavelmente acompanha a doença. Além disso, você também deve trabalhar com o médico do paciente para garantir que nenhuma questão física ou emocional seja ignorada.

Psicose

Nos serviços de emergência e salas de admissão de hospitais, você muitas vezes encontrará pacientes com psicose tão grave a ponto de comprometer seriamente a capacidade de comunicação. Seu pensamento é tangencial ou desorganizado, e as conexões que fazem entre ideias são tão ilógicas que não se pode tirar muito sentido delas. Você certamente deve pedir para esses pacientes explicarem seu raciocínio, mas as respostas podem ser de interesse mais pela psicopatologia que demonstram do que pelas informações históricas que possam conter. Para obter uma história preciso e relevante, baseie-se em informantes ou no prontuário de uma admissão anterior. Você também deve perguntar aos pacientes mais adiante, quando a psicose tiver se esbatido.

Ao falar com alguém que esteja extremamente psicótico, você pode se concentrar em comportamentos e em sentimentos, sem entrar nas suspeitas ou nas convicções do paciente.

- "Entendo como pode ser assustador sentir que se está sendo seguido – você pode me dizer o que passou pela sua cabeça na hora?"

Você também pode reassegurar o paciente que acredita que ele está sendo verdadeiro ao relatar as experiências conforme percebeu:

- "Sei que você fez o melhor para me contar exatamente o que aconteceu. Imagino se existe alguma outra interpretação possível para o ocorrido."

Outros pacientes podem não ter psicose, mas podem não ter *insight* de que estão doentes por causa de um transtorno grave do caráter (como personalidade antissocial). Outros, ainda, podem negar o uso de substâncias. Os pacientes que não têm *insight* muitas vezes não enxergam razão alguma para serem entrevistados. A menos que você tenha algum poder (um mandado judicial, pressão da família), provavelmente não obterá muita coisa deles em termos de informações úteis.

Mudez

Como a surdez, a cegueira e outros atributos físicos, a mudez pode existir em graus variados, podendo ter diversas causas possíveis.

Neurológicas. Diversos problemas neurológicos podem deixar os pacientes mudos. Certifique-se de que o paciente está plenamente consciente e alerta.

Depressão. No caso de depressão grave, o paciente pode não estar completamente mudo, mas apenas apresentar uma longa latência de resposta.

Conversão. Um paciente com mudez como sintoma de conversão (o chamado "mutismo histérico") pode ser capaz (estar disposto) de produzir um grunhido ou um som de limpar a garganta. Com paciência, agrados e elogios e o progresso, você pode codificar esses sons em sílabas, palavras, expressões e frases.

Psicose. Pacientes com psicose grave podem estar atentos a vozes que ameaçam retaliações por falar com pessoas reais. Sinalizações com a cabeça as suas perguntas "sim-não" poderão ajudá-lo a fazer esse diagnóstico. Esses mesmos pacientes, se lhes for oferecido lápis e papel, podem estar dispostos a escrever respostas para suas perguntas.

Ganhos. O paciente pode ter alguma razão para *parecer* mudo, seja completa ou parcialmente? Motivos como evitar punição ou receber ganhos financeiros (seguro, compensação trabalhista) são os mais óbvios. Se ouvir o paciente falar normalmente com outros pacientes ou membros da equipe, isso pode mostrar que a mudez é voluntária – hesito em usar a palavra *simulação*, pois é pejorativa e difícil de provar. Para avaliar a mudez, peça para amigos e familiares saírem antes de continuar com a entrevista. Em particular, os pacientes às vezes revelam segredos que talvez nunca conseguissem compartilhar com suas famílias. Você pode levar certas pessoas a falar ao dizer:

– "Posso obter informações sobre você com prontuários, outros cuidadores e amigos ou familiares seus, mas achei que você gostaria que eu ouvisse a sua versão."

Uma carência relativa de discurso, quando não indica mudez verdadeira, pode indicar medo, vergonha, confusão, falta de compreensão ou talvez relutância para contradizer uma figura de autoridade (você). Eu provavelmente experimentaria esta abordagem:

– "Você parece muito quieto, em uma situação em que a maioria das pessoas teria muito a dizer. Pode me dizer por quê?"

Uma dificuldade mais ou menos relacionada é quando o paciente fala com extrema lentidão. Muitas vezes, isso se deve à depressão, em cujo caso você deve fazer um equilíbrio: permitir tempo suficiente para formular a resposta, mas não deixar o paciente se perder em um constrangimento impotente. Nesse caso, eu perguntaria se o paciente não prefere que eu faça perguntas mais diretas, do tipo "sim-não". De outra forma, prepare-se para uma longa tarde nisso.

Em raras ocasiões, você pode encontrar um paciente que não apenas fica sem palavras, como também mantém uma expressão facial fixa no rosto – possivelmente de perplexidade. Posteriormente, pode haver amnésia do incidente. Esse comportamento me deixaria com duas possibilidades principais: algum tipo de transtorno convulsivo, como epilepsia do lobo temporal ou um estado dissociativo. Esses pacientes provavelmente já tiveram outros episódios desse comportamento, que não podem, porém, ser acessados por meio de uma entrevista. Tente perguntar:

– "Você às vezes se torna absorto em seus próprios pensamentos ou devaneios? Se isso acontece, pode me falar a respeito?"

Esses episódios exigem uma investigação minuciosa, talvez com uma consulta neurológica. E, certamente, você deve buscar uma confirmação com informantes.

Comportamento sedutor e outros comportamentos inadequados

É menos provável que o comportamento sedutor seja um problema durante a entrevista inicial do que durante as sessões subsequentes de terapia. Todavia, o potencial de sedução sempre existe, especialmente quando o entrevistador é do sexo masculino, trabalhando com uma paciente do sexo feminino. (Estudos mostram que a vasta maioria dos profissionais da saúde que se envolvem com pacientes é de homens, embora as mulheres não estejam imunes.)

Se você observar que existe comportamento sedutor direcionado a você, faça a si mesmo as perguntas usuais: por que o paciente está agindo dessa maneira? Será uma necessidade de se sentir atraente? Com o passar dos anos, o comportamento sexual agressivo foi reforçado com recompensas materiais ou emocionais? As respostas podem estar enterradas sob memórias remotas demais para serem encontradas em um ano, que dirá em uma única entrevista.

O comportamento sedutor pode ser sutil como um olhar de soslaio; sugestivo como uma roupa provocante; ou direto como um pedido de um abraço ou de um beijo. Independentemente da forma, o significado do comportamento sedutor sempre é o mesmo: perigo para o entrevistador e perigo para o paciente, isso porque a mensagem clara do comportamento sedutor ("abrace-me") costuma ser bastante diferente do que o paciente realmente sente ("ajude-me; proteja-me"). Se o profissional da saúde responde literalmente ao pedido de contato físico, o paciente pode se sentir ultrajado e retaliar.

A melhor abordagem preventiva ante o comportamento sedutor é manter uma distância apropriada. Trate o paciente pelo título e sobrenome, e espere que os pacientes façam o mesmo com você. Você também pode desestimular uma familiaridade excessiva atendo-se ao trabalho e evitando discutir questões pessoais suas. Sendo um homem que faz exames físicos como parte do seu trabalho, certifique-se de haver uma ajudante do sexo feminino na sala com você sempre que estiver examinando uma paciente de qualquer idade. Se for uma mulher que examina um homem, tenha um ajudante do sexo masculino com você.

Outros comportamentos inadequados podem surgir ocasionalmente – o paciente pedir para usar o telefone, abrir livros da sua prateleira, sentar-se na sua cadeira ou trazer um lanche. Muitas vezes, o diagnóstico evidente do paciente (sim, aquilo que você está tentando descobrir) e a natureza da infração determinarão sua resposta. Por exemplo, eu tentaria redirecionar um paciente com mania, repetidamente, se necessário – talvez até usando um toque suave no ombro. Para alguém com suspeita de transtorno de personalidade, eu provavelmente pediria (talvez com uma certa veemência): "por favor, não faça isso". Na maioria dos casos, você deve tentar ser diretivo. O início da fase de levantar os fatos com o paciente não é um bom momento para fazer interpretações.

Retardo mental

Mesmo sem um teste formal, você pode identificar um paciente que está operando nos limites inferiores do que se costuma chamar de *inteligência geral*. Estudos mostram que as perguntas abertas podem levar a erros, embora muitos pacientes tenham tendência a responder perguntas do tipo "sim-não" no afirmativo. Muitas vezes, é melhor formular as perguntas de múltipla escolha ("a voz que você ouviu era de um estranho, ou de alguém que conhecia?"). Mesmo assim, é de vital importância verificar os fatos com alguém que conheça bem o paciente. Como se pode esperar, as pessoas com retardo mental que apresentam um melhor funcionamento são mais confiáveis na entrevista.

Os pacientes com retardo mental podem se comunicar melhor sobre os acontecimentos do que sobre seus sentimentos. Eles podem interpretar a fala literalmente (sem agir como agiria com uma criança, você deve falar de forma clara e evitar o uso de metáforas), e tendem a se concentrar no presente (também podem ter uma relativa dificuldade para falar sobre o passado ou sobre seus planos futuros). Você também deve ser tolerante com seus sentimentos. Por toda a vida, essas pessoas assistiram seus irmãos, seus colegas e quase todas as pessoas que conheciam ter mais autonomia do que elas próprias reivindicam. Não admira que tenham sentimentos de ressentimento logo abaixo da superfície – sentimentos que podem surgir de formas inesperadas. Por exemplo, uma mulher com retardo mental que se recusava a ir ao casamento da irmã mais jovem tinha a dolorosa consciência de que provavelmente jamais se casaria.

As pessoas portadoras de retardo mental também podem imitar gestos que testemunharam em outras pessoas e apresentá-los em momentos inoportunos – gritar "uhu" em um momento de tristeza geral, por exemplo. Conheço um jovem que foi ao jogo do seu time preferido, no estádio do rival, em outra cidade. Inflamado quando os fãs gritavam animados à medida que seu time ficava para trás, ele se levantou e bradou àqueles ao seu redor: "Hei! Qual é o problema de vocês?"

Outro risco é o de as pessoas com retardo mental relatarem como fato algo que não possam verificar. Por exemplo, um jovem, considerado psicótico por seu clínico, relatou que um anjo havia tocado em sua cabeça e o abençoado durante uma longa noite de inverno. Ele se prendia insistentemente à sua crença e, somente com um esforço prolongado, finalmente revelou que seu maldoso colega de quarto havia criado a história. "Bem, não vi acontecer de verdade, foi Jeremy [o colega] quem me contou", acabou admitindo. Na mesma linha, nem toda automutilação é evidência de uma tentativa de suicídio – pode ser autopunição ou uma tentativa de controlar os outros.

Morte iminente

Os pacientes que esperam morrer logo, seja imediatamente ou no futuro próximo, costumam ter raiva ou depressão. Às vezes, podem negar o que lhes está acontecendo. É triste se amigos e familiares começam a evitá-los e é uma tragédia se seus terapeutas também se recusam a falar francamente sobre a morte e o futuro.

Sempre convide pacientes que estejam morrendo a verbalizar seus sentimentos e suas reações a essa experiência universal. Além de uma grande variedade de emoções (muitas vezes conflitantes), você também encontrará muitas emoções cotidianas, incluindo medo, inveja, amor, esperança e alegria. Esses pacientes podem ter muitos arrependimentos, e alguns se sentem solitários. Cada um deles tem uma vida inteira de lembranças e de emoções, que devem ser entendidas com tanto cuidado quanto se a pessoa fosse viver para sempre.

COMO RESPONDER QUANDO O PACIENTE PERGUNTA...

Os pacientes sempre estão fazendo perguntas, o que é muito bom. As perguntas são oportunidades ricas para tranquilizar, aliviar ansiedades e reforçar as boas resoluções. Certas perguntas também podem fazer você dizer algo sem querer caso não pense com cuidado.

- "Como você se sente a meu respeito?" Essa pergunta geralmente é um pedido de reasseguramento de que você aprecia ou aceita o paciente. Você pode apenas responder, mas tente acrescentar informações ou instruções que possam proporcionar uma ajuda real. Eis dois exemplos:
  - "Acho que você é uma pessoa muito bacana, que está tendo um problema terrível com o casamento. Vai ser muito importante trazer o seu marido para algumas sessões."
  - "Acho que foi preciso muita coragem para se internar no hospital. Agora, vamos juntos trabalhar duro com esse problema da bebida."
- "Você acha que eu estou louco?" A resposta a isso pode ser fácil ou difícil, dependendo do fato de o paciente ter psicose ou não. No segundo caso, diga que não. No primeiro, tente evitar uma confrontação direta (sua afirmação sobre a psicose provavelmente seria rejeitada). Em vez disso, você pode responder com outra pergunta:
  - "Por que você pergunta isso?"
  - "Do que você tem medo?"
  Você pode dar uma resposta que evite a questão:
  - "Acho que você ficou claramente perturbado com o que lhe aconteceu."
  - "Você está tendo experiências estranhas, mas nós podemos ajudá-lo com isso."
  Se colocado contra a parede ("você acha que eu estou tendo uma psicose?"), eu optaria por dizer a verdade, mas com uma afirmação de que entendo que pode ser difícil para o paciente aceitar isso.
- "O que eu devo fazer a respeito de [qualquer preocupação que o paciente tenha]?" Se a questão puder ser respondida de forma simples, faça isso. Todavia, pode ser um pedido de mais ajuda do que qualquer clínico poderia razoavelmente proporcionar durante uma sessão de entrevista inicial. Nesse caso, tente definir o que seria necessário (mais informações, mais tempo) e quando você poderia proporcionar isso.
- "O que está errado comigo?" (e você não sabe). Antes de mais nada, tente não se sentir inseguro. Em pelo menos 20% de todas as entrevistas iniciais, não se consegue fazer um diagnóstico seguro, e mesmo os clínicos experientes às vezes se confundem no começo. Se você achar que existe uma boa possibilidade de não assustar ou ameaçar o paciente, fale. Se precisar de mais dados, diga. Uma boa resposta genérica seria algo assim:
  - "Está claro que você está com um problema sério com [a

queixa principal do paciente]. Precisamos obter mais informações, para que, juntos, possamos traçar o melhor plano para você."
- "Você pode me ajudar?" A resposta deve ser alguma variação de "Espero que sim, mas antes, precisamos de mais informações...".
- "Por que as pessoas não gostam de mim?" Às vezes, a resposta parece clara para você, mesmo à primeira vista – o paciente é egocêntrico, presunçoso, preconceituoso, odioso ou demonstra uma série de outras atitudes e comportamentos que você considera inadequados. Esse é exatamente o momento para não dar uma opinião franca é impensada. Por um lado, as primeiras impressões muitas vezes estão erradas, e você pode ter amostras do comportamento em um dia especialmente difícil. Lembre-se dos dois objetivos principais da primeira entrevista: obter informações e formar um relacionamento. Em vez de responder à questão diretamente, você pode expressar empatia pelo infortúnio e oferecer esperança para o futuro:
  – "Posso imaginar como dói se sentir desse jeito, mas não sei se é verdade ou não. Juntos, podemos tentar descobrir se existe um problema verdadeiro."
- "Você já passou por algo assim?" A maioria dos paciente se interessa pelas vidas pessoais dos seus terapeutas, e às vezes você se sentirá tentado a compartilhar algo pessoal com o paciente. Essa tentação pode aumentar depois das primeiras entrevistas, quando você começar a conhecer melhor o paciente melhor. Embora eu não seja daqueles que acreditam que o clínico não deva revelar informações pessoais em circunstância alguma, concordo que a autorrevelação pode ser repleta de dificuldades, especialmente para o iniciante. Certamente, em uma entrevista inicial, você avançará mais e se sentirá mais confortável se sua vida pessoal e sua personalidade não estiverem em questão. Você pode responder qualquer questão pessoal, redefinindo o propósito da entrevista. Ao mesmo tempo, tome cuidado para mostrar que não se incomoda quando o paciente faz perguntas:
  – "Muitos pacientes se interessam pelas pessoas que os entrevistam. É perfeitamente normal ser curioso, mas precisamos nos concentrar em obter as informações de que precisamos para ajudá-lo com o seu problema."
- E para uma questão para a qual você não sabe a melhor resposta, eis uma resposta que eu uso e costuma funcionar: "Não posso dizer isso agora, mas veja como eu planejo descobrir". Então, eu apresentaria o meu plano para uma busca na Internet, discussões com colegas ou qualquer outra abordagem que pareça razoável.

Mais uma vez, a questão é a importância de descobrir como trabalhar com, e não contra, o paciente. Geralmente, isso é fácil; mas, às vezes, exige um aporte considerável de engenhosidade, flexibilidade e paciência.

18

DIAGNÓSTICO E RECOMENDAÇÕES

Concluídas todas as entrevistas, você tem a tarefa de avaliar as informações que obteve. Ela deve ser organizada de um modo a possibilitar que você faça recomendações e comunique-as aos pacientes e a outros profissionais. Essas tarefas serão a nossa preocupação nos capítulos finais deste livro.

DIAGNÓSTICO E DIAGNÓSTICO DIFERENCIAL

Historicamente, alguns profissionais chamam o ato de fazer um diagnóstico de "rotular", e alegam que isso nega a individualidade do paciente. Essas visões, hoje, parecem ter esmorecido ante a opinião da maioria, que reconhece que o diagnóstico é um guia importante para recomendar o tratamento, prever o curso da doença, aconselhar familiares e comunicar-se com outros profissionais da saúde mental. Independentemente de essa opinião ser ou não condizente com o seu modo habitual de pensar, a prática atual em saúde mental – os arquivos médicos dos hospitais, os seguros de saúde e, às vezes, os próprios pacientes – muitas vezes exigem que você faça um diagnóstico. Independentemente da sua disciplina profissional, é importante aprender a fazer o melhor diagnóstico possível.

É difícil exagerar a importância de um diagnóstico *preciso*. Na melhor hipótese, um diagnóstico incorreto retardará o tratamento e, na pior, pode resultar em um tratamento ineficiente (ou mesmo perigoso). O diagnóstico impreciso também traz o risco de levar a um prognóstico pessimista ou otimista demais para o paciente. Assim, o planejamento será prejudicado – o planejamento para casamento, emprego, filhos, seguros e as milhares de atividades que a doença mental pode interditar.

Uma vez cometidos, os erros diagnósticos podem ser difíceis de reverter. (Isso pode ajudar a explicar a relutância dos profissionais da saúde mental em fazer um diagnóstico definitivo no caso de Cho Seung-Hui, o indivíduo que baleou e matou mais de 30 pessoas na Virginia Tech em abril de 2007.) O diagnóstico é passado de clínico para clínico, de prontuário para prontuário, e os erros estimulados por pacientes e famílias, que os carregam às vezes por décadas. Podem se passar muitos anos até que um profissional com uma perspectiva nova se dê ao trabalho de revisar a história de um paciente com doença mental crônica. Ainda assim, você pode evitar todas essas dificuldades se tiver o cuidado de fazer o diagnóstico certo em primeiro lugar.

O diagnóstico correto geralmente traz poucos problemas. A maioria dos pacientes claramente satisfaz os critérios para um diagnóstico importante, com o qual a maioria dos profissionais concordaria; e a maioria não satisfaz critérios para outros diagnósticos que possam gerar confusão. Porém, em aproximadamente 20% das vezes, a situação é menos clara. Você pode ter informações insuficientes para fazer qualquer diagnóstico, ou o paciente pode parecer satisfazer os critérios para diversos diagnósticos.

É por isso que a maioria dos profissionais da saúde afirma suas impressões em termos de um *diagnóstico diferencial* – uma lista de diagnósticos que são possíveis e devem ser considerados para cada paciente. Você deve incluir no diagnóstico diferencial cada transtorno que considerar remotamente possível. Isso se aplica ainda mais se você tiver dúvidas quanto ao diagnóstico correto. Você terá uma chance maior de selecionar o diagnóstico certo se sua lista de trabalho for ampla e inclusiva.

Ao construir o diagnóstico diferencial, você deve organizar todos os diagnósticos possíveis em ordem decrescente de probabilidade, começando por aquele que considera o mais importante. Às vezes chamado de *melhor diagnóstico*, é o que explica de forma mais satisfatória todos os dados da história, os sinais e os sintomas da doença. De maneira ideal, todos os elementos da história e do exame do estado mental devem sustentar o seu melhor diagnóstico. Mesmo acreditando que existe apenas uma pequena chance de que o seu melhor diagnóstico esteja incorreto, você deve listar outros diagnósticos a "excluir" ou rejeitar. Essa lista, com o raciocínio por trás da ordem em que você colocou os vários diagnósticos possíveis, é o que cria o "diferencial".

Sugeri uma grande estrutura para o processo diagnóstico em meu livro *Diagnosis Made Easier*.

ESCOLHENDO O TRATAMENTO

Felizmente, os pacientes psiquiátricos e seus terapeutas atualmente têm uma variedade de tratamentos biológicos, psicológicos e sociais efetivos para utilizar. A maioria desses tratamentos não é específico de nenhuma categoria diagnóstica, podendo ser aplicada a um espectro de diagnósticos. Alguns dos tratamentos somáticos e não somáticos existentes estão listados na Tabela 18.1. Para a maioria dos diagnósticos, existe um ou dois tratamentos que são mais efetivos que os outros. Os livros-texto atuais dizem quais tratamentos são mais prováveis de ajudar em diagnósticos específicos.

Deixe-me enfatizar o quanto creio ser importante ter um plano organizado para abordar os problemas e as questões de cada paciente. Por um lado, isso ajuda o paciente a entender qual você pensa ser o problema e como deve agir. Por outro, ajuda *você* a ter essas mesmas questões em mente. Além disso, ter um plano de tratamento que possa ser consultado de vez em quando proporciona a você e ao paciente um conjunto de referências para avaliar o progresso ou, de maneira alternativa, ajuda ambos a reconhecer quando se deve experimentar uma via diferente. A seguir, há uma lista de questões para ajudá-lo a formular um plano de tratamento que deve ajudar o paciente:

- Primeiramente, existe algum tratamento que seja provável de reverter o curso do transtorno? Infelizmente, a resposta às vezes é "não". Esse pode ser o caso em transtornos como a demência da doença de Huntington. Embora seja possível deixar muitos desses pacientes mais confortáveis, reduzindo as consequências sociais de seus sintomas, não existe um tratamento específico para impedir o resultado final da doença. Por outro lado, o uso de medicamentos inibidores da colinesterase, como donepezil, pode reduzir a progressão da demência de Alzheimer – por um tempo. No transtorno de personalidade antissocial, um transtorno crônico do caráter que afeta talvez 1% dos homens jovens (e ainda menos em mulheres jovens), nenhum tratamento se mostrou superior à passagem do tempo.

TABELA 18.1
Síntese de modalidades de tratamento em saúde mental

Psicológicos
  Cognitivo-comportamentais
  Orientados para o *insight*
  Análise
  De curta duração
Grupo
  Orientados para a doença (p.ex., Alcoólicos Anônimos, clínicas de lítio)
  Clínicas de medicação geral
  Terapia familiar
  Grupos de apoio geral
Comportamentais
  Reasseguramento simples
  Dessensibilização sistemática com inibição recíproca
  Prática Massiva
  Sistema de fichas
Interrupção do pensamento

Biológicos
  Medicamentos
  Eletroconvulsoterapia
  Estimulação magnética transcraniana
  Estimulação do nervo vago
  Fototerapia
  Psicocirurgia

Intervenções sociais
  Reabilitação vocacional
  Treinamento em habilidades sociais
  Educação da família
  Colocação em uma instituição para tratamento agudo, intermediário ou crônico
  Prejuízo involuntário
  Curatela

Obs.: Adaptado de *Boarding Time: A Psychiatry Candidate's New Guide to Part II of the ABPN Examination* (3rd ed., p. 110) J. Morrison e R. A. Muñoz, 2003, Washington, DC: American Psychiatric Press. Copyright 2003 by American Psychiatric Press, Inc. Adaptado sob permissão.

- Qual é o grau de certeza do diagnóstico? O tratamento tem maior chance de sucesso quando se baseia em estudos clínicos de pacientes com um diagnóstico confiável. Sua confiança em qualquer programa de tratamento aumentará em proporção à certeza de que você fez o diagnóstico correto. De modo geral, os tratamentos que são arriscados, complicados, duradouros e/ou intensivos devem ser reservados para pacientes com diagnósticos seguros, que não tenham respondido a medidas mais simples.

E o uso de tratamentos experimentais? Eis minha regra, que você talvez considere proveitosa: é aceitável usar tratamentos comprovados em diagnósticos incertos, e tratamentos experimentais quando o diagnóstico é certo. Raramente será aceitável usar tratamentos que não estejam comprovados quando o diagnóstico é incerto.

O diagnóstico é importante para decidir o tratamento, mas jamais é o único fator determinante. Alguns pacientes estão tão doentes que o tratamento deve iniciar sem um diagnóstico definitivo. As psicoses agudas proporcionam os exemplos mais frequentes: mesmo enquanto os clínicos discutem se é transtorno bipolar I *versus* esquizofrenia, deve-se começar a administração de drogas antipsicóticas para dar segurança e conforto ao paciente. Alguns problemas podem merecer uma intervenção, mesmo ante a probabilidade de que nunca se faça um diagnóstico bem-definido. Os problemas conjugais são um exemplo.

- Qual é a urgência do tratamento? Para a maioria dos pacientes hospitalizados, a resposta é "suficientemente urgente para começar logo". Para pacientes ambulatoriais, a necessidade pode ser menos imediata. De um modo geral, a urgência do tratamento aumenta em qualquer uma das três condições seguintes:

1. O número de sintomas está aumentando. Por exemplo, o paciente, que apresenta ataques de ansiedade há anos, recentemente também reclamou de depressão, de perda do apetite e de dificuldade para dormir.
2. Os sintomas estão piorando. Por exemplo, nos últimos dias, esse mesmo paciente vem tendo pensamentos recorrentes de suicídio.
3. Os sintomas levam a consequências que são mais alarmantes. Por exemplo, na semana passada, esse mesmo paciente se sentiu incapaz de ir trabalhar e pediu demissão depois de 13 anos na mesma empresa.

As três regras citadas também podem ajudar a decidir qual transtorno se deve tratar primeiro, no caso de seu paciente ter diversos diagnósticos concomitantes.

- Quanto custa o tratamento? A capacidade do paciente de pagar deve ser considerada. Não se deve recomendar uma psicoterapia prolongada para um estudante que se sustenta e não tem plano de saúde. Alguém que tenha cobertura total de um plano de saúde ou um programa de seguro governamental ou privado talvez possa pagar um medicamento antidepressivo de última geração, ao passo que o estudante pode precisar de um remédio genérico mais antigo.

Você provavelmente tem informações sobre o plano de saúde mesmo antes de encontrar o paciente. Os planos governamentais e privados estabelecem suas tarifas em termos que o paciente já conhece. E se você atende pacientes particulares, seu consultório provavelmente terá informações sobre tarifas e outras questões "domésticas" no pacote de informações iniciais enviado ao paciente antes da primeira consulta. Se não for o caso, perto do fim da entrevista inicial é um momento excelente para passar essas informações, de modo a evitar surpresas desagradáveis mais adiante.

Ao selecionar o tratamento, você também deve considerar se os efeitos desejados do tratamento superam os efeitos indesejados. Essa advertência se aplica especialmente a medicamentos vendidos sob prescrição médica: a aceleração dos batimentos cardíacos ou a insônia farão o paciente "esquecer" da dose da noite? Será que algum outro efeito colateral pode resultar em dano ou mesmo em morte? E as interações medicamentosas?

- A terapia que você está considerando tem contraindicações relativas? Esses são problemas que podem fazer você relutar em eleger um tratamento, mas que não o proíbem absolutamente. Exemplos comuns são as alergias a fármacos, a possibilidade de interação com outro medicamento e o uso de eletroconvulsoterapia para pacientes com doenças cardíacas conhecidas. Você também pode hesitar em recomendar uma psicoterapia intensiva para pacientes que tenham pouca capacidade de *insight* ou que não sejam confiá-

veis e faltem às consultas. De fato, uma história de falta de adesão ao tratamento reduz ainda mais a indicação de tratamentos arriscados ou complicados.
- Você considerou todas as modalidades possíveis de tratamento? Os terapeutas de todas as linhas se sentem mais confortáveis recomendando as abordagens que eles mesmos usam. Embora isso seja compreensível, cria o perigo de que um determinado paciente pode não receber a opção de um tratamento que poderia funcionar, mas com o qual o terapeuta tenha pouca experiência. A melhor profilaxia contra a rotina terapêutica é uma postura de flexibilidade.

> Os psiquiatras especializados em psicofarmacologia devem se manter alertas para a possibilidade de que, para um determinado paciente, a terapia familiar possa ser mais rápida, mais segura e mais efetiva do que medicamentos.
> Os assistentes sociais, os psicólogos e outros que fazem psicoterapia devem ter em mente as indicações para as quais o tratamento farmacológico pode ser efetivo.

O fato de que a maioria dos transtornos mentais e emocionais provavelmente tem causas múltiplas deve incentivar todos os terapeutas a considerar o uso de mais de uma modalidade terapêutica para cada paciente.

AVALIANDO O PROGNÓSTICO

O termo *prognóstico* tem raízes gregas que significam "saber antecipadamente", o que, obviamente, é impossível. Porém, o progresso científico, nas últimas décadas, aumentou em muito a nossa capacidade de prever o resultado para pacientes individuais. Discutiremos isso em seguida, depois de definir o que estamos tentando prever.

Áreas definidas pelo termo *prognóstico*

O termo *prognóstico* geralmente implica diversos significados:

- *Sintomas*. Terão alívio parcial ou total, se tiverem?
- *Curso da doença*. Será crônico ou episódico? No segundo caso, haverá um episódio ou muitos?
- *Resposta ao tratamento*. Com que velocidade ocorrerá? Será leve, moderada ou total?
- *Grau de recuperação*. Depois que o episódio agudo tiver passado (seja com o tratamento ou com a passagem do tempo), a personalidade anterior do paciente será completamente restaurada ou haverá déficits residuais?
- *Curso temporal da doença*. Quanto tempo demorará a recuperação? Se a doença for episódica, quanto tempo o paciente permanecerá bem entre os episódios?
- *Consequências sociais da doença*. Quais serão os efeitos sobre o desempenho profissional do paciente? Sua vida familiar? Independência? Será necessário apoio financeiro? No caso positivo, por quanto tempo? A doença implica a necessidade de um curador ou outros procedimentos legais especiais? Como isso afetará a capacidade do paciente de votar, de dirigir, de firmar contratos?
- *Existem outros familiares em risco da mesma doença*? Se é hereditária, qual o grau de risco que

você preveria para os familiares de primeiro grau? Como se deve aconselhar o paciente que questiona sobre ter filhos?

Fatores que afetam o prognóstico

Diversos fatores nos ajudam a fazer previsões exatas. Infelizmente, ninguém sabe o quanto cada fator influencia o resultado de um determinado caso. Como todos podem ser importantes, simplesmente tentei listá-los todos, sem uma ordem específica.

- *Diagnóstico principal.* Os diagnósticos do Eixo I costumam ser mais importantes do que aqueles listados no Eixo II (os transtornos de personalidade e o retardo mental). Eles são mais tradicionais e geralmente melhor substanciados. Os diagnósticos do Eixo II podem ser especialmente importantes para o prognóstico se não houver nenhum diagnóstico do Eixo I, ou se não se puder fazer um com certeza. Se o paciente tiver mais de um diagnóstico, é importante tê-los todos em mente ao discutir os diversos aspectos do prognóstico.
- *Disponibilidade de tratamento para o transtorno primário.* Se houver tratamentos efetivos, é provável que sejam usados? A geografia pode ser um fator importante: o paciente mora perto o suficiente de um centro onde haja tratamento efetivo? Outro fator é a condição financeira do paciente, demonstrado por este exemplo amplamente discutido: a clozapina, um medicamento efetivo para a esquizofrenia, foi introduzida no começo da década de 1990, a um custo de aproximadamente U$10.000 dólares por paciente por ano. Muitos pacientes não podiam pagar, até que houve uma forte pressão sobre o fabricante para reduzir o custo do monitoramento laboratorial.
- *Duração e curso da doença.* O comportamento passado prevê o comportamento futuro.

  Se tiver havido episódios anteriores da doença (como um transtorno do humor), você pode prever com um certo grau de confiança que haverá episódios futuros.

  Dependendo da correção de um diagnóstico equivocado, um paciente que esteja doente há muitos anos terá pouca chance de recuperação completa.
- *Respostas anteriores ao tratamento.* Como preditor, uma resposta a um tratamento anterior serve apenas para o tratamento anterior. Se, no passado, um paciente maníaco foi tratado apenas com antipsicóticos, você pode atualizar seu prognóstico em uma ordem de magnitude quando começar uma terapia com um estabilizador do humor.
- *Adesão ao tratamento.* Mesmo um tratamento muito efetivo será inútil se o paciente se recusar a aceitá-lo. Certifique-se de considerar diagnósticos do Eixo I e do Eixo II, bem como a história de tratamento, ao estimar a adesão ao tratamento.
- *Apoios sociais disponíveis.* O prognóstico varia proporcionalmente ao número de "pontes" que o paciente não queimou. Considere todos os seguintes recursos de apoio: família de origem, cônjuge/parceiro, filhos, amigos, grupos de apoio, serviços sociais, médicos e organizações religiosas. Além de proporcionar conforto, eles podem ajudar a garantir que o paciente

continue em tratamento e evite influências nocivas, como drogas ou álcool.
- *Personalidade pré-mórbida.* A personalidade pré-mórbida está diretamente relacionada ao prognóstico. Quando os pacientes se recuperam de um episódio agudo de transtorno mental, eles tendem a voltar aos níveis pré-mórbidos de funcionamento. É provável que aqueles que tinham amizades, trabalhavam bem em seus empregos e proviam adequadamente para suas famílias retornem a fazê-lo. Mantendo-se o resto igual, geralmente, justificam-se previsões paralelas para indivíduos que anteriormente funcionavam em níveis inferiores.
- *Nível mais alto de funcionamento recente.* Se estava envolvido produtivamente no trabalho ou na escola durante o ano anterior, o paciente provavelmente recuperará esse *status* depois que o episódio atual da doença tiver se resolvido. É claro que isso pressupõe que uma doença degenerativa ou cronicamente debilitante não tenha ocorrido. Na Tabela 6, reproduzi a Avaliação Global do Funcionamento, que proporciona uma escala conveniente para avaliar o progresso do paciente.
- *Outros fatores*. Dentro das categorias diagnósticas, fatores individuais podem afetar a perspectiva para um paciente específico. Por exemplo, eis alguns aspectos que sugerem um prognóstico relativamente bom para um paciente com esquizofrenia: início relativamente tardio (mais de 30 anos), ser casado, gênero feminino, educação além do ensino médio, duração breve de sintomas sem tratamento e boa resposta a tratamentos anteriores.

INDICANDO UMA INVESTIGAÇÃO MAIS APROFUNDADA

Pode ser necessário um estudo mais aprofundado para confirmar ou excluir certos diagnósticos. Os recursos para essas informações incluem os seguintes:

- Uma revisão de prontuários hospitalares e outros registros
- Exames laboratoriais, incluindo estudos radiográficos
- Testes neuropsicológicos formais
- Entrevistas com familiares

Geralmente, fazer outras entrevistas e estudar registros existentes não custa nada. Eles fornecem informações novas ou corroborativas que podem contribuir rapidamente para sua compreensão do paciente. Como fazer testes custa tempo e dinheiro, seu uso deve ser justificado pelos fatos de cada caso individual. Os testes exigidos como parte de uma rotina de admissão e não em resposta a uma necessidade percebida raramente valem o custo.

Quando existem testes laboratoriais ou psicológicos envolvidos, eles devem ser justificados com base nos seguintes fatores:

- *Custo do teste.* A variação pode ser enorme, desde nada até milhares de dólares.
- *Risco do teste.* Os testes psicológicos com lápis e papel essencialmente não trazem nenhum risco; alguns procedimentos invasivos trazem um risco para a saúde e até mesmo para a vida.
- *Valor do teste.* Quão confirmatórios serão os resultados? Um procedimento laboratorial caro, que tenha uma boa chance de resolver um diagnóstico difícil, pode valer o custo; já um exame de urina que

não tenha relação com o diagnóstico será caro demais.
- *Prevalência do transtorno.* Os testes de rotina para transtornos raros não têm boa relação custo-benefício. Todavia, isso não significa que você não deva pedir testes confirmatórios para transtornos incomuns que pareçam possíveis com base na história ou no exame físico.
- *Complexidade da questão a responder.* Se a doença do paciente é relativamente simples e clara, você pode omitir completamente os exames laboratoriais.
- *O procedimento facilitará o tratamento?* É muito bom saber o que está errado; melhor ainda é saber como consertar.

FAZENDO ENCAMINHAMENTOS

É provável que você recomende uma terapia mental direcionada especificamente para as queixas do seu paciente. Você também deve ter em mente a variedade de outros tratamentos e encaminhamentos que possam ser necessários, seja para ajudar a controlar as queixas existentes ou para lidar com problemas sociais, psicológicos e biológicos incidentais aos problemas principais.

Muitas organizações e indivíduos podem ajudar a lidar com praticamente qualquer problema que se possa encontrar. Isso é bom, pois nenhum profissional tem formação e experiência para fazer tudo sozinho. É vital que você conheça os limites das suas capacidades e busque ajuda externa para aquelas partes das dificuldades de cada paciente que podem ser tratadas por outros profissionais.

A quantidade de ajuda externa que será necessária depende dos seguintes fatores:

- *Tipo do problema.* Um profissional cuja formação negligenciou as técnicas da terapia comportamental pode precisar de ajuda com um paciente que tenha obsessões e fobias.
- *Gravidade do problema.* A depressão leve pode responder à terapia cognitiva, e uma depressão grave pode exigir os serviços de um profissional com experiência em psicofarmacologia.
- *Força e extensão da rede de apoio.* Para dar o exemplo mais óbvio, um paciente sem-teto precisará muito mais dos serviços sociais do que um que more com familiares.
- *Grau de desejo e de cooperação do paciente.* Obviamente, a recusa do paciente em ser hospitalizado limita a gama de serviços que podem ser usados.
- *A formação, a experiência e o tempo disponível do profissional.* Recomendo fortemente que os estudantes tentem adquirir familiaridade e experiência com o maior número possível de tratamentos.

Embora muitos dos recursos citados neste capítulo sejam proporcionados ou organizados tradicionalmente por assistentes sociais, todos os profissionais da saúde mental devem estar cientes dos tipos de serviços que existem na área geográfica onde trabalham. Os profissionais que trabalham em consultórios particulares muitas vezes também observam que devem fazer encaminhamentos. É claro que você somente pode usar os serviços que conhece. Por isso, apresento esta listagem.

Outros terapeutas

Ninguém pode saber tudo. Os profissionais sensatos conhecem suas próprias limitações. Se você pratica terapia de gru-

TABELA 18.2
Avaliação global do funcionamento

CÓDIGO	DESCRIÇÃO
100 – 91	Funcionamento superior em uma ampla faixa de atividades, problemas vitais jamais fora de controle, é procurado por outros em vista de suas muitas qualidades positivas. Assintomático.
90 – 81	Sintomas ausentes ou mínimos (p. ex., leve ansiedade antes de um exame), bom funcionamento em todas as áreas, interessado e envolvido em uma ampla faixa de atividades, socialmente eficiente, em geral satisfeito com a vida, nada além de problemas ou preocupações cotidianas (p. ex., uma discussão ocasional com membros da família).
80 – 71	Se estão presentes, os sintomas são temporários e consistem de reações previsíveis a estressores psicossociais (p. ex., dificuldade para concentrar-se após discussão em família); não mais do que leve prejuízo no funcionamento social, ocupacional ou escolar (p. ex., apresenta declínio temporário na escola).
70 – 61	Alguns sintomas leves (p. ex., humor depressivo e insônia leve) OU alguma dificuldade no funcionamento social, ocupacional ou escolar (p. ex., faltas injustificadas à escola ocasionalmente, ou furto dentro de casa), mas geralmente funcionando muito bem; possui alguns relacionamentos interpessoais significativos.
60 – 51	Sintomas moderados (p. ex., afeto embotado e fala circunstancial, ataques de pânico ocasionais) OU dificuldade moderada no funcionamento social, ocupacional ou escolar (p. ex., poucos amigos, conflitos com companheiros ou colegas de trabalho).
50 – 41	Sintomas sérios (p. ex., ideação suicida, rituais obsessivos graves, freqüentes furtos em lojas) OU qualquer prejuízo sério no funcionamento social, ocupacional ou escolar (p. ex., nenhum amigo, incapaz de manter um emprego).
40 – 31	Algum prejuízo no teste de realidade ou na comunicação (p. ex., fala às vezes ilógica, obscura ou irrelevante) OU prejuízo importante em diversas áreas, tais como emprego ou escola, relações familiares, julgamento, pensamento ou humor (p. ex., homem deprimido evita amigos, negligencia a família e é incapaz de trabalhar; criança freqüentemente bate em crianças mais jovens, é desafiadora em casa e está indo mal na escola).
30 – 21	Comportamento consideravelmente influenciado por delírios ou alucinações OU sério prejuízo na comunicação ou julgamento (p. ex., ocasionalmente incoerente, age de forma amplamente imprópria, preocupação suicida) OU incapacidade de funcionar na maioria das áreas (p. ex., permanece na cama o dia inteiro; sem emprego, casa ou amigos).
20 – 11	Algum perigo de ferir a si mesmo ou a outros (p. ex., tentativas de suicídio sem clara intenção de morte; freqüentemente violento; excitação maníaca) OU ocasionalmente não consegue manter o mínimo de higiene pessoal (p. ex., suja-se de fezes) OU amplo prejuízo na comunicação (p. ex., ampla incoerência ou mutismo).
10 – 1	Perigo persistente de ferir gravemente a si mesmo ou a outros (p. ex., violência recorrente) OU inabilidade persistente de manter uma higiene pessoal mínima OU sério ato suicida com claro intento de morte.
0	Informações inadequadas

Fonte: Manual Diagnóstico e Estatístico de Transtornos Mentais (4ª ed. Texto revisado). American Psychiatric Association, 2000, Washington, DC: Author. Copyright 2000 American Psychiatric Association. Reimpresso sob permissão

po e um paciente precisa de olanzapina, é claro que irá encaminhar o paciente a um médico que lhe dê a medicação. Se a farmacoterapia é o seu ponto forte, é importante encaminhar o paciente para uma terapia cognitivo-comportamental quando indicada, supondo-se que você mesmo não trabalhe com ela.

Hospital psiquiátrico

Embora os leigos muitas vezes considerem a hospitalização como o único recurso, em várias situações, o hospital psiquiátrico moderno é o recurso mais razoável:

- Para pacientes que oferecem riscos para si mesmos
- Para pacientes que oferecem riscos para outras pessoas
- Para pacientes que não conseguem cuidar de si mesmos
- Quando o tratamento desejado só existe lá
- Quando o paciente deve ser retirado do ambiente
- Quando é necessária uma avaliação/observação intensiva por razões médicas ou legais

Os profissionais costumam ser muito conservadores no que tange a proteger as vidas dos seus pacientes. Pelo menos com relação a ideias suicidas, que provavelmente sejam a razão mais citada para hospitalização, a maioria dos profissionais concordaria que é melhor errar para o lado da hospitalização exagerada.

Abrigos

Os abrigos são recursos vitais para pacientes que não precisam ser hospitalizados, mas que, por razões variadas, não podem morar em casa. Existem abrigos especializados para a proteção de crianças, de mulheres agredidas, de indivíduos que fugiram e de pessoas sem-teto (homens, mulheres e famílias).

Assistência jurídica

A ajuda jurídica pode ser necessária para problemas que possam causar ou resultar do transtorno mental. Às vezes, os problemas legais podem não estar relacionados com a doença. Se o paciente tiver poucos recursos e precisar de serviços variados, como escrever um testamento ou se defender de acusações criminais, pode ser necessário encaminhá-lo a uma entidade que preste ajuda jurídica. Se o problema envolver abuso de idosos ou de crianças, encaminhe a pessoa para serviços de proteção ao idoso ou à criança, respectivamente. Os números dessas agências geralmente podem ser encontrados em listas governamentais nos guias telefônicos das grandes cidades.

Grupos de apoio

Muitos grupos de apoio seguem o modelo dos famosos doze passos dos Alcoólicos Anônimos. Na maioria dos grupos a participação é sem custo, e muitos existem em toda parte, com grupos espalhadas pelo país (e às vezes pelo mundo). O nome do grupo geralmente descreve sua função. Embora apresentar uma lista completa de grupos de apoio não fosse ter praticidade aqui (existem inúmeros), eis alguns representativos:

- Adult Children of Alcoholics
- Adults Molested as Children United
- Grupos Familiares Al-Anon do Brasil
- Grupos Alateen (para adolescentes com pais alcoolistas)
- Alcoólicos Anônimos
- Agressores Anônimos
- Jogadores Anônimos
- Narcóticos Anônimos
- Comedores Compulsivos Anônimos
- Parents Anonymous (para pais que cometeram abuso contra seus filhos)
- Parents Without Partners
- Recovery Inc. (para indivíduos com problemas emocionais)

Outros recursos

- *Tratamento agudo para uso de substâncias.* Existem serviços de desintoxicação, geralmente disponíveis por outros centros de saúde mental.
- *Avaliação médica.* Disponível na rede municipal, estadual e privada para avaliação de estupro, trauma, HIV e doenças de qualquer tipo.
- *Serviços vocacionais.* Incluindo avaliação para deficiências, treinamento profissional e seguro desemprego, esses serviços podem ser acessados por meio de postos e entidades do trabalho regionais e estaduais.

19
COMPARTILHANDO SUAS OBSERVAÇÕES COM O PACIENTE

Os resultados clínicos e as recomendações têm utilidade na medida em que são compartilhados com outras pessoas. O caso mais importante desse compartilhamento é com o paciente, e muitas vezes também com a família.

CONVERSANDO COM O PACIENTE

Independentemente de você enxergar ou não uma indicação externa de nervosismo, seu paciente provavelmente estará se sentindo apreensivo com relação aos resultados das suas observações. É por isso que você deve planejar discuti-las tão logo puder. Muitos profissionais fazem isso ao final de cada entrevista inicial. Os problemas complexos podem exigir mais entrevistas ou mais tempo para revisar certos materiais. Mesmo assim, algum tipo de relatório provisório seria bom, mesmo que apenas com algumas sentenças.

O que você diz é regido até certo grau pela capacidade do paciente de entender, e ela, por sua vez, pode ser bastante influenciada pelo transtorno em si. Porém, a maioria dos pacientes consegue entender e apreciar a verdade, que é o que você sempre deve tentar comunicar. No princípio, eu relutava em dar o diagnóstico de esquizofrenia a pacientes e familiares, pois ele traz um prognóstico desfavorável, mas, depois de várias dessas situações, descobri que os pacientes tendem a aceitar esse diagnóstico tanto quanto qualquer outro, e parei de me preocupar.

Se você seguir algumas regras simples ao comunicar suas observações, sua mensagem terá uma chance maior de ser ouvida e aceita.

Resuma os problemas. Dessa forma, você garante ao paciente que realmente entende por que ele procurou ajuda. No caso de você não entender tanto quanto pensava, o paciente terá a oportunidade de esclarecê-lo.

Apresente um diagnóstico. Apresente seu melhor diagnóstico em termos adequados para o paciente. Se não tiver certeza do diagnóstico, diga. Depois, apresente seu plano para resolver a sua incerteza (mais exames? Um teste terapêutico?).

Mantenha tudo simples. Tenha em mente aquilo que o paciente realmente precisa saber, e transmita isso. Esse não é o momento para dar um curso de graduação em diagnóstico.

Não use jargão. As informações devem ser transmitidas em termos que o paciente possa entender. Se você usar muitas palavras complicadas, correrá o risco de perder uma parte da mensagem, enquanto o paciente decifra o código.

Continue pedindo o feedback do paciente. Você terá maior adesão às suas recomendações e mais satisfação do paciente quando perguntar se ele entende a sua explicação do problema e a abordagem proposta:

- "Como você se sente a respeito disso?"
- "Você tem alguma pergunta até aqui?"

Enfatize o positivo. Com as muitas abordagens terapêuticas que os profissionais da saúde mental têm à sua disposição, mesmo problemas bastante graves como a esquizofrenia e o transtorno bipolar I podem ser tratados. Mesmo que não possa fazer muito por um paciente que esteja rapidamente iniciando uma demência, você pode ajudar a família a enfrentar a situação.

Demonstre sua compaixão. Observe mudanças no afeto do paciente enquanto dá informações. Reconheça os sentimentos do paciente e demonstre empatia, fazendo sugestões de como as coisas podem melhorar. Lembre-se de que todas as pessoas precisam sentir esperança.

Discutindo o tratamento

Antes de mais nada, o plano de tratamento a que se chega deve ser estruturado como um esforço de cooperação entre o profissional e o paciente. Embora essa abordagem ao planejamento do tratamento exija mais esforço inicial, no longo prazo, todos se beneficiam. Um plano compartilhado com o paciente é uma parte importante da entrevista inicial.

O que os pacientes querem de seus terapeutas? Minha tendência é responder essa importante questão com outra pergunta: exatamente o que eu iria querer se fosse o paciente? Iria querer um plano sensível – que relacionasse o diagnóstico com um tratamento racional –, e uma explicação clara do processo de tratamento, suas possíveis limitações, as alternativas ao tratamento e uma avaliação honesta da probabilidade de êxito. Um plano concreto para outras investigações, assim como para o tratamento, me ajudaria a ter mais confiança em relação ao futuro. Ao me colocar de volta no controle, me faria sentir mais entusiasmo com o tratamento e menos insegurança na implementação. Um paciente que aceita o plano é mais propenso a cooperar entusiasticamente. Eu também iria querer um terapeuta que estivesse tão interessado em garantir a minha compreensão que, se eu fizesse perguntas, elas seriam tratadas não como desafios à autoridade, mas como oportunidades de me envolver no processo de tratamento. Minha adesão seria maior: provavelmente me lembraria das minhas consultas, tentaria fazer os exercícios solicitados e esqueceria poucas doses dos remédios. Minha melhora não seria demorada, e eu evitaria insucessos no tratamento e na terapia. Se alguma coisa saísse errada e o tratamento não funcionasse, seria pouco provável que eu culpasse meu terapeuta, já que eu havia concordado com o plano.

Na abordagem em que se negocia o tratamento, paciente e terapeuta formulam juntos o plano. Isso não significa que o paciente obterá tudo aquilo que quiser, mas, sim, que o profissional escutará o paciente. Você pode estimular seu paciente a "querer", ou a escolher, o plano que você achar melhor, mas deve ouvir e reagir adequadamente se a escolha for diferente. Por exemplo, muitas vezes, sinto que um adolescente escolheu errado ao rejeitar a medicação para a depressão. "Quero fazer isso sozinho" é a resposta típica. Porém, sempre aceito a decisão com a maior isenção que consigo manter – e, muitas vezes, algumas consultas adiante, o paciente fala que "isso não está indo como eu esperava, talvez eu deva experimentar seu remédio".

Quando vocês estiverem planejando o tratamento juntos, eis algumas questões a considerar:

- *Discuta as opções.* É da natureza humana sentir-se mais no controle quando existem opções. Portanto, você deve passar uma lista completa das opções possíveis de tratamento. Uma escolha óbvia, que raramente é mencionada, é não usar nenhuma forma de tratamento. Muitas vezes, começo com essa, pois ela me permite discutir em termos concretos aquilo que prevejo como o resultado de não tratar (ou de um tratamento inadequado). Isso serve como uma referência útil contra a qual se podem medir os benefícios e as limitações das outras opções.
- *Mencione as desvantagens.* Nenhum tratamento está livre deles: os medicamentos têm efeitos colaterais, a psicoterapia leva tempo, a terapia de grupo envolve outras pessoas e a modificação comportamental exige muito esforço e ansiedade. Todos eles são caros. Os aspectos negativos do tratamento são difíceis de contemplar, mas os pacientes devem saber essas coisas, para que possam fazer uma escolha racional. Muitos estados têm leis que exigem que os pacientes sejam informados das alternativas a tratamentos somáticos, como drogas e eletroconvulsoterapia.
- *Você pode favorecer uma opção.* Na maior parte do tempo, você provavelmente transmitirá suas opiniões diretamente. Porém, para pacientes que sentem necessidade de desafiar a autoridade ou que desejam vigorosamente uma forma específica de terapia, você talvez queira exercer a sua influência de um modo mais sutil. Por exemplo, você pode trazer boas notícias sobre a farmacoterapia para pacientes que precisam:
  - "Você não terá que esperar para sempre para adquirir controle sobre os sintomas."

  Você também pode trazer boas notícias para pacientes, talvez com um transtorno de personalidade, que *não* precisam de drogas:
  - "Você não precisará abrir mão do controle do seu corpo."

  Nenhuma dessas afirmações é falsa, e ambas podem promover um dos objetivos dos profissionais da saúde mental: incentivar os pacientes a aceitar aquilo que os ajudará.
- *Certifique-se de que o paciente entende as opções.* A maioria dos pacientes entenderá, mas, sob estresse, as pessoas podem ter dificuldade para concentrar sua atenção total naquilo que lhes é dito. Se você tiver dúvidas de que suas instruções sobre o tratamento foram ouvidas, peça para o paciente repetir o que você disse – "para ver se fui claro como deveria ser". Outra forma de ajudar o paciente a entender você é fazer um breve resumo das suas recomendações.
- *Evite fazer promessas, além de que fará tudo que puder para ajudar.* É claro que você não pode ver o futuro e, em algum nível, o paciente sabe disso. Porém, os pacientes (e as famílias) às vezes se preocupam tanto com o futuro que imaginam que nós clínicos temos poderes que não possuímos. Os próprios profissionais se colocam em sérias dificuldades por pintarem uma visão do futuro que é mais auspicio-

sa do que os dados e a experiência de outras pessoas sustentariam. Quando oferecemos esperança, deve ser no contexto de uma visão realista da situação e um plano racional para o futuro. Enfatize a importância da cooperação do paciente em todos os aspectos do tratamento – incluindo questionar qualquer uma das suas conclusões ou suas instruções que possam não ser compreendidas.

Motivando o paciente

É claro que, sem implementação, o melhor plano de tratamento do mundo chegará precisamente a nada. E, com frequência, esse é o resultado de uma consulta em saúde mental. Apesar das melhores iniciativas do terapeuta, o paciente pode esquecer de tomar a medicação, negligenciar exercícios comportamentais ou beber e usar drogas.

Por que tantos pacientes não parecem dispostos a melhorar? Com frequência, isso pode ser traçado como uma falta de esperança, talvez baseada em uma longa experiência com o sistema de saúde mental. Os transtornos de personalidade ou o uso de substâncias podem motivar as pessoas de maneira que competem com o plano terapêutico. Ou talvez a educação, muitas vezes disfarçada em exortação, já tenha sido experimentada. Embora o conhecimento maior sobre o transtorno mental possa esclarecer a fonte do problema, não dá necessariamente ao indivíduo um sentido de controle, e alguns estudos mostram que a educação em si não ajuda muito a motivar mudanças.

Use a *entrevista motivacional* (EM), uma abordagem centrada no cliente, para persuadir as pessoas a mudar comportamentos que precisam adotar por razões relacionadas com a saúde ou por outros motivos. Em vez de confrontação, a EM enfatiza a cooperação. Como educação, ela usa a *evocação*, que significa destravar os recursos que o paciente já possui para a mudança. A EM ajuda a tirar as pessoas da ambivalência, a identificar a sua própria motivação interior. Muitas vezes, em estudos controlados, a EM tem se mostrado produtiva – mesmo na vasta maioria dos pacientes com esquizofrenia.

A EM baseia-se no princípio de que é mais fácil levar as pessoas a fazerem o que se quer do que impedir que elas façam o que não se quer – é a abordagem de "pegar mais moscas com mel do que com vinagre". O paciente não precisa se comprometer com uma mudança global, apenas com comportamentos específicos. Embora tenham sido escritos manuais inteiros sobre a EM, ela pode ser sintetizada em quatro princípios básicos:

1. *Demonstre empatia.* Sem criticar, você ajuda o paciente a expressar sentimentos e pontos de vista. Observe que, além de facilitar a sua expressão, você não precisa concordar com o ponto de vista do paciente.
2. *Ajude o paciente a reconhecer como o comportamento atual está frustrando desejos de longo prazo.* A percepção dessa discrepância é que irá motivar o paciente a buscar a mudança comportamental.
3. *Quando encontrar resistência, não discuta com ela.* Pelo contrário, use-a como uma oportunidade de explorar os sentimentos do paciente. Na EM, a resistência significa que o profissional deve adotar uma abordagem diferente.
4. *Mostre que acredita que o paciente pode ter êxito*, proporcionando, assim, esperança.

A seguir, de um modo um pouco condensado, eis uma conversa com uma jovem que tem um leve retardo mental, mora com uma colega e trabalha organizando prateleiras em um armazém local. Uma paciente de bastante tempo, Misty está novamente com dificuldades com o orçamento.

Entrevistador: Vejo que você recebeu uma carta do banco.
Misty: Sim, eles disseram que eu estourei o limite novamente. E Janice [a gerente da Seaview, instituição onde mora a paciente] disse que posso perder minha conta.
Entrevistador: Isso seria muito ruim.
Misty: Sim, estou de cara.
Entrevistador: Posso imaginar. Todos ficariam. O que aconteceu para você passar do limite?
Misty: Acho que dei cheques demais.
Entrevistador: Para que eram?
Misty: Você sabe – a televisão, água, aluguel, telefone. É isso.
Entrevistador: Não parece muita coisa.
Misty: Não é. Eu sempre pago na data.
Entrevistador: Eu sei, você tem feito um ótimo trabalho com essas responsabilidades. Sempre me orgulho de você.

Com elogios para os sucessos anteriores de Misty, o profissional reafirma suas conexões e expressa confiança em suas capacidades. O princípio 4 – apoio – não deve esperar por novas ações do paciente.

Misty: Eu comprei alguns bichos de pelúcia. Tenho uma coleção.

Misty e o terapeuta fazem uma lista da renda e dos gastos. O terapeuta descobre que desde as férias, Misty está trabalhando menos, e seu pagamento foi reduzido.

Entrevistador: Então você tem menos dinheiro agora.
Misty: Sim.
Entrevistador: O que você acha que pode fazer?
Misty: Eu podia pedir dinheiro à minha mãe.
Entrevistador: E isso ajudaria? O que aconteceu da última vez?
Misty: Ela disse que não, que eu deveria gastar menos.
Entrevistador: Como seria isso?
Misty: Bem, eu tenho que pagar o aluguel.
Entrevistador: É claro. E os outros itens da lista?

Eles conversam sobre as outras contas, concordam que o telefone é essencial, e o terapeuta questiona sobre a água que Misty compra.

Misty: É pura como cristal.
Entrevistador: Os outros moradores têm água engarrafada?
Misty: Não, apenas eu e Arlene [a sua colega de quarto, cujas finanças são até mais limitadas que as de Misty].
Entrevistador: E o que aconteceria se não tivessem?
Misty: Teríamos que beber água da torneira.
Entrevistador: Como os outros.
Misty: É.

O terapeuta interpreta o longo silêncio como evidência de uma grande resistência, e decide abordá-lo de maneira oblíqua.

Entrevistador: Acho que você prefere não mudar, está certo?

Misty: Certo.
Entrevistador: A água engarrafada é ótima, você está acostumada com ela.
Misty: Certo. Usamos também para cozinhar.
Entrevistador: Você também está acostumada com a TV a cabo.
Misty: É, claro. Gostamos muito dos programas de culinária.
Entrevistador: Você tem sorte. Ambas gostam de cozinhar e dos programas de culinária.
Misty: Gostamos de comer.
Entrevistador: Vocês gostariam de manter os dois.
Misty: Sim, precisamos disso.

Descobre-se que Misty e Arlene assinam todo o serviço Premium da TV a cabo, incluindo todos os esportes, HBO e Showtime.

Entrevistador: Sabe, eu costumava ter HBO e Showtime, mas cancelei um deles. Achei que não precisava dos dois.
Misty: Ahã.
Entrevistador: O que você acha?
Misty: Acho que as pessoas que moram em casas têm dinheiro. Elas podem ter o que quiserem.
Entrevistador: Entendo, e você acha que não tem muita escolha, não é?
Misty: Isso!

Misty mostrou o que pensava – uma visão surpreendentemente clara, que descreve e explica sua resistência a ter uma escolha forçada. Compreendendo que Misty reconhece a discrepância entre o que pode pagar e o que quer, mas precisa de tempo para decidir o que fazer, o terapeuta recua e diz que eles podem trabalhar mais nesse problema na próxima vez. Essa expressão de apoio deixa Misty com a sensação de ser ouvida e de ter esperança para o futuro. Mais adiante na semana, ela liga para dizer que ela e Arlene decidiram usar a água da torneira por um tempo.

Embora a entrevista motivacional seja relativamente nova, os profissionais têm negociado com pacientes por gerações. A técnica já era defendida pelo psiquiatra Adolf Meyer há mais de 80 anos. Os clínicos que evitam o paternalismo e oferecem autonomia a seus pacientes para a tomada de decisões antes do tratamento observam que promovem um nível maior de satisfação no paciente. Além disso, os pacientes que têm relacionamentos positivos com seus terapeutas são mais propensos a ficarem felizes com o tratamento e de considerá-lo proveitoso, mesmo no caso da eletroconvulsoterapia. Outras pesquisas demonstram que os pacientes aceitam o tratamento e o seguem melhor quando os profissionais expressam empatia, estão dispostos a explicar e compartilhar informações e são acessíveis aos pacientes em seus próprios termos.

Obviamente, os benefícios da EM não se mantêm frente a uma demência avançada, psicose franca, planos suicidas agudos ou anorexia nervosa em um grau fatal. Porém, como Misty e seu terapeuta mostraram, ela pode funcionar mesmo em pacientes com prejuízo intelectual sério.

DISCUSSÃO COM A FAMÍLIA

Uma família unida desejará saber o que pode ser feito pelo paciente. Muitos familiares têm experiência considerável em lidar com profissionais da saúde mental, e essa experiência nem sempre é feliz. A qualidade da sua experiência na ocasião atual geralmente será diretamente proporcional ao seguinte:

- A quantidade de contato que eles têm com você

- O quanto sentem que têm informação
- O quanto você parece se interessar
- A opinião do paciente a seu respeito e sobre o plano de tratamento

Você pode evitar problemas de confidencialidade se você e o paciente se reunirem juntamente com a família. É claro que, se você precisa de mais informações do que o paciente pode dar, uma parte da sessão com a família deverá ocorrer na ausência do paciente. Se esse for o caso, eu pelo menos mencionaria o encontro para o paciente – que, como você pode dizer, teve inúmeras oportunidades de ter sessões confidenciais.

Se essa for a sua primeira reunião com a família, você pode começar perguntando aos familiares o que eles sabem sobre o transtorno. Isso ajudará você a saber o que pensam e, portanto, evitará frustrá-los com informações que contradigam diretamente o que já ouviram. Por exemplo, se um terapeuta anterior tiver diagnosticado esquizofrenia, e você acreditar que o diagnóstico deve ser de transtorno bipolar I, talvez você deva enfatizar os sintomas psicóticos que os dois profissionais consideram fundamentais.

Posteriormente, sua abordagem com os familiares deve ser exatamente a mesma que usou com o paciente. Informe a eles que vocês negociaram um acordo sobre o tratamento. Descreva o plano de tratamento, incluindo seus pontos fortes e fracos. É especialmente importante que os familiares saibam o que devem observar: os efeitos colaterais e os efeitos desejados do tratamento podem ser ainda mais visíveis para eles do que para o paciente. Certifique-se de dizer para os familiares como entrar em contato com você, e enfatize que quer que todos os três lados – o paciente, os familiares e você – trabalhem juntos como parceiros para resolver os problemas.

E SE O PLANO FOR REJEITADO?

Com o estresse da doença mental na família, não é incomum que alguém – geralmente o paciente, mas às vezes um familiar – levante objeções contra o plano de tratamento. Se for um familiar ou um amigo, e você e o paciente concordaram em como proceder, leve o plano adiante. Todavia, diga algo ao familiar que mostre que você considerou o ponto de vista contrário:

– "Fico contente por você ter me dito que não quer seu irmão hospitalizado. Porém, ele e eu acreditamos que é o mais seguro a fazer no momento, então acho que vamos prosseguir. Espero que você o visite. Você o conhece melhor do que qualquer um, e vou precisar dos seus olhos e ouvidos para me ajudar a julgar como ele está progredindo."

Se quem rejeitar o tratamento for o paciente, siga uma série de passos que podem resolver o impasse:

1. Tente descobrir o que não é aceitável, e tranquilize-o. Por exemplo, os efeitos colaterais do tratamento podem ser toleráveis e o paciente pode ser tranquilizado pelo fato de que provavelmente serão de curto prazo.
2. Identifique as áreas em que vocês não estão de acordo. Se for quanto à necessidade de *algum* tratamento, avance para o próximo passo.
3. Descubra qual medida terapêutica o paciente aceitaria. Se for algo que você acredita que não seria prejudicial, e não apenas inútil (como apenas uma psicoterapia para uma depressão

moderadamente grave), você pode concordar em experimentar por um período limitado. Ao final desse período, o paciente pode concordar em seguir sua recomendação original.
4. Vocês podem concordar em fazer um teste experimental, com a cláusula de que monitorará os resultados cuidadosamente e interromperá ou mudará o tratamento se o paciente se sentir insatisfeito.
5. Ofereça a possibilidade de obter uma segunda opinião. Isso pode ajudar especialmente se um amigo ou um familiar em quem o paciente confie o estiver influenciando a rejeitar a sua recomendação. Mas tenha a mente aberta: seu consultor pode recomendar algo proveitoso que seja diferente do que você tinha em mente.
6. Finalmente, é possível que tanto o paciente quanto a família possam rejeitar um tratamento que você considere essencial. Eis minha regra: posso continuar com um tratamento que acredito ser plenamente justificável contra os desejos da família ou do paciente (no caso de um paciente que esteja hospitalizado involuntariamente). Porém, se o paciente *e* a família rejeitam meu conselho, geralmente me sinto incapaz de trabalhar efetivamente com esse paciente. Nesse caso, tento ajudar o paciente a encontrar outro profissional.

20

COMUNICANDO SUAS OBSERVAÇÕES PARA OUTRAS PESSOAS

Em algum lugar, em algum momento, é concebível que um profissional da saúde mental possa fazer uma avaliação e proporcionar um tratamento completo sem dizer uma palavra a ninguém mais além do paciente. Se nunca aconteceu, esse raro evento provavelmente ocorreria em um consultório particular isolado. Porém, as exigências das seguradoras, dos órgãos governamentais e dos planos de saúde fazem com que, cada vez mais, independentemente de onde trabalha ou de quem possa ser o seu paciente, você tenha que comunicar suas observações a certas pessoas.

O RELATÓRIO ESCRITO

Mesmo o maior especialista entre os clínicos coleta seus dados de modo casual. Portanto, é necessário organizar suas observações antes de relatá-las. Para relatórios escritos e orais, a organização do material será mais ou menos a mesma. Os relatórios escritos geralmente são mais completos, de modo que serão discutidos em primeiro lugar e em muito mais detalhe. O Apêndice C apresenta uma entrevista e um relatório escrito completos.

Dados de identificação

Os dados de identificação proporcionam ao leitor uma estrutura sobre a qual podem construir uma imagem mental do paciente cuja história está sendo relatada. Nas primeiras linhas do relatório, apresentam-se os dados demográficos básicos, incluindo nome, idade, sexo, raça, estado civil, religião e qualquer outra informação que pareça relevante. Nos serviços militares, os dados de identificação também informam a patente do paciente. Em um hospital da organização Veteran's Administration, você deve informar se o paciente tem alguma deficiência relacionada com o serviço militar.

De qualquer modo, você deve informar se o paciente é novo na clínica ou se já foi atendido antes.

A queixa principal

Conforme descrito no Capítulo 2, a queixa principal é a razão que o paciente informou para ter procurado tratamento. Costuma ser escrita como uma citação direta, mas, às vezes, você pode parafrasear ou resumir – especialmente se for vaga, tortuosa ou multifacetada. Ocasionalmente, o profissional cita duas queixas principais: uma do paciente, e outra (identificada adequadamente) de um familiar, um amigo ou outro informante. Essa informação dupla é especialmente útil para pacientes que estejam confusos demais ou que não cooperem e não respondam adequadamente quando você pedir a informação.

Informantes

Informe brevemente o nome das pessoas com quem obteve suas informações, e estime o grau de confiabilidade de cada uma. Além do paciente, mencione familiares, amigos, outros trabalhadores da saúde, e prontuários antigos – qualquer coisa ou pessoa que você tenha usado para ajudar a criar o quadro do seu paciente.

Histórico da doença atual

Esta seção é a mais importante de todo o relatório. Quando você está escrevendo a história da doença atual, tenha várias regras em mente.

- Deve ser uma história cronológico. Como todas as boas histórias, deve ter um começo, algum desenvolvimento e um final. Na maioria dos casos, começará com o início do primeiro episódio da doença. Alguns profissionais marcam esse ponto cuidadosamente com uma frase de abertura, como:
    – "O sr. Turner vivia bem até os 32 anos, quando sofreu o primeiro de vários episódios de depressão."

Observe que, nessa sentença sintética, o leitor é alertado para:

1. a área principal de interesse clínico (transtorno do humor: depressão);
2. a idade de início;
3. o fato de que o problema do sr. Turner não é novo; e
4. a boa saúde do paciente durante a década da sua vida adulta anterior ao início da doença.

Depois que a narrativa está em andamento, ela deve seguir uma ordem mais ou menos cronológica, terminando com as razões que levaram o paciente a começar o tratamento desta vez.

Os pacientes que são admitidos várias vezes em uma clínica pela mesma condição podem receber um comentário abreviado, para evitar uma repetição prolongada e desnecessária de um prontuário para outro:

– "Desde os 32 anos, o sr. Turner teve cinco admissões neste centro médico para depressão grave, cada uma tratada com êxito por meio de eletroconvulsoterapia. Depois dessa alta mais recente, há dois anos, ele vinha vivendo e trabalhando de forma independente em seu negócio de ilustrador comercial. Há duas semanas, ele observou letargia e perda do interesse no trabalho que geralmente prenunciam o início de um episódio de depressão..."

- Sustente seu melhor diagnóstico. Isso significa que o material que você apresenta deve refletir os critérios diagnósticos (DSM-IV-TR) para o diagnóstico que você considera mais provável. Digamos, por exemplo, que o paciente tem sintomas de depressão e de psicose (nos termos do DSM, transtorno depressivo maior, grave, com características psicóticas e com características melancólicas). Você acredita que o diagnóstico mais provável é de melancolia com psicose, então a história da doença atual deve enfatizar a observação de que o paciente nunca está psicótico, exceto durante uma depressão profunda. Isso não significa dizer que você deve tentar ocultar ambiguidades ou indícios de diagnósticos diferentes, mas seu texto deve, até onde condiga com os dados, formar um quadro em que a história, o estado mental e o diagnóstico sejam partes mutuamente corroborativas de um todo consistente.

- Se a história for complicada, tente simplificar. Uma maneira de fazer isso é deixar para mais tarde detalhes que não sustentem o seu diagnóstico. Talvez essas informações menos relevantes possam ser incluídas na história pessoal e social. Você também pode apresentar temas distintos (embora possivelmente interligados) como parágrafos separados na história da doença atual. Depois de descrever a doença depressiva do paciente, que na verdade foi a causa da hospitalização, você pode continuar da seguinte maneira:
    - "Além da sua depressão, o sr. Turner também tem um problema com travestismo. Isso começou por volta dos 6 anos de idade..."
- Edite seu material. Se você tiver saído de uma entrevista de uma hora e lido um prontuário do tamanho das páginas amarelas, deve ter descoberto mais coisas do que a maioria dos leitores precisa saber. Para reduzir o material, você pode resumir os tratamentos anteriores em uma ou duas linhas, categorizando hospitalizações (tantas para mania, tantas para depressão) e listando os sintomas de um episódio típico. Isso poupa o leitor de inúmeras repetições de informações essencialmente idênticas.
    - "Na época [do primeiro episódio de depressão], ele notou a letargia e a falta de interesse em seu trabalho como ilustrador comercial. Nas próximas semanas, ele se tornou cada vez mais anoréxico, perdeu 4,5 kg e teve uma insônia que o fazia levantar e caminhar pelo quarto todas as madrugadas. Esse padrão de sintomas se repetiu durante os episódios subsequentes."

Conforme observaram Platt e McMath (1979), "a doença atual deve ser uma elaboração a partir desses dados primários, e não uma saga do tratamento médico".

- Inclua as negativas significativas. Ao investigar diversas áreas de interesse clínico, você fez muitas perguntas para excluir ou incluir certos transtornos. Algumas das respostas negativas ajudaram você a escolher os diagnósticos mais prováveis em uma lista diferencial. Essas respostas são chamadas de *negativos significativos* (ou *pertinentes*), e devem ser informadas na história da doença atual, juntamente com as respostas positivas importantes:
    - "Embora o sr. Leeborg tenha dito que se sentia gravemente deprimido na semana desde que perdeu o emprego, ele negou insônia, perda de apetite e perda do interesse sexual."
- Relate suas observações em uma linguagem simples. Seus leitores podem ser pessoas que não estejam acostumadas com o jargão às vezes confuso do campo da saúde mental. Frases curtas e verbos ativos demonstram a clareza do seu pensamento. Evite abreviaturas além das que são usadas

normalmente em periódicos profissionais.
- O paciente é uma pessoa, e não um "caso". Muitos profissionais consideram uma má forma de se referir ao paciente como "o maníaco" ou "o esquizofrênico". Sempre tente se referir ao paciente como "a pessoa" ou "o paciente com esquizofrenia". Essas palavras ajudam a preservar o sentido de humanidade do leitor pelo paciente.

História pessoal e social

Infância à vida adulta

Para manter as coisas organizadas, você deve seguir o máximo possível a sequência cronológica quando apresentar essas informações. Comece com o nascimento e a primeira infância, e avance para educação, experiência militar (se houver), sexualidade, casamento, história profissional, história legal e religião. Você pode usar um estilo por parágrafos ou itens. O primeiro será mais conveniente se você ditar, e o último se escrever ou digitar as informações.

Nesta seção, tente apresentar um quadro razoavelmente completo da história do paciente. Mesmo assim, você deve omitir dados que já foram cobertos na história da doença atual. Exclua as anedotas e os detalhes triviais com que os pacientes invariavelmente ilustram suas histórias de vida. Você deve excluir as negativas pertinentes, como, por exemplo, a ausência de abuso sexual na infância em um paciente com suspeita de transtorno de somatização ou transtorno de personalidade *borderline*. Inclua também positivos importantes do passado – como uso indevido de drogas ou álcool – que você possa ter omitido do histórico da doença atual porque não afetam mais a vida do paciente.

História familiar

Embora seja uma parte integrante da história de vida do paciente, a história familiar é tradicionalmente relatado em um parágrafo separado. Talvez façamos isso para enfatizar os efeitos biológicos e ambientais que as famílias podem ter sobre o desenvolvimento de cada adulto. Inclua os dados que você obteve para transtornos físicos e mentais. Ao relatar os transtornos mentais, certifique-se de incluir não apenas o diagnóstico, mas qualquer informação que tiver obtido que possa substanciar (ou refutar) o diagnóstico. Por exemplo:

– "Ainda que o pai da sra. Garwaith tenha sido diagnosticado como portador de esquizofrenia, ele foi tratado duas vezes no hospital e liberado; aparentemente recuperou-se e foi capaz de continuar com a difícil ocupação de garçom cantor. Esses detalhes sugerem um diagnóstico de transtorno do humor."

Se o paciente foi adotado ou se a história familiar é completamente negativo, mencione esse fato e vá em frente.

História médica

Cite as cirurgias, as doenças médicas importantes, os medicamentos atuais e recentes e as hospitalizações por razões que não tenham relação com a saúde mental. Liste alergias, especialmente a medicamentos. Se não houver nenhuma, afirme isso – essa informação pode vir a ter importância, se a farmacoterapia se tornar uma necessidade para o paciente. Se ainda não tiver feito, mencione hábitos como o uso de tabaco ou álcool.

Revisão dos sistemas

Mencione respostas positivas a suas questões sobre problemas físicos passados ou atuais. Se o transtorno de somatização tiver sido considerado no diagnóstico diferencial, liste os sintomas que marcou como positivos na revisão de sistemas especializada para esse transtorno (ver o Apêndice B para detalhes).

Exame do estado mental

Para muitos pacientes, a maior parte do exame do estado mental será normal e, portanto, pode ser tratada brevemente. A ordem em que você relata as diversas áreas não é tão importante quanto o fato de mencionar cada uma, mesmo que apenas para mostrar que considerou todas. Ao descrever o estado mental do paciente, tenha em mente os detalhes que seriam necessários para sustentar ou refutar os diagnósticos incluídos em seu diagnóstico diferencial. Você não deve relatar apenas as informações positivas, mas também os negativos importantes que permitem colocar o diagnóstico mais acima ou mais abaixo na listagem diferencial.

Descreva a aparência geral e as roupas do paciente, e compare a idade aparente com a idade declarada. Certifique-se de mencionar todos os aspectos do afeto. Se o tipo de afeto for pouco perceptível, "na média" será um bom descritor, mas mencione também instabilidade e adequação. Quando estiver tentando descrever anormalidades, não use termos gerais como "bizarro" ou "peculiar", que não dão uma ideia do comportamento ou da aparência do paciente. Em vez disso, escolha palavras e expressões que sejam verdadeiramente descritivas: no lugar de "as roupas do paciente eram estranhas", diga "o paciente estava vestindo uma roupa de bailarina e meia-calça costurada à mão, feita com velhos sacos de farinha".

Lembre-se de que os registros escritos de saúde mental são documentos legais, que podem ser solicitados por advogados e pelos próprios pacientes. Então, certifique-se de que seu tom e suas palavras suportarão o escrutínio. Evite piadas, reclamações e qualquer outro comentário que deva ser mantido em particular. Se precisar expressar uma opinião que possa ser considerada pejorativa, qualifique a afirmação, admitindo que a inferência é sua:

– "Ele *parecia* estar intoxicado..."
– "Suas maneiras *pareciam* sedutoras..."

No fluxo do pensamento, certifique-se de mencionar possíveis anormalidades da associação, bem como a velocidade e o ritmo da fala. Use exemplos com citações diretas, tanto para mostrar o estilo da fala do paciente quanto para proporcionar uma medida basal para avaliar mudanças futuras.

De um modo geral, as observações que você relata como o conteúdo do pensamento espelham o que você já terá mencionado na história da doença atual. Você também deve mencionar todos os outros conteúdos possíveis do pensamento, que não estejam presentes. Embora muitos pacientes não apresentem um conteúdo do pensamento psicopatológico, todos (exceto os que são totalmente mudos) dizem alguma coisa. Seja o que for, você deve descrevê-lo brevemente:

– "O conteúdo do pensamento do paciente dizia respeito principalmente a suas infidelidades do passado e ao fato de que sua esposa estava prestes a deixá-lo. Ele não demonstrava delírios, alucinações, obsessões ou fobias."

Quando seu paciente tem déficits linguísticos, diga quais são, mas também dê um exemplo do que está falando:

- "Embora a sra. Treat conseguisse compreender instruções simples e falasse com uma boa fluência, ela apresentava afasia na nomeação: não conseguia nomear o clipe e a ponta da caneta esferográfica e chamava meu relógio de 'a coisinha do tempo'."

Ao relatar as capacidades cognitivas, não é suficiente mencionar que o paciente estava simplesmente "normal" ou "intacto". Você deve citar os testes que fez, as respostas dadas e como interpretou tais respostas. Quão erradas estavam as respostas incorretas? As circunstâncias mitigam os erros? Por exemplo, se o paciente não conseguia lembrar de um nome, de uma cor e de um endereço depois de 5 minutos, isso pode ser explicado com base na pouca concentração causada pela depressão? A capacidade de abstrair estava comprometida? Se estava, qual foi o teste que você usou, e qual foi a resposta? Ao relatar a série de setes, cite o número de erros e a rapidez com que os cálculos foram feitos. O paciente contou nos dedos para ajudar nos cálculos?

Ao relatar sobre o *insight* e o julgamento, você geralmente deve fazer uma interpretação (excelente, bom, razoável ou fraco), mas certifique-se de apresentar seu raciocínio:

- "O *insight* da srta. Reis parecia pobre, pois, apesar de seus sintomas claramente maníacos, ela negava que tivesse estado doente um dia sequer em sua vida. Porém, seu julgamento era muito bom: ela concordava em permanecer no hospital 'para exames', e chegou a dizer que poderia voltar a tomar lítio."

REGISTRANDO O DIAGNÓSTICO

Na América do Norte, o padrão para o diagnóstico psiquiátrico tem sido cada edição sucessiva do *Manual Diagnóstico e Estatístico de Transtornos Mentais* (DSM) da Associação Psiquiátrica Americana. Grande parte do resto do mundo usa a *Classificação Internacional de Doenças* (CID), em uma de suas muitas iterações. O DSM, criado por comitês de especialistas e fortemente fundamentado na pesquisa empírica, especifica que cada paciente seja avaliado em cinco áreas. Cada área, chamada de *eixo*, contém informações que ajudam a descrever o estado atual da saúde mental do paciente. As três primeiras dessas áreas contêm as informações diagnósticas:

- O Eixo I compreende as principais síndromes clínicas. A maioria dos pacientes tem pelo menos um diagnóstico do Eixo I. Essas síndromes incluem depressões, psicoses, transtornos da ansiedade, transtornos por uso de substâncias e outras entidades clínicas que os profissionais da saúde mental diagnosticam e tratam tipicamente. Se mais de um diagnóstico for apropriado, inclua todos, mas liste em primeiro lugar aquele que foi mais responsável pela avaliação atual.
- O Eixo II compreende os transtornos de personalidade e o retardo mental. Ele ajuda a enxergar as características de longo prazo que definem a pessoa entrevistada. Se o diagnóstico que ocasionou a avaliação atual estiver no Eixo II, ele deve ser seguido pelas palavras *diagnóstico principal*.

- O Eixo III compreende todos os diagnósticos físicos que contribuem para a sua compreensão do paciente – por exemplo, asma, diabetes, obesidade e epilepsia do lobo temporal.
- O Eixo IV é o lugar para indicar os estresses psicossociais que, durante o ano anterior, possam ter causado ou afetado a condição mental do paciente, ou que possam afetar o tratamento significativamente. A Tabela 3 lista os tipos de estressores que podem ter sido observados. Você deve escrever o estressor exato responsável, e não a sua categoria.
- O Eixo V, a Avaliação Global do Funcionamento, avalia o funcionamento geral do paciente. Podem-se fazer duas classificações: uma atual e outra que descreve o nível mais elevado de funcionamento durante o ano anterior. A escala vai de 100 (superior) a 1 (mais baixo), e é apresentada na Tabela 18.2.

A CID não tem um eixo separado para transtornos de personalidade, mas também se baseia em pesquisas e nas opiniões de especialistas.

FORMULAÇÃO

Na formulação do caso, você tenta sintetizar tudo o que descobriu sobre o passado do paciente, de modo a mostrar o caminho para um futuro melhor. Existem várias razões para preparar uma formulação:

- Orientar o seu pensamento sobre o paciente
- Resumir a lógica por trás dos diagnósticos
- Identificar necessidades futuras de informações e tratamento
- Apresentar uma breve síntese do paciente

Diversos formatos podem ser usados, e alguns deles são tão entremeados que trazem o risco de apresentar novamente todo o material que você acaba de cobrir. O método apresentado aqui combina as vantagens da brevidade, da completude e da simplicidade.

Das várias seções da formulação, as duas mais importantes são o diagnóstico diferencial e os fatores que contribuem para o problema. Elas contêm o pensamento original que você usará para integrar todo o material que reuniu.

Um exemplo de formulação, apresentada de forma resumida, vem a seguir.

Recapitulação breve

Depois de alguns dados mínimos de identificação, cite os sintomas e o curso da doença atual do paciente, com base nos fatos da história da doença atual e no exame do estado mental. Use qualquer parte do seu relatório que for necessária:

– "A sra. Juneau é uma mulher casada, tem 27 anos, com duas hospitalizações anteriores devido a uma psicose que antes foi considerada esquizofrenia. Por três semanas, ela ficou no quarto, em jejum e 'preparando-se para o fim do mundo', que diz ter causado. Seu marido a trouxe para o hospital quando começou a se preocupar com sua perda de peso."

Diagnóstico diferencial

Cada um dos diagnósticos possíveis em sua listagem diferencial é apresentado com os principais argumentos a favor e contra. Inclua diagnósticos do Eixo I e do Eixo II.

- *"Psicose com delírios e alterações cognitivas.* História de traumatismo craniano 8 anos atrás."
- *"Uso de substâncias.* Ela bebia muito durante seus dois episódios psicóticos, mas jamais continuava a beber depois do esbatimento da psicose."
- *"Depressão.* A sra. Juneau se sente triste, desesperançosa e culpada por um pecado não especificado que cometeu antes de casar. Ela é anoréxica, está quase insone, e perdeu 20 quilos."
- *"Esquizofrenia.* Ela está delirante. Durante um episódio anterior, acreditava que havia sido trazida à Terra para salvar os judeus."

O melhor diagnóstico

Declare o diagnóstico que estabeleceu, por que o escolheu e a fonte (a edição atual do DSM ou da CID). Observe que seu melhor diagnóstico pode não ser um dos mais altos na hierarquia. O exemplo mais notável disso é que um transtorno cognitivo, se existir um possível, sempre deve ser excluído em primeiro lugar, mas frequentemente não é o diagnóstico mais provável:

- "A sra. Juneau talvez esteja na fase depressiva do transtorno bipolar I (DSM-IV-TR). Seus episódios anteriores de psicose esbateram-se completamente. Seu marido diz que, mesmo sem a medicação de manutenção, ela estava bem entre os episódios. Todos os sintomas psicóticos parecem ser congruentes com o humor no momento. Traumatismo craniano 8 anos atrás e sem sequelas, e não existem outros indícios de organicidade. O uso indevido de álcool parece ocorrer em resposta a seus episódios psicóticos, que, em retrospectiva, provavelmente eram de mania com psicose."

Fatores que contribuem para a doença

Neste ponto, você descreve como os vários fatores que identificou contribuíram para o desenvolvimento dos problemas principais do paciente. Quando aplicável, mencione fatores biológicos, dinâmicos, psicológicos e sociais. Dependendo do material que tiver identificado, esta seção pode ser longa ou curta:

- "Uma base biológica para a doença da sra. Juneau pode ser observada na história familiar: sua mãe sofria de depressões recorrentes. Um precipitante psicológico pode ser a morte do seu pai há dois meses. Os custos médicos de episódios anteriores podem ter contribuído para a profundidade da depressão atual."

Outras informações necessárias

Cite brevemente as entrevistas, os testes e os registros que possa precisar para confirmar o diagnóstico:

- "Serão solicitados os registros das admissões anteriores da sra. Juneau para verificar se os sintomas que ela tinha podiam ser de mania. Fazer uma IRM para descartar sequelas do traumatismo craniano."

Plano de tratamento

Apresente suas recomendações para o tratamento. Para a sra. Juneau, foram as seguintes:

- Biológicas
  - Lítio 900 mg/dia para prevenir a recorrência de mania
  - Fluoxetina 20 mg/dia para a depressão
  - Olanzapina, se necessário, para controlar a psicose
- Psicológicas
  - Psicoterapia, com foco nos sentimentos de culpa e luto
- Sociais
  - Assistência com planejamento financeiro
  - (?) Encaminhamento aos Alcoólicos Anônimos
  - Educação da família Juneau com relação ao transtorno bipolar I

Prognóstico

Qual é o resultado provável para essa paciente?

- "Espera-se que a sra. Juneau se recupere totalmente. O uso profilático de um estabilizador do humor pode prevenir episódios subsequentes."

A APRESENTAÇÃO ORAL

Uma apresentação verbal do material da entrevista geralmente segue o mesmo padrão do relatório escrito. Geralmente, é um pouco mais breve. De fato, qualquer apresentação oral com mais de cinco ou seis minutos corre o risco de gerar tédio e desatenção nos ouvintes. Todavia, você deve apresentar um retrato completo e acabado, que demonstre o quanto você entende o paciente.

Você também pode demonstrar o quanto é organizado. Para uma apresentação formal, escreva suas observações em um pequeno cartão. Isso acelerará a apresentação, ajudará sua memória quando for necessário, e salvará você do desconforto de ficar procurando informações nas páginas do prontuário do paciente.

Quando estiver fazendo a apresentação oral, prepare-se com o diagnóstico e o diagnóstico diferencial. Você deve ter em mente as razões para escolher o seu melhor diagnóstico. Alguns professores pedem que a defesa da escolha seja feita com dados e lógica.

21
LOCALIZANDO E RESOLVENDO PROBLEMAS NA SUA ENTREVISTA

Até certo grau, cada entrevista tem suas falhas, e cada entrevistador tem dificuldades. A arte da entrevista hábil está em compensar as primeiras e minimizar os efeitos das segundas. Neste capítulo, analisaremos alguns dos problemas que os entrevistadores iniciantes costumam enfrentar – ou deverão enfrentar, quando tomarem consciência deles.

É claro que existem muitas maneiras possíveis de uma avaliação inicial dar errado, mas o resultado pode ser afetado apenas de duas maneiras. O *rapport* com o paciente raramente é vítima de uma entrevista problemática. Se existe uma área em que a maioria dos terapeutas tem êxito, é em formar um bom relacionamento de trabalho com seus pacientes. Ainda assim, passos errados no processo de entrevista, por vezes, levam os pacientes a retirarem-se do tratamento.

O outro efeito de uma entrevista que naufraga envolve as informações que buscamos. Ou seja, os profissionais às vezes obtêm informações que pensam ser precisas e completas, quando não são. A entrevista inicial é o momento em que tentamos conscientemente descobrir os fatos pertinentes sobre um novo paciente. Independentemente de quanto possamos pensar que aprendemos, tendemos a formar uma impressão depois da primeira fase de coleta de informações, mesmo que dure uma hora ou estenda-se por várias sessões. Depois que formamos uma impressão diagnóstica, podemos considerar difícil revisar nossas primeiras impressões, mesmo ante novas informações convincentes.

IDENTIFICANDO A ENTREVISTA PROBLEMÁTICA

A parte boa: a maioria das entrevistas pode ser recuperada, uma vez que se descobre o que está errado. A parte ruim: pode ser difícil saber o que está errado. Eis alguns sinais que podem dar uma indicação:

Durante a entrevista

Mesmo enquanto está conversando com o paciente, você deve estar alerta para comportamentos que indiquem que a entrevista está com problemas.

- O paciente fica quieto, opositor ou crítico. A maioria das interações com pacientes começa bem. Ao longo do caminho, porém, às vezes acontece algo que aborrece o paciente no processo. A evidência está na mudança nos modos do paciente. Alguém que a princípio era cooperativo e falante pode começar a discutir suas declarações aparentemente imparciais. Outra pessoa, inicialmente loquaz, pode parar de fazer comentários espontâneos ou começar a responder perguntas abertas com sílabas ou mesmo grunhidos.
- Embora o paciente que olha pela sala possa estar prestando atenção em suas alucinações, é mais provável que esse paciente tenha

perdido o interesse em sua conversa e queira fazer algo diferente. Lembro de um paciente que saiu da sala, deixando a entrevista inacabada. Sem a participação ativa do paciente, qualquer informação que você obtiver provavelmente não será consistente, muito menos precisa.
- Você recebe respostas contraditórias para repetições da mesma pergunta.
- Você observa que não consegue pensar em perguntas para fazer que esclareçam uma parte importante do diagnóstico diferencial.
- O paciente pede constantemente para você repetir suas perguntas.
- *Você* quer levantar e sair da sala.

Depois da entrevista

Depois que o paciente se foi, algumas evidências em seus dados podem dizer que algo está errado.

- Você nota que omitiu pontos importantes.
- O paciente não aceita marcar outra consulta.
- As informações que você acaba de obter contradizem dados de outros prontuários ou fontes adicionais.
- Suas informações falam apenas de um item do diagnóstico diferencial.
- Você aprendeu muito sobre futebol, mas pouco sobre a história do paciente.
- Você não descobriu o suficiente sobre os sentimentos do paciente.
- Você não levantou questões críticas para toda entrevista: sexo, uso de substâncias, ideação suicida.

COMO DETERMINAR O QUE ESTÁ ERRADO

Os seguintes passos do diagnóstico da entrevista podem ajudar a determinar o que está errado. Mesmo que você não tenha encontrado nenhuma das questões que mencionei, recomendo dar o primeiro passo sem receio de vez em quando. Afinal, o erro mais insidioso de todos é aquele que não chama a sua atenção.

Faça uma gravação

É claro que você somente pode gravar uma entrevista com a permissão expressa e escrita do paciente, mas isso raramente representa um obstáculo. Você pode explicar que está tentando aprender mais sobre o processo de entrevistar, e que gravar uma entrevista lhe dará uma ideia melhor das necessidades dos seus pacientes. Eu não me sentiria mal por admitir – no seu nível de experiência ou no meu – que gostaria de saber o que preciso aprender. Em minha experiência, apenas uma pequena minoria dos pacientes nega permissão para ser gravado.

Um pequeno gravador colocado de maneira desimpedida entre você e o paciente servirá. Se a sala estiver relativamente silenciosa (não havendo sons no corredor ou do sistema de aquecimento), vocês devem conseguir ouvir suas vozes sem dificuldade. No caso de haver muito ruído ambiente na sala, um par de microfones de lapela unidos por um conector em "Y" pode gerar clareza instantânea.

Uma gravação em vídeo seria ainda melhor – se você conseguir preparar a câmera de um modo que mostre o paciente e você. (Para obter clareza sonora, você também precisará de microfones fora da câmera.) Você não está interessado apenas na aparência do paciente, mas em suas próprias expressões faciais e linguagem corporal. Você franze as sobrancelhas, olha de lado, parece aborrecido ou vira os olhos? Ou não dá um sorriso de encorajamento de vez em quando? Você mantém o contato visual ou passa o tempo mexendo em suas notas? A ferramenta no Apêndice E pode dar uma estrutura adicional para a sua autoavaliação.

Faça algumas entrevistas com observador

Por mais poderosa que possa ser a sua gravação em áudio ou vídeo, você pode multiplicar a sua efetividade com uma pequena ajuda externa. Por gerações, a entrevista com observador é um padrão para determinar a adequação de um psiquiatra para a certificação. Pedindo um pouco de tempo de um colega, você pode ter os mesmos benefícios por conta própria – sem o trauma de vida ou morte que os candidatos sofrem. É claro que você pode pedir para seu supervisor sentar com vocês enquanto entrevista um paciente real, mas isso causaria complicações para coordenar os horários de três pessoas, sem mencionar o problema para o paciente de ter outra pessoa fisicamente na sala enquanto você faz a avaliação. Geralmente, é melhor usar uma das gravações de que falamos como base para uma discussão com um especialista local em entrevistar. (Certifique-se de que o paciente concorda que outro profissional tenha acesso ao material.)

Entretanto, encontrar um supervisor apropriado representa um ou dois problemas por si só. Uma boa escolha seria alguém que você conhece suficientemente bem para pedir um favor, mas não bem *demais*. Você precisa de um profissional que esteja disposto a contar exatamente o que há de errado, sem se preocupar muito em ofender você. (A sinceridade é bastante recomendada em um supervisor, então tente conseguir alguém que você saiba que será franco.) Peça para alguém com bastante experiência com entrevista, preferencialmente alguém que lecione – talvez um professor do seu programa de formação, mesmo que você já seja graduado. Você realmente precisa de alguém que tenha tempo para ouvir (ou assistir) toda a entrevista e lhe dê meia hora de *feedback* sobre o seu estilo. Pode ser um profissional de uma disciplina diferente da sua. Experiência e perspectiva são o que você está buscando, e não uma postura teórica arbitrária. Essa pessoa vale muito para você, especialmente se você estiver tendo dificuldade com muitas das suas entrevistas.

O QUE VOCÊ APRENDERÁ (E O QUE FAZER A RESPEITO)

Antes de forçar você a confrontar os seus cacoetes verbais (é doloroso, acredite), os métodos descritos podem revelar dificuldades em todo o espectro de comportamentos que discutimos relacionados com a entrevista. Eis alguns que podem aparecer. Os números das páginas o levarão a seções deste livro que discutem os comportamentos que você deve estar praticando.

- *Âmbito da entrevista limitado demais*. É fácil se concentrar em uma ou duas questões centrais – transtorno do humor e psicose vêm à mente – e deixar inexploradas questões que possam parecer mais periféricas, mas que são importantes mesmo assim. Dois exemplos são problemas conjugais/familiares que resultam do uso de substâncias, e questões ligadas à personalidade, que podem complicar quase todos os diagnósticos importantes. A fala livre é um meio de garantir uma abrangência ampla. Página 25.

- *Investigação insuficiente de pistas.* Você corre o risco de errar se não explorar as pistas que o paciente lhe dá. Digamos que o paciente mencione de passagem que "eu fiquei muito louco naqueles anos em que o papai estava longe da família". Você pode tentar descobrir o que o paciente quer dizer com "muito louco", obtendo muitas informações pertinentes ao transtorno de conduta e a dificuldades de aprendizagem na infância. Porém, lembrará de perguntar por que o papai estava longe da família? Aquilo que você descobrir – divórcio, uma sentença na prisão, admissão em um hospital psiquiátrico, fuga com a babá – pode ser importante para o seu diagnóstico. Página 52.
- *Uso inadequado de perguntas abertas.* Quando você identifica uma área para investigação adicional, as questões que usa podem ser críticas para a quantidade e para a qualidade das informações que obtém. Se você ouvir sobre sofrer "abuso quando criança", pode fazer muitas perguntas sobre quem bateu no paciente, quando e sob quais circunstâncias, e jamais saber que o paciente estava sofrendo tanto abuso físico quanto sexual. Como seu supervisor pode lhe dizer, uma abordagem melhor seria primeiro fazer alguma pergunta aberta, do tipo "por favor, fale-me mais sobre isso". Desse modo, você evitaria fechar prematuramente uma importante área de investigação. Como bônus, as perguntas abertas seriam mais adequadas para revelar algo sobre as consequências emocionais dessas experiências. É uma falta comum os entrevistadores se tornarem tão decididos a obter certas informações que negligenciam totalmente o espaço para os pacientes falarem livremente de suas preocupações mais importantes. Vejo isso especialmente no início das entrevistas, quando não existe tempo suficiente (ou nenhum) para a fala livre. Páginas 52 e 60.
- *Investigação inadequada.* Todavia, depois que souber o que é mais importante na mente do paciente, você precisará de informações específicas sobre essas áreas de preocupação. Com uma investigação mal escolhida (perguntas longas demais, vagas demais ou formuladas no negativo), você pode se atolar em coisas triviais ou se perder em uma rua sem saída retórica. As perguntas do tipo "por que..." convidam ao tipo de especulação que pode não levá-lo a lugar nenhum. Em vez delas, concentre-se em perguntas que estimulem a exatidão, a brevidade e a precisão. Página 54.
- *Controle inadequado da entrevista.* Um paciente loquaz ou hostil pode reduzir o *rapport* e a quantidade de informações que você obtém. É claro que isso não é um problema frequente, e a maioria dos pacientes tenta cooperar. Porém, sua entrevista gravada pode deixá-lo instantaneamente ciente de que, ocasionalmente, certos pacientes com problemas de caráter ou de comportamento brigarão com você pelo assento do motorista. Se você perder essa batalha, poderá se encontrar a quilômetros de distância de onde precisaria estar – sabendo, talvez, muita coisa sobre o genro desrespeitoso do paciente ou sobre a bebida do cônjuge, e

pouquíssimo sobre os medos ou fraquezas do paciente. Página 99.
- *Pouco rapport*. Quando chega o final da sua gravação, você deve ter uma ótima ideia do quanto se conectou com o paciente. Você saberá se soa afetuoso, se responde com interesse a detalhes da história e se expressa preocupação quando ouve sobre problemas que prejudicam muito o paciente. Se tiver qualquer dúvida, pergunte ao seu supervisor, que pode ser muito mais objetivo em relação a questões delicadas como essas. Páginas 30 e 102.
- *Ignorar o paciente.* Muito bem, na maioria dos casos, *ignorar* é um termo forte demais. Porém, uma entrevista inicial pode dar errado porque o profissional, tão decidido a obter as informações necessárias, presta pouca atenção às necessidades do paciente. O resultado: à medida que o tempo se esgota, o paciente se torna cada vez mais inquieto, e finalmente, sai da sala antes que a entrevista termine. Então, a conclusão pode ser de que não haverá outra chance de entrevista com esse – ou qualquer outro – profissional. É muito mais satisfatório observar os pequenos sinais de preocupação: sacudir uma perna, estalar os dedos, reduzir o contato visual ou hesite repetidamente antes de responder. Dizer "parece que você está se sentindo desconfortável, como gostaria de fazer?" na hora certa pode salvar a entrevista e, provavelmente, sua relação com esse paciente. Página 160.
- *Não existe um plano verdadeiro para a entrevista.* No começo da minha carreira, um profissional que havia fracassado nos exames do conselho procurou a minha ajuda. Uma única entrevista com um paciente mostrou-me que ele havia feito toda a formação sem jamais aprender como obter os dados necessários para fazer o diagnóstico. Esse profissional precisava usar uma entrevista semiestruturada como a apresentada no Apêndice D, pelo menos até estar suficientemente familiarizado com a rotina para poder andar sem as rodinhas de apoio. (Apresso-me em dizer que, mesmo hoje em dia, também uso partes de uma entrevista semiestruturada de vez em quando, para me lembrar de investigar as minúcias do diagnóstico ou os detalhes da história social.) Página 273.
- *Sua fala é excessiva.* Se a gravação revelar que você passa muito tempo falando – talvez fazendo perguntas complicadas e tendo que explicar o que quer dizer – você não obterá o máximo de informações da sua entrevista inicial. Incentivos não verbais podem ajudar, assim como formular suas perguntas com cuidado. Páginas 38 e 54.
- *Contratransferência negativa.* Às vezes, você simplesmente não gosta de um determinado paciente (ou tipo de paciente). Sua entrevista gravada pode revelar (talvez melhor para o supervisor do que para você) como a sua fala e a sua linguagem corporal rejeita esse paciente. Isso é algo que pode afetar qualquer entrevistador, mesmo um que tenha uma longa experiência. Porém, a maioria dos profissionais experientes aprende a deixar de lado seus sentimentos o suficiente para obter as informações necessárias para o diagnóstico; mais adiante, se necessário, podem encaminhar o paciente para outro profissional. Algo que

pode ajudar a superar alguns dos sentimentos em relação ao paciente é praticar com um colega que desempenhe o papel desse tipo de paciente. Reconhecer a sua atitude também pode ajudar a disfarçar sentimentos que, ainda que perfeitamente normais e compreensíveis, não são aceitáveis no contexto de uma avaliação em saúde mental. Página 31.

- *Uma questão de mal-entendido.* É claro que o paciente pode não estar prestando atenção, mas será que o uso de jargão não cria confusão? Ou, talvez, você e o paciente venham de culturas diferentes ou falem com sotaques diferentes. Esse problema, que quase todo profissional enfrenta pelo menos ocasionalmente, pode ser tratado com uma discussão franca sobre suas diferenças e muito trabalho para diminuir as barreiras que separam os dois. Mesmo quando um dos dois fala a língua do outro relativamente bem, às vezes, um intérprete pode ajudar. Página 34.

- *O tempo está acabando.* Quase escrevi: "não administrar bem o seu tempo", mas esse nem sempre é o caso. Às vezes, a história é complexa demais, o paciente se atrasa ou o tempo é curto demais para cobrir completamente todas as áreas importantes de uma história de saúde mental. Então, você deverá marcar um tempo adicional para a avaliação. Trabalhar com recomendações de tratamento sem uma base completa de dados é pouco recomendável. Página 16.

- *Favorecer certos diagnósticos.* Eis um exemplo real, repetido com frequência: com base nas informações do residente do paciente, um profissional decide por um diagnóstico de depressão maior e começa terapia antidepressiva – a farmacoterapia é a área de conhecimento principal desse profissional. Mais adiante, quando um supervisor sugere que o paciente pode ter alguma forma de transtorno de somatização, o tratamento não muda. O padrão dos sintomas verdadeiros do paciente, e não as suas expectativas, é que deve determinar o diagnóstico. Páginas 76 e 189.

- *Precipitar-se com conclusões.* Existem inúmeras áreas onde isso pode ser um problema, mas vamos mencionar especificamente uma: fazer o diagnóstico com base na história familiar. As perguntas que você faz ou não faz sobre um familiar que foi diagnosticado com esquizofrenia – Com que idade? Quais eram os sintomas? Quanto tempo duravam? O familiar chegou a se recuperar? – podem levar seu pensamento para a direção errada sobre o paciente. É um terreno ainda mais escorregadio se você simplesmente aceitar o diagnóstico do profissional anterior para um novo paciente. A gravação da entrevista pode revelar que você não verificou de forma independente as conclusões que lhe passaram, os familiares ou os registros antigos dos pacientes. Página 77.

- *Diagnóstico diferencial negligenciado.* Um profissional esqueceu-se de anexar um diagnóstico diferencial que abrangia todas as possibilidades, não importa o quão improváveis. Como resultado, a depressão do paciente foi tratada da maneira convencional, sem considerar a causa que finalmente apareceu: um transtorno endócrino. Página 189.

- *Falta de familiaridade com os critérios diagnósticos.* Para fazer um diagnóstico criterioso, a primeira coisa que se precisa é de critérios. No caso de diagnósticos de saúde mental, isso significa ter mais que apenas um conhecimento casual dos critérios atuais para diversas psicoses, transtornos da ansiedade, transtornos do humor, problemas com o uso indevido de substâncias e outras prováveis condições psiquiátricas. Dessa forma, você não esquece de fazer perguntas que levem a um diagnóstico firme e preciso. Página 232.

- *Desprezar a história pessoal e social.* É um erro quando os médicos clínicos e os cirurgiões não obtêm informações relacionadas com a história pessoal do paciente. Quando um profissional da saúde mental comete esse tipo de erro, este tem potencial para vir a ser uma calamidade. Certamente, na busca pelos sintomas de mania ou de transtornos da ansiedade, é fácil esquecer de questões mais silenciosas, como o ambiente religioso na infância ou o sucesso na escola. Todavia, esse material pode ter consequências para diagnóstico e tratamento, e certamente faz parte de vir a conhecer o paciente como uma pessoal inteira. Página 67.
- *Ignorar bandeiras vermelhas.* Os sinais e sintomas variados, que podem indicar um diagnóstico, podem incluir um sinal de abuso na infância, uma história familiar de mania ou uma sugestão de uso de drogas. É claro que as bandeiras vermelhas muitas vezes não proporcionam material importante para o diagnóstico, mas você odiaria ser o profissional que ignora uma que se mostra decisiva. Página 131.
- *Omitir os sentimentos.* É claro que isso jamais deveria acontecer, mas às vezes acontece. Na pressa para obter todos os fatos da história, você esquece de perguntar como o paciente se sente em uma determinada situação ou mesmo com relação a consultar com um profissional da saúde mental. Isso é especialmente provável de acontecer no caso de uma pessoa que não gosta de falar sobre sentimentos ou que não faz muito contato com eles. Página 58.
- *Tolerar a vaguidade.* Um paciente vago é um paciente frustrante, conforme minha longa experiência me mostrou muito bem. Confrontado com alguém cuja fala divaga, é tentador descontrair e deixar passar. Se essa tem sido sua reação a certos pacientes, você provavelmente saiu com menos na mão do que precisava para fazer um diagnóstico preciso. Perguntas fechadas e solicitações reiteradas de esclarecimento mais exatos podem ajudar. Página 170.
- *Negligenciar fontes colaterais.* Em 10% das vezes, descubro algo sobre o paciente que me faz questionar: "será que a impressão que estou tendo está correta?". Porém, muitas vezes, a pressão do tempo nos seduz a aceitar o que parece ser verdade, sem fazer uso de informações colaterais. Francamente, essa é a vantagem dos terapeutas de casal e de família: eles sempre obtêm suas informações de mais de uma fonte – um processo de autocorreção que outros profissionais podem apenas invejar. Página 154.

Existem muitas outras dificuldades que você pode encontrar. Elas se limitam apenas pelo número de pacientes que você avalia. Usando um dos métodos descritos, você deve ser capaz de identificar a fonte do problema e, usando material de *A Entrevista Inicial*, descobrir uma solução apropriada.

Apêndice A

SÍNTESE DA ENTREVISTA INICIAL

INFORMAÇÃO	PROCESSO

Introduções e apresentações

Apresente-se
  Explique seu papel no cuidado do paciente
  Estabeleça o tempo e metas da entrevista
	Seus objetivos iniciais
	  Ensine ao paciente o papel de responder
	  Ajude o paciente a se sentir confortável

Queixa principal

Pergunte por que o paciente procurou tratamento	Pergunta sobre queixa principal é diretiva, mas aberta

Fala livre

Permita alguns minutos para o paciente desenvolver as razões para vir
Escute em busca de áreas de interesse clínico
  Dificuldade para pensar (transtornos cognitivos)
  Uso de substâncias
  Psicose
  Transtornos do humor (depressão e mania)
  Ansiedade, comportamento esquivo e excitação
  Queixas físicas
  Problemas sociais e de personalidade
Resuma os problemas apresentados antes de avançar
	Primeira parte da entrevista é não diretiva
	Estabeleça *rapport*
	  Ajuste sua postura às necessidades do paciente
	  Monitore seus sentimentos
	  Demonstre seu afeto positivo de forma clara
	  Use uma linguagem que o paciente possa compreender
	  Não critique o paciente ou outras pessoas
	Mantenha a distância adequada
	  Não fale sobre si mesmo
	  Trate o paciente pelo título e sobrenome
	Estimule o fluxo com incentivos silenciosos
	  Mantenha contato visual
	  Sorria ou faça um sinal com a cabeça, quando adequado
	Incentivos verbais
	  – "Sim" ou "ahã"
	    Repita as palavras do paciente
	    Peça mais informações

INFORMAÇÃO	PROCESSO
	Peça informações novamente se o paciente não responder de início
Resuma brevemente
Reassegure o paciente quando necessário
Seja factual, confiável
Use linguagem corporal
Corrija concepções equivocadas sobre sintomas físicos e mentais

Histórico da doença atual

INFORMAÇÃO	PROCESSO
Descreva os sintomas
Tipo
Início e sequência
Gravidade
Frequência
Duração
Contexto
Estressores
Sintomas vegetativos
Sono
Apetite e peso
Variação diurna
Episódios anteriores
Quando?
Que sintomas?
Recuperação completa?
Tratamento anterior
Tipo
Adesão
Efeitos desejados
Efeitos colaterais
Hospitalizações
Consequências da doença
Conjugais e sexuais
Sociais
Legais
Profissionais (pagamentos por invalidez?)
Interesses
Desconforto
Sentimentos sobre sintomas, comportamento
Negativos e positivos
Como o paciente lida com os sentimentos?	Estabeleça a necessidade da verdade
É para benefício do paciente e seu
Reassegure quanto à confidencialidade: "se não quiser discutir alguma coisa, não minta. Apenas peça para falar de outra coisa"
Princípios gerais
Repita o que o paciente diz para garantir que entendeu
Não formule perguntas no negativo
Evite fazer perguntas duplas
Estimule a precisão
Mantenha as perguntas breves
Procure novas pistas
Use termos que o paciente possa entender
Procure detalhes
Use perguntas diretas
Evite perguntas do tipo "por que", como regra geral
Limite-se a uma ou duas confrontações, mais adiante na sessão:
"Ajude-me a entender"
Misture perguntas abertas e fechadas
As perguntas abertas aumentam a validade
As perguntas fechadas aumentam as informações
Evoque sentimentos com
Fala ininterrupta
Perguntas abertas – "Pode me falar mais sobre isso?"
Perguntas diretas sobre sentimentos – "Fale da sua depressão"

INFORMAÇÃO	PROCESSO

Mecanismos de defesa
  Acting-out
  Negação
  Desvalorização
  Deslocamento
  Dissociação
  Fantasia
  Intelectualização
  Projeção
  Repressão
  Clivagem
  Formação reativa
  Somatização
Explore áreas de interesse clínico
	Obtenha sentimentos também com:
	  Demonstração de preocupação ou empatia – "Eu também ficaria com raiva"
	  Reflexão de sentimentos – "Você deve ter ficado furioso"
	  Observe pistas emocionais na voz e na linguagem corporal – "Você pareceu triste agora"
	  Interpretações – "Parece o jeito como você se sentiu quando criança?"
	  Analogia – "Você se sentiu assim quando sua mãe morreu?"
	Reduza a emotividade excessiva
	  Fale suavemente
	  Perguntas fechadas
	  Redirecione comentários que possam desviar o assunto
	  Reexplique quais informações precisa
	  Pergunte se o paciente entende o que você quer
	  Interrompa a entrevista apenas como último recurso

Histórico pessoal e social

INFORMAÇÃO	PROCESSO

Infância e criação
Onde o paciente nasceu?
Número de irmãos e ordem de nascimento
Criado pelos dois pais?
Como os pais se relacionavam?
O paciente se sentia desejado quando criança?
Se adotado:
  Em que circunstâncias?
  Extrafamiliar?
Saúde quando criança?
Educação
  Última série concluída
  Problemas escolares?
  Nível de atividade?
  Rejeição da escola?
  Problemas de comportamento na escola?
	Assuma o controle da entrevista
	  Incentive respostas curtas com acenos com a cabeça e sorrisos
	  Diga diretamente quando precisar saber de algo diferente, mas...
	  Faça um comentário empático primeiro
	  Levante o dedo para interromper
	  Pare de tomar notas
	Se essas ações não funcionarem:
	  Seja direto: "temos de avançar"
	  Use mais perguntas fechadas
	  Use perguntas de múltipla escolha
	Transição para novos temas
	  Use as palavras do paciente
	  Reconheça uma transição abrupta: "vamos mudar de assunto agora"
	Observe distorções
	Registre negativas significativas

INFORMAÇÃO	PROCESSO

Suspensão ou expulsões?
Sociável quando criança?
Idade em que começou a namorar?
Desenvolvimento sexual
Passatempos? Interesses?
 	
Vida adulta
Situação de vida
   Atualmente mora com quem?
   Onde?
   Finanças
   Já morou na rua?
   Rede de apoio
      Laços familiares
      Agências ajudam?
Conjugal
   Número de casamentos
   Idade em cada um
   Problemas com cônjuge?
   Número de filhos, idade e sexo
   Enteados?
História profissional
   Ocupação atual
   Número de empregos na vida
   Razões para mudar de emprego
   Já foi demitido? Por quê?
Serviço militar
   Arma, anos de serviço
   Maior patente alcançada
   Problemas disciplinares?
   Experiência de combate?
Problemas legais?
   Civis
   História de comportamento violento
   Prisões
   Sentimentos subjacentes
Religião: qual? Diferente da infância?
   É religioso agora?
Atividades de lazer
   Clubes, organizações
   Passatempos, interesses
Preferência sexual e adaptação
   Aprendizagem sexual: detalhes
   Primeiras experiências sexuais
      Natureza
      Idade
	Lidando com a resistência
	Não se permita sentir raiva
	Mude a discussão de fatos para sentimentos
	Rejeite o comportamento, aceite a pessoa
	Use incentivos verbais e não verbais
	Concentre-se nos interesses do paciente
	Expresse empatia
	Reassegure o paciente: sentimentos são normais
	Enfatize a necessidade de dados completos
	Nomeie a emoção que acredita que o paciente está tendo
	Se o paciente ficar em silêncio, obtenha uma resposta não verbal primeiro
	Concentre-se em um modelo com menos carga afetiva para o comportamento do paciente
	Se for usada confrontação:
	Imparcial, sem ameaçar
	Último recurso: postergue a pergunta
	
	Técnicas mais arriscadas
	Ofereça uma desculpa para informações desfavoráveis: "todo esse estresse provavelmente fez você querer beber"
	Exagere consequências negativas que não aconteceram: "ninguém morreu, não foi?"
	Induza o paciente a se gabar: "algo por que poderia ter sido preso, mas não foi?"
	
	– "Fale-me do seu funcionamento sexual"

INFORMAÇÃO	PROCESSO

Reação do paciente
Atuais preferências sexuais
Práticas atuais: detalhes
    Prazeres
    Problemas
        Métodos contraceptivos
        Parceiros extraconjugais
    Parafilias?
    Doenças sexualmente transmissíveis?
    Abuso?
        Molestamento na infância
        Estupro
        Abuso do cônjuge
	Direcione com cuidado as perguntas sobre abuso:
	– "Já foi sexualmente abordado?"
	Evite os termos *abuso* e *molestamento*

Uso indevido de substâncias
    Tipo de substância
    Anos de uso
    Quantidade
    Consequências
        Problemas médicos
        Perda do controle
        Pessoais e interpessoais
        Ocupacionais
        Legais
        Financeiras
    Uso indevido de medicamentos prescritos?
	Pressuponha que todos os adultos bebem um pouco
	Pergunte sobre uso passado e atual

Tentativas de suicídio
    Métodos
    Consequências
    Drogas ou álcool associados?
    Gravidade psicológica
    Gravidade física
	Você pode chegar nisso gradualmente:
	– "Alguma vez teve pensamentos desesperados? Ideias de se machucar?"

Traços de personalidade
    Evidências de padrões de comportamento ao longo da vida
	Avalie a personalidade com:
	    Autoavaliação do paciente
	    Informantes
	    História de interações com outras pessoas
	    Suas observações diretas

INFORMAÇÃO	PROCESSO
História familiar	
Transtorno mental em familiares próximos Descreva os pais, os irmãos e o relacionamento do paciente com eles Outros adultos e crianças no lar da infância	– "Algum familiar consanguíneo – pais, irmãos, avós, filhos, tios, primos ou sobrinhos – já teve alguma doença mental, incluindo depressão, mania, psicose, hospitalização por problemas psiquiátricos, nervosismo grave, uso indevido de substâncias, suicídio ou tentativa de suicídio, criminalidade?"
História médica	

Doenças importantes
Cirurgias
Medicamentos para problemas não psiquiátricos
  Dose
  Frequência
  Efeitos colaterais
Alergias
  Ao ambiente
  A medicamentos
Hospitalizações não psiquiátricas
Abuso físico ou sexual na infância?
Fatores de risco para AIDS?
Prejuízos físicos
	Importante para *todos os profissionais da saúde mental*

Revisão dos sistemas	
Transtornos do apetite Traumatismo craniano Convulsões Perda da consciência Síndrome pré-menstrual Revisão especializada para transtorno de somatização	Respostas positivas nessas áreas têm relevância especial para diagnósticos em saúde mental Ver Apêndice B

INFORMAÇÃO	PROCESSO

Exame do estado mental

Aparência
  Idade aparente
  Etnia
  Forma corporal, postura
  Nutrição
  Roupas: limpas? Arrumadas? Estilo?
  Higiene
  Estilo do cabelo
  Adornos corporais, joias?
Atenção: plena? Torpor? Estupor? Coma?
Comportamento geral
  Nível de atividade
  Tremores?
  Maneirismos e estereótipos
  Expressões faciais
  Contato visual
  Voz
Postura para com examinador
Humor
  Tipo
  Instabilidade
  Adequação
  Intensidade
Fluxo do pensamento
  Associações de palavras
  Velocidade e ritmo da fala
Conteúdo do pensamento
  Delírios
  Alucinações
  Ansiedade
  Fobias
  Obsessões e compulsões
  Suicídio e violência

} Observados na obtenção da história

INFORMAÇÃO	PROCESSO

Orientação: pessoa? Lugar? Tempo?
Linguagem: compreensão, fluência, nomeação, repetição, leitura, escrita
Memória: imediata? De curto prazo? Longa duração?
Atenção e concentração
   Série de setes
   Contagem inversa
Informações culturais
   Atualidades
   Cinco presidentes (primeiros-ministros)
Pensamento abstrato
   Provérbios
   Similaridades e diferenças
Insight
Julgamento
	– "Eu gostaria de fazer algumas perguntas de rotina..."
	
	– "Como tem estado a sua memória? Você se importa se eu testá-la?"
	
	Fechamento
	   Resuma os resultados
	   Marque próxima consulta
	– "Você tem alguma pergunta para mim?"

Apêndice B*

DESCRIÇÃO E CRITÉRIOS DIAGNÓSTICOS PARA TRANSTORNOS ESPECÍFICOS

Neste apêndice, apresento descrições dos sintomas típicos e do curso para transtornos mentais que não apenas são os mais estudados, mas também os mais comuns. Com exceção dos transtornos de personalidade, todas as condições discutidas são listadas no Eixo I. Ao final de cada seção, parafraseei e simplifiquei os critérios do DSM-IV-TR, que, no original, muitas vezes são complicados demais e desestimulam os estudantes de usá-los. Para uma explicação mais completa dos critérios diagnósticos, veja meu livro *DSM-IV Made Easy*.

Substituí o sistema de números dos critérios originais por pequenos quadrados (■) e sinais de visto (✓). Os critérios marcados com bolinhas devem ser satisfeitos, e os marcados com o sinal de visto fazem parte de uma lista e são seletivos – apenas um certo número deles deve ser satisfeito para qualificar para os diagnósticos.

TRANSTORNOS DO HUMOR

A depressão é um transtorno do humor no qual o paciente se sente muito triste, sem ânimo, às vezes melancólico. O paciente tem sensações de muita perturbação e de que seu humor está fora do controle, e costuma ter ideação suicida. A depressão pode assumir muitas formas, cada uma com seu nome específico – e às vezes com vários nomes alternativos. Essas formas de depressão costumam se sobrepor, de modo que um determinado paciente pode ser classificado em mais de uma categoria. Apresento aqui os aspectos proeminentes das variedades mais importantes de depressão.

Episódio depressivo maior

Um episódio depressivo maior simplesmente significa que o paciente tem sintomas depressivos e que eles são mais graves do que se fossem decorrentes de uma distimia. Esses pacientes geralmente se descrevem como deprimidos, mas às vezes, tudo o que podem identificar é uma sensação de irritabilidade ou perda do prazer ou do interesse em atividades que costumam ser prazerosas. De qualquer maneira, há uma mudança clara em relação ao nível de funcionamento anterior do paciente. Os pacientes deprimidos geralmente reclamam de sintomas associados, incluindo maior ou menor apetite, muitas

---

*Partes deste apêndice foram adaptadas do *DSM-IV Made Easy* (ed. atualizada), de James Morrison. © 2006 The Guilford Press. Adaptado sob permissão. Os critérios do DSM-IV-TR foram adaptados do *Diagnostic and Statistical Manual of Mental Disorders* (4ª ed., texto rev.), da Associação Psiquiátrica Americana. © 2000 American Psychiatric Association. (Publicado pela Artmed Editora sob o título de *Manual Diagnóstico e Estatístico de Transtornos Mentais – DSM-IV-TR*). Adaptado sob permissão.

vezes com consequente ganho ou perda de peso; maior ou menor sono; agitação; retardo psicomotor; fadiga ou menor energia; sentimentos de inutilidade ou culpa; dificuldade para se concentrar; pensamentos de morte; desejos de morrer e ideação suicida. Muitas vezes, há uma variação diurna do humor, com o paciente sentindo-se melhor pela manhã ou à noite.

Esses sintomas podem ser leves, talvez resultando apenas em uma simples inconveniência. Quando a depressão é grave, às vezes a ponto de causar psicose, pode-se diagnosticar melancolia. Talvez 25% dos pacientes deprimidos também tenham episódios de mania. Um episódio depressivo maior pode ser sentido como uma depressão unipolar (transtorno depressivo maior, episódio único ou recorrente) ou como um componente de transtorno bipolar I ou bipolar II.

Critérios resumidos para episódio depressivo maior

- Humor deprimido ou perda do interesse ou do prazer, que representa uma mudança em relação ao funcionamento anterior por duas semanas, além de pelo menos cinco dos seguintes sintomas:
  - ✓ Humor deprimido
  - ✓ Diminuição do interesse ou do prazer
  - ✓ Ganho ou perda expressivos de peso, ou mudança no apetite
  - ✓ Insônia ou sono excessivo
  - ✓ Agitação ou retardo psicomotores
  - ✓ Fadiga ou perda de energia
  - ✓ Sentimentos de inutilidade ou culpa excessiva
  - ✓ Indecisão ou perda da concentração
  - ✓ Pensamentos recorrentes sobre a morte; ideação ou tentativas de suicídio

- O transtorno do humor não se deve a luto, doenças médicas ou uso de substâncias.
- Os sintomas causam perturbação ou comprometem o funcionamento.

Melancolia

Como é improvável que pacientes e profissionais associem a forma grave de depressão conhecida como melancolia a um estressor precipitante, ela às vezes é chamada de *depressão endógena*. (Sua designação oficial no DSM-IV-TR é episódio depressivo maior com características melancólicas.) Esses pacientes podem ter diversos episódios de depressão dos quais se recuperaram completamente; é comum terem familiares que também tenham sofrido de depressão. Quando doentes, esses pacientes sentem pouco prazer em suas atividades normais e podem não se alegrar na companhia de pessoas de quem normalmente gostam. Podem acordar mais cedo, muito antes da hora de levantar; geralmente, se sentem pior nessa hora do dia. Podem comer pouco e, às vezes, pode ocorrer uma profunda perda de peso. Podem ter pouco *insight* do fato de estarem doentes: mesmo que tenham se recuperado completamente de episódios anteriores, podem negar vigorosamente que a recuperação seja um resultado provável. Como resultado, têm um risco mais grave de tentativa de suicídio. Se não forem tratados, talvez até 15% acabem se suicidando.

Critérios resumidos para melancolia

- Quando o episódio depressivo maior chega ao seu pior momento, o paciente perde todo o prazer ou não se sente melhor quando coisas boas acontecem
- O paciente tem pelo menos três dos seguintes sintomas:

- ✓ A depressão piora pela manhã
- ✓ Acorda mais cedo
- ✓ Retardo ou agitação psicomotores
- ✓ Perda do apetite ou perda de peso
- ✓ Sentimentos de culpa excessivos
- ✓ Humor depressivo de qualidade diferente em relação ao que se sentiria pela perda de um ente querido

Distimia

Em comparação com os da depressão maior, os sintomas da distimia são menos graves, mas duram mais tempo. No passado, esse transtorno por vezes era chamado de *depressão caracterológica* ou *personalidade depressiva*. Os pacientes distímicos parecem deprimidos por toda a vida. Embora se mantenham capazes de trabalhar e de cuidar de si mesmos e de suas famílias, eles geralmente não desfrutam muito da vida. Eles têm alguns dos mesmos sintomas encontrados na depressão maior e na melancolia, mas os sintomas são menos numerosos e menos graves.

Critérios resumidos para distimia

- ■ Humor deprimido na maioria dos dias por dois anos ou mais, com pelo menos dois dos seguintes sintomas:
  - ✓ Apetite diminuído ou aumentado
  - ✓ Insônia ou sono excessivo
  - ✓ Baixa energia ou fadiga
  - ✓ Baixa autoestima
  - ✓ Fraca concentração ou indecisão
  - ✓ Sentimentos de desesperança
- ■ Sem depressão maior, mas jamais sem sintomas por mais de dois meses durante os dois anos.
- ■ Sintomas causam perturbação clinicamente importante ou comprometem o funcionamento.
- ■ Nunca teve ciclotimia ou um episódio maníaco, hipomaníaco ou misto.
- ■ Os sintomas não são causados por condição médica, uso de substância ou psicose.

Episódio maníaco

Os pacientes maníacos geralmente têm um início súbito de humor eufórico ou irritável, que é acompanhado por hiperatividade e fala excessiva. Eles se distraem facilmente, precisam de menos sono do que o normal e se envolvem em planos e esquemas grandiosos. À medida que a doença piora, perdem o *insight* e seu julgamento se deteriora. Dizem ou fazem coisas de que se arrependem depois: podem se tornar sexualmente promíscuos, gastam dinheiro que não têm ou tomam outras decisões problemáticas. Muitos bebem demais. Eles se sentem mais fortes ou poderosos e podem se iludir de que possuem poderes especiais ou um propósito religioso especial. A maioria dos pacientes maníacos também tem episódios de depressão, às vezes alternando regularmente com as fases de humor elevado. Esse padrão é diagnosticado como transtorno bipolar I. Mesmo sem tratamento, a maioria acaba se recuperando.

Critérios resumidos para episódio maníaco

- ■ Pelo menos uma semana de euforia ou irritabilidade (menos, se for necessária hospitalização), com no mínimo três dos seguintes sintomas:
  - ✓ Grandiosidade
  - ✓ Redução da necessidade de sono

- ✓ Aumento na fala
- ✓ Pensamentos ou fala rápidos
- ✓ Fácil distratibilidade
- ✓ Aumento na atividade ou agitação
- ✓ Julgamento pobre (gastos compulsivos, indiscrições sexuais)
- Os sintomas causam perturbação, psicose, hospitalização ou comprometem o funcionamento.
- Os sintomas não são causados por uma condição médica ou pelo uso de substâncias.

TRANSTORNOS PSICÓTICOS

As esquizofrenias

Embora as esquizofrenias geralmente sejam consideradas uma doença única, na realidade, essa categoria provavelmente compreenda vários transtornos diferentes.

Embora alguns desses pacientes pareçam perfeitamente normais antes do início dos sintomas da esquizofrenia, muitos deles já eram solitários e introvertidos na infância. Muitos se qualificariam para um diagnóstico de transtorno de personalidade esquizotípica ou equizoide.

O processo da doença começa cedo – no final da adolescência ou no início da faixa de 20 anos – e se desenvolve gradualmente ao longo de um período de muitos meses. Geralmente, há um prenúncio, durante o qual o indivíduo pode se interessar por filosofia, religião ou bruxaria. Ansiedade ou perplexidade podem ser os afetos predominantes. O isolamento pode aumentar, e familiares e amigos podem observar vários comportamentos peculiares, ainda que não exatamente psicóticos.

Gradualmente, começam as alucinações (normalmente auditivas), tornando-se cada vez mais insistentes. Também se desenvolvem delírios (especialmente persecutórios). À medida que o paciente começa a se preocupar com sentimentos e experiências interiores, a capacidade de funcionar no trabalho ou na escola se deteriora. Talvez seja apenas nesse estágio que os familiares observem uma mudança no paciente. O afeto pode se tornar embotado, tolo ou inconsequente. As associações entre os pensamentos costumam ser frouxas. Os pacientes podem perder o controle dos impulsos e, quando muito agitados, às vezes se tornam violentos. Embora a orientação costume ser mantida, o *insight* geralmente se perde e o julgamento é gravemente prejudicado. O transtorno é crônico: ainda que o tratamento com medicação antipsicótica possa reduzir ou eliminar os sintomas psicóticos, poucos pacientes se recuperam a seus níveis pré-mórbidos de funcionamento.

Os pacientes portadores de esquizofrenia geralmente recebem um diagnóstico com um subtipo. Na *esquizofrenia paranoide*, os delírios e as alucinações auditivas são os sintomas proeminentes. O início ocorre em uma idade mais avançada (na metade da faixa dos 30 anos ou após) do que nos outros subtipos. Na *esquizofrenia catatônica*, existem transtornos proeminentes do movimento: estupor, negativismo, rigidez, excitação e posturas. Os delírios e as alucinações podem estar presentes, mas são menos proeminentes do que no subtipo paranoide. Na *esquizofrenia desorganizada*, os principais sintomas são um acentuado afrouxamento das associações ou um afeto plano ou inapropriado. Pacientes com *esquizofrenia indiferenciada*, ainda que psicóticos (têm delírios, alucinações, fala incoerente ou comportamento notavelmente desorganizado), obviamente não se encaixam em nenhuma das três categorias anteriores. Aqueles com *esquizofrenia residual* não apresentam psicose concomitante, mas têm sintomas residuais (ver "Duração" na lista de critérios a seguir).

Advertência: a esquizofrenia, atualmente, tem sintomas cuidadosamente delineados, de modo que não deve ser diagnosticada de maneira excessiva. Porém, até alguns anos atrás, era comum ver pacientes com depressão grave, mania, transtorno de personalidade ou psicoses orgânicas diagnosticados incorretamente como portadores de esquizofrenia. Os pacientes que, por muitos anos, carregam o diagnóstico de esquizofrenia devem ser reavaliados periodicamente.

Critérios resumidos para esquizofrenia

- Sintomas [O DSM-IV-TR se refere a eles como os critérios "A"]. Na maior parte de pelo menos um mês, o paciente teve dois ou mais dos seguintes sintomas:
  - ✓ Delírios (apenas um sintoma é necessário se o delírio for bizarro, tal como a ideia de ser abduzido por uma nave espacial vinda do sol)
  - ✓ Alucinações (apenas um sintoma é necessário se as alucinações forem de pelo menos duas vozes conversando entre si ou de uma voz que fica fazendo um comentário constante sobre pensamentos ou atos do paciente
  - ✓ Fala que parece incoerente, descarrilamento ou outra desorganização
  - ✓ Comportamento gravemente desorganizado ou catatônico
  - ✓ Qualquer sintoma negativo, como afeto plano, fala reduzida ou falta de volição
- Duração. Por pelo menos seis meses contínuos, o paciente apresentou alguma evidência do transtorno. Pelo menos em um mês, deve demonstrar os sintomas de psicose franca mencionados anteriormente. Durante o balanço desse período (seja como pródromo ou como um efeito residual da doença), o paciente deve apresentar *um* ou *ambos* dos seguintes sintomas:
  - ✓ Sintomas negativos conforme mencionado anteriormente
  - ✓ Na forma atenuada, pelo menos dois dos outros sintomas já mencionados (exemplo: deterioração da higiene pessoal, além de uma desconfiança crescente de que as pessoas estão falando pelas suas costas)
- Disfunção. Na maior parte do tempo, o transtorno compromete significativamente a capacidade do paciente de trabalhar, de estudar, de socializar e de cuidar de si mesmo.
- A duração de qualquer episódio depressivo ou maníaco que ocorreu durante a fase psicótica foi breve.
- O transtorno não é causado diretamente por uma condição médica geral ou pelo uso de substâncias, incluindo medicamentos vendidos sob prescrição.

Transtorno delirante

Os pacientes com transtorno delirante têm delírios que não são bizarros, mas que não os qualificam para outros diagnósticos psicóticos como esquizofrenia ou psicose orgânica. Quando essa doença ataca, ela tende a ser crônica. Há boa preservação do humor e da capacidade de se comunicar; se empregadas, essas pessoas permanecem capazes de trabalhar. Contudo, elas têm problemas na esfera social, e os membros de suas famílias muitas vezes instigam o encaminhamento para o tratamento. Foram descritos vários tipos distintos de transtorno delirante.

Erotomaníaco. Caracteriza-se pela crença de que uma pessoa (geralmente alguém famoso ou de posição social superior) está apaixonada pelo paciente. Esses pacientes às vezes aparecem nas notícias por seguirem ou assediarem figuras públicas.

Grandioso. Essas pessoas acreditam que têm alguma capacidade ou algum *insight* especial, podendo acreditar que inventaram algo de grande valor. Como resultado, visitam diversas agências governamentais com frequência (escritório de patentes, polícia) na tentativa de executar seus planos.

Persecutório. O paciente (ou uma pessoa próxima dele) está sendo enganado, drogado, seguido, roubado ou maltratado intencionalmente.

Ciumento. Normalmente, esses indivíduos acreditam que seus cônjuges estão sendo infiéis – uma ideia que podem pôr à prova seguindo a pessoa ou confrontando o suposto amante.

Somático. Esses pacientes muitas vezes procuram ajuda médica na crença de que alguma parte do seu corpo está disforme ou de que têm um odor corporal, parasitas ou infestação de insetos sobre ou sob a pele.

Misto. O paciente tem dois ou mais dos temas citados em proporções aproximadamente iguais.

Não especificado.

Critérios resumidos para transtorno delirante

- Delírios não bizarros (ou seja, que realmente poderiam acontecer) de um dos tipos listados, por pelo menos um mês.
- O paciente jamais satisfez os critérios "A" para esquizofrenia (exceto que as alucinações do tato ou do olfato podem estar presentes se forem relacionadas com o tema dos delírios).
- Fora o relacionado com o delírio, o comportamento não é bizarro.

- Qualquer sintoma do humor é breve em comparação com a duração dos delírios.
- O transtorno não é causado diretamente por uma condição médica ou pelo uso de substâncias.

Transtorno psicótico induzido por substância

A categoria de transtorno psicótico induzido por substância inclui todas as psicoses causadas pelo uso indevido de substâncias. Os sintomas predominantes geralmente são alucinações ou delírios, e podem ocorrer durante abstinência ou intoxicação aguda, dependendo da droga. Geralmente, o curso é breve. Exemplos clássicos desse transtorno são alucinações auditivas induzidas por álcool e o estado delirante que geralmente acompanha o uso crônico de anfetamina. Os sintomas psicóticos podem ser indistinguíveis dos da esquizofrenia paranoide. Maconha, cocaína, alucinógenos, inalantes, opioides, fenciclidina (PCP) e sedativos/hipnóticos também foram implicados nessas condições.

Critérios resumidos para transtorno psicótico induzido por substância

- Alucinações ou delírios proeminentes (não inclua alucinações que o paciente saiba que são causadas pelo uso da substância).
- Esses sintomas se desenvolveram durante um mês de intoxicação ou de abstinência da substância; *ou* o uso de um medicamento causou os sintomas.
- Os sintomas não são mais bem explicados por outro transtorno psicótico.
- Eles não ocorrem exclusivamente durante um *delirium*.

TRANSTORNOS RELACIONADOS COM SUBSTÂNCIAS

A terminologia está em constante mudança, mas os transtornos em si permanecem os mesmos: uso indevido de álcool e drogas. O início do século XXI apresenta uma variedade cada vez maior de substâncias, cujo uso leva a alguns problemas comuns que discutiremos nesta seção. Para qualquer uma delas, quem fizer o diagnóstico deve especificar as substâncias responsáveis.

Critérios resumidos para dependência

- Sofrimento ou prejuízo, demonstrados em um período único de doze meses, por três ou mais dos seguintes:
  - ✓ Tolerância, demonstrada por um dos seguintes:
    - É necessário um consumo notavelmente maior da substância para alcançar o mesmo efeito, *ou*
    - Com o uso continuado, a mesma quantidade da substância tem um efeito notavelmente menor.
  - ✓ Abstinência, demonstrada por um dos seguintes:
    - A síndrome de abstinência característica da substância está presente, *ou*
    - A substância (ou alguma relacionada) é usada para evitar ou aliviar sintomas de abstinência.
  - ✓ A quantidade ou a duração do uso costumam ser maiores que o pretendido.
  - ✓ O paciente tenta repetidamente e sem sucesso controlar o uso da substância.
  - ✓ O paciente passa muito tempo obtendo ou usando a substância.
  - ✓ O paciente diminui atividades importantes por causa do uso da substância.
  - ✓ O paciente continua a usar, apesar de saber que a substância provavelmente causou problemas físicos ou psicológicos.

Critérios resumidos para intoxicação

- Síndrome reversível, devida a uso ou exposição recentes a uma substância.
- Comportamento mal-adaptativo ou mudanças psicológicas durante ou logo após o uso da substância.
- A síndrome não é causada por uma condição médica ou por um transtorno mental diferente.

Intoxicação com álcool

- Alterações comportamentais ou psicológicas que incluem sexualidade inadequada ou agressividade, instabilidade do humor, prejuízo do julgamento e comprometimento do funcionamento.
- Pelo menos um dos seguintes:
  - ✓ Fala arrastada
  - ✓ Incoordenação
  - ✓ Marcha instável
  - ✓ Nistagmo
  - ✓ Prejuízo da atenção ou da memória
  - ✓ Coma ou estupor

Intoxicação com anfetamina

- Alterações comportamentais ou psicológicas incluindo afeto embotado, hipervigilância, sensibilidade interpessoal, raiva, ansiedade ou tensão, mudanças na sociabi-

lidade, comportamentos estereotipados, prejuízo do julgamento e do funcionamento.
- Logo após o uso, pelo menos dois dos seguintes:
  ✓ Frequência cardíaca lenta ou rápida
  ✓ Pupilas dilatadas
  ✓ Pressão arterial elevada ou baixa
  ✓ Calafrios ou sudorese
  ✓ Náusea ou vômito
  ✓ Perda de peso
  ✓ Agitação ou retardo psicomotores
  ✓ Fraqueza muscular, respiração superficial ou lenta, dor torácica ou arritmias cardíacas
  ✓ Coma, confusão, discinesias, distonias ou convulsões

Intoxicação com cafeína

- Logo após usar, pelo menos cinco dos seguintes:
  ✓ Inquietação
  ✓ Nervosismo
  ✓ Excitação
  ✓ Insônia
  ✓ Rubor facial
  ✓ Aumento na diurese
  ✓ Perturbação gastrintestinal
  ✓ Abalos musculares
  ✓ Fala incoerente
  ✓ Batimentos cardíacos rápidos ou irregulares
  ✓ Períodos de inexaustibilidade
  ✓ Aumento na atividade psicomotora

Intoxicação com cannabis

- Alterações comportamentais ou psicológicas incluindo ansiedade, euforia, prejuízo do julgamento, retraimento social e a sensação de lentidão do tempo.
- Dentro de duas horas depois do uso, pelo menos dois dos seguintes:
  ✓ Olhos vermelhos
  ✓ Aumento do apetite
  ✓ Boca seca
  ✓ Frequência cardíaca acelerada

Intoxicação com cocaína

Idêntica à intoxicação com anfetamina (ver página anterior).

Intoxicação com alucinógenos

- Alterações comportamentais ou psicológicas, incluindo ansiedade, depressão, ideias de referência, medo de perder o juízo, ideias persecutórias, prejuízo do julgamento e do funcionamento.
- Alterações da percepção (despersonalização, desrealização, ilusões, alucinações, sinestesias e uma intensificação subjetiva da experiência).
- Logo após o uso, dois ou mais dos seguintes:
  ✓ Pupilas dilatadas
  ✓ Frequência cardíaca rápida
  ✓ Sudorese
  ✓ Batimento cardíaco irregular
  ✓ Visão turva
  ✓ Tremores
  ✓ Incoordenação

Intoxicação com inalantes

- Alterações comportamentais ou psicológicas, incluindo apatia, assertividade ou beligerância, prejuízo do julgamento e comprometimento do funcionamento.
- Dois ou mais dos seguintes:

- ✓ Tontura
- ✓ Nistagmo
- ✓ Incoordenação
- ✓ Fala arrastada
- ✓ Marcha instável
- ✓ Letargia
- ✓ Reflexos reduzidos
- ✓ Retardo psicomotor
- ✓ Visão turva ou dupla
- ✓ Tremores
- ✓ Fraqueza muscular generalizada
- ✓ Estupor ou coma
- ✓ Euforia

Intoxicação com opioides

- Alterações comportamentais ou psicológicas, incluindo euforia, levando a apatia, depressão, ansiedade, agitação ou retardo psicomotores, prejuízo do julgamento e comprometimento do funcionamento.
- Pupilas constritas (ou dilatação por lesão cerebral após uma superdosagem grave) e um ou mais dos seguintes:
  - ✓ Torpor ou coma
  - ✓ Fala arrastada
  - ✓ Prejuízo da memória ou da atenção

Intoxicação com fenciclidina

- Alterações comportamentais ou psicológicas, incluindo agressão, beligerância, impulsividade, agitação, imprevisibilidade, prejuízo do julgamento e prejuízo ocupacional e do funcionamento.
- Dentro de uma hora (menos, se a fenciclidina for cheirada, fumada ou usada por via intravenosa), dois ou mais dos seguintes:
  - ✓ Nistagmo
  - ✓ Frequência cardíaca rápida ou pressão arterial elevada
  - ✓ Torpor ou resposta diminuída à dor
  - ✓ Dificuldade para caminhar
  - ✓ Dificuldade para falar
  - ✓ Rigidez muscular
  - ✓ Coma ou convulsões
  - ✓ Audição aguda anormal

Intoxicação com sedativos, hipnóticos ou ansiolíticos

Idêntica à intoxicação com álcool (ver página 238).

Critérios resumidos para abstinência

- Uma síndrome específica a uma substância desenvolve-se quando alguém que a usa com frequência e por um longo período para ou reduz notavelmente o consumo.
- Essa síndrome causa perturbações de importância clínica ou compromete os funcionamentos profissional, social ou outro.
- A síndrome não resulta de uma condição médica nem pode ser explicada por um transtorno mental diferente.

Abstinência de álcool (simples)

- Dois ou mais dos seguintes se desenvolvem:
  - ✓ Hiperatividade autonômica (sudorese ou batimentos cardíacos rápidos)
  - ✓ Piora do tremor das mãos
  - ✓ Insônia
  - ✓ Náusea ou vômito
  - ✓ Alucinações ou ilusões transitórias (visuais, táteis ou auditivas)

- ✓ Maior atividade psicomotora
- ✓ Ansiedade
- ✓ Convulsões do tipo grande mal

Abstinência de anfetamina

- ■ Humor disfórico e dois ou mais dos seguintes:
  - ✓ Fadiga
  - ✓ Sonhos desagradáveis e vívidos
  - ✓ Hipersonia ou insônia
  - ✓ Aumento no apetite
  - ✓ Relato ou agitação psicomotora

Abstinência de cocaína

Idêntica à abstinência de anfetamina (ver acima).

Transtornos persistentes da percepção por alucinógeno (flashbacks)

- ■ Depois de parar de usar um alucinógeno, pelo menos um dos sintomas da percepção que ocorreram durante a intoxicação retorna, podendo ser *flashbacks* de cor, rastros de imagens, pós-imagens, halos, macropsia, micropsia, alucinações geométricas e percepção periférica falsa do movimento.

Abstinência de nicotina

- ■ Quatro ou mais dos seguintes sintomas:
  - ✓ Disforia ou depressão
  - ✓ Insônia
  - ✓ Raiva, frustração ou irritabilidade
  - ✓ Ansiedade
  - ✓ Dificuldade de concentração
  - ✓ Inquietação
  - ✓ Redução da frequência cardíaca
  - ✓ Aumento do apetite ou do peso

Abstinência de opioides

- ■ Três ou mais dos seguintes:
  - ✓ Disforia
  - ✓ Náusea ou vômito
  - ✓ Dores musculares
  - ✓ Lacrimejamento ou corrimento nasal
  - ✓ Pupilas dilatadas, piloereção ou sudorese
  - ✓ Diarreia
  - ✓ Bocejos
  - ✓ Febre
  - ✓ Insônia

Abstinência de sedativos, hipnóticos ou ansiolíticos

Idêntica à abstinência de álcool (ver página anterior).

TRANSTORNOS COGNITIVOS

Os transtornos cognitivos são anormalidades comportamentais ou psicológicas associadas a disfunções cerebrais temporárias ou permanentes. A causa pode ser uma anormalidade estrutural, química ou fisiológica do cérebro, e nem sempre é conhecida. Os transtornos cognitivos são reconhecidos por causarem prejuízo em quatro áreas principais: funcionamento intelectual, julgamento, memória e orientação. Os pacientes também podem ter anormalidade do humor e do controle dos impulsos. A maioria dessas condições pode ser categorizada de forma ampla como *delirium* ou demência.

Delirium

O *delirium* geralmente começa de forma aguda. Os pacientes não conseguem se concentrar ou manter a atenção, distraindo-se facilmente. Eles podem ter maior ou menor atividade motora. Seus processos de pensamento se desaceleram, e eles têm dificuldade para resolver problemas e raciocinar. As alucinações visuais podem confundi-los, de modo que não conseguem dizer se estão sonhando ou acordados. Podem aceitar as alucinações como a realidade, por isso sentem medo ou ansiedade, e às vezes até tentam fugir. Todos os sintomas podem piorar à noite – um fenômeno conhecido como *sundowning*. A recordação posterior dos sintomas pode ser fragmentada ou inexistente.

As causas do *delirium* incluem transtornos endócrinos, infecções, tumor cerebral, cessação do consumo de álcool, intoxicação medicamentosa, deficiência de vitaminas, febre, convulsões, doença renal ou hepática, venenos e efeitos de cirurgias. Com frequência, muitas causas contribuem para um episódio único. O *delirium* tende a começar de forma aguda e a oscilar em intensidade. Geralmente de curta duração, ele passa quando a condição subjacente tiver alívio.

Critérios resumidos para delirium

- Nível reduzido de consciência, bem como dificuldade para focalizar, direcionar ou manter a atenção.
- Mudanças cognitivas (déficit da linguagem, memória, orientação, percepção) que não podem ser mais bem explicadas por uma demência.
- Esses sintomas se desenvolvem rapidamente (de horas a dias) e tendem a variar durante o dia.
- A história, o exame físico ou os achados laboratoriais sugerem que condições médicas ou o uso de substâncias (ou alguma combinação) têm causado a condição diretamente.

Demência

A principal característica da demência é a perda da memória, a começar pela memória recente e, à medida que a demência piora, envolve recordações mais remotas. Os pacientes com demência apresentam perda da capacidade de pensar e de lembrar que ela é grave o suficiente para interferir na vida profissional e na social. As demências podem ser passageiras, mas, com frequência, persistem e progridem, muitas vezes até o ponto em que os pacientes apresentam prejuízos do julgamento e do pensamento abstrato. Pacientes gravemente demenciados podem não reconhecer seus familiares. Às vezes, se perdem em suas próprias casas. A falta de julgamento e de controle dos impulsos pode levar à perda das convenções sociais, fato demonstrado por suas piadas grosseiras ou pela desatenção com a higiene pessoal. A utilização da linguagem costuma ser preservada até mais adiante na doença.

O início costuma ser insidioso e, especialmente no começo do processo, as concepções equivocadas (alucinações ou ilusões), comuns no *delirium*, normalmente não ocorrem. Geralmente, pode-se identificar uma causa orgânica. Algumas causas (hematoma subdural, hidrocefalia de pressão normal, hipotireoidismo) podem ser tratadas com sucesso, levando à recuperação total dos sintomas da demência. As causas da demência abrangem doenças primárias do sistema nervoso central, como, por exemplo, a doença de Alzheimer, a doença de Huntington, esclerose múltipla e doença de Parkinson; doenças infecciosas, tais como neurossífilis e AIDS; deficiências de vitaminas; tumores; traumas, e diversas doenças do fígado, dos pulmões e dos sistemas endócrino e cardiovascular. As demências são observadas principalmente em pacientes idosos, e o curso geralmente é de deterioração crônica.

Critérios resumidos para demência

- Comprometimento da memória (não consegue aprender novas informações ou não consegue recordar informações aprendidas anteriormente), *mais*
- Pelo menos um dos seguintes sintomas:
  ✓ Afasia (problemas com o uso da linguagem)
  ✓ Apraxia (dificuldade para executar atividades motoras apesar de função motora intacta)
  ✓ Agnosia (apesar de função sensorial intacta, o paciente não consegue reconhecer ou identificar objetos)
  ✓ Perturbação do funcionamento executivo (dificuldade na abstração, organizar, planejar e sequenciar informações)
- Cada um desses sintomas compromete o funcionamento profissional ou social.
- O declínio do funcionamento mental começa gradualmente e piora de forma estável.
- Esses prejuízos não ocorrem unicamente durante um *delirium* e não são explicados por outros transtorno do Eixo I, como depressão ou esquizofrenia.
- Existem evidências de etiologia por uso de substância ou condição médica (incluindo a doença de Alzheimer).

Transtorno amnéstico

A causa mais comum do transtorno amnéstico é a associação do uso crônico de álcool com uma deficiência resultante de vitamina B_1 (tiamina); nesses casos, a condição é popularmente conhecida como *psicose de Korsakoff*. Os pacientes com transtorno amnéstico, por outro lado, subitamente perdem a memória de curto prazo, às vezes a ponto de não conseguirem recordar acontecimentos que ocorreram alguns minutos antes. A memória remota costuma estar menos envolvida. Muitos pacientes confabulam informações espontaneamente ou em resposta a perguntas ("Não lhe vi no bar ontem à noite?"). Pode haver recuperação, embora a cronicidade seja mais comum.

Critérios resumidos para transtorno amnéstico

- Comprometimento da memória (incapacidade de aprender novas informações ou de recordar informações aprendidas anteriormente).
- Esses sintomas comprometem significativamente o funcionamento materialmente, e representam um declínio no nível anterior de funcionamento do paciente.
- Os sintomas não ocorrem unicamente durante *delirium* ou demência.
- Existem evidências de etiologia por uso de substância ou condição médica.

TRANSTORNOS DA ANSIEDADE

Advertência: Muitos pacientes com doenças mentais têm sintomas de ansiedade como parte de suas queixas gerais. É importante não deixar que os sintomas da ansiedade, que podem ser as queixas dos pacientes, ocultem diagnósticos subjacentes que podem ser mais importantes para o diagnóstico e para o tratamento. Nesse sentido, mantenha-se especialmente alerta para a presença de síndromes depressivas e de transtornos relacionados com substâncias.

Transtorno de ansiedade generalizada

Os pacientes com transtorno de ansiedade generalizada parecem crônica e irracionalmente preocupados com diversas circunstâncias da vida. Alguns especialistas acreditam que essa condição afeta até 5% da população em geral. Outros dizem que ele é diagnosticado indevidamente, quando outro transtorno de ansiedade mais específico ou algum outro transtorno do Eixo I ou do Eixo II é responsável pelos sintomas do paciente. Quando presente, geralmente começa no início da idade adulta. As mulheres são duas vezes mais afetadas do que os homens. Pode ser encontrado especialmente nos consultórios especialistas em medicina interna e clínicos gerais.

Critérios resumidos para transtorno de ansiedade generalizada

- Na maioria dos dias durante seis meses, o paciente está ansioso ou preocupado com vários acontecimentos ou atividades.
- O paciente tem dificuldade para controlar esses sentimentos.
- Associados a essa ansiedade e à preocupação, pelo menos cinco dos seguintes sintomas costumam estar presentes:
  ✓ Inquietação, impaciência, agitação
  ✓ Cansaço fácil
  ✓ Dificuldade para se concentrar
  ✓ Irritabilidade
  ✓ Maior tensão muscular
  ✓ Perturbação do sono (insônia inicial ou inquietação, sono insatisfatório)
- Aspectos de outro transtorno do Eixo I não são o foco da ansiedade e da preocupação.
- Os sintomas causam sofrimento ou prejuízo do funcionamento.
- O transtorno não é causado diretamente por uma condição médica ou por uso de substâncias.
- Não ocorre apenas durante um transtorno do humor, transtorno psicótico, transtorno de estresse pós-traumático ou transtorno global do desenvolvimento.

Ataque de pânico e transtorno do pânico

Os ataques de pânico são episódios discretos de ansiedade sem uma causa identificável. Quando ocorrem mais de uma vez (ou o paciente teme que ocorram), dizemos que o paciente tem transtorno do pânico. O transtorno do pânico afeta, talvez, 2% dos adultos, tem um forte componente genético e pode ser mais comum em mulheres do que em homens. Embora possa começar em qualquer idade, geralmente se desenvolve em adultos jovens. Costuma estar associado à agorafobia.

Critérios resumidos para ataque de pânico

- Medo ou desconforto súbitos, que alcançam o pico em 10 minutos.
- Durante esse episódio discreto, quatro ou mais dos seguintes sintomas ocorrem:

- Dor ou outro desconforto torácico
- Calafrios ou ondas de calor
- Sensação de asfixia
- Desrealização (sentir-se irreal) ou despersonalização (sentir-se distanciado de si mesmo)
- Tontura, desmaio ou sensações de instabilidade
- Medo de morrer
- Medo de perder o controle ou de enlouquecer
- Coração acelerado ou arrítmico
- Náusea ou outro desconforto abdominal
- Insensibilidade (parestesias) ou sensação de formigamento
- Sudorese
- Sensação de falta de ar ou sufocamento
- Tremores

Critérios resumidos para transtorno do pânico

- O paciente tem ataques de pânico recorrentes e inesperados.
- Durante um mês ou mais depois do ataque, o paciente tem um ou mais dos seguintes:
  - Preocupação constante com a possibilidade de ter ataques adicionais.
  - Preocupação com as implicações do ataque ou de suas consequências (para a saúde, para o controle, para a sanidade).
  - Mudança de comportamento, como fazer algo para evitar ou combater os ataques.
- Os ataques de pânico não são causados diretamente por uma condição médica ou por uso de substância.
- Não são explicados por outro transtorno mental ou da ansiedade.

Agorafobia

A agorafobia originalmente significava "medo do mercado", mas hoje compreende temores de estar em qualquer lugar do qual possa ser difícil fugir ou onde possa não haver ajuda disponível. O paciente, portanto, não consegue sair de casa, precisa de companhia para fazê-lo, ou sofre desconforto quando está fora de casa. Relativamente incomum (talvez aconteça em 1 a cada 200 adultos), a agorafobia é mais usual em mulheres. Geralmente, ela começa cedo na vida, depois de um ataque de pânico ou de um acontecimento traumático. A maioria dos pacientes com agorafobia também tem ataques de pânico. A agorafobia que ocorre sozinha é diagnosticada como agorafobia sem história de transtorno do pânico.

Critérios resumidos para agorafobia

- O paciente sente ansiedade por estar em um lugar ou situação da qual escapar seja difícil ou embaraçoso, ou onde possa não haver ajuda disponível para o caso de um ataque de pânico.
- O paciente:
  - Evita essas situações ou esses lugares (restringindo as viagens), *ou*
  - Suporta com sofrimento (pode ocorrer um ataque de pânico), *ou*
  - Precisa de companhia na situação
- Os sintomas não são mais bem explicados por outros tanstornos mentais.

Transtorno obsessivo-compulsivo

O transtorno obsessivo-compulsivo é uma doença bastante estudada, que começa na adolescência ou na faixa dos 20 anos e costuma persistir por toda a vida. Caracteriza-se por ideias ou impulsos que passam despercebidos da consciência do paciente, acompanhados por ansiedade ou medo. Esses sentimentos são percebidos como estranhos (alheios ao ego), tolos ou irracionais, e o paciente tenta resistir a eles. Os principais padrões compulsivos são lavar as mãos, limpar e verificar compulsivamente as coisas, para garantir que alguma ação (como desligar o gás) foi de fato realizada. Os sintomas de depressão são comuns.

Critérios resumidos para transtorno obsessivo-compulsivo

- O paciente tem obsessões, compulsões ou ambas.
    - ✓ Obsessões. O paciente deve ter todos os seguintes sintomas:
        - Pensamentos, impulsos ou imagens recorrentes entram de forma intrusiva na consciência e causam grande sofrimento ou ansiedade
        - Essas ideias não são apenas preocupações excessivas sobre problemas comuns
        - O paciente tenta ignorar ou suprimir essas ideias ou neutralizá-las com pensamentos ou ações
        - Existe *insight* de que as ideias são produtos da mente do paciente
    - ✓ Compulsões. O paciente deve ter todos os seguintes sintomas:
        - Há necessidade de repetir comportamentos físicos (verificar, lavar as mãos) ou atos mentais (contar as coisas, repetir palavras silenciosamente)
        - Os comportamentos ocorrem em resposta a uma obsessão ou de acordo com regras rígidas
        - Os comportamentos visam reduzir o sofrimento ou prevenir algo temido
        - Os comportamentos não têm uma relação realista com os acontecimentos que devem combater ou são claramente excessivos para esse propósito
- Em algum ponto do transtorno, o paciente reconhece que as obsessões ou compulsões são irracionais e excessivas.
- As obsessões e/ou compulsões causam sofrimento grave, tomam mais de uma hora por dia ou interferem na rotina ou no funcionamento normal do paciente.
- Se o paciente tem outro transtorno do Eixo I, o conteúdo das obsessões ou compulsões não se restringe a ele.
- Os sintomas não são causados diretamente por uma condição médica ou por uso de uma substância.

Transtorno de estresse pós-traumático

O transtorno de estresse pós-traumático é um termo moderno, que compreende o que era chamado de *choque de guerra* em soldados, e as reações de civis às calamidades naturais (terremotos) ou causadas pelo homem (acidentes aéreos). Três aspectos principais caracterizam essa síndrome:

1. reviver persistentemente o acontecimento traumático por meio de sonhos ou pensamentos;
2. esquiva de relações humanas ou coisas que lembrem o acontecimento; e

3. sintomas de aumento da excitabilidade.

O desenvolvimento dos sintomas pode demorar semanas ou anos, e eles podem oscilar com o tempo. Sua gravidade costuma ser proporcional à intensidade do acontecimento traumático. A condição é mais provável de ocorrer em crianças, com pessoas idosas e em indivíduos socialmente isolados.

Critérios resumidos para transtorno de estresse pós-traumático

- O paciente vivenciou ou testemunhou um evento muito traumático que com os seguintes elementos:
  ✓ O evento envolveu morte real, ameaça de morte ou lesões físicas graves ao paciente ou a outras pessoas, *e*
  ✓ O paciente sentiu intenso medo, horror ou impotência
- O paciente revive o evento repetidamente em pelo menos uma das seguintes maneiras:
  ✓ Recordações intrusivas e aflitivas (imagens visuais)
  ✓ Sonhos aflitivos e recorrentes
  ✓ Por meio de *flashbacks*, alucinações ou ilusões, sentir ou agir como se o evento estivesse se repetindo
  ✓ Sofrimento psicológico intenso em reação a indícios que evoquem o evento
  ✓ Reatividade fisiológica (batimentos cardíacos acelerados, pressão arterial elevada) em resposta a esses indícios
- O paciente esquiva-se repetidamente dos estímulos relacionados ao trauma e tem entorpecimento da reatividade geral, demonstrado por três ou mais dos seguintes:
  ✓ Tenta evitar pensamentos, sentimentos ou conversas relacionados ao evento
  ✓ Tenta evitar atividades, pessoas ou lugares que recordem o evento
  ✓ Não consegue recordar algum aspecto importante do evento
  ✓ Apresenta redução acentuada do interesse ou da participação em atividades que lhe são importantes
  ✓ Sente-se distante ou afastado das outras pessoas
  ✓ Limitado na capacidade de amar ou de sentir outras emoções fortes
  ✓ Sente que a vida será breve ou com poucas realizações (falta de casamento, emprego, filhos)
- O paciente tem pelo menos dois dos seguintes sintomas de excitabilidade aumentada que não estavam presentes antes:
  ✓ Insônia (inicial ou de intervalo)
  ✓ Irritabilidade
  ✓ Pouca concentração
  ✓ Hipervigilância
  ✓ Resposta de sobressalto exagerada
- Os sintomas acima duraram mais de um mês.
- Esses sintomas podem causar sofrimento ou prejuízo funcional.

ANOREXIA NERVOSA

Os pacientes com anorexia nervosa acreditam que estão acima do peso, quando não estão. Como resultado, limitam gravemente o consumo de alimento, até o ponto de terem grave perda de peso, desnutrição e (em mulheres) interrupção do ciclo menstrual. Podem abusar do uso de diuréticos e laxantes e, às vezes, vomitam para manter o baixo peso. Sintomas graves podem levar à morte. Esse transtorno é relativamente comum (até 0,5%) entre as mulheres jovens. Informações recentes sugerem que a frequência é dez vezes menor em jovens do sexo masculino.

Critérios resumidos para anorexia nervosa

- Recusa-se a manter um peso corporal mínimo (pelo menos 85% do peso esperado)
- Apesar de estar abaixo do peso normal, tem medo intenso de que possa engordar
- A autopercepção do corpo é anormal, fato demonstrado por pelo menos um dos seguintes:
  ✓ Enfatiza indevidamente a própria forma ou o peso corporais
  ✓ Nega a seriedade do baixo peso
  ✓ Tem percepção distorcida da própria forma e do peso corporais
  ✓ Devido à perda de peso, nas mulheres ausência de pelo menos três ciclos menstruais consecutivos

TRANSTORNO DE SOMATIZAÇÃO

Afetando talvez 1% das mulheres adultas (raro em homens), o transtorno de somatização se caracteriza por queixas somáticas múltiplas. Suspeite dele em qualquer mulher que apresente uma história vaga ou complicada; que tenha uma resposta pobre ao tratamento; que seja dramática, exigente ou sedutora; que tenha uma história familiar de transtorno de personalidade; que tenha sofrido abuso sexual quando criança; que faça uso indevido de substâncias ou que tenha depressão com aspectos incomuns. Muitos desses pacientes tentam cometer suicídio. O diagnóstico costuma ser omitido, mesmo por profissionais da saúde mental.

Critérios resumidos para transtorno de somatização

- Começando antes dos 30 anos de idade, o paciente tem muitas queixas físicas que ocorrem por vários anos.
- O paciente procurou tratamento para esses sintomas, ou eles comprometeram significativamente os funcionamentos ocupacional, social ou pessoal.
- O paciente há algum tempo tem pelo menos oito sintomas da lista a seguir, distribuídos conforme citado. Os sintomas não precisam ser concomitantes.
  ✓ *Sintomas dolorosos* (quatro ou mais) relacionados com locais diferentes (como a cabeça, o abdômen, as costas, as articulações, as extremidades, o peito ou o reto) ou com funções corporais (como menstruação, relações sexuais ou micção).
  ✓ *Sintomas gastrointestinais* (dois ou mais, incluindo dor), como náusea, inchaço, vômito (não durante a gravidez), diarreia, intolerância a vários alimentos.
  ✓ *Sintomas sexuais* (pelo menos um, excluindo a dor), incluindo indiferença ao sexo, disfunção erétil ou ejaculatória, irregularidades menstruais, sangramento menstrual excessivo, vômito durante todos os 9 meses da gestação.
  ✓ *Sintomas pseudoneurológicos* (pelo menos um), incluindo

prejuízo do equilíbrio ou da coordenação, fraqueza ou paralisia muscular, nó na garganta ou dificuldade na deglutição, perda da voz, retenção urinária, alucinações, insensibilidade (ao tato ou à dor), visão dupla, cegueira, surdez, convulsões, amnésia ou outros sintomas dissociativos, perda da consciência (além de desmaio). Nenhum se limita a dor.
- Para cada um dos sintomas acima, uma das seguintes condições deve ser satisfeita:
  ✓ Exames físicos ou laboratoriais determinam que o sintoma não pode ser explicado totalmente por uma condição médica geral ou por uso de substâncias, incluindo medicamentos e drogas de abuso.
  ✓ Se o paciente não tiver uma condição médica geral, o prejuízo ou as queixas excedem o que se esperaria com base na história, nos resultados laboratoriais ou nos exames físicos.
- O paciente não finge os sintomas conscientemente para obter ganhos materiais (fingimento) ou para ocupar o papel de doente (transtorno factício).

TRANSTORNOS DE PERSONALIDADE

Atualmente, dez transtornos de personalidade são reconhecidos no DSM-IV-TR (outros esperam por inclusão), e se dividem em três grupos. Desses dez, cinco foram razoavelmente estudados e, portanto, têm maior validade do que o resto. Esses cinco, que são descritos a seguir, são citados em itálico no resumo a seguir. Em todos os transtornos de personalidade, as atitudes e os comportamentos estão presentes desde o início da vida adulta e ocorrem em uma variedade de situações.

O Grupo A compreende pacientes que podem ser descritos como retraídos, frios, desconfiados ou irracionais. O Grupo A inclui os transtornos de personalidade paranoide, *esquizoide* e *esquizotípica*.

No Grupo B, encontram-se pacientes que tendem a ser dramáticos e emotivos e a procurar atenção. Seu humor é instável e muitas vezes superficial. Eles costumam ter conflitos interpessoais intensos. O Grupo B compreende os transtornos de personalidade *antissocial*, *borderline*, histriônica e narcisista.

Os pacientes do Grupo C tendem a ser ansiosos e tensos, muitas vezes controlados demais. Este grupo inclui os transtornos de personalidade esquiva, dependente e *obsessivo-compulsiva*.

Transtorno de personalidade esquizoide

O transtorno de personalidade esquizoide geralmente começa na infância ou na adolescência. Esses pacientes se relacionam mal com outras pessoas e apresentam uma faixa restrita de variação emocional. Normalmente, vivem solitários por toda a vida, com pouca necessidade de se vincular a outras pessoas. Parecem pouco sociáveis, frios e reclusos, e podem ter sucesso em trabalhos solitários que outras pessoas consideram difíceis de tolerar. Esses pacientes têm devaneios excessivos, ligam-se a animais e não costumam se casar. Porém, mantêm o contato com a realidade, a menos que desenvolvam esquizofrenia.

Critérios resumidos para transtorno de personalidade esquizoide

- Distanciamento dos relacionamentos sociais e faixa restrita de va-

riação emocional em ambientes interpessoais, demonstrado por pelo menos quatro dos seguintes sintomas:
- ✓ Rejeita relacionamentos íntimos, incluindo a família
- ✓ Prefere atividades solitárias
- ✓ Tem pouco interesse em ter atividade sexual com outra pessoa
- ✓ Tem prazer em poucas atividades, ou nenhuma
- ✓ Além dos familiares próximos, não tem amigos íntimos ou confidentes
- ✓ Não parece afetado por críticas ou elogios
- ✓ É emocionalmente frio, distante ou embotado

■ Esses sintomas não ocorrem unicamente no curso de outro transtorno psicóticos (como esquizofrenia), um transtorno do humor com características psicóticas ou um transtorno global do desenvolvimento.
■ Não são causados diretamente por uma condição médica.

Transtorno de personalidade esquizotípica

Como têm pensamento mágico, ideias de referência, ilusões, maneirismos ou roupas incomuns, os pacientes com transtorno de personalidade esquizotípica podem parecer bastante esquisitos. Apesar de seus comportamentos estranhos, muitos se casam e trabalham, embora possam não se dar bem com outras pessoas e, às vezes, descompensarem quando sob estresse. Podem desenvolver esquizofrenia e seus familiares têm um risco maior para esse transtorno.

Critérios resumidos para transtorno de personalidade esquizotípica

■ Isolamento e desconforto nas relações sociais, bem como distorções cognitivas ou perceptivas e comportamento excêntrico, demonstrado por pelo menos cinco dos seguintes:
- ✓ Ideias de referência (não delirantes)
- ✓ O comportamento é influenciado por crenças bizarras ou pensamento mágico que não condiz com as normas subculturais (pode envolver superstições acentuadas, crença em telepatia)
- ✓ Percepções ou ilusões corporais incomuns (p.ex., "senti que O. J. Simpson estava aqui na sala comigo")
- ✓ Discurso bizarro (vaga, excessivamente abstrato, empobrecido)
- ✓ Ideação paranoide ou desconfiança
- ✓ Afeto constrito em variedade ou inadequado ao assunto (p.ex., tolo, desinteressado, indiferente)
- ✓ Comportamentos ou aparência excêntricos
- ✓ Além dos familiares próximos, não tem amigos íntimos ou confidentes
- ✓ Em situações sociais, ansiedade excessiva, que não é reduzida pela familiaridade; isso é associado a temores paranoides, em vez de julgamentos negativos acerca de si próprio.

■ Não ocorre apenas no curso da esquizofrenia ou de outro transtorno psicótico, de um transtorno do humor com características psicóticas ou de um transtorno global do desenvolvimento.

Transtorno de personalidade antissocial

Embora os pacientes com transtorno de personalidade antissocial muitas vezes pareçam pessoalmente charmosos, não conseguem seguir as regras da sociedade desde cedo (antes dos 15 anos). Esse comportamento afeta quase todas as áreas da vida. Pode haver uso de substâncias, brigas, mentiras e todo o tipo de comportamento criminoso: furto, violência, esquemas secretos e abuso de filhos e do cônjuge. Com pouca sinceridade, esses pacientes podem dizer que têm sentimentos de culpa, mas não parecem sentir remorso genuíno por seu comportamento. Embora possam reclamar de problemas somáticos múltiplos e ocasionalmente tentem cometer suicídio, o caráter manipulativo de todas as suas interações com as pessoas torna difícil decidir se suas queixas são genuínas.

Advertência: é importante não fazer esse diagnóstico se o comportamento antissocial ocorrer apenas no contexto do uso de substâncias. Embora esses pacientes muitas vezes tenham história de uma infância marcada por incorrigibilidade, delinquência e problemas escolares – como cábula –, menos da metade das crianças com esse tipo de história desenvolve a síndrome adulta plena. Portanto, esse diagnóstico nunca deve ser feito antes dos 18 anos.

Critérios resumidos para transtorno de personalidade antissocial

- Transtorno da conduta antes dos 15 anos: por doze meses ou mais, o paciente repetidamente violou normas sociais, apropriadas para a sua idade, ou desconsiderou os direitos alheios, demonstrando pelo menos três dos seguintes sintomas:
  ✓ Agressividade contra pessoas ou animais
  ✓ Frequentemente provocante ou ameaçador
  ✓ Costuma começar brigas
  ✓ Uso de armas que possam causar lesões sérias (revólver, faca, porrete, vidro quebrado)
  ✓ Crueldade física com pessoas
  ✓ Crueldade física com animais
  ✓ Roubo com confronto (assalto à mão armada, extorsão, assaltos, roubo de bolsas)
  ✓ Sexo forçado

  Destruição de propriedade
  ✓ Inicia incêndios deliberadamente para causar destruição séria
  ✓ Destrói deliberadamente a propriedade de outras pessoas (além de incêndios)

  Mentira ou furto
  ✓ Arromba prédios, carros ou casas que pertencem a outras pessoas
  ✓ Mente ou quebra promessas frequentemente para obter ganhos ou para evitar obrigações ("vigarice")
  ✓ Furta objetos valiosos sem confronto (arrombamento, falsificação, furto em lojas)

  Violação séria de regras
  ✓ Começando aos 12 anos de idade, costuma ficar na rua à noite contra a vontade dos pais

- ✓ Foge de casa à noite duas ou mais vezes (uma vez, se por período longo)
- ✓ Cábula frequente aos 12 anos de idade
■ Desde a idade de 15 anos, demonstra falta de consideração pelos direitos dos outros em uma variedade de situações, com pelo menos três dos seguintes:
  - ✓ Costuma ter condutas que são causas de prisão, seja preso ou não
  - ✓ Mente, usa codinomes ou ludibria pessoas para obter ganhos ou gratificação
  - ✓ É impulsivo ou não faz planos para o futuro
  - ✓ Apresenta irritabilidade e agressividade, o que leva a brigas ou a agressões físicas recorrentes
  - ✓ Desconsidera a própria segurança ou a alheia
  - ✓ Demonstra irresponsabilidade, deixando de manter empregos ou honrar obrigações financeiras
  - ✓ Não sente remorso por seu comportamento nocivo (demonstra indiferença ou racionaliza)
■ O paciente tem pelo menos 18 anos de idade.
■ O comportamento antissocial não ocorre unicamente durante um episódio maníaco ou de esquizofrenia.

Transtorno de personalidade *borderline*

Os pacientes portadores do transtorno de personalidade *borderline* muitas vezes parecem estar em uma crise de humor, de comportamento ou de relacionamentos interpessoais. Muitas vezes, sentindo-se vazios e entediados, prendem-se fortemente a outras pessoas e apresentam raiva ou hostilidade intensas quando acreditam que estão sendo ignorados ou maltratados por aqueles de quem se sentem dependentes. Podem se ferir ou se mutilar impulsivamente. Embora os pacientes possam ter episódios psicóticos breves, eles se resolvem de forma tão rápida que raramente são confundidos com as psicoses endógenas. Oscilações intensas e rápidas do humor, impassividade e relacionamentos interpessoais instáveis tornam difícil para esses pacientes desenvolver todo o seu potencial social no trabalho e na escola.

Advertência: o transtorno de personalidade *borderline* é um diagnóstico aplicado com frequência a pacientes com outros transtornos que são mais urgentes do ponto de vista do tratamento. No século XXI, talvez ainda seja a condição que mais diagnosticamos incorretamente.

Critérios resumidos para transtorno de personalidade borderline

■ Controle de impulsos, relacionamentos interpessoais, humor e autoimagem instáveis, indicado por, no mínimo, cinco dos seguintes critérios:
  - ✓ Esforços frenéticos de prevenir o abandono, real ou imaginário (não inclua comportamentos automutilantes ou suicidas, tratados a seguir)
  - ✓ Relacionamentos instáveis com alternância de idealização e desvalorização
  - ✓ Perturbações da identidade (autoimagem ou sentimento de *self* gravemente distorcidos ou instáveis)
  - ✓ Impulsividade potencialmente prejudicial à própria pessoa em pelo menos duas áreas, como comer compulsivo, direção im-

prudente, sexo, gastos, uso de substâncias (novamente, não inclua comportamentos suicidas ou automutilantes, listados separadamente a seguir)
- ✓ Automutilação ou pensamentos, ameaças ou outros comportamentos suicidas
- ✓ Acentuada reatividade do humor, criando uma marcada instabilidade (oscilações do humor com intensa ansiedade, depressão a irritabilidade que duram de algumas horas a alguns dias)
- ✓ Sentimentos crônicos de aborrecimento ou vazio
- ✓ Raiva fora do controle ou inadequada e intensa (observada em demonstrações de irritação, lutas corporais recorrentes ou raiva constante)
- ✓ Ideação paranoides transitória ou sintomas dissociativos graves relacionados com o estresse

Transtorno de personalidade obsessivo-compulsiva

Os pacientes com transtorno de personalidade obsessivo-compulsiva têm uma grande tendência a serem rígidos e perfeccionistas, muitas vezes a ponto de sua indecisão resultante, sua preocupação com detalhes escrúpulos e sua insistência em fazer as coisas à sua maneira interferirem em sua efetividade no trabalho ou situações sociais. Eles podem ter dificuldade para expressar afeto, muitas vezes parecem deprimidos, e essa depressão pode ir e vir, às vezes a ponto de se tornar suficientemente grave o bastante para levá-los a buscar tratamento. Às vezes, essas pessoas são avarentas. Podem guardar coisas, recusando-se a jogar fora mesmo objetos inúteis de que não precisam mais.

Critérios resumidos para transtorno de personalidade obsessivo-compulsiva

- ■ Preocupação com controle, organização e perfeccionismo obscurece qualidades de eficiência, flexibilidade e abertura, conforme demonstrado por pelo menos quatro dos seguintes:
  - ✓ Preocupa-se com detalhes, listas, ordem, organização, regras ou horários a um nível tal que o alvo da atividade se perde ("não consegue enxergar a floresta além das árvores")
  - ✓ Permite que o perfeccionismo interfira na conclusão das tarefas
  - ✓ É *workaholic* (trabalha demais, negligenciando atividades de lazer)
  - ✓ Excessiva conscienciosidade, inflexibilidade ou escrúpulos em relação à ética, moralidade ou valores, mesmo para a sua identificação cultural ou religiosa
  - ✓ Guarda coisas sem valor real ou sentimental
  - ✓ Não coopera nem delega tarefas, a menos que as outras pessoas concordem em fazer as coisas à sua maneira
  - ✓ É avarento para consigo e com outras pessoas; junta dinheiro para necessidades futuras
  - ✓ É rígido e obstinado

Apêndice C

EXEMPLO DE ENTREVISTA, RELATÓRIO ESCRITO E FORMULAÇÃO

ENTREVISTA COM UM PACIENTE

O paciente, um homem que aparenta estar no final da faixa dos 20 anos, veste a camisola do hospital por sobre calça esportiva e uma camisa branca, abotoada até em cima. Está sentado em uma cadeira de espaldar, raramente olhando o entrevistador. Seu nariz e seus lábios estão inchados e machucados e há um corte grande sob o olho direito. Sua expressão facial é estática, e ele não sorri uma vez sequer durante a entrevista. Por vezes, suas palavras são murmuradas. A voz do entrevistador é afetuosa e calma.

Entrevistador: (*Aperta a mão do paciente*). Bom dia. meu nome é dr. _____.
Paciente: Oi.
Entrevistador: Gostaria de agradecer pela ajuda que você me está proporcionando hoje com esta entrevista demonstrativa.
Paciente: Tudo bem.
Entrevistador: É provável que eu faça algumas anotações de vez em quando, apenas para lembrar das perguntas que quero fazer. Agora, você pode me falar um pouco do tipo de dificuldade que o trouxe aqui?
Paciente: Ah – desesperança, desespero, sem lugar par ir além do céu.
Entrevistador: Sem lugar para ir além do céu. Isso significa que você estava pensando em morrer?
Paciente: Pensando? Querendo!
Entrevistador: Querendo morrer. Pode falar um pouco mais sobre isso?

"Pode falar mais sobre isso", é claro, é a pergunta aberta clássica para que o paciente desenvolva o que acaba de dizer.

Paciente: Bem, tenho pensado, uma opção é ou machucar alguém ou me machucar. E eu não gostaria de machucar ninguém, então prefiro me machucar.
Entrevistador: Entendi.
Paciente: Não quero mais viver. Você pode morrer se tiver, digamos, câncer, mas não quando a sua cabeça está detonada. Então você tem que viver com isso.
Entrevistador: Sim.
Paciente: Eles não chamam isso de terminal, chamam de... "ah, tá!"
Entrevistador: Então, você fez alguma tentativa verdadeira de suicídio?
Paciente: Ah, sim! As vozes diziam: "Pula, está na hora". Ti-

rei todas as roupas, pois pensei: "Não vou precisar disso". E todos pararam, todos os carros pararam e eu atravessei a rua correndo e então é a última coisa que eu lembro... ver um caminhão mais rápido que os outros. Fui ao encontro dele.

Entrevistador: Aí você correu direto para o caminhão.

Com diversas respostas, as contribuições do entrevistador visavam levar o paciente a falar mais. O princípio da fala livre é amplamente preservado.

Paciente: O caminhão rápido. Lembro de estar na ambulância, alguém tocando em mim, dizendo para eu acordar.
Entrevistador: Você acha que foi atingido pelo caminhão, é isso?
Paciente: É o que eles dizem, sim, e ao que parece...
Entrevistador: Sim, parece que você apanhou um pouco. E então você lembra de estar na ambulância...

Observe o "sim", na última fala – não o estilo usual do entrevistador, que provavelmente está inconscientemente tentando fazer uma conexão, usando uma fala um pouco mais afinada com a do paciente. Ao longo da entrevista, esse entrevistador usa palavras que o paciente possa entender. Existem coisas no jargão médico que podem confundir o paciente ou inibir a formação do rapport.

Paciente: Por um segundo, enquanto eles estavam me batendo.
Entrevistador: Bem, como isso lhe parece agora? Quero dizer, você tentou se matar e aqui está, vivo.
Paciente: É o que parece. Bem, no hospital, achei que estava morto. Eu estava em um quarto branco. Era como a antessala do céu. Eu estava na sala de espera, e era apenas um quarto.
Entrevistador: Ahã.
Paciente: E agora, eu acho, posso ainda estar na antessala.
Entrevistador: Entendo.
Paciente: Seus colegas vão ajudar nisso?
Entrevistador: Bem, acho que ninguém aqui irá ajudá-lo a morrer.

Uma resposta direta é melhor do que uma evasiva. Todavia, uma resposta ainda melhor seria na linha do clássico "não posso fazer isso, mas posso fazer aquilo" – por exemplo, "faremos tudo aquilo que pudermos se você quiser viver".

Paciente: Oh.
Entrevistador: Você ainda quer morrer?
Paciente: (*Acena com a cabeça.*)
Entrevistador: Você disse que vinha se sentindo desesperançoso. Há quanto tempo isso ocorre?

Observe que o entrevistador pega as próprias palavras do paciente para colocar a conversa em outra direção.

Paciente: Anos.
Entrevistador: Ahã. Tem piorado ultimamente?
Paciente: Ah, sim. Eu me senti desanimado por um tempo. Não era todos os dias. Desde o verão.
Entrevistador: Desde o verão. Então quantos meses faz?
Paciente: Sete.

Uma aparente tentativa de avaliar a orientação do paciente quanto ao tempo e sua capacidade de calcular.

Entrevistador: Ahã. Você tem tido outros sentimentos? Por exemplo, tem se sentido inútil?
Paciente: Ah, sim.
Entrevistador: Você tem ideia do porquê?
Paciente: Bem, tentei arrumar um emprego, achando que poderia dar certo.
Entrevistador: Sim.
Paciente: Não consigo nenhum.

Até aqui, o entrevistador identificou três áreas de interesse clínico para investigar: psicose (as vozes), transtorno do humor e dificuldades sociais. Pode haver mais.

Entrevistador: Você se sente mais ou menos do mesmo jeito ao longo do dia ou tem algum momento em que você se sente melhor?
Paciente: É melhor à noite, logo quando vou para cama.
Entrevistador: Então quando você vai para a cama, à noite, é melhor. Seu sono anda bom?
Paciente: Aqui [no hospital] ele anda.
Entrevistador: E normalmente... Que tipo de dificuldade você tem com o sono?

Um entrevistador menos cuidadoso pode avançar para algum outro tópico, em vez de manter o paciente no tema do sono antes da hospitalização. Questiono, porém, o uso do termo "normalmente" – o que isso indicaria? Seria melhor especificar o tempo como "antes da sua admissão".

Paciente: Eu acordava toda hora, rangendo os dentes.
Entrevistador: Ahã. Quando acorda, você pensa em alguma coisa?
Paciente: Sim.
Entrevistador: Que tipo de coisa?
Paciente: "O que vou fazer?"
Entrevistador: Ahã. Você dorme bastante pela manhã, então?
Paciente: Não até há pouco.
Entrevistador: Ahã. Você acorda bastante cedo, antes da hora de levantar, e não consegue voltar a dormir?

Melhor seria uma pergunta aberta: "que tipo de dificuldade você vinha tendo?"

Paciente: Sim, fico pensando: "Por que acordo tão cedo?"
Entrevistador: Você se sente descansado quando dorme?
Paciente: Sim.
Entrevistador: Se sente descansado.
Paciente: Mas me sinto bastante descansado quando não durmo. É estranho, parece que não preciso dormir.
Entrevistador: E como está o seu apetite?
Paciente: Bom. Aqui, está bom.
Entrevistador: E antes de vir para cá?
Paciente: Nada bom.
Entrevistador: Seu peso mudou?
Paciente: Sim. Perdi 20 quilos. Não sei agora, talvez tenha ganhado peso.
Entrevistador: Ahã. Em que período de tempo você perdeu 20 quilos?

No decorrer da entrevista, pode-se observar que o entrevistador usa muitos estímulos verbais – "ahã" e suas variações

– como uma maneira clara, mas minimamente intrusiva, de indicar que a mensagem do paciente está sendo recebida e que o fluxo de informações deve continuar, sem direcioná-lo de nenhum modo. O registro escrito não consegue mostrar o uso de sorrisos, piscadas de olho, acenos com a cabeça e outros métodos não verbais que incentivam sem intrusão. Para facilitar a leitura, cortei a metade dos incentivos verbais não diretivos que o entrevistador usa.

Paciente: Por volta de uma semana.
Entrevistador: Isso é muito rápido. Você não vinha comendo muito. Não estava interessado em comida?
Paciente: Não muito.
Entrevistador: Estava interessado em outras coisas?
Paciente: Não. Bem, eu tinha uma namorada que tinha um filho. Eu estava interessado nele.
Entrevistador: Você se interessa pelo filho da sua namorada.
Paciente: Ele é um garoto legal. Eu o ajudei.
Entrevistador: E quando tentou suicídio, você estava bastante interessado nessa criança?
Paciente: Sim, mas ela não me queria mais por perto.
Entrevistador: Ela não lhe queria. E outras coisas como ler ou assistir televisão – você se interessa por isso?
Paciente: Não.
Entrevistador: Você consegue se concentrar nas coisas?
Paciente: Sim, televisão, se eu olhasse. É isso. (*Pausa*) Mas não por períodos longos.

Se o entrevistador avançasse rápido demais para o próximo tópico, a impressão geral da capacidade do paciente de se concentrar seria diferente.

Entrevistador: Por pouco tempo? Quanto?
Paciente: Meia hora.
Entrevistador: Então você não conseguia assistir um programa de uma hora, e lembrar-se dele.
Paciente: Sem pensar em outra coisa.
Entrevistador: Você acha que quando havia pessoas ao redor de quem você gostava, isso desviava a cabeça de se sentir mal?
Paciente: Sim.
Entrevistador: Isso ajuda. Por quanto tempo ajudava?
Paciente: Até eu me dar conta do que estava acontecendo comigo.
Entrevistador: Então era só por alguns minutos que isso o distraía?

Objeção, meritíssimo – conduzindo a testemunha! Muito melhor seria "quanto tempo isso geralmente o distraía?"

Paciente: Sim.
Entrevistador: OK. Você sentia culpa de alguma coisa?
Paciente: Sim.
Entrevistador: Que tipo de coisa?
Paciente: De ter me colocado nessa posição. Eu poderia ter evitado com certas decisões que tomei. Mas agora é tarde demais.
Entrevistador: Ahã. Você acha que merece morrer?
Paciente: Sim.
Entrevistador: Você acha que merece ser punido?
Paciente: Sim, de certo modo.

Entrevistador: Ahã.
Paciente: Sei que muitas pessoas fazem isso, mas eu sabia.
Entrevistador: Você sabia. Muitas pessoas fazem... fazem o quê?

Mais uma vez, o entrevistador está continuando a última fala do paciente, dessa vez com elaboração. É um método de estímulo verbal que pode orientar a conversa sem parecer excessivamente controlador.

Paciente: Coisas parecidas com o que eu faço.
Entrevistador: Ahã. As coisas que o deixam culpado. Pode me contar quais são?
Paciente: Gastar dinheiro com drogas. Ficar em quartos de hotel, em vez de gastar em apartamento ou em comida.
Entrevistador: Ahã.
Paciente: Contas.
Entrevistador: Certo. E com que tipo de drogas você tem tido problemas?
Paciente: Heroína e cocaína.
Entrevistador: Isso tem acontecido há muito tempo?
Paciente: Uns dois anos.
Entrevistador: Quanta heroína você costuma usar?
Paciente: Eu diria meio grama por dia.
Entrevistador: E quanto isso lhe custa?
Paciente: Vinte dólares. E mais vinte para a coca.
Entrevistador: E também vinte para cocaína. Bem, na medida em que você prosseguiu com o uso, quão forte ficou?
Paciente: Quer saber?
Entrevistador: Sim.
Paciente: É forte.

O entrevistador não tem certeza de se meio grama é considerado uso forte ou se quer dar ao paciente a oportunidade de demonstrar conhecimento. De qualquer modo, pedir uma explicação ao paciente é uma boa maneira de garantir que se consegue a informação certa. E ajuda a promover o rapport.

Entrevistador: Então você sente uma forte fissura por ela.
Paciente: Não uma fissura tão forte, apenas se eu tivesse muito dinheiro e um lugar para ir, provavelmente faria isso.
Entrevistador: Sairia e usaria drogas de novo.
Paciente: Porque fazem eu me sentir seguro.
Entrevistador: Voltando a antes de usar drogas, como era o seu humor?

Com dois problemas sérios a considerar, o entrevistador está tentando descobrir qual começou antes. A razão importante: diferenciar um transtorno do humor primário de um que seja secundário ao uso de drogas, com suas diferentes implicações para o tratamento.

Paciente: Dependeria de onde eu estivesse, mas... sempre tinha algo faltando.
Entrevistador: Sempre faltava algo, mesmo antes de usar drogas.
Paciente: É. E na escola, eu nunca me encaixei direito. Quero dizer, eu tinha amigos, mas não me encaixava.

Outra área de interesse clínico emerge: a possibilidade de um transtorno de personalidade.

Entrevistador: Ahã.
Paciente: Desconfortável.
Entrevistador: Você se sentia desconfortável, mesmo com os amigos. Pode me falar

mais sobre esse sentimento de desconforto?

Mesmo neste ponto avançado da entrevista, o entrevistador faz um convite para ampliar esses sentimentos. As perguntas abertas são a maneira de desenvolver informações sobre as emoções.

Paciente: Digamos que você não queira dizer algo errado nem que riam de você. Você não quer fazer nada que faça alguém rir de você. Então apenas fica quieto, fechado em si mesmo. E então, nada acontece. Você não faz mais amigos.
Entrevistador: Então você sempre teve medo de cometer um erro, de parecer deslocado. E isso é em parte porque você se sentia deslocado. Isso sempre aconteceu em sua vida adulta?

Normalmente, recomendo que o entrevistador não faça longos discursos. Afinal, quanto mais o entrevistador falar, menos tempo o paciente terá para falar. Todavia, declarações sumárias ocasionais, como a apresentada, podem garantir que o entrevistador entendeu e podem ajudar a conectar-se com o paciente.

Paciente: (*Acena com a cabeça.*)
Entrevistador: E quando você era criança?
Paciente: Era a única época em que eu não tinha medo, antes dos meus pais se divorciarem. Lembro do primeiro dia quando nos mudamos para cá, meus pais disseram: "tem um garoto da sua idade lá fora – vá brincar com ele". Corri para fora e empurrei ele em seu triciclo. Nós nos tornamos melhores amigos.
Entrevistador: E isso foi quando você tinha que idade?
Paciente: Cinco.
Entrevistador: E isso só passou depois que seus pais se divorciaram?
Paciente: (*Acena que sim com a cabeça.*)
Entrevistador: E que idade você tinha então?
Paciente: Meus pais se divorciaram quando eu tinha 7 ou 6, 7.
Entrevistador: Você morava com sua mãe ou com seu pai?
Paciente: Minha mãe, na Califórnia, então perdi uma parte da escola. Meus irmãos moravam com o meu pai. Pois estavam estudando.
Entrevistador: E foi mais ou menos quando você tinha 7 anos que começou a se sentir deslocado?
Paciente: Acho que sim. Quero dizer, desde o início, me sentia estranho em certas situações. Gradualmente, aquilo voltou, e tudo virou um inferno. Então, mudei de escola e começou de novo. Então, eu fui para o ensino médio e me perdi. Nunca me encontrei de novo.
Entrevistador: Você se perdeu – o que isso significa?
Paciente: Significa que todos os meus amigos moravam em uma área diferente da minha. Eu tinha que fazer outros amigos, e nunca fiz.

Entrevistador: Então você nunca voltou realmente.
Paciente: É, e só fiquei lá.
Entrevistador: Na época, quando você era adolescente, você se sentia deprimido?
Paciente: Ahã.
Entrevistador: Tão deprimido quanto está se sentindo agora?
Paciente: Não, eu pensava em suicídio, mas nunca faria.
Entrevistador: E quando foi a primeira vez que você tentou o suicídio?
Paciente: Há dois anos.
Entrevistador: Ah. Foi depois que começou a usar drogas?

Esse entrevistador se esforça bastante para determinar a sequência de sintomas – o que aconteceu antes, o que vem depois? Essa informação se mostrará importante para o diagnóstico e para determinar qual tratamento pode ajudar.

Paciente: (*Acena com a cabeça.*)
Entrevistador: E o que você fez então?
Paciente: Eu tentei injetar o máximo de heroína que pudesse.
Entrevistador: Você tentou tomar uma overdose de heroína.
Paciente: Sim, e tomei alguns comprimidos.
Entrevistador: E isso obviamente não funcionou.
Paciente: Claro.
Entrevistador: E você foi hospitalizado então?
Paciente: Sim, acordei três dias depois.
Entrevistador: É bastante tempo.
Paciente: Foi o mais próximo.
Entrevistador: E você fez outras tentativas de suicídio entre aquela e esta atual?

Você notou que o entrevistador começa com "E"? Todos nós temos cacoetes verbais que podem ser incômodos em um ou outro grau. Eu recomendaria que você analisasse os seus para ver quais deveriam ser evitados. Nesse caso, a conjunção repetida pode na verdade servir para ajudar a costurar a entrevista enquanto se avança com ela.

Paciente: Sim, tomei um monte de comprimidos para dormir. Aquelas coisas só fizeram meu coração enlouquecer e acabei indo para a sala de emergência.
Entrevistador: Ahã.
Paciente: E então eu senti que ia desmaiar quando cheguei lá. Eles me deram carvão vegetal e foi... (*Longa pausa*)
Entrevistador: Bem, você disse que vinha ouvindo vozes. Pode me falar sobre isso?
Paciente: Minha cabeça está pensando em uma coisa e vem uma voz, por dentro da minha cabeça, não sei: "tudo bem, vá em frente".
Entrevistador: Que quer dizer...
Paciente: O que eu estiver pensando.
Entrevistador: O que você estiver pensando. Então a voz meio que incentiva.
Paciente: (*Acena com a cabeça.*)
Entrevistador: Ela alguma vez diz algo diferente disso?
Paciente: Ela me diz para não fazer as coisas.
Entrevistador: Como o quê?
Paciente: Como "é uma má ideia agora. Não faça isso".
Entrevistador: Ahã.
Paciente: Sempre tive isso.

Entrevistador: Você sempre teve essa voz. Desde quando?
Paciente: Quando era criança. Ela me salvou de problemas, muitas vezes.
Entrevistador: Entendo. Você acha que essa voz é uma pessoa ou uma coisa real em algum lugar lá fora? Ou pode ser a sua consciência ou os seus pensamentos?

Observe a escolha forçada. Uma pergunta aberta talvez funcionasse melhor aqui – por exemplo: "... ou poderia haver alguma outra explicação?"

Paciente: Eu achava que era minha consciência até recentemente, quando ficou tão forte que eu quase podia ver. E foi quando comecei a achar que tinha mais alguma coisa.
Entrevistador: Ahã.
Paciente: Meu irmão morreu. Juro que tem algo a ver com isso.
Entrevistador: Não entendi isso.
Paciente: Meu irmão foi assassinado. E isso teve algo com eu não morrer.
Entrevistador: Então você está pensando que...
Paciente: Na época, eu estava tentando a overdose de heroína. No mesmo dia em que saí do hospital, meu avô morreu.
Entrevistador: Uau!

Taquigrafia para "isso realmente é uma carga pesada para uma pessoa só". Esse tipo de resposta diz ao paciente que o entrevistador entende e se preocupa. É um exemplo básico do rapport com uma palavra.

Paciente: Era como, digamos... eles tinham que fazer uma troca. Eu por ele. Já era seguro.
Entrevistador: Então você acha que, de certo modo, seu avô morreu para que você pudesse viver.
Paciente: (*Acena com a cabeça.*)
Entrevistador: Essa é uma responsabilidade enorme. Como faz você se sentir?
Paciente: Bem, ele estava realmente doente. E é o tipo de cara que ele é, então não fiquei surpreso.
Entrevistador: De que ele morreu?
Paciente: De velho.
Entrevistador: E você disse que o seu irmão morreu – foi assassinado.

Bom para o entrevistador que lembrou de perguntar pelo irmão assassinado! Isso por ter sido facilitado pelas notas que tomou, mencionadas no início da entrevista.

Paciente: Ele foi esfaqueado. E ele só pegou dois anos.
Entrevistador: O cara que esfaqueou ele só pegou dois anos na prisão por isso. Quais foram as circunstâncias?
Paciente: Ele tinha acabado de sair da prisão, meu irmão, e não sabia para onde ir, estava dormindo na praça com uns vagabundos. E eles estavam cozinhando, e ele pegou emprestada uma bicicleta que não era dele para comprar cerveja e o cara dono da bicicleta pirou – disse "larga a minha bicicleta"

Entrevistador: e foi atrás dele com uma faca.
Entendo. Então seu irmão estava na prisão, por quê?
Paciente: Por arrombamento.
Entrevistador: E ele já tinha tido muitos problemas durante toda a sua vida?
Paciente: Não mesmo, só álcool.
Entrevistador: Ah, ele bebia. E foi por isso que ele fez o arrombamento – ele estava embriagado na época?
Paciente: É.
Entrevistador: E alguém mais na sua família tinha problemas com drogas ou com álcool?
Paciente: Sim, meu irmão.
Entrevistador: Outro irmão?
Paciente: É, e também minha tia e meus tios.
Entrevistador: Então você tinha alguns familiares, no lado do seu pai ou...
Paciente: Da mãe, e também meu padrasto.
Entrevistador: Sua mãe bebia ou usava drogas?
Paciente: É.
Entrevistador: Fale-me dela.
Paciente: Ela bebia e fumava maconha.
Entrevistador: E ela ainda é viva?
Paciente: (*Acena com a cabeça.*)
Entrevistador: Ela ainda bebe?
Paciente: Não.
Entrevistador: Ela se endireitou. O que aconteceu?
Paciente: Ela parou.
Entrevistador: Isso não faz você sentir que existe algum tipo de esperança para você?
Paciente: Eu já larguei antes. Fiquei limpo por sete meses.
Entrevistador: Mesmo? Isso é ótimo! Quando foi isso?

O cumprimento não é necessário, mas, no contexto, parece franco, e talvez ajude a cimentar os sentimentos que o paciente pode estar formando pelo entrevistador.

Paciente: Ano passado.
Entrevistador: E então você voltou.
Paciente: Ainda me sentia um lixo.
Entrevistador: Você quer dizer que, mesmo estando limpo e sóbrio, ainda se sentia muito deprimido.
Paciente: Ahã, um caso perdido. E tinha dinheiro.
Entrevistador: Você estava trabalhando então?
Paciente: Não, mas tinha 6.000 dólares no banco.
Entrevistador: É mesmo? Uau. E isso não o ajudava a se sentir melhor.
Paciente: Não.
Entrevistador: Mesmo que não estivesse usando drogas e não estivesse bebendo, você ainda se sentia terrivelmente deprimido.
Paciente: (*Acena com a cabeça*).
Entrevistador: E estava pensando em se matar?
Paciente: (*Acena que sim com a cabeça.*) É.
Entrevistador: Bem, eu estava perguntando sobre os seus familiares. Ouvi sobre seus irmãos e sobre sua mãe. E o seu pai – ele bebia ou usava drogas?
Paciente: Meu padrasto.
Entrevistador: E seu pai biológico?
Paciente: Ele fazia isso, mas largou. Mas quanto eu estava crescendo, ele bebia.
Entrevistador: Entendo. Que tipo de trabalho ele fazia?
Paciente: Ele era gerente de vendas.

Entrevistador: E você tem algum tipo de relacionamento com ele agora?
Paciente: Agora, mais do que antes. Não tive por um tempo.
Entrevistador: Ahã. E a sua mãe – você a vê?
Paciente: (*Acena com a cabeça.*)
Entrevistador: Como é a relação de vocês?
Paciente: Muito boa, na maior parte.
Entrevistador: Você sabe que seu irmão morreu em um certo ponto, e seu avô morreu, e tenho certeza de que você se sentiu mal quando isso aconteceu. Você pode comparar como se sente agora, com sua depressão, com a maneira como se sentiu quando eles morreram?
Paciente: Quando o meu irmão morreu, senti alívio por ele. Ele teve sorte, não precisa mais passar por essa porcaria. O mesmo com o vovô, pois ele tinha dor. O mesmo com a minha depressão [comparada com isso] – eu gostaria de estar com eles.
Entrevistador: A maneira como você se sente agora é bastante diferente de como se sentiu quando eles morreram. Está certo?

Uma importante declaração sumária – tentar demonstrar o tipo e o grau de depressão atual, em comparação com a maneira como as pessoas se sentem quando um ente querido morre.

Paciente: É.

Entrevistador: E você ainda sente agora que gostaria de estar morto?
Paciente: Sim.
Entrevistador: Você disse que esperava que alguém aqui o ajudasse a morrer. Isso parece uma esperança realista para você?
Paciente: Não vejo por que não. Eles fazem isso para pessoas com câncer. Meu cérebro tem câncer.
Entrevistador: Seu cérebro tem câncer – o que você quer dizer com isso?
Paciente: Pensamentos cancerosos.
Entrevistador: Pensamentos cancerosos. Bem, suponhamos que, com medicação ou algum outro tratamento, seu cérebro possa superar esses pensamentos cancerosos.
Paciente: É, bem, isso seria bom.
Entrevistador: Isso seria diferente.
Paciente: Funciona com a heroína. A coisa com a heroína, ela barra os pensamentos cancerosos. Mas não faz você se sentir melhor. Não quero mais andar por aí com qualquer um. Gosto de ficar no quarto e de olhar televisão, com os pensamentos cancerosos barrados. E é por isso que eu faço.
Entrevistador: Por acaso, lhe parece que, quando você usa heroína, é para barrar alguns desses pensamentos negativos e muito ruins que você tem?
Paciente: Exatamente.
Entrevistador: Você mencionou que ouvia vozes. Você já teve outras experiências que a

maioria das pessoas não tem?

Bom uso de transição – pegar as palavras do paciente e usá-las como uma ponte para outras questões sobre fenômenos mentais.

Paciente: Ah, não.
Entrevistador: Você tem visões, por exemplo?
Paciente: É.
Entrevistador: Fale-me sobre isso.
Paciente: Tenho visões de me enforcar.
Entrevistador: Enforcar, como com uma corda, você quer dizer?
Paciente: Tenho visões de bater meu carro contra uma parede de tijolos. Tenho visões de pular da plataforma, direto no trem.
Entrevistador: Essas visões são algo que você consegue ver de verdade, da maneira como me vê agora? Ou é algo que passa em uma tela na sua mente?
Paciente: Não, eu vejo.
Entrevistador: Você vê de verdade. Você vê com tanta clareza quanto como me vê?
Paciente: É.
Entrevistador: E você alguma vez teve sensação ou pensamentos de que as pessoas estavam tramando contra você de um modo ou de outro, tentando prejudicá-lo?
Paciente: Não.
Entrevistador: Espioná-lo?
Paciente: Me espionar, sim.
Entrevistador: Fale-me sobre isso.
Paciente: Os policiais fazem essas coisas. Tentam me impedir.

Entrevistador: Ahã. Então você pensa que talvez a polícia possa estar tentando impedir que você se machuque.
Paciente: É. Tem câmeras em toda a parte.
Entrevistador: Nesta clínica, há câmeras, é verdade. E lá fora? Você acha que há câmeras por toda parte lá fora?
Paciente: Muitas. Você vai ao *shopping*, tem. Tem câmeras nas luzes, nos semáforos.
Entrevistador: Alguém em sua família já teve alguma outra doença mental além de usar drogas ou álcool?

Opa. Esse teria sido um ponto excelente para perguntar se as câmeras estão voltadas apenas para ele ou se elas servem para todos. A segunda resposta certamente evocaria menos preocupação.

Paciente: (Sacode a cabeça.)
Entrevistador: Depressão...
Paciente: Sim, meu padrasto.
Entrevistador: Seu padrasto.
Paciente: Ele tomava drogas e parou, está limpo há seis ou sete anos. Outro dia, ele teve que ir para casa porque estava muito deprimido.
Entrevistador: Alguém mais além do seu padrasto?
Paciente: Não.
Entrevistador: Alguém na família com esquizofrenia?... algum tipo de psicose ou loucura?... mais alguém que tenha tentado se matar?
Paciente: (Sacode a cabeça que "não" para cada uma das perguntas.)

Entrevistador: Vamos ver, você tinha dois irmãos. Algum outro irmão ou irmã?
Paciente: Não.
Entrevistador: Você é o mais velho ou –
Paciente: O mais novo.
Entrevistador: Você é o mais novo. Que idade tem agora?
Paciente: Trinta e um.
Entrevistador: Ahã. E você mencionou suas experiências quando estava crescendo. Até que ano chegou na escola?
Paciente: Fiz tudo... ensino médio, graduei. E fui para a faculdade por um tempo.
Entrevistador: E que tipo de trabalho você fazia?
Paciente: Fiz carpete. Trabalhei num lava-jato. Entreguei pizza. Trabalhei em depósitos.
Entrevistador: Você gosta de trabalhar?
Paciente: Sim.
Entrevistador: Sente-se bem trabalhando.
Paciente: É.
Entrevistador: Qual o emprego mais longo que já teve?
Paciente: Cinco anos.
Entrevistador: Muito bom. O que era?

Outro cumprimento. Uma boa regra é: nunca diga um elogio, a menos que você esteja sendo realmente sincero. Isso dá a ideia da maneira como o entrevistador se sente.

Paciente: Entregando pizza.
Entrevistador: E depois que sair daqui, você acha que poderá tentar conseguir outro emprego?
Paciente: Tenho tentado, mas eles não me ligam de volta. É por isso que eu me desespero.

Entrevistador: Sim. Seu irmão esteve na cadeia uma vez. Você já teve problemas parecidos?

O entrevistador usa informações anteriores como ponte para um tópico que pode ser delicado.

Paciente: Nunca.
Entrevistador: E você mencionou sua namorada. Você já foi casado?
Paciente: Não.
Entrevistador: Você já teve algumas namoradas?
Paciente: Sim.
Entrevistador: E seus relacionamentos com as mulheres são bastante satisfatórios, geralmente?
Paciente: Sim.
Entrevistador: Satisfação sexual?
Paciente: É.
Entrevistador: E quando você fica muito deprimido? Seu interesse no sexo é diferente quando está muito deprimido?

Observe que o entrevistador protelou por algum tempo a questão sobre a libido quando deprimido, até que ela fluísse mais naturalmente na conversa e até que o paciente estivesse acostumado com o processo de entrevista.

Paciente: Não faço.
Entrevistador: Você não faz. Não se interessa? Como fica a sua saúde física?
Paciente: Boa.
Entrevistador: Você já teve alguma dificuldade que tenha exigido uma operação?
Paciente: Tenho dor nas costas.

Mas ele fez alguma operação? No contexto, parece razoável supor que não, mas um dos objetivos da entrevista é a precisão.

Entrevistador: Você já perdeu a consciência, além da vez em que foi atropelado pelo caminhão?
Paciente: (*Sacode a cabeça.*)
Entrevistador: Já teve outras hospitalizações, além da psiquiátrica?
Paciente: Só quando era criança. Eu caí e bati com a cabeça, de uns dois metros e meio de altura.
Entrevistador: Uau!
Paciente: Eu estava brincando de esconde-esconde, e caí de cabeça. Quebrei os dois punhos e tive uma concussão.
Entrevistador: E por quanto tempo você ficou desmaiado
Paciente: Poucos segundos. Mas passei o dia tonto.
Entrevistador: Entendo. Você se recuperou rápido disso então?
Paciente: É. Dormi no hospital naquela noite.
Entrevistador: Sei que você tem tido problemas com a depressão há bastante tempo. Você já fez algum tipo de tratamento antidepressivo?
Paciente: Só comprimidos.
Entrevistador: Que tipo de comprimidos você tomou?
Paciente: Lexapro, Wellbutrin e Depakote.
Entrevistador: E elas parecem ter feito alguma diferença?
Paciente: Ahã.
Entrevistador: Por quanto tempo você tomou cada uma delas?
Paciente: Quatro meses de Lexapro, um mês de Wellbutrin e Depakote.
Entrevistador: E por que parou de tomar?
Paciente: O Lexapro estava me deixando cansado e com problemas no estômago. O mesmo com o a Depakote e com o Wellbutrin.
Entrevistador: Você sabe quanto tomava de cada um?
Paciente: Não.
Entrevistador: Eram vários comprimidos de cada por dia?
Paciente: É. Quatro comprimidos de Depakote, e um ou dois de Wellbutrin.
Entrevistador: E o Lexapro?
Paciente: Acho que eram dois.

Para tentar determinar a adequação do tratamento anterior, o entrevistador foi atrás das informações como um cão terrier atrás de um rato.

Entrevistador: E você já fez alguma psicoterapia?... terapia de grupo?... terapia cognitivo-comportamental?
Paciente: (*A cada uma.*) Não.
Entrevistador: Nada do tipo. Agora, certas pessoas que têm depressão têm o sentimento oposto às vezes – elas se sentem em êxtase ou muito felizes, no topo do mundo. Isso já lhe aconteceu?
Paciente: Já.
Entrevistador: Você pode me falar disso?
Paciente: Como no outro dia, eu levei uma multa por não usar o cinto de segurança. Fiz uma aula por 20 dólares – a multa era de 200 – e me livrei da multa.

Entrevistador: Isso fez você se sentir muito bem.
Paciente: É. Mesmo que não tivesse nada na carteira, nada para comer e quase nada de gasolina.
Entrevistador: Entendo. Quanto tempo essa sensação durou?
Paciente: Ah! Cinco minutos.
Entrevistador: Você já teve sensações que duraram por dias de cada vez?
Paciente: Não.
Entrevistador: Existem outras experiências importantes que você teve que ainda não falamos?

Isso é uma "pescaria", planejada para proporcionar uma oportunidade para discutir qualquer coisa que possa estar na mente do paciente. Dessa vez, a resposta foi negativa, mas é uma boa ideia usar essa frase pelo menos uma vez durante a entrevista inicial.

Paciente: Não.
Entrevistador: Você já teve a experiência de ter pensamentos que parecessem absurdos ou tolos e que se repetiam?
Paciente: Não.
Entrevistador: Você tem algum medo ou fobia?
Paciente: Sim.
Entrevistador: Como...
Paciente: Medo de falar em público, medo de me afogar, medo de morrer queimado, medo do fracasso, medo de que riam de mim.
Entrevistador: Esses medos fazem você mudar seu modo de vida de alguma forma?
Paciente: Sim, eu evito.
Entrevistador: Que tipos de coisas você evita?
Paciente: Evito conhecer pessoas. Evito qualquer coisa que possa me machucar.
Entrevistador: Se você precisa falar em público, você consegue fazê-lo, mas é desconfortável ou simplesmente não consegue?
Paciente: Bem, quando estudava, nunca tínhamos que fazer, na faculdade. Mas eu teria feito.
Entrevistador: Então você teria feito, mas não ficaria feliz com isso.
Paciente: Ou teria me saído mal.
Entrevistador: Você já teve ataques de pânico – quando sente que algo horrível está para lhe acontecer, e seu coração bate muito rápido?
Paciente: Eu tenho isso o tempo todo.
Entrevistador: Mesmo agora?
Paciente: É ruim. Odeio isso.
Entrevistador: Que tipos de coisas causam isso?
Paciente: Qualquer coisa. Posso estar jogando basquete. Quando vejo, sinto que está vindo. Minhas bolas ficam frias, sensações estranhas. Sei o que é, só tento fazer passar. Fico tonto e sinto que vou vomitar.
Entrevistador: Com que frequência essas experiências ocorrem?
Paciente: Depende. Às vezes, quando acontece é como quatro ou cinco vezes por dia. Às vezes, não acontece durante um mês.
Entrevistador: Você já falou com um médico sobre isso?
Paciente: Ele disse que eu tive um ataque de ansiedade e me deu Alprazolam.
Entrevistador: Isso pareceu ajudar?

Paciente: Sim.
Entrevistador: É claro, também existem problemas com o Alprazolam. As pessoas podem se acostumar a usar, e podem *querer* tomar.

Essa resposta beira a intervenção – o clínico está dando (ainda que de forma experimental) uma opinião sobre os perigos de certos medicamentos. Todavia, é provável que não haja perigo no contexto de um paciente que tem considerável experiência com o uso de substâncias e que já fez várias tentativas de suicídio.

Paciente: Me deixava cansado. Eles me davam um comprimido e eu tinha que quebrar em quatro partes.
Entrevistador: Você costuma se preocupar?

Na verdade, um comentário ou um gancho seria bem-vindo aqui – algo para indicar que o entrevistador entende a importância de não abusar do Alprazolam. (Aliás, não seria errado explicitar que o paciente não abusou do Alprazolam.) De qualquer modo, o entrevistador poderia dizer algo assim: "acho que entendi sobre o Alprazolam. Vamos avançar para outra coisa" – e então perguntar sobre as preocupações.

Paciente: Sim, me preocupo.
Entrevistador: Com o que se preocupa?
Paciente: Qualquer coisa... o que vai acontecer... onde vou agora... como posso controlar isso... qualquer coisa que não esteja sob meu controle, eu me preocupo.
Entrevistador: (*Com um "ahã" para cada uma das preocupações citadas*). Você já procurou ajuda de organizações como o AA ou o NA, para as drogas?
Paciente: Sim.
Entrevistador: E que tipo de ajuda foi?
Paciente: AA – foi quando passei sete meses limpo. Parei de ir porque tem muita gente lá. Eles falam sobre quanta droga tomam, e eu pensei: "não quero ouvir isso".
Entrevistador: Era ruim para você?
Paciente: É, me fazia querer drogas.
Entrevistador: Mas aí você voltou a tomar drogas.
Paciente: É.
Entrevistador: Fiquei curioso com uma coisa que você disse antes. Você não estava trabalhando, mas tinha 6.000 no banco. Fiquei pensando como podia ser.
Paciente: Tive um acidente de carro. O acordo foi 6.000.
Entrevistador: E você gastou isso muito rápido então?
Paciente: Dois meses.
Entrevistador: Em drogas?
Paciente: Drogas e hotel, pois eu não tinha onde morar.
Entrevistador: Bem, entendi. Acho que tenho uma boa compreensão do que aconteceu com você. Agora, eu gostaria de mudar o rumo e fazer algumas perguntas, se possível. Qual é a data de hoje?

Essa transição é um aviso explícito de que o entrevistador tem as informações necessárias e quer ir adiante.

Paciente: (*Diz o dia, o mês e o ano corretamente.*)
Entrevistador: E onde estamos agora?
Paciente: (*Responde corretamente*).
Entrevistador: Vejamos, eu falei o meu nome?

Paciente: Dr. _____.

Os testes da memória em entrevistas são apenas aproximações, e esse – o nome do entrevistador – é bastante básico. Porém, em conjunção com a clareza de pensamento evidente do paciente durante os últimos 40 minutos da entrevista, o entrevistador aparentemente se sente seguro para não perseguir a questão da memória em mais detalhe.

Entrevistador: Bom. Pode me dizer quem é o presidente?
Paciente: (Com ajuda, cita o nome de vários presidentes na ordem certa.)
Entrevistador: Sei que já lhe pediram para fazer coisas como subtrair sete de 100. Você se importaria de fazer isso?
Paciente: Noventa e três.
Entrevistador: Ok, continue subtraindo até passar de 60.
Paciente: Ok, 93, 86, 79, 72, 67... já errei.
Entrevistador: (Depois de uma longa pausa, enquanto o paciente tenta.) Na verdade, você foi muito bem.
Paciente: Fui?
Entrevistador: Foi mais longe que a maioria das pessoas.
Paciente: Eu acertei?

O paciente demonstra uma necessidade tocante de reasseguramento de que se saiu bem. Isso sugere o grau da sua dependência. É correto reassegurar sempre que for merecido, mas não quando for claramente oposto aos fatos.

Entrevistador: Todos menos o último. E isso termina as perguntas que eu tinha para lhe fazer. Muito obrigado pela sua atenção.

O entrevistador obteve uma grande quantidade de material pertinente ao diagnóstico e ao tratamento desse paciente. Em 45 minutos, foram obtidas informações para cada uma das oito áreas de interesse clínico. Além disso, descobrimos muita coisa (embora não o suficiente) sobre a história pessoal e social do paciente.

Entretanto, todas as entrevistas têm falhas, e essa não é uma exceção. De imediato, posso listar meia dúzia de pontos que são cobertos inadequadamente ou que não foram sequer tocados. Quantos você consegue encontrar?

O RELATÓRIO ESCRITO

Dados de identificação: Esta foi mais uma hospitalização psiquiátrica para Marco Carlin, um homem branco, solteiro e de 30 anos de idade.

Queixa principal: "desesperança, desespero, nenhum lugar para ir além do céu".

Informantes: Apenas o paciente.

História da doença atual: O sr. Carlin foi admitido ao hospital depois de uma tentativa de suicídio, na qual foi atropelado por um caminhão enquanto corria pelo trânsito intenso. Ele vinha tendo depressão grave, caracterizada por sentimentos de desesperança e de inutilidade, por aproximadamente sete meses, construindo-se a partir de uma história mais longa de depressão, que data de muitos anos. Antes da admissão, ele sofria de insônia (despertar em intervalos e terminal) e apresentava pouco apetite, com uma perda de peso de 20 quilos em uma semana. Todavia, desde a admissão, seu sono e seu apetite melhoraram. Durante esse período de sete meses de depressão grave, ele manteve o interesse na televisão e no filho da sua namorada, embora sua libido tenha diminuído bastante. Sua concentração diminuiu um pouco e as pessoas de quem gosta o distraem apenas brevemente. Ele admite ter sentimentos de culpa merecendo ser punido e morrer. Parece se sentir pior agora do que quando seu irmão e seu avô morreram. No último caso, a morte foi uma liberação. Além de uma resposta de alguns minutos a um acontecimento positivo, nega ter períodos de elação.

O tratamento anterior para a depressão foi Lexapro (4 meses com 2 comprimidos/dia), Wellbutrin (1 mês com 1 ou 2 comprimidos) e Depakote (1 mês com 4 comprimidos). Ele nunca fez terapia cognitivo-comportamental, terapia de grupo ou outra psicoterapia.

Alguns dos sentimentos de culpa do sr. Carlin giram em torno do uso de drogas, que persistiu pelo menos nos últimos dois anos. Gastando em torno de 20 dólares por dia em heroína, e mais 20 dólares em cocaína, ele acha que tem um sério problema com as drogas. Ele sente fissura pela droga no momento e acha que usaria drogas novamente. A heroína barra os sentimentos inaceitáveis. Ele afirma que se sente gravemente deprimido mesmo quando não está usando drogas ou bebendo.

Outra área de preocupação envolve as alucinações auditivas. Ele afirma que, por anos ("sempre tive isso"), ouviu uma voz que diz coisas como "vá em frente" e "é uma má ideia agora, não faça isso". Ele diz que essa voz muitas vezes o ajudou quando era criança. Ele a considerava a voz da sua consciência, mas, recentemente, ficou tão forte que "quase pode vê-la".

História pessoal e social: mesmo quando criança, o sr. Carlin sentiu que não se encaixava. Ele se sentia estranho, mudando repetidamente de escola e tendo que fazer novos amigos. Na adolescência, ele se sentia deprimido, mas não suicida. Seus pais se divorciaram quando ele tinha cerca de 7 anos, depois disso, morou com sua mãe na Califórnia, enquanto os dois irmãos maiores moravam com o pai. Considera que tem um relacionamento razoavelmente bom com seu pai natural e com sua mãe. Ele terminou o ensino médio e cursou por pouco tempo a faculdade. Teve uma variedade de trabalhos, como, por exemplo, instalar carpete, trabalhar em um lava-jato e (por cinco anos) entregar pizza. Contudo, está sem trabalhar, e não tem conseguido encontrar emprego. Nunca se casou, mas teve namoradas. Quando não está deprimido, não tem dificuldades com a satisfação sexual.

Sua história familiar mostra vários familiares que usavam substâncias diversas, incluindo seu pai biológico – um gerente de vendas que começou a beber cedo na vida. Um irmão esteve na prisão.

A saúde física do sr. Carlin, em geral, tem sido boa em geral. Aos 8 anos, o paciente bateu com a cabeça em uma queda e foi hospitalizado por uma noite para tratar uma concussão. Ele reclama de dor nas costas, mas não operou. Não toma nenhum medicamento além daqueles para sua condição psiquiátrica.

Exame do estado mental: O sr. Carlin ainda deseja morrer, e deseja que alguém no hospital o ajude a morrer para livrá-lo de seus "pensamentos cancerosos". Ele acredita que essa seja uma expectativa razoável. Tem tido alucinações visuais de se enforcar com uma corda, bater o carro contra uma parede de tijolos ou pular da plataforma do trem. Embora negue ter ideias persecutórias, ele admite certas sensações de que a polícia pode o estar espionando – as evidências são as câmeras por toda parte. Ele tem boa orientação para pessoa, lugar e tempo. Sua base de conhecimento (presidentes) é boa, sua memória remota e sua retenção/recordação não estão comprometidas. A concentração é razoavelmente boa, subtraiu séries de sete com um erro.

Embora não levante essas questões espontaneamente, admite certos medos (afogar-se, fracasso, morrer queimado, falar em público, rirem dele). Como resultado, diz que evita pessoas e situações que possam machucá-lo, mas admite que se fosse chamado para falar para uma plateia, provavelmente falaria. Nega ter ideias obsessivas, mas admite ter ataques de pânico.

Impressão

Eixo I: Diagnóstico protelado

1. Transtorno do humor
   - Depressão secundária a traumatismo craniano
   - Transtorno do humor induzido por substância com características depressivas
   - Transtorno depressivo maior, recorrente, possivelmente com distimia
   - Transtorno bipolar I
   - Transtorno bipolar II
2. Uso de substâncias
   - Abuso de cocaína
   - Abuso de heroína
   - Dependência de cocaína e/ou heroína
3. Possível transtorno de ansiedade
   - Fobia social
   - Transtorno de ansiedade generalizada
   - Transtorno de pânico com agorafobia
4. Possível psicose
   - Transtorno psicótico induzido por substância
   - Transtorno depressivo maior com aspectos psicóticos
   - Esquizofrenia

Eixo II: Diagnóstico protelado
   - Possível transtorno de personalidade sem outra especificação, com traços esquivos e esquizoides

Eixo III: Atropelado recentemente por um caminhão

Eixo IV: Atualmente desempregado

Eixo V: Avaliação Global do Funcionamento
   - 15 atual
   - 70 (mais alta no ano passado)

FORMULAÇÃO

Resumo

O paciente, um homem branco, solteiro, de 30 anos, foi admitido ao hospital depois de sua tentativa de suicídio ao ser atropelado, na estrada, por um caminhão. Ele tem tido depressão em graus variados desde aproximadamente os 7 anos. Sua depressão foi complicada nos últimos anos pelo uso de cocaína e heroína. Ele foi tratado com vários medicamentos, sem muito resultado. Atualmente, está desempregado e não tem residência.

Diagnóstico diferencial

Depressão. A depressão maior é embasada pela presença de diversos critérios e por uma história de tentativas repetidas de suicídio. O sr. Carlin afirma que sua depressão precede o uso de drogas e persiste mesmo quando não está usando. Os duradouros sintomas depressivos indicam uma distimia coexistente.

Psicose. O sr. Carlin não tem critérios "A" suficientes para um diagnóstico de esquizofrenia, e suas alucinações auditivas não são muito convincentes. Seus sintomas parecem não ser suficientemente congruentes com o humor para depressão maior com psicose. A quantidade de uso de substâncias recente parece insuficiente para uma psicose induzida por substância. Todavia, ele deve ser observado cuidadosamente em busca de sintomas emergentes de psicose.

Uso indevido de substâncias. Embora não fique claro com essa entrevista se ele tem dependência de substâncias, isso não importa muito. Está claro que o uso de substância é suficiente para interferir na sua vida, podendo estar por trás da depressão atual.

Transtorno de ansiedade. O paciente admitiu ter sintomas de diversos transtornos de ansiedade diferentes. Existem informações insuficientes para fazer qualquer diagnóstico firme. De fato, suas respostas as perguntas sugerem que ele pode ser condescendente demais com o processo de entrevista.

Transtorno de personalidade. Algum tipo de diagnóstico do Eixo II é indicado pela possível condescendência exagerada do paciente com as perguntas da entrevista e por sua longa história de uso de drogas. Diagnóstico protelado por enquanto, à luz das possibilidades citadas para o Eixo I.

Melhor diagnóstico

O diagnóstico mais urgente a abordar é transtorno depressivo maior, juntamente com abuso (no mínimo) de cocaína e de heroína.

Fatores contribuintes

A história familiar (pai, irmão) está fortemente implicada no uso indevido de substâncias do sr. Carlin. O divórcio dos pais, quando o paciente era criança, pode ter contribuído para o transtorno do humor. O uso de substâncias e a depressão podem exacerbar um ao outro.

Outras informações necessárias

Além de registros de medicamentos tomados e das impressões de outros profissionais, entrevistas com os pais podem ajudar a desenredar as linhas da depressão e do abuso de substâncias do sr. Carlin, além de resolver as questões relacionadas com um possível transtorno de ansiedade e de psicose. Entrevistas subsequentes devem revelar detalhes adicionais que ainda não tenham sido tratados, incluindo os meios atuais de sustento, a história religiosa e o serviço militar.

Plano de tratamento

- Novas tentativas com medicação antidepressiva
- Psicoterapia (talvez terapia cognitivo-comportamental) dirigida para os sentimentos de depressão
- Programa de 12 passos para uso indevido de substâncias
- Encaminhamento para ajuda com moradia e emprego

Prognóstico

Se o diagnóstico de depressão maior estiver correto e o paciente responder à medicação e à terapia cognitivo-comportamental, isso pode proporcionar uma plataforma para tratar o uso das substâncias. Por outro lado, se o uso de substâncias não for controlado, será muito difícil tratar a depressão. O prognóstico é complicado pela possibilidade de um transtorno do Eixo II.

Apêndice D

UMA ENTREVISTA SEMIESTRUTURADA

Por décadas, os profissionais têm usado entrevistas estruturadas e semiestruturadas para obter dados relacionados com o tratamento de saúde. Esses instrumentos são mais efetivos que as entrevistas livres tradicionais para produzir diagnósticos principais corretos e para revelar diagnósticos secundários. Por exemplo, um estudo mostrou que a Structured Clinical Interview for DSM (SCID) identificou cinco vezes mais diagnósticos clínicos do que estavam documentados nos prontuários dos pacientes. Por outro lado, os instrumentos estruturados podem rejeitar diagnósticos clínicos incorretos. Um estudo sobre o uso de entrevistas estruturadas com pacientes sem-teto encontrou menos casos de transtorno de personalidade antissocial do que os métodos clínicos tradicionais.

Escrevi este apêndice não para substituir suas entrevistas livres, mas para ajudar você a cobrir os aspectos necessários para fazer o diagnóstico mais completo possível. Embora as perguntas forneçam o material necessário para fazer diagnósticos, elas não se avaliam. Por exemplo, você deve verificar se o paciente tem transtorno depressivo maior, episódio depressivo bipolar, distimia, melancolia ou transtorno afetivo sazonal. Você precisa evocar detalhes sobre muitos pontos e, em uma entrevista plenamente estruturada, que um técnico pode administrar, esse trabalho seria feito para você. Este guia é voltado para profissionais da saúde mental que já tenham uma base sobre transtornos psiquiátricos.

Escrevi as perguntas de triagem (em **negrito**) duas vezes: logo a seguir, de onde você pode copiá-las para referência fácil, e novamente no começo de cada grupo diagnóstico. (Existem evidências de que fazer todas as perguntas básicas primeiro ajuda a desestimular a tendência de dizer "não" quando a pessoa descobre que respostas positivas levam a mais perguntas.) Se você obtiver respostas negativas a um conjunto de questões de triagem, pode pular as questões de seguimento e ir adiante.

As duas últimas seções não contêm questões de triagem, mas não as omita. Elas lembrarão você da enorme variedade de informações que precisa sobre contexto de vida, personalidade, sentimentos e comportamento geral do paciente.

TRIAGEM GERAL

A1. **Houve um período em que você se sentia muito "para baixo", deprimido ou triste na maior parte do dia?**

A2. **Houve um período em que, na maior parte do tempo, você não gostava das suas atividades normais ou não tinha prazer com elas?**

B1. **Você alguma vez passou por um período em que sentia o oposto da depressão – sentia-se feliz, eufórico ou animado sem razão aparente?**

B2. **Você alguma vez passou por um período em que observou (ou outras pessoas observaram) que estava**

muito tenso, irritável ou incomodado?
B3. Houve um período em que você estava muito mais ativo do que o seu normal?
C1. Você alguma vez teve um ataque ou uma crise em que se sentiu subitamente ansioso, temeroso ou extremamente incomodado?
C2. Você alguma vez teve um ataque ou uma crise em que se sentiu tonto, achou que não conseguia respirar ou seu coração parecia disparar?
D1. Você alguma vez teve medos ou fobias relacionados com alguma coisa? Exemplos: animais (como aranhas, cães, cobras); sangue, agulhas ou injeções; alturas; viajar de avião; estar em locais fechados; temporais; rubor; comer em público; falar, cantar ou tocar um instrumento musical frente a uma plateia.
D2. Você alguma vez teve ansiedade por estar em um lugar ou uma situação (como uma loja ou o cinema) – um lugar de onde teria dificuldade para fugir ou onde pudesse não haver ajuda disponível se tivesse um ataque de pânico?
E1. Você alguma vez teve ideias ou pensamentos que ficavam voltando – pensamentos aos quais você tentava resistir mas não conseguia?
E2. Você alguma vez teve comportamentos físicos que sentia que precisava repetir, como lavar as mãos, verificar o fogão ou contar coisas?
F1. Você alguma vez teve uma experiência traumática ou estressante que ficava revivendo ou tendo que evitar?
G1. Você se preocupa durante grande parte do tempo?
G2. Com o que você se preocupa?
H1. Você alguma vez teve experiências como ter visões ou ouvir vozes que outras pessoas não conseguiam ver ou ouvir?
H2. Você sente gostos ou cheiros que outras pessoas não sentem, ou sente coisas na pele ou em seu corpo que outras pessoas não sentem?
J1. Você alguma vez sentiu que as pessoas o estavam espionando, falando nas suas costas ou agindo de algum modo contra você?
J2. Você alguma vez sentiu que tinha algum tipo de missão especial na vida – talvez um propósito ou chamado divino?
J3. Você já teve alguma experiência aparentemente estranha que não podia explicar ou justificar?
K1. Você alguma vez usou álcool ou drogas recreativas?
K2. Você alguma vez tomou medicamentos que não precisam de prescrição de um modo diferente da recomendação ou da receita?
K3. Você alguma vez sentiu que havia bebido ou usado drogas em excesso?
K4. Outras pessoas alguma vez expressaram preocupação com o seu uso de álcool ou drogas?
L1. Como tem estado a sua memória? Eu gostaria de testá-la, se não tiver problema.
L2. Houve um período em sua vida do qual você não conseguia se lembrar depois?
L3. Você alguma vez se encontrou em um lugar estranho e não conseguia lembrar como chegou lá?
M1. Sua saúde geral sempre foi boa?
M2. Você recebeu atendimento médico para diferentes condições de saúde?
N1. Alguma vez sentiu-se gordo quando as pessoas diziam que estava magro demais?
N2. Alguma vez induziu vômito porque se sentia cheio?
N3. Alguma vez teve compulsão alimentar, quando você come rapidamente muito mais que o normal?

P1. Você alguma vez sentiu ou temeu que houvesse algo terrivelmente errado fisicamente com você – uma condição médica grave que os médicos não pudessem identificar?

Q1. Você alguma vez sentiu que havia algo errado com o seu corpo ou com sua aparência – algo que as outras pessoas pareciam não perceber?

R1. Você fica com raiva facilmente?

S1. Você age impulsivamente?

S2. Você costuma fazer coisas como arrancar fios de cabelo, se torna destrutivamente agressivo, furta coisas de lojas ou inicia incêndios?

T1. Você joga por dinheiro?

U1. Algum familiar consanguíneo – querendo dizer pais, irmãos, avós, filhos, tios, primos, sobrinhos – já teve sintomas como os seus?

U2. Algum desses familiares já teve uma doença mental, incluindo depressão... mania... psicose... esquizofrenia... nervosismo... ansiedade grave... hospitalização psiquiátrica... suicídio ou tentativa de suicídio... uso indevido de substâncias ou alcoolismo... ou história de comportamento criminoso? [Pausa para resposta entre doenças].

TRANSTORNOS DO HUMOR

A1. Houve um período em que você se sentia muito "para baixo", deprimido ou triste na maior parte do dia?

A2. Houve um período em que, na maior parte do tempo, você não gostava das suas atividades normais ou não tinha prazer com elas?

Se respondeu "sim" a alguma das perguntas:

Você se sentia assim na maioria dos dias?

Quanto tempo esses períodos duraram?

Quantos desses períodos você já teve?

Você se sente assim agora?

Você se recuperou completamente de algum desses períodos de tristeza?

Quão grave é/foi a experiência – ela afetou seu trabalho, sua vida doméstica ou sua vida social?

Você já foi tratado para depressão? Se foi, detalhes?

Foi hospitalizado?

Durante um período típico de depressão?

Seu apetite diminui?

Você perde peso? Se sim, quanto?

Seu sono muda? Se muda, aumenta ou diminui? Isso o afeta na maioria dos dias?

Você tende a acordar muito cedo de manhã e não conseguir voltar a dormir?

Você normalmente se sente melhor de manhã ou à noite, ou não existe diferença?

Você se sente devagar ou acelerado? É suficiente para outras pessoas notarem?

Você se sente cansado demais ou sem energia? Se sim, isso ocorre na maioria dos dias?

Você se sente inútil ou mais culpado do que o justificável – não apenas por se sentir doente? Se sim, isso ocorre na maioria dos dias?

Você é indeciso ou tem dificuldade em concentrar sua atenção? Se algum deles, isso ocorre na maior parte dos dias

Você pensa em morrer? Se pensa, com que frequência esse pensamento lhe ocorre?

Você pensa em cometer suicídio?

Se pensa, fale a respeito.
Você já tentou cometer suicídio?
Se já, quando? Como?
Fisicamente/medicamente grave?
Psicologicamente grave?
Quando está deprimido, você sente que braços e pernas estão pesados, como chumbo?
Quando está deprimido, você se sente tão mal que ouve ou vê coisas que as outras pessoas não veem ou ouvem? Se sim, detalhes?
Quando está deprimido, você pensa que merece se sentir tão mal, ou acha que outras pessoas estão tentando prejudicá-lo ou agindo contra o senhor de algum modo? Se sim, detalhes?
Quando está deprimido, você sente que as coisas não têm jeito ou que é inútil tentar?
Quando está deprimido, você se sente melhor quando algo bom acontece (por exemplo, quando está com amigos ou se recebe uma promoção)?
Quando você está deprimido, você se sente diferente do que se sentiria quando, por exemplo, morre alguém próximo a você?
Quando está deprimido, você perde a sensação de prazer em quase tudo?
Você tende a se deprimir em uma determinada estação do ano? Se sim, detalhes?
Você é o tipo de pessoa que geralmente (não apenas quando deprimido) se sente muito sensível à rejeição?

B1. **Você alguma vez passou por um período em que sentia o oposto da depressão – sentia-se feliz, eufórico ou animado sem razão aparente?**

B2. **Você alguma vez passou por um período em que observou (ou outras pessoas observaram) que estava muito tenso, irritável ou incomodado?**

B3. **Houve um período em que você estava muito mais ativo do que o seu normal?**

Se respondeu "sim" a qualquer uma das três perguntas:
Quanto tempo esse período durou?
Quantos desses episódios você teve?
Você se sente assim agora?
Você alguma vez se recuperou totalmente desse período de felicidade excessiva?
Quão grave é/foi a experiência – ela afetou seu trabalho, sua vida doméstica ou sua vida social? Se sim, de que maneira?
Você fez algum tratamento nesse período? Se sim, detalhes?
Você foi hospitalizado?
Durante esses períodos?
Você sente que tem forças ou poderes especiais que outras pessoas não têm (como telepatia ou leitura de mentes) ou que era uma pessoa especial ou nobre (por exemplo, Jesus ou uma estrela de cinema)? Se sim, detalhes?
Durante esses períodos, como fica o seu sono? Detalhes?
Se dorme menos do que o normal durante esses períodos: você sente que precisa de menos sono do que o usual?
Durante esses períodos, você fala mais do que o normal, ou outras pessoas dizem que fala?
Durante esses períodos, seus pensamentos parecem correr de uma coisa para outra?
Durante esses períodos, você observa (ou outras pessoas observam) que se distrai com

mais facilidade do que o normal?

Durante esses períodos, você se sente acelerado em seu nível de atividade, ou outras pessoas dizem que isso ocorre?

Durante esses períodos, você faz mais planos do que faria normalmente?

Durante esses períodos, como fica seu desejo sexual?

E o seu julgamento durante esses períodos – você acha que é comprometido de alguma forma? Eis o que quero dizer:

    Você gasta dinheiro e depois gostaria de não ter gastado?

    Você se mete em problemas legais?

    Você busca relações sexuais de um modo que não é o habitual para você?

    Você pensa que ouve ou vê coisas que os outros não veem ou ouvem? Se sim, detalhes?

    Você sente que o estão espionando ou perseguindo ou que outras pessoas estão tentando prejudicá-lo ou agem contra você de algum outro modo? Se sim, detalhes?

TRANSTORNOS DE ANSIEDADE

C1. Você alguma vez teve um ataque ou uma crise em que se sentiu subitamente ansioso, temeroso ou extremamente incomodado?

C2. Você alguma vez teve um ataque ou uma crise inesperados em que se sentiu tonto, achou que não conseguia respirar ou seu coração parecia disparar?

Se "sim" a alguma das perguntas:

    Quantos desses ataques você já teve?

    Com que frequência eles ocorrem em média?

    Quanto tempo esses ataques duram?

    Quão grave é/foi a experiência – suficiente para afetar seu trabalho, sua vida doméstica ou sua vida social?

    Você já se tratou para um episódio desses? Se sim, detalhes?

    Você foi hospitalizado?

    Durante esses ataques, você teve alguma das seguintes sensações:

        Dor torácica ou outro desconforto no peito?

        Calafrios ou ondas de calor?

        Sufocamento?

        Sentir que as coisas não eram reais ou sentir-se separado de si mesmo?

        Sentir-se tonto, desmaiar ou desequilíbrio nos pés?

        Medo de morrer?

        Medo de perder o controle ou de enlouquecer?

        Coração batendo rápido, correndo ou pulando batimentos?

        Náusea ou outro desconforto abdominal?

        Dormência ou formigamento?

        Suor?

        Falta de ar ou sensação de sufocamento?

        Tremor?

D1. Você alguma vez teve medos ou fobias relacionados com alguma coisa? Exemplos: animais (como aranhas, cães, cobras); sangue, agulhas ou injeções; alturas; viajar de avião; estar em locais fechados; temporais; rubor; comer em público; falar, cantar ou tocar um instrumento musical frente a uma plateia.

Se "sim", pergunte por cada um dos seguintes estímulos temidos:

    Com que frequência esse medo ocorre?

Quantos episódios você teve?
Esse tipo de medo lhe parece irracional ou desproporcional?
Esse medo faz você evitar a situação?
Ele interfere em sua rotina normal ou funcionamento social, ocupacional ou pessoal?
Você já fez tratamento para isso?

D2. **Você alguma vez teve ansiedade por estar em um lugar ou uma situação (como uma loja ou o cinema) – um lugar de onde teria dificuldade para fugir, ou onde pudesse não haver ajuda disponível se tivesse um ataque de pânico?**
Se "sim":
Você às vezes evita ir a lojas ou ir ao cinema (ou a outros lugares)?
Se estiver em uma dessas situações, você se sente ansioso?
Você alguma vez levou alguém para acompanhá-lo, para ajudá-lo se tiver um ataque de pânico enquanto está longe de casa?

E1. **Você alguma vez teve ideias ou pensamentos que ficavam voltando – pensamentos aos quais você tentava resistir mas não conseguia?**
Se "sim":
Com que frequência essas ideias ocorrem?
Você tenta resistir ou suprimir esses ideias/pensamentos?
Elas vêm da sua própria mente ou parece que são impostas de algum lugar externo a você?

E2. **Você alguma vez teve comportamentos físicos que sentia que precisava repetir, como lavar as mãos, verificar o fogão ou contar coisas?**
Se "sim":
Esses comportamentos ocorrem em resposta a uma ideia obsessiva?
Eles fazem você seguir regras rígidas quando os executa?
Eles impedem que algo ruim aconteça?
Eles reduzem o seu sofrimento?
Eles *causam* perturbações graves?
Quanto tempo eles duram?
Eles interferem em sua rotina normal ou nos seus funcionamentos ocupacional, social ou pessoal? Se sim, detalhes?

F1. **Você alguma vez teve uma experiência traumática que ficava revivendo ou tendo que evitar?**
Se "sim":
Qual foi o evento?
Quando aconteceu?
Ela causou uma sensação grave de medo, de horror ou de desamparo?
Você alguma vez teve experiências que o fizeram reviver o evento?
Imagens ou pensamentos intrusivos?
Flashbacks, alucinações, ilusões ou o sentimento de que o evento está se repetindo?
Sinais que simbolizam ou lembram o acontecimento, causando muito sofrimento?
Eventos fisiológicos (batimentos cardíacos rápidos, pressão arterial elevada) em resposta a esses sinais?
Você tentou repetidamente evitar os estímulos que o lembravam do trauma? Se sim, de quais maneiras:
Você já tentou evitar sentimentos, pensamentos ou conversas que lembrem o evento?
Você já tentou evitar atividades, pessoas ou lugares que lembrassem o evento?
Você não conseguiu lembrar características importantes do evento?
Se sim, quais?

Você alguma vez perdeu o interesse em atividades que lhe são importantes?
    Se sim, quais?
    Em que grau?
Você já se sentiu isolado das outras pessoas?
Você já sentiu que perdeu a capacidade de sentir amor ou outras emoções fortes?
Você já sentiu que sua vida seria breve ou insatisfatória – sem casar, sem emprego ou sem filhos?
Você alguma vez teve os seguintes sintomas, que não estavam presentes antes do evento:
    Insônia?
    Irritabilidade?
    Dificuldade para se concentrar?
    Vigilância excessiva (procurar com frequência sinais de perigo no ambiente)?
    Resposta de sobressalto exagerado?

G1. Você se preocupa durante grande parte do tempo?
G2. Com o que você se preocupa?
Se o paciente citar três ou mais preocupações:
    Você tem dificuldade para controlar essas preocupações?
    Quantos dias por mês você acha que se preocupa com essas questões?
    Por quantos meses você teve preocupações como essa?
    Isso causou problemas em seu trabalho, em sua vida familiar ou em sua vida pessoal?
    Quando você se preocupa:
        Você tem sensações de agitação, de irritação ou de impaciência?
        Você se cansa facilmente?
        Você tem dificuldade para se concentrar?

        Você se sente irritado?
        Você tem mais tensão muscular?
        Você tem dificuldade para dormir?

TRANSTORNOS PSICÓTICOS

H1. Você alguma vez teve experiências como ter visões ou ouvir vozes que outras pessoas não conseguiam ver ou ouvir?
H2. Você sente gostos ou cheiros que outras pessoas não sentem, ou sente coisas na pele ou em seu corpo que outras pessoas não sentem?
Se "sim" para vozes:
    Quão reais elas eram? Elas soavam tão reais quanto a minha voz soa agora?
    Elas parecem vir de dentro da sua cabeça ou de algum lugar externo?
    Quando você começou a ouvi-las?
    Elas eram de homem ou de mulher?
    De quem eram as vozes?
    Quantas vozes você ouve?
        Se mais de uma voz, elas conversam entre si?
        Elas falam juntas sobre você?
    Com que frequência as vozes ocorrem?
        Se todos os dias, quanto a cada dia?
    Elas lhe dizem o que fazer?
    Você alguma vez segue as ordens?
Se "sim" para material visual:
    Você consegue vê-las com a mesma clareza com a qual me vê agora?
    Quando as enxerga?
        Se todos os dias, por quanto tempo a cada dia?
    Quando começou a vê-las?
Se "sim" para gostos, cheiros ou sensações táteis:

Por favor, descreva essas sensações. Com que frequência as sente?
   Se todos os dias, por quanto tempo a cada dia?
O que você está fazendo quando as tem?
Quando começou a tê-las?

Para todas as alucinações:
   O que você acha que faz essas experiências acontecerem?
   Pode haver alguma conexão entre essas experiências e o uso de álcool ou de drogas?
   Você já teve alguma doença física que pudesse explicar essas experiências?

J1. Você alguma vez sentiu que as pessoas o estavam espionando, falando nas suas costas, ou agindo de algum modo contra você?

J2. Você alguma vez sentiu que tinha algum tipo de missão especial na vida – talvez um propósito ou um chamado divino?

J3. Você já teve alguma experiência aparentemente estranha que não podia explicar ou justificar?
   [Se o paciente precisar de informações adicionais, eis alguns exemplos do tipo de coisa que eu quero dizer:
      Você já sentiu que as pessoas podem ouvir seus pensamentos ou ler sua mente?
      Você já sentiu que alguém na televisão ou no rádio estava enviando mensagens apenas para você?
      Você já pensou que alguém de fora pudesse colocar pensamentos em sua mente ou retirá-los?
      Você já sentiu que fez algo tão ruim a ponto de merecer punição?
      Você já sentiu que era alguém famoso, ou que tinha capacidades ou poderes que outras pessoas não possuem?]

Se "sim" para alguma dessas três perguntas:
   Especificamente, o que você observou?
   Há quanto tempo você tem tido essas experiências?
   Quem ou o que você acha que é responsável por esses eventos?
   Como você tentou combatê-los?
   Alguém próximo de você já teve experiências semelhantes?
   Pode haver alguma conexão entre essas experiências e o uso de drogas ou de álcool?

USO INDEVIDO DE SUBSTÂNCIAS

K1. Você alguma vez usou álcool ou drogas recreativas?

K2. O senhor alguma vez tomou medicamentos que não precisam de prescrição de um modo diferente da recomendação ou da receita?

K3. Você alguma vez sentiu que havia bebido ou usado drogas em excesso?

K4. Outras pessoas alguma vez expressaram preocupação com seu uso de álcool ou drogas?

Se "sim" a qualquer uma dessas perguntas:
   Quais substâncias?
   Há quanto tempo as usa?
   Você está usando atualmente?
   Você já teve sintomas de abstinência quando parou de usar uma determinada substância?
      Álcool/sedativos: sudorese, batimentos acelerados, tremor, insônia, náusea, vômito, alucinações ou ilusões transitórias, atividade acelerada, convulsões de grande mal, ansiedade?
      Cocaína/anfetaminas: humor disfórico, fadiga, sonhos vívi-

dos e desagradáveis, muito ou pouco sono, maior apetite, atividade acelerada ou reduzida?
Opioides: humor disfórico, náusea, dores musculares, lacrimejamento, coriza, dilatação das pupilas, piloereção, sudorese, diarreia, bocejos, febre, insônia?
Você já se encontrou tendo que usar quantidades maiores da substância para ter o mesmo efeito?
Você já observou que tinha usado mais da substância do que queria?
Você já tentou controlar o uso da substância, mas notou que não conseguia?
O uso da substância ocupa muito do seu tempo – para obter, para usar ou para recuperar-se dos efeitos?
Você já notou que o uso da substância o fez abandonar atividades profissionais, sociais ou de lazer importantes, como, por exemplo, sua vida doméstica ou o contato com seus amigos?
O uso da substância causou sofrimento ou prejuízo no seu funcionamento?
   Se sim, como?
Você continuou a usar a substância, mesmo sabendo que ela provavelmente estava lhe causando problemas físicos ou psicológicos?
O uso da substância já lhe fez não cumprir obrigações importantes, como ir à escola, trabalhar ou cuidar dos filhos?
Você já usou substâncias mesmo quando isso era fisicamente perigoso – como ao dirigir um veículo?

O uso de substâncias alguma vez lhe causou problemas legais?
   Se sim, quantas vezes e quando?
O uso de substâncias já lhe fez ter problemas sociais ou interpessoais?
   Se sim, você continuou a usar a substância mesmo assim?

DIFICULDADE PARA PENSAR (TRANSTORNOS COGNITIVOS)

L1. Como tem estado a sua memória? Eu gostaria de testá-la, se não tiver problema.
Repita para mim [um nome, uma cor, um endereço]
Qual é a data de hoje?
Quem é o atual presidente? Quem foi o anterior? E os três antes desse?
Subtraia 7 de 100. E agora 7 disso. Bom, continue até passar de 60.
L2. Houve um período em sua vida do qual você não conseguiu lembrar-se depois?
Se sim, fale-me a respeito.
Com que frequência isso aconteceu?
L3. Você alguma vez se encontrou em um lugar estranho e não conseguia lembrar como havia chegado lá?
Se sim, fale-me a respeito.
Com que frequência isso aconteceu?

Quais foram as três coisas que pedi para você repetir alguns minutos atrás?
Alternativa: avalie com o miniexame do estado mental (ver p. 148).

QUEIXAS FÍSICAS

M1. Sua saúde geral sempre foi boa?

M2. **Você recebeu atendimento médico para diferentes condições de saúde?**
Se "sim" para a primeira e "não" para a segunda:
   Que doenças você teve? Detalhes?
   Você já teve outras condições de saúde?
   Uso de medicamentos?
Eu gostaria de perguntar sobre alguns sintomas que as pessoas costumam ter. Você já teve:
   Sintomas de dor, como os seguintes:[1]
      Dor de cabeça (além de cefaleia)
      Dor abdominal?
      Dor nas costas?
      Dor nas articulações?
      Dor nos braços ou nas pernas?
      Dor no peito?
      Dor no reto?
      Dor durante a menstruação?
      Dor durante a relação sexual?
      Dor ao urinar?
   Sintomas gastrointestinais, como os seguintes:[1]
      Náusea?
      Distensão abdominal?
      Vômito (exceto na gestação)?
      Diarreia?
      Intolerância a diversos alimentos?
   Sintomas sexuais, como os seguintes:[1]
      Indiferença ao sexo?
      Dificuldades com a ereção ou com a ejaculação?
      Ciclo menstrual irregular?
      Sangramento menstrual excessivo?
      Vômito durante todos os nove meses da gestação?
   Sintomas pseudoneurológicos, como os seguintes:[1]
      Equilíbrio ou coordenação comprometidos?
      Músculos fracos ou paralisados?
      Nó na garganta?
      Dificuldade para deglutir?
      Perda da voz?
      Retenção urinária?
      Alucinações?
      Dormência (ao toque ou à dor)?
      Visão dupla?
      Cegueira?
      Surdez?
      Convulsões?
      Amnésia?
      Outros sintomas dissociativos?
      Perda da consciência (além de desmaiar)?

N1. **Alguma vez sentiu-se gordo quando as pessoas diziam que estava magro demais?**
N2. **Alguma vez induziu vômito porque se sentia cheio?**
Se "sim" a uma das duas perguntas:
   Quando foi isso?
   Ainda acontece?
   Quando você pesava na época?
   Que altura tinha na época?
   Você tinha medo de ganhar peso?
   Você se exercitava muito para perder peso?
   Você já usou laxantes para perder peso?
   Na época, como seu corpo lhe parecia? Magro, gordo, ou bem?
   Que importância tinha o peso ou a forma do seu corpo na época para você?

---

[1] Para contar como positivo, cada sintoma deve:
1. Não ser plenamente explicado por uma condição médica geral ou uso de substâncias; e
2. Ter causado prejuízo ou feito o paciente procurar tratamento; e
3. Ter excedido o desconforto ou prejuízo que se esperaria para qualquer condição médica que pareça relacionada.

Se for do sexo feminino: durante esse período, seu ciclo menstrual foi interrompido?
Se "sim", por quando tempo?

N3. Alguma vez teve compulsão alimentar, quando você come rapidamente e muito mais que o normal?
Se "sim":
Com que frequência isso ocorre?
Nesses períodos, você sente que perdeu o controle da sua alimentação?
Para não ganhar peso, você usa laxantes? Diuréticos? Vomita? Jejua? Faz muitos exercícios?

P1. Você alguma vez sentiu ou temeu que houvesse algo terrivelmente errado fisicamente com você – uma condição médica grave que os médicos não pudessem identificar?
Se "sim":
Pode descrever seus sintomas?
Quanto tempo eles duraram?
Que doença ou condição você teme ter?

Q1. Você alguma vez sentiu que havia algo errado com o seu corpo ou com sua aparência – algo que as outras pessoas pareciam não perceber?
Se "sim":
Você passa muito tempo pensando nesse problema, ou tentando lidar com ele?
Que atitudes tomou para remediá-lo?

TRANSTORNOS DO CONTROLE DOS IMPULSOS

R1. Você fica com raiva facilmente?
Se "sim":
Em que tipo de situações você fica com raiva?
Você sente tanta raiva que perde o controle?
Como resultado, você destrói coisas? Se sim, com que frequência?
Como resultado, você agride outras pessoas? Se sim, com que frequência?

S1. Você age impulsivamente?

S2. Você costuma fazer coisas como arrancar fios do seu cabelo, se torna destrutivamente agressivo, furta coisas de lojas, ou inicia incêndios?
Se "sim" a alguma das perguntas:
Você sente um tipo de tensão pouco antes de realizar alguma dessas atividades?
Você sente gratificação, prazer ou alívio durante ou depois da atividade?

T1. Você joga por dinheiro?
Se "sim":
Com que frequência?
Você já achou que tinha jogado demais – que estava fora do controle?
Você acha que jogar lhe preocupa – você gasta muito tempo pensando em como conseguir dinheiro para jogar, revivendo suas experiências passadas com o jogo ou planejando novas aventuras com o jogo?
Você alguma vez precisou colocar mais dinheiro no jogo para alcançar o mesmo grau de excitação?
Você alguma vez tentou controlar o jogo e não conseguiu?
Se sim, como?
Quantas vezes isso aconteceu?
Você se sente agitado ou irritável ao tentar controlar o jogo?
Você alguma vez jogou para fugir dos seus problemas ou para lidar com humores depressivos ou ansiosos?
Você já jogou para tentar recuperar suas perdas?
Você alguma vez tentou esconder o quanto perdeu jogando?

Você alguma vez precisou contar com outras pessoas para cobrir suas dívidas de jogo?

O jogo alguma vez colocou um emprego, um relacionamento importante ou uma chance para sua carreira ou sua educação em perigo?

HISTÓRIA FAMILIAR

U1. Algum familiar consanguíneo – pais, irmãos, avós, filhos, tios, primos, sobrinhos – já teve sintomas como os seus?

U2. Algum desses familiares já teve uma doença mental, incluindo depressão... mania... psicose... esquizofrenia... nervosismo... ansiedade grave... hospitalização psiquiátrica... suicídio ou tentativa de suicídio... uso indevido de substâncias ou alcoolismo... ou história de comportamento criminoso? [Pausa para resposta entre as doenças].

Para qualquer resposta positiva:
    Quais eram os sintomas dessa pessoa?
    Que idade tinha o familiar na época?
    Você sabe qual tratamento foi usado?
    O que aconteceu com essa pessoa? [As possibilidades podem ser recuperação, permanência da doença, mas funcionando na sociedade, incapacidade de trabalhar, hospitalização repetida ou crônica].

DA INFÂNCIA À VIDA ADULTA

Infância

Onde você nasceu?
Quantos irmãos e irmãs teve?
Você foi o mais velho, o mais novo – que número na lista?
Foi criado por ambos os pais?
Como era a relação dos pais?
    Se brigavam, por quê?
    Se se divorciaram ou se separaram, que idade você tinha?
Com quem você foi morar?
Se foi adotado, que idade tinha na época?
    Você sabe quais foram as circunstâncias por trás da adoção?
Como era sua saúde quando criança?
Até que série chegou na escola?
    Você repetiu séries na escola?
    Algum problema de comportamento ou disciplinar na escola?
    Cábula?
    Você foi suspenso ou expulso?
Você tinha muitos amigos quando criança?
Que interesses e passatempos você tinha quando criança?
Fora da escola, você teve problemas legais ou disciplinares?
    Se teve, você já furtou coisas?
    Iniciou incêndios?
    Destruiu propriedade de outras pessoas deliberadamente?
    Agiu com crueldade com pessoas ou com animais?
Fugiu de casa à noite?

Vida adulta

Você é casado?
    Se sim, quantas vezes casou e que idade tinha a cada vez?
    Como acabou o(s) casamento(s) anterior – divórcio, morte do cônjuge?
Com quem você mora atualmente?
Número de filhos, idades?
Você tem algum enteado?
    Se sim, quantos?
    Como é seu relacionamento com eles?
Qual é sua ocupação atual?

Número de empregos na vida?
    Razões para mudanças de emprego?
    Já foi demitido? Por quê?
Se não está trabalhando atualmente, qual é o seu meio atual de sustento?
Serviço militar?
    Se serviu, em que arma?
    Número de anos?
    Maior patente alcançada?
    Experiência de combate?
    Problemas disciplinares no serviço militar?
Qual é a importância da religião para você atualmente?
    Qual é sua atual afiliação religiosa?
    É diferente da religião da sua infância?
    Se é, o que o fez mudar?
Quais são suas atividades de lazer atuais?
    Clubes, organizações?
    Passatempos, interesses?
Quando você aprendeu sobre o sexo?
Quais foram as circunstâncias?
Que idade você tinha quando começou a namorar?
Que idade você tinha em sua primeira experiência sexual?
    Qual foi a natureza da experiência?
    Como você se sentiu a respeito?
Pode me falar sobre seus atuais interesses sexuais?
Existem certas práticas ou experiências sexuais que o perturbem?
Você sofreu abuso quando criança?
    Sexual?
    Físico?
Como adulto, você sofreu estupro ou abuso sexual? Se sofreu, detalhes?

PROBLEMAS SOCIAIS E DE PERSONALIDADE

As seguintes perguntas evocam informações sobre como os pacientes se enxergam e como interagem com outras pessoas. Na maioria dos casos, as respostas não permitirão que se faça um diagnóstico de certeza, e será preciso obter mais informações com outras fontes.

Que tipo de pessoa você pensa que é?
O que mais gosta a seu respeito?
O que menos gosta a seu respeito?
Você tem muitos amigos ou é solitário?
Como é seu relacionamento com seu [marido/sua esposa/companheiro(a)]?
Você tem problemas para se relacionar com membros da sua família?
Você evita algum dos seus familiares por causa de dificuldades para se relacionar?
Alguma dificuldade com os amigos?
Você já teve problemas interpessoais no trabalho?
Você tende a desconfiar dos motivos das pessoas ou é uma pessoa que confia nos outros?
Você gosta de ser o centro da atenção ou se sente mais confortável ficando em segundo plano?
Você se sente confortável estando sozinho ou necessita da presença de outras pessoas?
Você alguma vez fez algo que veio a ser um mau julgamento? O que foi?
Você já teve algum tipo de dificuldade legal? Se sim, detalhes?
Você já foi preso? Passou tempo na cadeia? Se sim, detalhes?
Você já fez alguma coisa que poderia ter lhe colocado em dificuldades legais sem nunca ter sido descoberto?
Quando tem [esses comportamentos], você tende a se arrepender depois?
Você acha que as outras pessoas gostariam de enganá-lo, explorá-lo ou prejudicá-lo? Se sim, exemplos?
Você acha que seus amigos ou seus conhecidos são desleais? Se sim, exemplos?

Você tende a guardar rancor? Se sim, exemplos?
Você prefere fazer coisas sozinho? Se sim, exemplos?
Críticas ou elogios o afetam muito? Se sim, exemplos?
Você é uma pessoa supersticiosa? Se sim, exemplos?
Você acredita no sobrenatural, como, por exemplo, telepatia, magia negra, leitura da mente? Se sim, exemplos?
Seus relacionamentos com outras pessoas costumam ser duradouros? Se sim, exemplos?
Seu humor tende a ser bastante estável ou você é uma pessoa com altos e baixos? Se sim, exemplos?
Você tende a se sentir "vazio"? Se sim, exemplos?
Você sente raiva na maior parte do tempo ou perde a calma, envolvendo-se em brigas frequentemente? Se sim, exemplos?
Você gosta de ser o centro da atenção? Se sim, exemplos?
Você acha que é facilmente influenciado pelas opiniões de outras pessoas? Se sim, exemplos?
Você costuma ter fantasias sobre si mesmo alcançando grande sucesso, amor ideal, poder, brilhantismo? Se sim, exemplos?
Você costuma sentir que merece tratamento ou consideração especial? Se sim, exemplos?
Você tem dificuldade para se identificar com os sentimentos das outras pessoas? Se sim, exemplos?
Você teme tanto a desaprovação ou o embaraço que evita novas atividades ou novas interações com outras pessoas? Se sim, exemplos?
Em novos relacionamentos, você costuma se sentir inadequado? Se sim, exemplos?
Você sente que precisa de muitos conselhos e reasseguramentos ao tomar decisões cotidianas? Se sim, exemplos?
O medo de perder o apoio torna difícil para você discordar de outras pessoas? Se sim, exemplos?
Você se preocupa tanto com os detalhes que às vezes perde de vista o propósito do que está fazendo? Se sim, exemplos?
Você se considera especialmente teimoso? Se sim, exemplos?
Você se diria perfeccionista? Se sim, exemplos?

Apêndice E

AVALIANDO SUA ENTREVISTA

Todos os pacientes e, portanto, todas as entrevistas são diferentes. Os instrutores também variam a ênfase que atribuem aos diversos aspectos da entrevista inicial. Todavia, existem muitos aspectos que a maioria dos profissionais concorda serem cruciais para a entrevista típica, incluindo material factual e outras coisas que contribuem para o processo de obter informações. Esses aspectos são listados neste apêndice, atribuindo-se um valor numérico aproximado a cada um deles.

Você pode avaliar suas entrevistas com uma gravação de áudio ou pedir que um colega a avalie para você, enquanto está entrevistando. O escore geral e os escores das subseções devem ajudá-lo a planejar onde aplicar esforço adicional. O sistema de contagem usado foi adaptado e ampliado a partir de artigos de Maguire e colaboradores (Apêndice F).

Para cada seção apresentada a seguir, marque 0 se a informação ou comportamento avaliado não foi observado ou tratado de nenhum modo. Atribua o número máximo de pontos se foi coberto completamente (avaliado a partir das anotações do caso no prontuário do paciente), ou se o comportamento desejado esteve consistentemente presente. Dê crédito proporcional para respostas ou comportamentos parciais.

O escore máximo é 200 pontos. Para um iniciante, qualquer escore acima de 140 é aceitável, embora entrevistadores experientes devam ter média muito mais alta.

Os dados sobre o estado mental não são incluídos nessa autoavaliação, que visa avaliar apenas as seções históricas e interativas da entrevista inicial.

1. *Iniciando a entrevista* (10 pontos)

Entrevistador	Não	Sim
a. Cumprimenta o paciente	0	1
b. Aperta a mão	0	1
c. Menciona o nome do paciente	0	1
d. Menciona o próprio nome	0	1
e. Explica *status* (formação?)	0	1
f. Indica onde sentar	0	1
g. Explica propósito da entrevista	0	1
h. Menciona o tempo disponível	0	1
i. Menciona que fará anotações	0	1
j. Pergunta se o paciente está confortável	0	1

2. *História da doença atual* (58 pontos)

Entrevistador pergunta sobre	Não							Sim
a. Queixa(s) principal(is)	0	1	2	3	4	5	6	7 8
b. Início dos problemas	0	1	2	3	4			
c. Estressores	0	1	2	3	4			
d. Acontecimentos importantes no curso da doença	0	1	2	3	4			
e. Medicação atual								
1. Nome ou descrição	0		1		2			
2. Dose	0		1		2			
3. Efeitos desejados obtidos	0		1		2			
4. Efeitos colaterais observados	0		1		2			
5. Duração do efeito	0		1		2			
f. História de episódios anteriores								
1. Tipo	0	1	2	3	4			
2. Similaridade com o episódio atual	0	1	2	3	4			
3. Tratamento anterior	0	1	2	3	4			
4. Resultado do tratamento	0	1	2	3	4			
g. Efeitos da doença sobre o trabalho	0	1	2	3	4			
f. Efeitos da doença sobre a família	0	1	2	3	4			
i. Sentimentos do paciente em relação aos problemas	0	1	2	3	4			

3. *História médica* (10 pontos)

Entrevistador pergunta sobre	Não		Sim
a. Informações relevantes sobre doenças físicas	0	1	2
b. Alergias a medicamentos	0	1	2
c. Cirurgias	0	1	2
d. Hospitalizações anteriores	0	1	2
e. Revisão de sistemas relevantes	0	1	2

4. *História pessoal e social* (20 pontos)

Entrevistador pergunta sobre	Não		Sim
a. Detalhes da família de origem	0	1	2
b. Educação	0	1	2
c. História conjugal	0	1	2
d. História militar	0	1	2
e. História ocupacional	0	1	2
f. Preferência sexual e adaptação	0	1	2
g. Problemas legais	0	1	2
h. Situação residencial atual	0	1	2
i. Atividades de lazer	0	1	2
j. Fonte de sustento	0	1	2

5. *História familiar de transtorno mental* (6 pontos)

Entrevistador pergunta sobre	Não		Sim
a. Sintomas para fazer diagnóstico	0	1	2
b. Resposta ao tratamento	0	1	2
c. Todos os familiares em primeiro grau	0	1	2

6. *Questões de triagem* (26 pontos)

Entrevistador faz triagem para	Não		Sim
a. Depressão	0	1	2
b. Ataques de pânico	0	1	2
c. Fobias	0	1	2
d. Obsessões e compulsões	0	1	2
e. Mania	0	1	2
f. Psicose	0	1	2
g. Abuso na infância	0	1	2
h. Abuso de álcool/drogas	0	1	2
i. Ideação/tentativas suicidas	0	1	2
j. História de violência	0	1	2

7. *Estabelecendo* rapport (18 pontos)

Entrevistador	Não				Sim
a. Sorri, acena com a cabeça quando apropriado	0	1	2	3	4
b. Usa linguagem que o paciente entende	0	1	2	3	4
c. Responde com sentimento, empatia	0	1	2	3	4
d. Mantém o contato visual	0		1		2
e. Mantém a distância adequada	0		1		2
f. Parece seguro e descontraído	0		1		2

8. *Uso de técnicas de entrevista* (44 pontos)

Entrevistador	Fraco				Bom
a. Explora pistas verbais para novo material	0	1	2	3	4
b. Controla fluxo da entrevista enquanto permite espaço para o paciente responder	0	1	2	3	4
c. Esclarece dúvidas para obter informações completas	0	1	2	3	4
d. Faz transições suaves; se abruptas, são identificadas	0	1	2	3	4
e. Evita usar jargão	0	1	2	3	4
f. Faz perguntas breves e individuais	0	1	2	3	4
g. Não repete perguntas que já fez	0	1	2	3	4
h. Usa perguntas abertas e não diretivas	0	1	2	3	4
i. Facilita respostas do paciente de maneira verbal e não verbal	0	1	2	3	4
j. Incentiva respostas precisas (datas, números, quando apropriado)	0	1	2	3	4
k. Procura e lida de forma sensível com material com carga emocional	0	1	2	3	4

9. *Encerramento da entrevista* (8 pontos)

Entrevistador	Não		Sim
a. Avisa que a entrevista está quase no fim	0	1	2
b. Faz um resumo breve e preciso	0	1	2
c. Indaga se o paciente tem dúvidas	0	1	2
d. Faz uma declaração de conclusão demonstrando entendimento e interesse	0	1	2

Apêndice F

BIBLIOGRAFIA E LEITURAS RECOMENDADAS

LIVROS

American Psychiatric Association. (2000). *Diagnostic and statistical manual of mental disorders* (4th ed., text rev.). Washington, DC: Author. Indispensável para uma compreensão completa do atual pensamento diagnóstico.

American Psychiatric Association. (2006). *Practice guidelines for the treatment of psychiatric disorders*. Arlington, VA: Author. [Inclui *Psychiatric evaluation of adults* (2nd ed.).]

Cannell, C. E., & Kahn, R. L. (1968). Interviewing. In G. Lindzey & E. Aronson (Eds.), *The handbook of social psychology* (2nd ed., pp. 526–595). Reading, MA: Addison-Wesley.

Cormier, L. S., & Nurius, P. S. (2003). *Interviewing and change strategies for helpers* (5th ed.). Pacific Grove, CA: Thomson/Brooks/Cole. Livro consistente e detalhado para todos os profissionais da saúde mental, mas voltado especialmente para psicólogos e assistentes sociais. Material sobre diferentes tipos de terapia, bem como estratégias de entrevista.

Ekman, P. (2001). *Telling lies: Clues to deceit in the marketplace, politics, and marriage* (3rd ed.). New York: Norton. Muitas informações sobre mentira e sua detecção.

Gill, M., Newman, R., & Redlich, F. C. (1954). *The initial interview in psychiatric practice*. New York: International Universities Press. Descrição clássica de um estilo de entrevista concentrado nas necessidades e nas capacidades do paciente.

Leon, R. L. (1989). *Psychiatric interviewing: A primer* (2nd ed.). New York: Elsevier. Cobre o mesmo material que *A entrevista inicial*. O autor favorece explicitamente uma abordagem não diretiva na busca de informações.

MacKinnon, R. A., & Yudofsky, S. C. (1986). *The psychiatric evaluation in clinical practice*. Philadelphia: Lippincott. Apenas a terça parte inicial do livro diz respeito à entrevista clínica. O equilíbrio vem com exames clínicos laboratoriais, com testes da personalidade e com escalas de avaliação. A seção sobre a formulação psicodinâmica do caso traz informações que não são encontradas facilmente em outros textos.

Morrison, J. (2006). *DSM-IV made easy: The clinician's guide to diagnosis* (edição atualizada). New York: Guilford Press. Um guia do aprendiz para o cada vez mais complexo e longo *Manual Diagnóstico e Estatístico de Transtornos Mentais*, agora atualizado para DSM-IV-TR.

Morrison, J. (2007). *Diagnosis made easier*. New York: Guilford Press. Passo a passo, esse livro ajuda o leitor a tirar sentido do material da entrevista.

Othmer, E., & Othmer, S. C. (2002). *The clinical interview using DSM-IV-TR*. Washington, DC: American Psychiatric Press. Enciclopédico em sua abrangência, este livro segue estritamente o formato do DSM-IV-TR.

Shea, S. C. (1998). *Psychiatric interviewing: The art of understanding* (2nd ed.). Philadelphia: Saunders. Cansativo e às vezes pretensioso, apresenta uma grande quantidade de material relevante.

Simms, A. (1988). *Symptoms in the mind*. London: Baillière Tindall. Texto britânico que contém mais sobre a terminologia atual em saúde mental do que qualquer outro que eu já tenha visto.

Sullivan, H. S. (1954). *The psychiatric interview*. New York: Norton. Uma descrição clássica de como fazer uma entrevista inicial.

ARTIGOS

Obs.: Para facilitar os comentários, os artigos a seguir são listados cronologicamente dentro de grupos de autores, ao invés de alfabeticamente por autor.

Sandifer, M. G., Hordern, A., & Green, L. M. (1970). The psychiatric interview: The impact of the first three minutes. *American Journal of Psychiatry, 126*, 968-973. A metade de todas as observações feitas por entrevistadores no estudo ocorreu dentro dos três primeiros minutos de uma entrevista experimental. Esses dados às vezes podem ter um impacto decisivo no diagnóstico.

Maguire, G. P., & Rutter, D. R. (1976). History-taking for medical students. 1: Deficiencies in performance. *Lancet, ii*, 556-560. Estudantes avançados de medicina apresentaram deficiências significativas na obtenção da história, incluindo evitar questões pessoais, uso de jargão, falta de precisão, não seguir pistas, repetição desnecessária, esclarecimentos inadequados, dificuldades no controle e estilo inadequado das perguntas (questões indutoras ou complicadas).

Maguire, P., Roe, P., Goldberg, D., Jones, S., Hyde, C., & O'Dowd, T. (1978). The value of feedback in teaching interviewing skills to medical students. *Psychological Medicine, 8*, 695-704. Em um ensaio randomizado, o *feedback* (em vídeo, em áudio ou por meio de avaliações de entrevistas de prática) levou a uma capacidade maior de obter fatos relevantes e precisos. Somente os grupos do vídeo e do áudio também apresentaram melhora na técnica.

Maguire, P., Fairbairn, S., & Fletcher, C. (1986). Consultation skills of Young doctors. I: Benefits of feedback training in interviewing as students persist. *British Medical Journal, 292*, 1573-1576. Médicos jovens que receberam *feedback* por vídeo ou que fizeram formação convencional em habilidades de entrevista foram acompanhados até cinco anos depois. Ambos os grupos haviam melhorado desde a graduação, mas "aqueles que receberam treinamento com *feedback* mantiveram sua superioridade nas habilidades associadas à precisão diagnóstica". Os autores concluem que todos os estudantes devem ter treinamento com *feedback*.

Platt, F. W., & McMath, J. C. (1979). Clinical hypocompetence: The interview. *Annals of Internal Medicine, 91*, 898-902. Residentes em medicina interna tiveram dificuldades com entrevistas iniciais, incluindo pouco *rapport*, base de dados inadequada, incapacidade de formular hipóteses, controle excessivo da entrevista (os pacientes reclamavam que não eram ouvidos) e aceitação dos relatos dos pacientes sobre exames laboratoriais ou interpretações do que outro profissional da saúde havia dito, em vez dos dados primários dos sintomas. Com exemplos.

Rutter, M., & Cox, A. (1981). Psychiatric interviewing techniques: I. Methods and measures. *British Journal of Psychiatry, 138*, 273-282. O artigo introdutório desta série. A série de sete artigos desses autores é uma referência no estudo da técnica de entrevista. Os estudos baseiam-se em entrevistas com mães de pacientes psiquiátricos infantis e comparam quatro estilos de entrevista que foram recomendados por especialistas. Embora a pesquisa que relatam não tenha sido replicada, os resultados são tão lógicos e a metodologia tão impecável que, ao leitor, parecem uma verdade recebida. Esses artigos proporcionaram grande parte da base para este manual.

Cox, A., Hopkinson, K., & Rutter, M. (1981). Psychiatric interviewing techniques: II. Naturalistic study: Eliciting factual material. *British Journal of Psychiatry, 138*, 283-291. Este artigo demonstra que "um estilo diretivo com investigações específicas e pedidos de descrições detalhadas" gerou fatos de mais qualidade do que uma abordagem mais livre. Os informantes falaram mais quando os entrevistadores falaram menos e usaram mais perguntas abertas. As questões duplas levaram à confusão, mas as questões de múltipla escolha às vezes ajudaram.

Hopkinson, K., Cox, A., & Rutter, M. (1981). Psychiatric interviewing techniques: III. Naturalistic study: Eliciting feelings. *British Journal of Psychiatry, 138*, 406-415. Diversas técnicas facilitaram a expressão de emoções, incluindo "um nível baixo de fala do entrevistador com poucas interrupções, uma proporção elevada de perguntas abertas em vez de fechadas, perguntas diretas sobre sentimentos, interpretações e expressões de simpatia".

Rutter, M., Cox, A., Egert, S., Holbrook, D., & Everitt, B. (1981). Psychiatric interviewing techniques: IV. Experimental study: Four contrasting styles. *British Journal of Psychiatry, 138*, 456-465. Os autores ensinaram dois entrevistadores a usar um dos quatro estilos de entrevista: (1) Um estilo de "caixa de ressonância" usou o mínimo de atividade; (2) uma "psicoterapia ativa" tentou explorar sentimentos e evocar conexões e significados emocionais; (3) um estilo "estruturado" usou questões cruzadas ativas; (4) o estilo "exploratório sistemático" combinou o uso de técnicas orientadas para fatos e sentimentos.

Cox, A., Rutter, M., & Holbrook, D. (1981). Psychiatric interviewing techniques: V. Experimental study: Eliciting factual material. *British Journal of Psychiatry, 139*, 29-37. Este artigo publica dados sobre o estudo descrito antes. Os autores concluem que "é desejável" começar as entrevistas diagnósticas clínicas com um longo período de investigação detalhada e no qual os informantes possam expressar suas preocupações à sua própria maneira". O questionamento sistemático é essencial para evocar fatos de qualidade. "Foram obtidos dados melhores quando os entrevistadores eram sensíveis e alertas a pistas factuais e quando escolheram suas perguntas com cuidado".

Cox, A., Holbrook, D., & Rutter, M. (1981). Psychiatric interviewing techniques: VI. Experimental study: Eliciting feelings. *British Journal of Psychiatry, 139*, 144-152. Uma variedade de estilos de entrevista pode ser usada para evocar os sentimentos dos pacientes. Obter boas informações factuais é totalmente compatível com evocar sentimentos.

Cox, A., Rutter, M., & Holbrook, D. (1988). Psychiatric interviewing techniques: A second experimental study: Eliciting feelings. *British Journal of Psychiatry, 152*, 64-72. A expressão das emoções foi maximizada quando os entrevistadores usaram técnicas "ativas", como interpretação, reflexão de sentimentos e expressão de empatia. Isso foi especialmente verdadeiro quando a "taxa de expressão espontânea do informante era relativamente baixa".

OUTROS ARTIGOS USADOS NA PREPARAÇÃO DESTE LIVRO

Booth, T., & Booth, W. (1994). The use of depth interviewing with vulnerable subjects. *Social Science and Medicine, 39*, 415-423.

Britten, N. (2006). Psychiatry, stigma, and resistance. *British Medical Journal, 317*, 963-964.

Budd, E. C., Winer, J. L., Schoenrock, C. J., & Martin, P. W. (1982). Evaluating alternative techniques of questioning mentally retarded persons. *American Journal of Mental Deficiency, 86*, 511-518.

Eisenthal, S., Koopman, C., & Lazare, A. (1983). Process analysis of two dimensions of the negotiated approach in relation to satisfaction in the initial interview. *Journal of Nervous and Mental Disease, 171*, 49-53.

Eisenthal, S., & Lazare, A. (1977). Evaluation of the initial interview in a walk-in clinic. *Journal of Nervous and Mental Disease, 164*, 30-35.

Folstein, M. F., Folstein, S. E., & McHugh, P. R. (1975). Mini-Mental State: A practical method for grading the cognitive state of patients for the clinician. *Journal of Psychiatric Research, 12*, 189-198.

Hamann, J., Leucht, S., & Kissling, W. (2003). Shared decision making in psychiatry. *Acta Psychiatrica Scandinavica, 107*, 403-409.

Harrington, R., Hill, J., Rutter, M., John, K., Fudge, H., Zoccolillo, M., et al. (1988). The assessment of lifetime psychopathology: A comparison of two interviewing styles. *Psychological Medicine, 18*, 487-493.

Jellinek, M. (1978). Referrals from a psychiatric emergency room: Relationship of compliance to demographic and interview variables. *American Journal of Psychiatry, 135*, 209–212.

Jensen, P. S., Watanabe, H. K., & Richters, J. E. (1999). Who's up first?: Testing for order effects in structured interviews using a counterbalanced experimental design. *Journal of Abnormal Child Psychology, 27*, 439-445.

Kendler, K. S., Silberg, J. L., Neale, M. C., Kessler, R. C., Heath, A. C., & Eaves, L. J. (1991). The family history method: Whose psychiatric history is measured? *American Journal of Psychiatry, 148*, 1501-1504.

Koenigs, M., Young, L., Adolphs, R., Tranel, D., Cushman, F., Hauser, M. (2007). Damage to the prefrontal cortex increases utilitarian moral judgments. *Nature, 446*, 908-911.

Lovett, L. M., Cox, A., & Abou-Saleh, M. (1990). Teaching psychiatric interview skills to medical students. *Medical Education, 24*, 243-250.

Meyers, J., & Stein, S. (2000). The psychiatric interview in the emergency department. *Emergency Medicine Clinics of North America, 18*, 173-183.

Pollock, D. C., Shanley, D. E., & Byrne, P. N. (1985). Psychiatric interviewing and clinical skills. *Canadian Journal of Psychiatry, 30*, 64-68.

Rogers, R. (2003). Standardizing DSM-IV diagnoses: The clinical applications of structured interviews. *Journal of Personality Assessment, 81*, 220-225.

Rosenthal, M. J. (1989). Towards selective and improved performance of the mental status examination. *Acta Psychiatrica Scandinavica, 80*, 207-215.

Stewart, M. A. (1984). What is a successful doctor–patient interview?: A study of interactions and outcomes. *Social Science and Medicine, 19*, 167-175.

Torrey, E. F. (2006). Violence and schizophrenia. *Schizophrenia Research, 88*, 3-4.

Wissow, S. L., Roter, D. L., & Wilson, M. E. H. (1994). Pediatrician interview style and mothers' disclosure of psychosocial issues. *Pediatrics, 93*, 289-295.

ÍNDICE

Abordagem atuarial de avaliação de risco, 176-177
Abordagem negociada de tratamento, 201-202
Abrigos para sem-tetos, 198
Abstinência de nicotina, 241-242
Abstinência de substâncias, 139, 240-241
Abuso
    cônjuge, 96-97
    idoso, 178-179
    infância, 69, 96
Acatisia, 76
Acrofobia, 120-121
Adesão ao tratamento, 74-75, 194
Adoção de paciente, 67-68
Adolescentes, entrevistando, 33-34, 51-52
Afasia, 125-126
Afeto, 107-108
    adequação, 109
    brando, 109
    embotado, 109
    incontinência, 109
    instabilidade, 108-109
    intensidade, 109
    patológico, 109
    plano, 109
    reatividade, 110
    tipo, 107-108
Afonia, 110-111
Agorafobia, 120-121, 245-246
Agressão, sexual, 97-98
AIDS, fatores de risco, 74-75, 96
Álcool, 89-90
    abstinência, 240-241
    equivalentes em drinque, 89-90
    intoxicação, 238-239
    uso indevido, 89-90
Alcoolismo, diagnóstico, 90, 237-238
Alergia a medicamentos, 76
Alexitimia, 61, 108-109
Aliteração, 111-112
Altruísmo, 63-64
Alucinação, 118, 123, 145
    como sintoma de primeira ordem, 133
    de comando, 176-177
    descrevendo, 42-43
    enfrentando, 49
    gravidade, 118-119
    respondendo a, 168-169
Alucinações auditivas, 118-119
Alucinações gustativas, 119-120
Alucinações olfativas, 119-120
Alucinações táteis, 119-120
Alucinações visuais, 119-120
Alucinógenos
    abstinência, 240-241
    intoxicação, 239
Âmbito da entrevista, 219
Ambivalência, 60-61
Amnésia, 127-128
Analogia, evocando sentimentos com, 62
Anfetamina
    abstinência, 240-241
    intoxicação, 238-239
Anorexia nervosa, 76-77, 105-106, 148-149, 247
Anorgasmia, 94-95
Anotações, 21, 99-100, 254, 261
Ansiedade, 119-120
    antecipatória, 120-121
    diagnóstico diferencial, 145-146
    estado mental, 147
    informações históricas, 145-146
    respondendo a, 103
    sinais, 108-109, 145-146
    sintomas físicos, 146-147
Ansiolíticos
    abstinência, 241-242
    intoxicação, 240
Antissocial
    paciente, respondendo a, 32
    transtorno de personalidade, 44-45, 64, 67-68, 70-72, 81-82, 139, 172, 176-177, 190-191, 250-251, 273
Aparência, do paciente, 104-105
Aparência, profissional, 19-20
Aperto de mãos, 105-106

Apetite, 43-44, 76-77
Apraxia, 125-126
Apraxia ideomotora, 126-127
Apresentação oral, 215-216
Áreas de interesse clínico, 42, 131
   durante a fala livre, 26-27, 255-256
   sinais, 27, 29
Arranjo dos assentos para a entrevista, 18-19, 30-31
Associações da fala, 110
   frouxas, 110
   por rima, 111-112
Atenção
   do paciente, 124
   transtorno de déficit, 70
Atitude
   do entrevistador, 31-32, 168-169
   para com examinador, do paciente, 107-108
Atividade motora do paciente, 106
Atividades de lazer, 70-71, 73-74
Ato sexual, doloroso, 94-95
Atraso, como resistência, 160, 165-166
Atuação (*acting out*), 63-64
Aura, 76-77
Ausência de um dos pais, 67-69
Autonomia, do paciente, 20, 35, 155-156
Autoritarismo, evitando, 36-37
Avaliação Global do Funcionamento (AGF), 195
   tabela, 197
Avaliando informações, 189
Avaliando uma entrevista, 217, 287

Bissexualidade, 94-95
Blecaute, alcoólico, 90
Bloqueio do pensamento, 111-112
Brevidade, entrevistador, 55-56
Buscando informações, 267

Cacoetes, 107, 113
Cafeína, intoxicação, 238-239
Cálculos, 255-256
Cannabis, intoxicação, 239
Cannell, C. F., 13-14
Cansaço do paciente, sinais, 41
Catalepsia, 107
Cho, S. H., 189
Choro, 108-109, 181
Ciclagem rápida, 137
Ciclotimia, 137
CID (manual diagnóstico), 213-214
Circunlocuções, 53-54
Ciúme, delírios de, 117
Claustrofobia, 120-121
Clivagem, 63-64
Cocaína
   abstinência, 240-241
   intoxicação, 239

Cognição no exame do estado mental, 114, 123
Comentários, no relatório escrito, 208-209
Comportamento criminoso, 71-72
Comportamento machista 60-61
Comportamento sedutor, 184-185
Comportamentos
   inadequados, 185
   observados, 80-81
Comprar, compulsivo, 74-75
Compreensão, teste da linguagem, 125-126
Compulsão, 121-122
   critérios, 246-247
   tipos, 146-147
Comunicação
   com cônjuge, 73-74
   com outros profissionais, 208
   de observações com o paciente, 200
Concentração, do paciente, 124
Confabulação, 125
Confidencialidade
   em reunião com a família, 205-206
   quebra, 87-88
   reasseguramento sobre, 51-52, 154-155
Confrontação, 55-56
   evitando, 151-152, 186-187
   expressando, 56-57, 66, 164, 171-172
   sobre falar demais, 182
   sobre hostilidade, 175-176
   sobre mentiras, 173
Conjugal
   história, 73
   problemas, 45-46
Cônjuge
   abuso, 96-97
   relacionamento com, 73
Consciência, 123
   comprometida, 105-106
Consequências da doença, 44-45
   e prognóstico, 193
Contagem, como teste da atenção, 124
Contato visual, 30-31, 38-39, 160, 172
Conteúdo do pensamento, 114-115
Contraindicações ao tratamento, 192-193
Contratransferência, 169, 221
Controle de natalidade, 94-95
Conversa trivial, 20
Conversão, mudez na, 183-184
Convulsões, 76-77, 184-185
Cooperação com o paciente, 34-35
Corpo
   configuração, do paciente, 104-105
   linguagem
      do clínico, 30, 38-41, 218-219, 221
      do paciente, 30-31, 62, 84-85, 88-89, 108-109, 167-168
   mudança, delírios de, 117
   transtorno dismórfico, 120-121

Cox, A., 13-14
Critérios para diagnóstico, 222-223, 232
Culpa do paciente, 44-45
Culpa e mentira, 172
  delírios de, 117
Cultura, efeito sobre sintomas, 109, 115-116, 124, 137-138, 181, 222
Curso da doença, e prognóstico, 193
Custo
  de novas avaliações, 195-196
  do tratamento, 190-192

Dados de identificação, no relatório escrito, 208, 269
Decisão Tarasoff, 21
Declarações sumárias, 29, 39-40, 263-264
Déjà vu, 41, 123
Delírio, 115-116
  como sintoma de primeira ordem, 133
  congruente com o humor, 116-117
  diferenciado da confabulação, 21-22
  respondendo a, 41, 115-116, 168-169
  tipos específicos, 117
Delírios erotomaníacos, 236
Delírios grandiosos, 117
Delírios niilistas, 117
Delirium, 241-242
  sinais, 144, 177
  tremens, 106, 119-120
Demência, 242
  desafio ao entrevistador, 177
  pseudodemência, 144
  sinais, 104-106, 109, 125, 127-128, 145
  tratamento, 190-191
Demência de Alzheimer, 127-128, 145, 242
Dependência
  álcool, 90
  de substância, 139, 237-238
  medo de, 173-174
Depressão, 134
  critérios de melancolia, 232-233
  critérios, 232-233
  déficits cognitivos, 125, 127-128
  diagnóstico diferencial, 134-135
  distimia comparada com, 233-234
  episódio anterior, 135-136
  estado mental, 136
  informações históricas, 134-135
  insight na, 129
  morte dos pais e, 67-68
  mudez na, 183-184
  padrão sazonal, 135-136
  pseudodemência, 144
  psicose com, 117
  reativa, 135-136
  secundária *versus* primária, 139, 146-147, 258

sinais, 43-45, 48, 108-109, 112, 134-135
síndrome pré-menstrual e, 76-77
sintomas vegetativos, 42-43
transtornos de ansiedade com, 146-147
Depressão maior. Ver também Depressão
  critérios, 232-233
Depressão sazonal, 135-136
Descarrilamento da fala, 110
Desculpas, sugerindo para o paciente, 166-167
Desinibição, 137
Deslocamento, 63-64
Despersonalização, 123
Desrealização, 123
Desvalorização, mecanismo de defesa, 63-64
Dever, do clínico, 21, 87-88, 155-156
Diagnóstico, 189
  certeza do, 190-192
  consequências sociais podem afetar, 44-45
  critérios, 222-223, 232, Ver também transtornos individuais
  diferencial, 189-190, 271
  Eixos I e II, 194
  erros no, 189
  importância, 189
  manual de, 212-213
  melhor, 189-190, 209-210, 215, 272
  negligência do, 222
  no relatório escrito, 212-213
  no relatório escrito, 214-215
  principal, 213-214
  valor prognóstico, 194
Diagnósticos dos Eixos I e II, 194, 213-214
Diferenças, interpretando, 128
Dificuldade para pensar. Ver Transtornos cognitivos
Discinesia tardia, 76, 106
Disciplina quando criança, 68-69
Disforia, 76-77
Dislexia, 70
Dismorfofobia, 120-121
Dispareunia, 94-95
Dissociação, 63-64, 184-185
Distância, mantendo, 35
Distimia, 233-234
Distonia, aguda, 76
Distorção na história do paciente, 67
Distrações à entrevista, 51-52
Divagação, 99-100, 182
Doença
  consequências, 44-45
  delírios de, 117
  duração e prognóstico, 194
  episódios anteriores, 49
  medo de, 173-174
  termo usado como convenção, 42
Doença atual
  história da, 42

obtendo, 51
no relatório escrito, 208-209
Drogas
efeitos colaterais, 75
prescrições anteriores, 49-50, 75
recreativas, 91
DSM-IV, 212-213
avaliação global do funcionamento, 195, 197
critérios simplificados, 232
estressores, 47
sistema axial, 270-271

Ecolalia, 111-112
Editando material para relatório, 209-210
Efeitos colaterais extrapiramidais, 76
do tratamento, 75, 192-193
Ejaculação, precoce e retardada, 94-95
Elogios, como reforço, 30-31, 262, 265
Embotamento do afeto, 109
Emoção. Ver também Sentimentos
deslocada, 173-174
lidando com excesso, 64
obstáculos à expressão de, 60-61
sinais, 62
Empatia, 31-32, 99-100, 203-204
Emprego
história, 70-71
problemas, 45-46, 91
Encaminhamento do paciente, 37, 195-196
Entrevista
ambiente doméstico para, 158-159
ambientes, 18-19
âmbito, 219
avaliação, 287
controle, 38, 64, 99, 220, 222-223
diretiva, 23
distrações, 51-52
encerramento, 150
gravação de, 218-219
grupo, 158
interrompendo, 66
motivacional, 202-203
objetivos, 16, 51
precisão, 265-266
problemática, 217
razões para, 11-12, 25
semiestruturada, 273
sentimentos, avaliando, 58
sessões múltiplas, 16, 18, 22
síntese, 17
telefone, 158-159
tempo necessário, 16, 222
testemunhada, 218-219
valor terapêutico da, 40-41
Entrevista em casa, 158-159
Entrevista não diretiva, 23

Entrevista por telefone, 158-159
Entrevistador
aparência, 19-20
atitude, 31-32, 168-169
características do bom, 11-12
conhecimento, 36-37, 41
dever, 21, 87-88, 155-156
erros, 33-34
expressões de empatia, 61
fala do, 32, 99, 221, 254-255, 259
habilidades, 11, 13-14
insensível, 221
linguagem corporal, 30, 38-39, 218-219, 221
neutralidade, 30-31
padrões morais do, 92
personalidade, 33-34
postura, 30, 166-167
problemas pessoais, 32
questões breves do, 55-56
resposta a questões, 186-187
revelando a si mesmo, 35
sem empatia, 173-174
sentimentos do, 31-32, 37
tocando o paciente, 181
viés, 222
vocabulário do, 52-53
Epilepsia do lobo temporal, 184-185
Episódio de doença
anterior, 49
atual, 42
Equivalentes em drinque, 89-90
Escola
história, 70
rejeição, 70-71
Escrita, teste da linguagem, 125-126
Escuta, reflexiva, 38-39
Esperança, instilando, 150
Esquecimento, como resistência, 160-161
Esquizofrenia, 235
catatônica, 235
desorganizada, 235
expressão emocional da família na, 154-155
indiferenciada, 235
paranoide, 235
sinais, 68-71, 104-107, 109-111, 117-120, 125, 129, 132-133
Estado de alerta do paciente, 105-106
Estereótipos, 107
Estilo, entrevista, 11-12, 23, 27, 29, 65, 101, 219
Estressores, 47
comportamento suicida e, 85-86
humor deprimido e, 135-136
identificando, 47
relatório escrito de, 213-214
tabela, 48
transtornos da ansiedade e, 147

Estressores ambientais, 48
Estressores psicossociais, 48
Estupor, 105-106
Estupro, 96-97
Etnia, do paciente, 104-105
Eventos atuais, no MSE, 127-128
Exageros
　como resistência, 160-161
　de consequências negativas, 166-167
Exames laboratoriais, recomendando, 195-196
Exemplos, uso no relatório escrito, 212
Exibicionismo, 95
Experiência, do entrevistador, 36-37, 41
Expressões taquigráficas, 178

Fala
　afetada, 112
　associações da, 110
　circunstancial, 112
　confusa, 112
　conteúdo, 114-115
　descarrilamento, 110
　distraída, 113
　do entrevistador, 32, 259
　escassez de, 184-185
　espontânea, 110
　fluxo da, 110
　gagueira, 112
　impedimento, 107-108
　incoerência da, 111-112
　mudez, 110-111
　perseveração da, 111-112
　pobreza da, 110-111
　pressão da, 112
　ritmo, 112
　tangencial, 110-111
　termos carregados, 34-35
　velocidade, 112
Fala livre, 25, 58-60, 254-255
　razões para, 26
　tempo alocado para, 27, 29
Fala rápida, 112
Falar demais, 182
Falta de moradia (sem teto), 72
Família
　educação sobre o tratamento, 205-206
　história, 77-78
　no relatório escrito, 211-212
　qualidade dos relacionamentos, 72
Família nuclear, infância, 67-68
Familiares
　educação sobre tratamento, 205-206
　entrevista, 154
Fantasia, 63-64
Feedback ao paciente, 114-115, 158, 200-201
Fenômeno dos rastros, 119-120

Fenton, W., 18-19
Fetichismo travestido, 96
Filhos, do paciente, 73-74
Finanças, 72
Fingimento, 183-184
Físico
　abuso, 69
　contato com paciente, 185
　queixas, 147
　　diagnóstico diferencial, 147-148
　　estado mental, 148-149
　　informações históricas, 147-148
　　sinais, 147-148
　　gravidade da tentativa de suicídio, 85-86
Flashbacks, 240-241
Flexibilidade cérea, 107
Fluência, teste da linguagem, 125-126
Fluxo do pensamento, 110
Fobia, 120-121
　agorafobia, 245-246
　escola, 70-71
　social, 120-121
Formação reativa, 63-64
Formulação, do caso, 213-214, 271
Frotteurismo, 95
Fuga de ideias, 110-111
Funcionamento, nível de (AGF), 195
　tabela, 197
Furto em lojas, 71-72

Gabar-se, incentivo, 167-168
Gagueira, 112
Ganho secundário, 148-149
GED (equivalência educacional), 70-71
Gêmeos, 67-68
Generalização
　excessiva, 170
　falsa, 40-41
Generalizações falsas, evitando, 40-41
Gestos, manuais, 106
Gill, M., 13-14
Gravando uma sessão, 15, 21, 218-219
Gravidade da doença, 44-45
Gravidade psicológica da tentativa de suicídio, 85-86
Grupos de apoio, 198
　social, e prognóstico, 195

Higiene, do paciente, 105-106
Hiperatividade
　comportamento observado, 106
　infância, 70
Hipersonia, 43-44, 134-135
Hipervigilância, 105-106
Hipnóticos (drogas)
　abstinência, 241-242

intoxicação, 240
Hipocondria, 147
Histeria. Ver Transtorno de somatização
História, 16
   doença atual, 42, 51
      no relatório escrito, 208-209
   familiar, 77-78
      no relatório escrito, 211-212
   médica anterior, 74-75
      no relatório escrito, 211-212
   pessoal e social, 67, 210-211
   revisão de sistemas, 76-77
História educacional, 70
História médica
   passada, 74-75
História militar, 71-72
História ocupacional, 45-46, 70-71
Homicídio, risco de, 122, 151-152, 175-176
Homossexualidade, 93-95
Hospitalização
   anterior, 49-50
   médica, 74-75
   indicando, 196-198
Hostilidade, 173
   causas, 173-174
   respondendo a, 103
Humor, 107-108
   adequação, 109
   como mecanismo de defesa, 63-64
   como resistência, 182
   doença de Huntington, 190-191
   embotado, 109
   intensidade, 109
   labilidade, 108-109
   perturbação, como área de interesse clínico, 134, 136
   plano, 109
   reatividade do, 110
   tipo, 107-108
   transtorno. Ver Depressão, Mania
   uso de, 32-33
   variação diurna do, 44-45

Idade, do paciente, 104-105
Ideias
   fuga de, 110-111
   supervalorizadas, 123
Ilusões, 122
Imperturbável afeto, 109
Impotência, 94-95
Incentivando a precisão, 46-47, 55-56
   no relatório escrito, 212
Incentivos
   não verbais, 38-39
   verbais, 38-40, 257-258
Incoerência da fala, 111-112

Inconsistência na história do pacientes, 55-56, 157, 172
Indiferença altiva, 109
Infância, 67-68
   abuso, 69
   hiperatividade, 70
   molestamento, 96
   saúde durante, 69
   temperamento durante, 70
Influência, delírios de, 118
Informação, cultural, 127-128
Informações biográficas, 67, 210-211
Informações colaterais, 154-155, 178, 222-223
Informações contraditórias, como resistência, 160-161
Informantes
   entrevistando, 154
   escolha de, 155-156
   no relatório escrito, 208-209, 269
   permissão para entrevistar, 154-155
   quando entrevistar, 20
Início dos sintomas, 46-47
Insight, 129
   ausência de, 183-184
   no relatório escrito, 212-213
Insônia, 43-44, 53-54, 135-137
   tipos, 43-44
Intelectualização, 63-64
Intensidade do humor, 109
Interesse clínico, áreas de, 131
   observando na fala livre, 255-256
   tabela, 28
Interesses
   atuais do paciente, 73-74
   infância, 68-69
   mudança de, 46-47
Interpessoais
   conflitos, 45-46
   relacionamentos, 80
Interpretação de sentimentos, 62
Intérprete, uso de, 181
Interrompendo com cuidado, 99-100
Intimidade, medo da, 173-174
Intoxicação, substância, 237-238
Intoxicação com fenciclidina (PCP), 240
Intoxicação com inalantes, 239
Intoxicação com maconha, 239
Introduções, 19-20
Inventivos não verbais, 38, 164-165
Investigando
   detalhes, 62-63
   inadequadamente, 220
   perguntas, como escolher, 54
   sentimentos, 259

Jargão, evitando, 34-35, 52-53, 210-211, 222, 254-255
Julgamento, 129
    no relatório escrito, 212-213

Kahn, R. L., 13-14

La belle indifférence, 109
Labilidade do humor 108-109
Latência da resposta, 112
Legal
    ajuda para paciente, 198
    história, 45-46, 71-72, 87-88, 91
Leitura, teste da linguagem, 125-126
Limites entre profissional e paciente, 34-35
Linguagem
    do paciente, 125-126
    testes da, 125-126
    usando cotidiana, 33-34
Luto, 135-136

Maneirismos, 107
Mania, 234-235
    diagnóstico diferencial; 137
    estado mental, 137-138
    informações históricas, 137
    sinais, 105-106, 110-112, 117, 129, 136, 144
Marcos, evolutivos, 69
Masoquismo, 96
Masturbação, 94-95
McMath, J. C., 210-211
Mecanismos de defesa, 62-63
Medicamentos
    efeitos colaterais, 75
    prescrições anteriores, 75
    uso indevido, 92
Melancolia, 232-233
Melhor diagnóstico, 209-210, 215
Memória, 126-127, 144, 268-269
Memória de curto prazo, 126-127
Memória de longo prazo, 127-128
Memória imediata, 126-127
Memória recente, 126-127
Memória remota, 127-128
Mental
    exame do estado, 104
        aspectos cognitivos, 114, 268-269
        aspectos comportamentais, 104
        no relatório escrito, 212
        omitindo partes, 114-115, 129-130
        retardo, 185
Mentira, 171-172
Mentira patológica, 172
Meyer, A., 205
Microdepressão, 109
Miniexame do estado mental, 128

Molestamento, infância, 96
Morte
    delírio de, 117
    desejos, 84-85, 232-233
    proporção em doentes mentais, 74-75
Motivando o paciente, 30
Movimentos involuntários, 106
Mudez, 110-111, 183-184

Nascimento "ilegítimo", 67-68
Negação, 63-64
Negativismo, 107
Negativos, significativos, 100-101
    no relatório escrito, 210-211
Neologismo, 111-112
Neutralidade, do entrevistador, 30-31
Newman, R, 13-14
Nível de atividade, do paciente, 106
Nível de energia, 44-45
Nível de funcionamento, maior recente, 195
Nomeação, teste da linguagem, 125-126
Nutrição do paciente, 104-105

Objetivos da entrevista, 51
Observando o paciente, 80-81, 104-105
Obsessão, 121-122, 146-147
Omitindo informações, como resistência, 160-161
Opioides
    abstinência, 241-242
    intoxicação, 240
Organicidade. Ver Transtornos cognitivos
Organização, excessiva, 145
Orientação, 125, 255-256
Oscilação da consciência, 105-106

Paciente
    aparência, 104-105
    atenção, 105-106
    cego, 180
    choro, 181
    confuso, 177
    demandante, 180
    etnia do, 104-105
    falante, 182
    hostil, 103, 173
    humanidade do, 210-211
    mentalmente retardado, 185
    mentira, 171-172
    morte iminente, 186
    mudo, 183-184
    postura do, 30-31, 217-218
    psicótico, 183
    sedutor, 184-185
    surdo, 180-181
    vago, 170
Paciente "VIP", 180-181

Paciente idoso, 178
  abuso, 178-179
Pagamentos por invalidez, 46-47
Pais, ausência, 67-68
Palavras, carregadas, 34-35
Pânico
  ataque, 120-121, 146-147, 244-245
  transtorno, 244-245
Parafilias, 95
Paranoide
  esquizofrenia, 235
  personalidade, 82
Parkinsonismo, 76
Passatempos, 68-69
Passividade, delírios de, 118
Paternalismo, 35-37, 205
Pausas, lidando com, 38
Pedofilia, 95
Pensamento
  abstrato, 128
  associações, 110
  audível, 118-119
  bloqueio, 111-112
  conteúdo, 114-115
  controle, delírios de, 118
  fluxo do, 110
  transmissão, 118
Perambular, 72
Percepção
  delirante, 133
  no exame do estado mental, 118
Percepção hipnopômpica, 119-120
Perdas
  em pacientes idosos, 180
  na infância, 68-69
Pergunta introdutória, 21-22, 23
Perguntas
  diretas, 58-60
  introdutórias, 23
  múltipla escolha, 100-101
  sobre sentimentos, 58-60
Perguntas abertas, 23-24, 73, 254, 256
  sobre sentimentos, 58-60
  uso insuficiente de, 220
  validade com, 52-53
"Perguntas com "por que", uso de, 54, 80-81, 116-117, 220
Perguntas duplas, evitando, 55-56
Perguntas fechadas, 23-24, 100-101, 260-261
  limitações, 100-101
  misturando com abertas, 54-55
  para emotividade excessiva, 65
Permissão para entrevistar informantes, 154-155
Perseguição, delírios de, 118
Perseveração da fala, 111-112
Personalidade, 78-79
  avaliando, 78-79
  diagnóstico diferencial, 141
  do entrevistador, 33-34
  estado mental, 142
  informações históricas, 141-142
  potencialidades, 79
  pré-mórbida, 79, 195
  problemas
  sinais, 140
  traços, 78-79, 140
  transtorno, 81-82, 249
Personalidade dependente, 82
Personalidade esquiva, 81-82
Personalidade histriônica, 82
Personalidade narcisista, 82
Personalidade obsessivo-compulsiva, 82, 252-253
Perspectiva biopsicossocial, 12-13
Peso, 43-44
Pessoal
  história, 67
    no relatório escrito, 210-211
  perguntas, lidando com, 35-36, 188
  problemas do entrevistador, 32
Piora ao entardecer (sundowning), 242
Pistas/sinais
  de cansaço do paciente, 41
  emocionais, 62
  Informações culturais, 127-128
  não verbais, 38-39
  seguimento de, 219
Pistas/sinais, procurando, 55-56
Platt, F. W., 210-211
Pobreza
  da fala, 110-111
  delírios de, 118
Posição na ordem dos irmãos, 67-68
Postura
  do entrevistador, 30, 166-167
  do paciente, 30-31, 217-218
Posturas, 107
Preliminares, 93-94
Preocupação, do entrevistador, 61
Presidentes, nomeando recentes, 128
Pressão da fala, 112
Pressão na fala, 112
Primeiro nome, evitando, 35
Prisões, 71-72
Prognóstico, 193, 272
  áreas de, 193
  fatores que determinam, 194
  no relatório escrito, 215-216
Projeção, 63-64
Prosódia, 107
Provérbios, interpretando, 128
Pseudoparkinsonismo, 76
Psicose, 131-132

diagnóstico diferencial, 132-133
estado mental, 134
induzida por substância, 237
informações históricas, 132-133
lidando com, 183
mudez na, 183-184
respondendo a, 168-169
sinais, 105-107, 110-111, 131-132
Psicose de Korsakoff, 243

Queixa principal, 24-25
importância, 24-25
no relatório escrito, 208-209, 269
sem foco, 170
tempo alocado para, 27, 29
Queixas somáticas. Ver também Queixas físicas
delirantes, 237
lidando com, 183
múltiplas, 248
Questões. Ver também Perguntas
evitando questões "por que", 54
investigativas, 54
negativas, 55-56
Questões indutoras, 101, 257-258
evitando, 55-56
Questões negativas, evitando, 55-56

Raiva, sinais, 108-109
Rapport, 30
inadequado, 220
mantendo, 96-97
construindo, 23, 30, 32, 36-37, 167-168, 258, 261-262
Razão para entrevistar, 25
Reação de luto, 135-136
Reatividade do humor, 110
Reasseguramento, 39-40
incondicional, 41
oferecendo, 269
pedidos de, 40-41
Recuperação
do episódio anterior, 49
grau de, e prognóstico, 193
Redlich, F. C., 13-14
Referência, delírios de, 118
Reflexão de sentimentos, 61
Registro acadêmico, 70
Registros
como documentos legais, 212
usando, 154-155, 167-168, 173, 178
Rejeição do plano de tratamento, 206-207
Relacionamentos
efeito da doença sobre, 45-46
guia para personalidade, 80
Relatório
escrito, 208, 269
oral, 215-216

Religião, 72
Repetição, teste da linguagem, 125-126
Repressão, 63-64
Resistência, 160
ao tratamento, 203-205
lidando com, 51, 161-162
prevenção, 167-168
razões para, 160-161
sinais de, 160
Resposta
a perguntas, 186-187
latência da, 112
Respostas aproximadas, 170
Retardo
mental, 185
psicomotor, 112
Revisão de sistemas, 76-77
no relatório escrito, 211-212
para transtornos de somatização, 76-77
Risco hereditário de doenças, 193
Ritmo da fala, 112
Rotina, terapêutica, 192-193
Roupas, do paciente, 105-106

Sadismo, 96
Salada de palavras, 111-112
Saúde, durante a infância, 69
Schneider, K., 133
Sedativos
abstinência, 241-242
intoxicação, 240
Segredo em entrevistas, 21, 155-156
Segunda opinião, 206-207
Segurança
dever de proteger, 21
princípios, 19-20, 88-89, 176-177
Semelhança, interpretando, 128
Sensibilidade ao paciente, 102
Sentimentos
do entrevistador, 31-32, 37
evocando, 58-60
explorando quando o paciente resiste, 164-165
ignorando, 222-223
interpretação de, 62
investigando detalhes, 259
negativos e positivos (tabela), 59
obstáculos à expressão de, 60-61
paciente não reconhece, 60-61
pistas não verbais para, 108-109
reflexão de, 61
variedade de, 58
Sequência de sintomas, 46-47
Séries de sete, 124
Serviços de proteção, encaminhamento a, 198
Serviços vocacionais, 198-199
Settings, entrevista, 18-19
Sexo, 92

desenvolvendo a sexualidade, 70
discutindo, 92, 265-266
doenças sexualmente transmissíveis, 96
interesse e funcionamento, 44-45
práticas, 93-94
preferência, 93
sintomas, 248
Sexual
    abuso, 69, 96
    masoquismo, sadismo, 96
Silêncio
    como resistência, 160-161
    lidando com, 38, 162-163
Similaridades, interpretando, 128
Sintomas, 42-43
    de primeira ordem, 133
    descrevendo, 42-43
    detalhes, 54
    efeito da cultura sobre, 109, 115-116, 124, 137-138, 181, 222
    início, 46-47
    prognóstico, 193
    sequência, 46-47, 258, 260
    significado para paciente, 46-47
    vegetativos, 42-43
Sintomas dolorosos, 42-43, 248
Sintomas gastrointestinais, 248
Sintomas intestinais, 248
Sintomas pseudoneurológicos, 249
Situação residencial, atual, 72
Social
    apoio, e prognóstico, 195
    história, 67, 210-211, 222-223
    problemas
        consequência da doença, 45-46
        diagnóstico diferencial, 141
        e prognóstico, 193
        estado mental, 142
        informações históricas, 141-142
        sinais, 140
    rede, 72
Soletrar, como teste da atenção, 124
Somatização
    mecanismo de defesa, 63-64
    transtorno, 76-77, 108-109, 248
Sono, perturbações do, 43-44, 53-54, 119-120, 131, 134-135, 137, 145, 232-235
Sotaques, como lidar, 34-35
Sublimação, 63-64
Suicídio, 84
    dever de proteger, 21
    gravidade da tentativa, 85-86
    ideação, 122
    tentativas, 82, 84-85, 122, 135-136, 145, 148-149
Sullivan, H. S., 13-14
Supervisão
    para entrevista problemática, 218-219
    para paciente relutante, 206-207
Supressão, 63-64

Temas sensíveis, 84
Temperamento quando criança, 70
Tempo para entrevista, 16, 222
Tensão, sinais de, 176-177
Terapêutico(a)
    rotina, 192-193
    valor da entrevista, 40-41
Término, da entrevista, 66, 150
Termos carregados, 34-35
Termos problemáticos, 34-35, 222-223
Testes, indicando, 195-196
Tocar o paciente, 181
Tolerância a substâncias, 139
Tom de voz, 30-31
Transferência, 161-162
Transições, 89-90, 102, 182, 255-256
    conectando, 263-266
    evitando abruptas, 99-100, 267-268
    indicando, 268-269
Transtorno amnéstico, 243
Transtorno de personalidade *borderline*, 82, 251-252
Transtorno de personalidade esquizotípica, 82, 249
Transtorno de personalidade esquizoide, 82, 250
Transtorno de ansiedade generalizada, 244
Transtorno de estresse pós-traumático, 71-72, 246-247
Transtorno delirante, 236
    percepção, 133
Transtorno disfórico pré-menstrual, 76-77
Transtorno dismórfico, corporal, 120-121
Transtorno do caráter, 78-79. Ver também Transtorno de personalidade
Transtorno do humor bipolar, 67-68, 71-72, 125, 135-136, 232-235
Transtorno obsessivo-compulsivo, 245-246
Transtornos cognitivos, 143, 241-242
    delirium, 241-242
    demência, 242
    diagnóstico diferencial, 143-144
    estado mental, 145
    informações históricas, 144
    sinais, 72, 76-77, 110-111, 119-120, 127-129, 133, 143
    transtorno amnéstico, 243
Tratamento
    abordagem negociada, 201-202
    adesão, 74-75, 194
    anteriores, 49-50, 194, 266
    com medicação, 75
    contraindicações, 192-193
    custo do, 190-192

discutindo com o paciente, 200-201
disponibilidade, e prognóstico, 194
escolhendo, 189-190
experimental, 190-192
modalidades (tabela), 190-191
plano, 215-216, 272
rejeição do, 206-207
resposta, 193
sem diagnóstico definitivo, 190-192
urgência do, 190-192
Traumatismo craniano, 76-77
Travestismo, 96
Tremor, 106
Turvação da consciência, 105-106

Urgência do tratamento, 190-192
Uso indevido de substâncias, 88-89, 137-138.
    Ver também abuso, álcool, 138-139
comportamento criminoso e, 71-72
critérios de abstinência, 240-241
critérios de intoxicação, 237-238
dependência, 139, 237-238
diagnóstico diferencial, 138-139
drogas recreativas, 91
estado mental, 140
informações históricas, 138-139
psicose e, 132-133
psicose induzida por substância, 237
sinais, 44-45, 137-138

transtorno de somatização e, 148-149
transtorno do humor e, 134-135, 137

Validade, 51, 101-102
com perguntas abertas, 52-53
de informações biográficas, 67
Variação diurna do humor, 44-45
Variação do humor, diária, 44-45
Velocidade da fala, 112
Verbais
    cacoetes, 260
    incentivos, 257-258
Verbigeração, 111-112
Vergonha, sinais de, 108-109
Vida adulta, 70-71
Violência, 87-88
    lidando com, 175-176
    motivação por trás, 88
    pensamentos de, 122
    plano para, 88-89
    princípios de segurança para, 88-89, 176-177
    risco para o profissional, 18-19
Virginia Tech University, 189-190
Vocabulário, do paciente, 33-34
Voyeurismo, 96
Voyeurs, 96
Voz, qualidades, 30-31, 107
Vulnerabilidade do paciente, 61